"博学而笃志，切问而近思。"

（《论语》）

博晓古今，可立一家之说；
学贯中西，或成经国之才。

复旦博学·复旦博学·复旦博学·复旦博学·复旦博学·复旦博学

作者简介

姜波克，男，复旦大学教授、博士生导师，1954年12月生。1982年和1985年分别从复旦大学获得经济学学士学位和硕士学位，1992年从英国Sussex大学获得经济学博士学位。曾先后担任国务院学位委员会学科评议组成员，教育部普通高校经济学教学指导委员会委员，教育部社会科学委员会经济学部委员，中国金融学会常务理事。在国际金融学领域，其著作和教材多次荣获各类奖项，包括国家级教学成果一等奖、教育部优秀教材一等奖、上海市优秀教材一等奖、教育部人文社会科学奖和教育部提名国家科技进步奖等。荣获教育部哲学社会科学领域首批长江学者特聘教授称号、全国模范教师称号等。

扫二维码获取
课程配套线上资源

"十二五"普通高等教育本科国家级规划教材

复旦博学·金融学系列

（第六版）

国际金融新编

姜波克　编著

INTERNATIONAL
FINANCE

复旦大学出版社

内容提要

本书是一本建立在更加强调中国国情特征基础上的国际金融学教材。全书有以下几个特点:

在学科体系上,本版教材如同上一版(第五版)教材一样,明确了国际金融学的研究对象是总供给与总需求相等(短期)和经济可持续增长(长期)条件下的外部平衡,主要工作变量是汇率。

在内容上,本版教材以研究对象为主线进行了有逻辑的层层展开,以更简洁的语言介绍了西方的经典理论,同时又针对学术和现实的最新发展和变化,融入了一些反映时代进展的分析和介绍。

在传承和发展的关系上,本版教材既注重传承西方经典理论,又以中国国情为基础、以核心变量汇率为工具,构建了中国内部均衡条件下外部平衡的系列模型,作为国际金融学教材走向国情化的探索。

本书适合大专院校经济、金融、贸易、管理、国际关系等专业师生使用,也适合在职人员的自学和培训使用。对有志于进一步深造和研究的读者来说,本书也可以作为参考。

第六版前言

《国际金融新编》第一版写成于 1993 年,出版于 1994 年。从 1993 年到现在,将近 25 年了。在这 25 年中,中国经济经历了巨大的变化。这种变化,不但体现在中国经济总量的巨大增长上,还体现在中国经济和金融更大程度的对外开放上。这种变化势必会对国际金融学教材的编写产生重大影响并提出新的要求。

这本国际金融学教材,自 1994 年首版后,经历了五次修订。第一次修订于 1997 年,主要是新增加了一些内容。第二次修订于 2001 年,除再度新增了一些重要内容外,主要是明确了国际金融学作为一门独立学科的研究对象,并以该研究对象为主线将教材各项内容进行了重新编排。第三次修订于 2008 年,主要做了如下重要调整:

第一,明确提出在构建国际金融学教学体系时,要充分考虑中国的国情及其在世界经济与国际金融中的相对地位。

第二,以此为出发点,对第三版中关于国际金融学的研究对象做了修改,加上了"经济(可)持续增长前提下"这一限定语,即新的定义是:国际金融学是从货币金融角度研究经济(可)持续增长前提下内部均衡和外部平衡同时实现问题的一门学科。

第三,任何一门学科都有自己特定的主要分析变量,国际金融学也不例外。第三次修订中明确提出了国际金融学的核心分析变量是相对价格,即汇率,并区别了汇率决定的被动(比价)属性和主动(杠杆)属性。

第四次修订则在 2008 年第四版的基础上又作了如下调整:

第一,进一步完善了国际金融学的研究对象。区分了国际金融学研究对象的短期定义和长期定义。从短期来讲,内部均衡是总供给与总需求的平衡,国际金融学的研究对象是从货币金融角度研究总供给与总需求相等条件下的外部平衡。从长期来讲,内部均衡是外延经济增长与内涵经济增长的平衡,这样的平衡意味着经济的可持续增长,因此国际金融学的研究对象是从货币角度研究外延经济增长和内涵经济增长相平衡即经济可持续增长条件下的外部平衡。

第二,进一步突出了国际金融学核心分析变量——汇率——的作用,将汇率的核心作用拓展到了国际问题的分析之中,从而使汇率核心作用的分析贯穿全书的始终。

第三,增加了与中国有关问题的分析,并对一些重要概念、提法、表述进行了修正、补充、完善。同时,对第四版中建立的以汇率为核心变量的理论模型也作了部分修正。

本次修订则在上一次修订的基础上作了如下调整:

第一,根据形势的变化增加、补充、更正了部分内容,主要包括国际收支平衡表的编制口径反映了国际货币基金组织的最新要求、人民币加入特别提款权后特别提款权定价方法的更新、人民币境外市场汇率变动的介绍、境外人民币回流的意义和方法探讨等。

第二,对一些晦涩的理论介绍进行了简化,使本书读起来更加容易。

第三,更新了部分数据。

调整后的国际金融学体系可以按以下顺序来理解:经济对外开放就必然会产生对外收入和支出→由此会产生国际收支(表)和国际收支的不平衡→国际收支不平衡的产生导致国际收支调节的必要性→国际收支不平衡的调节往往会与内部均衡产生矛盾和冲突→为解决这种矛盾和冲突就要运用恰当的调节方法→各种调节方法的生效都以汇率水平的不变或可变为假设前提→汇率的核心作用由此而凸显→汇率水平的变动既取决于各种经济变量的变动,又反作用于各种经济变量→因此,汇率水平的决定要考虑其被动属性和主动属性的统一→以汇率水平决定的这两种属性相统一来引入、建立并分析各种调节模型(主要是蒙代尔—弗莱明模型和增长前提下的汇率模型)→再进行增长前提下的汇率模型的扩展分析→在此基础上随后讨论汇率制度与汇率干预的效率→最后从经济全球化和经济依存性的角度,讨论国际资金流冲击和外国国内冲击的传导对一国内外均衡的影响,以及国际协调问题。

作为国际金融学教材,本书的目标首先是向学员介绍国际金融学的常识、经典理论和分析方法,而更深一层的目标则是培养学员在把握我国国情的基础上对国际金融、经济发展、宏观政策等方面的问题进行独立思考的能力。为了实现这些目标,本书在写作上具有以下几个特点:

(1) 本书偏重于宏观的经济分析和政策介绍,对国际金融中实务性、介绍性的内容给予相对较少的篇幅。

(2) 本书重视对前人建立的国际金融学经典和成熟理论的传承,但同时也注重启发读者思考和探索中国国情下内部均衡和外部平衡同时实现的理论和方法。

(3) 在描述的形式和语言上,本书从教学层次考虑,不引入太多的数学形式和推理,尽量用可理解的文字和图形来对理论加以阐述,力求做到简单明了。教师在讲授本课程时,应根据具体情况适当增加一些定理的证明、推导和案例。

本书既适用于普通高等院校国际金融学课程的教学,也适用于有兴趣、有需要了解国际金融学知识的读者自学。由于本书涉及较多国情基础上的讨论和政策分析,也适合党校及干部培训使用。为了更快、更好地掌握本书涉及的知识,本书出版了一本配套的习题集《国际金融新编习题指南》(第五版)。当然,习题集并不能代替教材本身的学习,建议读者在学习本书之前对微观经济学、宏观经济学、货币经济学有所掌握,并具备一些中国国情和中国经济实际运行方面的知识。

本版教材在写作中得到了刘一楠同志的大力帮助。本着科研带动教学的宗旨,本版教材的部分内容来源于本人主持的教育部重大攻关项目《人民币均衡汇率问题研究》(项目编号:05JZD00012),参与此项目的部分同志也对本教材作出了贡献,其中包括许少强、陈学彬、李天栋、莫涛、刘宇、娄伶俐等。在项目进行过程中,来自北京和全国各地的专家包括吴树青、王家瑞、张卓元、余永定、李扬、易纲、白钦先、马君潞等,专门提出了宝贵意见。为此,我们对教育部重大攻关项目的资助和专家们的宝贵意见表示由衷感谢。同时也感谢责任编辑、复旦大学出版社副总编、经管分社社长徐惠平的辛勤劳动。

本人学识水平有限,加之本次修改幅度又较大,书中出现缺点或错误在所难免,在此衷心期望广大读者提出宝贵意见和批评,以便共同推动我国国际金融学科的发展。

姜波克

2018 年春

目　录

| 第一章 |

导　　论

一、本书的研究对象

国际金融学的形成是以经济的开放和货币的使用为前提的。经济开放使国内的需求可以在货币的媒介下由外国提供的产品来满足,而国内的供给也可以在货币的媒介下输出到外国供外国居民消费。这样,原来封闭条件下的内部均衡就发生了深刻的变化。与此同时,在货币的媒介下,商品和以资本为代表的生产要素在国际间的流动,使得一国可以在不同时期以不同的数额吸收资源或者输出资源,从而产生了外部平衡问题。经济政策和市场力量,一方面要分别维持内部均衡和外部平衡;另一方面还要调节内部均衡和外部平衡之间可能的冲突。内部均衡和外部平衡的同时实现成了开放条件下经济学面临的崭新任务,从货币角度对此问题进行研究的国际金融学也就应运而生了。

国际金融学的出发点是整个宏观经济,它是建立在货币经济学和开放宏观经济学基础上的。但国际金融学不同于货币经济学和开放宏观经济学。货币经济学关注的是本国货币供求和国内价格问题,即一定价格水平下本国货币市场的平衡问题;开放宏观经济学关注的是开放条件下一国总供给和总需求的相互关系问题,即一定就业水平下总供给和总需求的平衡问题;而国际金融学关注的焦点则是内部均衡和外部平衡的相互关系。由此可见,国际金融学是一门独立的学科,它有自己特定的研究对象。我们可以对国际金融学的研究对象给出一个定义,即国际金融学是从货币角度研究内部均衡和外部平衡之间关系的一门学科。更精确地说,国际金融学是从货币角度研究内部均衡条件下外部平衡实现问题的一门学科。

国际金融学作为一门独立的学科,不仅具有自己特有的研究对象,还具有自己特有的核心研究变量。货币经济学的核心研究变量是货币供应量和物价水平等,开放宏观经济学的核心研究变量是总需求(消费、投资、政府支出)和就业等,国际金融学的核心研究变量则是国际收支和汇率。之所以如此,是因为商品和要素的跨国流动都是以货币为媒介并以货币来记录的。不同国家商品和要素在各国货币媒介下进行跨国流动时,必定会产生货币兑换和折算问题,货币兑换比价直接影响流入和流出的规模,而流入和流出的规模用货币记录后,则形成衡量外部平衡的国际收支。由此可见,国际收支和汇率成为国际金融学的核心研究变量,是由国际金融学的研究对象和学科性质决定的。表 1-1 列出了国际金融学和其他几个学科的主要区别。

表 1-1　国际金融学和相关学科的区别

学 科 名 称	研 究 对 象	主要研究变量
国际金融学	本国内部均衡条件下的外部平衡问题	汇率和国际收支等
货币经济学	本国国内货币市场均衡问题	货币供应量和物价等
开放宏观经济学	本国内部均衡问题	总需求和就业等

进一步看,我们可以更深刻地理解国际金融学的研究对象。国际金融学是一门从货币角度研究内部均衡条件下外部平衡实现问题的学科。短期来讲,内部均衡通常是指一定条件下总供给和总需求的平衡,因此,从短期讲,国际金融学就是一门从货币角度研究总供给与总需求相平衡条件下外部平衡实现问题的学科。但是,内部均衡和外部平衡之间存在一定的冲突,达到其中一个目标,可能会以损害另一个目标或妨碍经济增长为代价。中国是一个发展中国家,经济发展是中国面临的一项重要任务,因此,从长期来讲,内部均衡就是指经济的持续稳定增长,我们的分析必须以经济的持续稳定增长为前提来展开[1]。这样,从长期的角度讲,国际金融学就成为从货币角度研究经济(可)持续增长前提下外部平衡实现问题的一门学科[2]。

---

[1]　一个简单的例子:当出现国际收支顺差时,为实现外部平衡,可以使本币升值,但这会降低本国净出口和经济增长,因此,这一途径就违背了经济持续增长的前提。

[2]　经济持续增长,既取决于外延经济的增长,又取决于内涵经济的增长,还取决于外延经济和内涵经济相互之间的平衡增长。因此,关于国际金融学研究对象的更进一步的探讨,将在本书第四章和第五章中展开。

二、本书的国情基础

作为理论联系实际的尝试,本书对国际金融学知识的介绍和论述相当一部分是在本国国情的基础上展开的,所涉及的研究前提、概念、定义等不少也都和国情息息相关。这是本书的一个重要特点。因此,在本书一开始,先从宏观经济角度对中国目前的基本国情做一个概括。

1. 中国的经济总量已具有世界影响

自 1978 年改革开放以来,中国经济持续以较高的速度增长。到 2016 年,按国内生产总值(GDP)衡量,中国经济的总规模超过 74 万亿元人民币,按当年年底人民币对美元的汇率计算,中国经济总规模约为 11 万亿美元,跃居全球第二位,已大致相当于日本、德国、英国三个国家 GDP 的总和。中国经济的运行状况和宏观调控政策对世界经济特别是对中国的主要经贸伙伴国已经具有举足轻重的影响,这必定会影响到本书内容的构建。

2. 中国仍然是一个发展中国家

然而,无论是数据统计还是生活直觉都告诉我们,中国的经济发展水平与发达国家相比还有较大差距。就经济总量而言,中国已经位于世界前列,但这一总量被庞大的人口基数相除后,中国的人均 GDP 和各国相比还排在一个相当靠后的位置[①]。因此,追求经济增长和居民福利水平的提高,不能不成为政府制定一切政策时首先要考虑的因素,也不能不成为本书在进行国际金融理论分析和政策讨论时要考虑的因素。

3. 中国的自然资源状况紧张

中国正处于工业化和城镇化快速发展阶段,对资源需求较高,同时,中国多项重要资源面临短缺并且人均资源量远低于世界平均水平,导致未来中国的资源供需形势十分严峻。

就土地资源来看,中国的国土面积总量较大,但可耕地占国土面积比例较低,人均占有的可耕地面积在世界主要国家中属较低水平。可耕地面积一方面决定了粮食的可能产出;另一方面也对城镇化的规模和速度造成了约束。

中国的水资源总量丰富,但人均占有量与美、德、日、英、法、俄等世界主要国家相比是最低的,而且水资源分布不均,南方相对丰富,北方缺水严重。同时,水

---

① 2016 年,中国人均国内生产总值(GDP)的排序大概在全球的第 80 位左右。

资源的循环利用水平较低,工农业生产仍以耗水严重的方式进行。随着中国经济规模的进一步扩大,水资源紧张的状况还会进一步加剧。

就能源而言,中国在较长时间内都以煤为主要能源,但随着经济的发展,石油和天然气所占比例逐步提高。然而,中国的石油、天然气储量远不能满足中国的能源消费需求。到2016年,中国大约三分之二的石油需要进口,能源对外依赖日益严重。中国在能源方面日益严重的对外依赖必将对中国的对外经济政策产生严重的制约。

中国的环境资源状况也不容乐观。在经济较为发达的地区,能源、化工、冶金等企业对水体和空气造成了很大破坏,西部内陆地区遭到的人为破坏相对较少,但存在着气候恶劣、土壤沙化、洪涝干旱灾害等问题。

资源问题已经成为制约中国经济持续稳定增长的一个瓶颈。要解决这个问题,无非有两条路可走:一是提高单位资源的利用效率,二是从世界市场获取更多的资源。从货币角度看,如何提高资源的利用效率,用什么到世界市场去换取更多的资源,以什么方法和价格去换取世界的资源,如此众多问题,必定会越来越深刻地影响中国国际金融学理论的发展。

4. 中国人口众多

中国是世界上人口最多的国家,按照1.8的总和生育率计算,我国的总人口将于2020年达到14亿人,2033年前后达到峰值15亿人左右。庞大的人口数量既是经济发展的重要动力,又与就业、资源和全民福利水平的提高存在矛盾。

首先,中国每年都会有大量适龄人口进入劳动力市场,需要经济以较高速度增长才能吸收新增劳动力就业。其次,劳动力就业要求资本和其他生产要素的配套,从而增加了对现有资本、经济资源和自然资源的消耗。第三,庞大的人口基数使居民的福利水平在经济增长的背景下仍难大幅度提高。最后,大量新增的劳动力一方面使中国对外交往中劳务输出较多;另一方面使劳动力价格低廉,产品价格竞争力较强,出口较多,大量劳动力不得不依靠世界市场来谋得就业。这些问题对中国的内部均衡和外部平衡都产生着深刻的影响,也对国际金融学的内容构造提出了新的要求。

人口的年龄结构和经济增长

计划生育政策在降低人口增长率的同时,对我国人口的年龄结构也产生了影响。过去30多年中,我国人口出生率下降,新生人口减少,导致中国的未成年人比例在发展中国家中处于较低水平,与此同时,中国的劳动年龄人口比例很高,老年人比例相对较低。在经济学意义上,劳动年龄人口的产出大于消费,而未成年人和老年人不从事生产而纯粹消费,因此,较高比例的劳动年龄人口能够有较高的储蓄率,为投资提供支持,促进经济发展,这就是所谓的人口红利。然而,从近几年开始,我国的人口红利正趋于消失。在未来的几十年内,现时的劳动年龄人口将逐步转化为老年人口,而现时的未成年人的成长在数量上不足以弥补劳动年龄人口的减少,我国的人口年龄结构将发生变化,适龄劳动力会减少,社会储蓄率也会下降。人口红利的逐步消失,将会对我国未来的经济增长速度、经济增长模式和外部平衡问题产生深刻的影响。

5. 中国的经济增长方式仍然以外延型增长为主

在过去数十年中,中国经济的增长除依靠高端技术外,更多的是依靠低价使用本国低端技术和自然资源,以及持续投入本国廉价劳动力来实现的。因此,中国经济增长的主要途径是生产要素投入的增加,这种增长可被称为外延型经济增长。表 1-2 对比了中国和世界主要发达国家的单位产出的劳动投入量和能源投入量。从经济发展的质量和代价看,中国单位产出的能源、资源消耗大,劳动力投入多,从而反映出中国产业结构、技术和生产工艺的相对落后。

表 1-2　万美元 GDP 投入的劳动和能源比较

	经济指标	美国	日本	英国	法国	德国	中国
2010 年	万美元 GDP 的劳动投入量（人/万美元）	0.11	0.12	0.13	0.11	0.12	1.28
	万美元 GDP 的能源消费量（吨标油/万美元）	1.45	1.09	0.89	1.09	0.99	2.05
2014 年	万美元 GDP 的劳动投入量（人/万美元）	0.09	0.13	0.11	0.11	0.11	0.77
	万美元 GDP 的能源消费量（吨标油/万美元）	1.34	0.93	0.73	0.98	0.87	1.75

注: 万美元国内生产总值的劳动投入量以劳动力的投入人数为代表,万美元国内生产总值的能源投入量以标准油吨数为代表。国内生产总值采用当年价格计算,劳动力总数包括所有年满 15 周岁、符合国际劳工组织对从事经济活动人口所作定义的群体。

资料来源:世界银行数据库
　　　　　http://data.worldbank.org.cn/indicator/NY.GDP.MKTP.CD
　　　　　http://data.worldbank.org.cn/indicator/SL.TLF.TOTL.IN
　　　　　http://data.worldbank.org/indicator/EG.GDP.PUSE.KO.PP.KD

在外延型经济增长模式下,虽然本国劳动力的就业得到持续增加,但本国自然资源也在日益消耗,增长的可持续性受到严重挑战。如何在经济可持续增长的前提下实现外部平衡,不仅是国际金融学的主题,也成了当今中国国际金融领域中一个最热门的话题。

城乡二元经济结构与外延经济增长

中国经济的外延型增长方式很大程度上来源于劳动人口众多、劳动力素质低下以及由此造成的劳动力廉价。中国较为明显的城乡二元结构是形成廉价劳动力的重要原因。长期以来,中国的乡村人口多于城镇人口,农村和城市的产业结构也有很大不同,城市主要从事第二产业、第三产业,农村主要从事第一产业。第一产业受到土地等自然资源以及市场需求的限制而产出较低,而大量的劳动投入又降低了第一产业的劳动生产率。虽然农村也发展了很多乡镇工业企业,但总体来说,乡村人口的收入水平相比城镇人口收入水平要低很多。城乡收入的显著差异形成了城乡的二元经济结构。在城乡二元经济结构下,城市企业只需付出高于农村收入水平的工资就能吸引劳动力从农村向城市迁移。在二元经济结构存在的情况下,企业可以支付较低的工资,从而企业倾向于雇佣更多的劳动力,由此造成了劳动对资本和技术的替代,阻碍了第二产业、第三产业效率的提高和高附加值产品的开发。

6. 中国的经济发展在很大程度上依赖于对外经济交流

对一个人口众多、劳动力资源庞大但消费能力不高的国家来讲,除了国内市场的需求外,国际市场的需求也会显得日益重要。改革开放以来,中国经济的增长和就业水平的提高越来越依赖世界市场。1978 年,中国出口总额占GDP 的百分比约为 4.65%,到 2016 年这一数字上升到 18.6%。与此同时,与世界市场有关的就业人数,也达到了近 2 亿人。由此可见一个稳定的外部市场对中国来讲已变得十分重要。中国经济的内部均衡(收入、就业等)如此依赖外部市场,既大大丰富了国际金融学的研究内容,又使研究变得更加复杂。

三、本书的研究视角

通过对中国国情的描述和分析,我们可以看到,在构建内部均衡条件下外部平衡的理论框架时,要特别注意以下几点:

第一,对于发展中的中国而言,外部平衡应当是经济增长条件下的目标,即国内总供给和总需求相等必须伴随着供给和需求水平的同步提高,国际收支的平衡或可持续必须以国内经济增长为前提,维持外部平衡不能以牺牲经济增长为代价。

第二,我国是人均自然资源占有不足的国家,在对外经济交往中,应当注意本国资源的节约和外国资源的利用。在维持外部平衡时,应当注意进出口产品的结构,采用产业政策、汇率政策等手段引导国内资源的节约和国外资源的利用。

第三,我国适龄劳动力丰富并且在未来若干年内仍将增长,劳动力的充分就业既是要素充分利用的要求,也是社会稳定和福利水平提高的要求。由于大量劳动力在涉外经济领域工作,对内部均衡和外部平衡的调整需要考虑到就业水平的维持。

第四,从长远来看,中国的经济发展应由数量扩张向质量提高转变。现阶段对内部均衡和外部平衡的追求,应当对经济增长方式的转变有所考虑。未来,随着人口红利的逐步消失,劳动力这一生产要素也将逐步变得相对稀缺,加之其他本已十分紧张的生产资源(要素)还会越来越紧张,因此生产方式的进步、产业结构的改善和效率的提高,将显得越来越重要。

第五,中国经济规模对世界有举足轻重的影响,而中国经济的发展也日益离不开世界市场。因此,任何经济政策的出台,不仅要考虑国内的需要,也要考虑维护和珍惜一个公平公正的世界市场环境的需要。

四、本书的研究方法和逻辑

由于国际金融的出发点就是在货币媒介下,国际间赤字国和盈余国通过商品和资本流动等方式进行的经济交流,所以本书以国际收支为切入点来构建全书的知识体系。本书首先介绍国际收支和国际收支平衡表的概念,并以中国案例的分析来加深对国际收支平衡表的认识。在此基础上,分析国际收支失衡的原因和调节路径。从货币角度看，国际收支失衡的各类原因和调节的各种手段都可以归结为相对价格的失衡和调节或在相对价格问题上得到体现。因此，本书以货币的相对价格即汇率为核心，介绍总供给与总需求相等条件下外部平衡的短期调节理论和经济可持续增长条件下外部平衡的长期调节理论。随后本书介绍汇率制度选择、外汇直接管制、货币当局的外汇市场干预在外部平衡实现中的作用等内容。最后本书介绍经济全球化条件下国际金融市场对内部均衡和外部平衡的影响，以及金融全球化条件下的国际协调。本书的研究逻辑见图 1-1 所示。

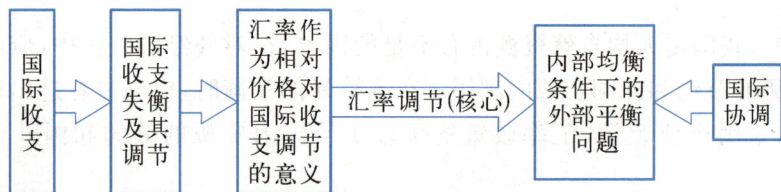

图 1-1　本书知识路线图

本章内容提要

1. 国际金融学是一门从货币角度研究内部均衡条件下外部平衡实现问题的学科。从短期讲，内部均衡是指一定条件下总供给与总需求的平衡；从长期讲，内部均衡是指经济的持续增长。内部均衡和外部平衡之间存在一定冲突，达到其中一个目标，可能会以损害另一个目标或妨碍经济增长为代价。中国是一个发展中国家，经济发展是中国未来面临的一项重要任务。因此，从短期讲，国际金融学是一门从货币角度研究总供给与总需求相等条件下外部平衡实现问题的学科；从长期来看，国际金融学的研究对象又可以表述为：国际金融学是一门从货币角度研究经济持续增长条件下外部平衡实现问题的学科。

2. 国际金融学的研究不能脱离我国的国情。我国的基本国情是：经济总量已具有世界影响，发展阶段上仍属于发展中国家，自然资源状况紧张，人口众多，严重依靠生产要素投入来取得外延型经济增长，经济对外依存度高。

3. 基于我国国情，国际金融学在追求内部均衡条件下的外部平衡这一目标时，应当兼顾经济的增长、国内资源的节约、国际市场资源的充分利用、就业水平的保持、经济增长方式的转变和国际市场份额的维护及扩大。

本章重要概念

国际金融学的研究对象　内部均衡的含义　中国的基本国情

本章思考题

为什么我们要在经济增长条件下来讨论国际金融学的研究对象?

本章讨论题

1. 试讨论并深刻领悟中国作为发展中的大国,其资源、人口、发展方式等特征,并讨论这些特征对国际金融学研究对象可能会带来怎样的影响?

2. 试讨论稳定、合作、互利双赢的国际经济关系对中国的重要意义。

第二章

国际收支和国际收支平衡表

　　国际金融学作为一门学科,起源于货币媒介的国与国之间的经济交往。本章所介绍的国际收支和国际收支平衡表就是一国对外经济联系的货币记录及其账面表现,它能帮助我们从一国的角度来理解国际金融的来龙去脉。所以,国际收支和国际收支平衡表将作为我们学习和研究国际金融的起步点,我们将从这里出发,逐步深入到国际金融学的核心内容。

第一节　国　际　收　支

一、国际收支的定义

　　一国对外往来会产生货币支付,但并非所有的往来都涉及货币的支付,比如外国以实物形式提供的无偿援助和投资等。为了全面反映一国的对外往来情况,各国均根据国际货币基金组织的定义采用了广义的国际收支概念①。所谓国际收支,是指一国在一定时期内全部对外往来的系统的货币记录。

二、国际收支定义的解释

　　我们可以从以下几个角度来理解国际收支的定义。

---

　　①　国际货币基金组织是联合国框架下货币金融关系的国际协调者。关于国际货币基金组织的内容请详见第八章。

第一,国际收支记录的是对外的交往,即一国居民与非居民之间的交易。也就是说,判断一项交易是否应当包括在国际收支的范围内,所依据的不是交易双方的国籍,而是依据交易双方是否有一方是该国居民而另一方不是该国居民。在国际收支统计中,居民是指一个国家的经济领土内具有经济利益的经济单位。所谓一国的经济领土,一般包括一个政府所管辖的地理领土,还包括该国天空、水域和邻近水域的大陆架,以及该国在世界其他地方的飞地。依照这一标准,一国的大使馆等驻外机构是所在国的非居民,而国际组织是任何国家的非居民。所谓在一国经济领土内具有一定经济利益,是指该单位在某国的经济领土内已经有一年或一年以上的时间从事经济活动或交易,或计划如此行事。对于一个经济体来说,它的居民单位主要是由两大类机构单位组成的:(1)家庭和组成家庭的个人;(2)社会的实体和社会团体,如公司和准公司、非营利机构和该经济体中的政府。

第二,国际收支是系统的货币记录。国际收支反映的内容以交易为基础,而不是像其字面所表现得那样以货币收支为基础。这些交易既包括涉及货币收支的对外往来,也包括未涉及货币收支的对外往来,未涉及货币收支的往来须折算成货币加以记录。所谓交易,包括四类:(1)交换,即一个交易者(经济体)向另一个交易者(经济体)提供一种经济价值并从对方得到价值相等的回报。这里所说的经济价值,可概括为实际资源(货物、服务、收入)和金融资产。(2)转移,即一个交易者向另一个交易者提供了经济价值,但是没有得到任何补偿。(3)移居,指一个人把住所从一个经济体搬迁到另一个经济体的行为。移居后,该个人原有的资产负债关系的转移会使两个经济体的对外资产、负债关系均发生变化,这种变化应记录在国际收支之中。(4)其他根据推论而存在的交易。在某些情况下,可以根据推论确定交易的存在,即使是实际流动并没有发生,也需要在国际收支中予以记录。国外直接投资者收益的再投资就是一个例子:投资者的海外子公司所获得的收益中,一部分是属于投资者本人的,如果这部分收益用于再投资,则必须在国际收支中反映出来,尽管这一行为并不涉及两国间资金与劳务的交流。

第三,国际收支是一个流量的概念。根据统计学的定义,流量是一定时期内发生的变量变动的数值。国际收支一般是对一年的交易进行总结,所以它是一个流量的概念。

第四,国际收支是个事后的概念。定义中的"一定时期"一般是指过去的一个会计年度,所以它是对已发生事实进行的记录。

第二节 国际收支平衡表

一、国际收支平衡表的基本原理

所谓国际收支平衡表，是指将每一笔国际收支记录按照特定账户分类和复式计账原则而汇总编制的会计报表。国际货币基金组织对国际收支平衡表的编制所采用的概念、准则、分类方法以及标准构成都作了统一的说明。下面按照这一规定从账户分类、复式计账原则和记账货币三个角度对国际收支平衡表进行介绍和分析。

1. 账户分类

国际收支账户可分为三个一级账户：（1）经常账户；（2）资本与金融账户；（3）错误和遗漏账户。

（1）经常账户。经常账户（Current Account）是对实际资源在国际间的交易行为进行记录的账户，它包括以下三个二级账户：贸易账户（它包括货物和服务这两个重要的子账户）、初次收入账户以及二次收入账户。

① 货物（Goods）。货物账户记录有形物品或商品的进出口交易。在处理上，货物的出口和进口应在货物的所有权从一国居民转移到另一国居民时记录下来。一般来说，货物按边境的离岸价（FOB）计价。

国际贸易中的离岸价和到岸价

离岸价（Free On Board；FOB），即装运港船上的交货价，是指卖方在约定的装运港将货物交到买方指定的船上。买卖双方费用和风险的划分，以装运港船舷为界。

到岸价（Cost, Insurance and Freight；CIF），即货物成本加保险费加运费。货价构成因素中除包括货物本身价格（相当于FOB）外，还包括从装运港至约定目的港的通常运费和约定的保险费。

② 服务（Services）。服务是贸易账户的第二个子账户，它包括运输、旅游以及在国际贸易中地位越来越重要的其他项目（如通讯、金融、计算机服务、知识产权使用、文化娱乐等）。

③ 初次收入。初次收入包括居民和非居民之间的两大类交易，即支付给非居民雇员的报酬和投资项下有关对外资产和负债的收益和支出，后者包括有关直接投资、证券投资和其他投资的收益和支出以及储备资产的收益。最常见的投资收益是股本收益（红利）和债务收益（利息）。应注意的是，资本损益是不作为投资收益记载的，所有由交易引起的现已实现的资本损益都包括在金融账户下面。

④ 二次收入。二次收入又可以称为经常转移。当一个经济体的居民实体向另一个非居民实体无偿提供了实际资源或金融产品时，按照复式记账法原理，需要进行抵消性记录以达到平衡，也就是需要建立转移账户作为平衡项目。转移区分为经常转移与资本转移，经常转移仍包括在经常账户中，而资本转移包括在资本与金融账户内。经常转移排除了下面三项所有权转移（即资本转移）：ⅰ 固定资产所有权转移；ⅱ 同固定资产收买/放弃相联系的或以其为条件的资产转移；ⅲ 债权人不索取任何回报而取消的债务。经常转移包括各级政府的转移（如政府间经常性的国际合作、援助）和其他转移（如个人汇款）。

（2）资本与金融账户。资本与金融账户（Capital and Financial Account）是指对资产所有权在国际间流动行为进行记录的账户，它包括资本账户（Capital Account）和金融账户（Financial Account）两个二级账户。

资本账户包括资本转移和非生产非金融资产的收买和放弃（资本转移的含义已在上面进行了说明）。非生产、非金融资产的收买或放弃是指各种特许权、经销权以及租赁和其他可转让合同的交易。

金融账户包括引起一个经济体对外资产和负债所有权变更的所有权交易。根据投资类型或功能，金融账户可以分为直接投资、证券投资、金融衍生工具、其他投资、储备资产五类。

① 直接投资（Direct Investment）。直接投资的主要特征是，投资者对另一经济体的企业拥有长久利益。长久利益意味着直接投资者和企业之间存在着长期的关系，并且对企业经营管理施加相当大的影响。直接投资可以采取在国外直接建成分支企业的形式，也可以采用购买国外企业一定比例股权的形式。

② 证券投资（Portfolio Investment）。证券投资的主要对象是股本证券和债

务证券。对于债务证券而言,它可以进一步细分为期限在一年以上的中长期债券以及期限在一年或一年以下的短期债券或货币市场工具。

③ 金融衍生工具。金融衍生工具是新近单列出来的一个项目。将金融衍生工具作为一个独立账户单列出来的主要原因是该项目下的交易量随金融市场的发展而日益增多并且风险较大,将它单独列出有利于风险识别和防范。

④ 其他投资(Other Investment)。这是一个剩余项目,它包括所有直接投资、证券投资、金融衍生工具和储备资产未包括的金融交易。其他投资中最主要的项目是银行的存贷款。

⑤ 储备资产(Reserve Assets)。储备资产主要包括货币当局可随时动用的资产,包括货币用黄金、特别提款权、在基金组织的储备头寸以及外汇资产。

(3) 错误和遗漏账户(Errors and Omissions Account)。国际收支账户运用的是复式计账法,因此所有账户的借方总额和贷方总额应相等。但是,由于不同账户的统计资料来源不一、记录时间不同以及一些人为因素(如虚报出口)等原因,会造成结账时出现净的借方或贷方余额,这时就需要人为设立一个抵消账户,数目与上述余额相等而方向相反。错误和遗留账户就是这样一种抵消账户,它归结了各种统计误差和人为差异,其数值与经常账户、资本和金融账户余额之和相等,方向相反。

国际货币基金组织公布的国际收支账户设置如图 2-1 所示。

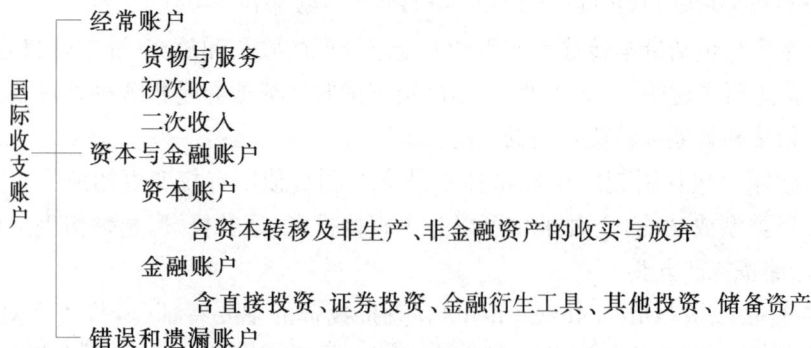

图 2-1　国际收支账户结构

2. 复式记账法

复式记账法是国际会计的通行准则,即每笔交易都由两笔数值相等、方向相反的账目表示。复式记账法运用在国际收支平衡表时,主要包括以下三个要点：

第一，任何一笔交易发生，必然涉及借方和贷方两个方面，有借必有贷，借贷必相等。

第二，借方记录的是资金使用和占用的增加以及资金来源的减少（譬如用于进口外国商品或购买外国金融资产或存款），贷方记录的是资金来源的增加以及资金使用和占用的减少（譬如通过出口本国商品而获得资金或从外国获得收入或出售外国金融资产）。各种具体的交易按上述原则被归结和记录到相应的各个科目里。

第三，将各个科目的记录汇总后，正余额（贷方数额大于借方数额）意味着该科目的顺差（或盈余），负余额（贷方数额小于借方数额）意味着该科目的逆差（或赤字）。

3. 记账货币

由于国际经济交流是用多种货币进行的，因此，为了使各种交易间具有记录和比较的基础，需要在记账时将其折算成同一种货币，这种货币就被称作记账货币（Recording Currency）或记账本位币。大多数国家都把美元作为记账货币。在国际收支平衡表记账时，以不同货币结算的对外交易需要按记账货币和具体交易货币之间的比价（即汇率）折算为记账货币。

下面，我们用实例来说明国际收支平衡表的编制方法。

二、国际收支平衡表的编制实例

1. 记账实例

我们以甲国为例，列举八笔交易来说明国际收支账户的记账方法。对具体交易的记账方法进行分析不仅有助于正确掌握国际收支账户中的记账原理，同时也有助于我们理解各账户之间的关系。

【例1】甲国企业出口价值100万美元的设备，所得收入存入银行。

在该笔交易中，本国的资金来源是出口货物所得的收入，本国的资金运用形成金融资产（银行存款），具体记作：

借：其他投资——银行存款　　　　　100万美元
　　贷：货物（出口）　　　　　　　　　100万美元

【例2】甲国居民到外国旅游花销1万美元，该居民用国际信用卡支付了该款项，并在回国后用自己的外汇存款偿还。在此交易中，本国的资金来源是金融资

产(银行存款)的减持,本国的资金运用是购买旅游服务,具体记作:

借:服务——旅游　　　　　　1万美元

贷:其他投资——银行存款　　1万美元

【例3】外商以价值1 000万美元的设备投入甲国,兴办合资企业。在此交易中,本国的资金来源是外商的投资,本国的资金运用是进口外商投入的该笔等值设备,具体记作:

借:货物(进口)　　　　　　1 000万美元

贷:外国对甲国的直接投资　　1 000万美元

【例4】甲国政府动用外汇库存40万美元向外国提供无偿援助,另提供相当于60万美元的粮食药品援助。在此交易中,本国的资金来源是国际储备的动用和商品(粮食药品)的出口,本国的资金运用是经常转移,具体记作:

借:经常转移　　　　　　100万美元

贷:储备资产　　　　　　40万美元

货物(出口)　　　　　60万美元

【例5】甲国某企业在海外投资所得利润150万美元。其中75万美元直接用于当地的再投资,75万美元调回国内向中央银行结售,换得本币后,将相当于25万美元的本币用于股东分红,将相当于50万美元的本币用于购买本国设备后重新投资于国外企业。这些活动可以分记两笔:

第一笔,即获得投资收益后再投资和结汇的处理。本国的资金来源是投资收益,本国的资金运用是兑换本币(反映为央行储备资产的增加)和追加对外直接投资,具体记作:

借:储备资产　　　　　　75万美元

甲国在外直接投资　　75万美元

贷:收入——投资收益　　150万美元

第二笔,即分红和购买设备的处理。对国内股东的分红不影响国际收支,不作记录。用国内机器对国外企业投资,从国际收支的角度来看,本国的资金来源是机器的出口(甲国母企业在甲国购买机器,然后再把机器卖给国外的被投资企业),本国的资金运用是增加对外直接投资,具体记作:

借:甲国在外直接投资　　50万美元

贷:货物(出口)　　　　　50万美元

【例6】甲国居民动用外汇存款40万美元购买外国某公司的股票。在此交易中,本国的资金来源于银行存款的动用,本国资金运用于外国证券投资,具体记作：

> 借：甲国对外证券投资　　　　　　　40万美元
>
> 贷：其他投资——银行存款　　　　　40万美元

【例7】甲国居民通过劳务输出取得收入5万美元，并将收入汇回国内，存入银行。在此交易中，本国的资金来源于劳务收入，本国的资金运用则是购买金融资产(存款)，具体记作：

> 借：其他投资——银行存款　　　　　5万美元
>
> 贷：收入——职工报酬　　　　　　　5万美元

【例8】甲国某公司在海外上市，获得100万美元的资金，甲国公司将融资所得现金结算成本币。在此交易中，本国的资金来源于海外融资(即本国企业收到外国的投资)，本国的资金运用则是将所得融资兑换成本币(反映为央行储备资产的增加)，具体记作：

> 借：储备资产　　　　　　　　100万美元
>
> 贷：外国对甲国的证券投资　　100万美元

甲国上述各笔交易可编制成一个完整的国际收支平衡表。

表2-1　八笔交易构成的国际收支账户

（单位：万美元）

项　　目	借　　方	贷　　方	差　　额
货　　物	1 000	100+60+50	-790
服　　务	1	——	-1
收　　入	——	150+5	155
经常转移	100	——	-100
经常账户合计	1 101	365	-736
直接投资	75+50	1 000	875
证券投资	40	100	60
其他投资	100+5	1+40	-64
储备资产	75+100	40	-135
资本与金融账户合计	445	1 181	736
总　　计	1 546	1 546	0

"错误和遗漏账户的借方"

如果有人从银行汇出 100 万美元但实际进口额只有 50 万美元,另外 50 万美元去向不明,这时,作会计分录时,根据借贷必相等的原则,只能记为:借进口 50 万,借错误和遗漏 50 万,贷银行存款 100 万。反之,如果有人出口 200 万货物但实际从境外汇回到本国银行账户上的美元只有 120 万,作会计分录时,只能记为借银行存款 120 万,借错误和遗漏 80 万,贷出口 200 万。由此可见,去向不明的资金外流和该收未收到的资金都可以在错误和遗漏账户的借方中得到反映。为此,我们可以用错误和遗漏账户的借方数字来近似判断一国的资金外逃情况。

2. 小结

通过上面的理论分析和实例分析,我们可以对国际收支平衡表的记账原则作如下的总结:

第一,国际收支复式记账法中,记入借方的项目包括:反映进口实际资源的经常项目;反映资产增加或负债减少的金融项目。记入贷方的项目包括:反映出口实际资源的经常项目,反映资产减少或负债增加的金融项目。

第二,对国际收支平衡表中单个账户进行汇总,可能会产生贷方和借方数字不等的情况。若贷方大于借方,则差额称为这个项目的收支顺差(或盈余),用正号表示;若贷方小于借方,则差额称为这个项目的收支逆差(或赤字),用负号表示。

第三,国际收支平衡表的最终差额恒等于零,这是由国际收支平衡表的复式记账法原则所决定的。平时,我们可能经常听到国际收支"逆差"或"顺差"这样的术语,既然国际收支平衡表的最终差额恒等于零,那什么才叫"国际收支不平衡"呢? 我们将在下一节回答这个问题。

最后,国际收支平衡表中的每项账户,都反映着一定性质的经济行为。不同账户之间有密切的联系,也就是说不同性质的经济行为之间有着密切的联系。例如,【例 2】既反映了服务的输入,又反映了银行外汇存款的变动,前者属于经常项目,后者却属于资本和金融项目。【例 3】则既反映了商品的进口,又反映了外资的引入,前者属于经常项目账户中的贸易账户,后者则属于资本和金融项目。一个

(类)账户的差额,可以由另一个(类)账户的反差额来部分地或全部地弥补,一笔交易有时可以同时涉及 3 个或 3 个以上的账户。

所以,国际收支平衡表是一种非常特殊的报表,通过对它的分析,可以了解一国国际经济交往的概况。它不仅是一项重要的统计工具,也是一项重要的政策分析工具。

三、国际收支平衡表分析

为了帮助理解国际收支平衡表各个账户之间的关系以及各类账户所反映的一国经济状况,我们选取 2016 年中国的国际收支平衡表来进行举例分析。

表 2-2 是 2016 年我国的国际收支平衡表。

表 2-2　中国 2016 年国际收支平衡表　　　　单位:亿美元

项　　目	行次	差　　额	贷　方	借　方
1. 经常账户	1	1 964	24 546	22 583
1.A 货物和服务	2	2 499	21 979	19 480
1.A.a 货物	3	4 941	19 895	14 954
1.A.b 服务	4	−2 442	2 084	4 526
1.A.b.1 加工服务	5	184	185	2
1.A.b.2 维护和维修服务	6	32	52	20
1.A.b.3 运输	7	−468	338	806
1.A.b.4 旅行	8	−2 167	444	2 611
1.A.b.5 建设	9	42	127	85
1.A.b.6 保险和养老金服务	10	−88	41	129
1.A.b.7 金融服务	11	11	32	20
1.A.b.8 知识产权使用费	12	−228	12	240
1.A.b.9 电信、计算机和信息服务	13	127	254	127
1.A.b.10 其他商业服务	14	147	580	432
1.A.b.11 个人、文化和娱乐服务	15	−14	7	21
1.A.b.12 别处未提及的政府服务	16	−20	12	32
1.B 初次收入	17	−440	2 258	2 698
1.B.1 雇员报酬	18	207	269	62
1.B.2 投资收益	19	−650	1 984	2 634
1.B.3 其他初次收入	20	3	6	2

(续表)

项　　目	行次	差　　额	贷　方	借　方
1.C 二次收入	21	−95	309	404
2. 资本和金融账户	22	263	2 444	2 181
2.1 资本账户	23	−3	3	7
2.2 金融账户	24	267	2 441	2 174
2.2.1 非储备性质的金融账户	25	−4 170	2 441	6 611
2.2.1.1 直接投资	26	−466	1 706	2 172
2.2.1.1.1 股权	27	158	1 642	1 484
2.2.1.1.2 关联企业债务	28	−624	64	688
2.2.1.2 证券投资	29	−622	412	1 034
2.2.1.2.1 股权	30	−196	189	385
2.2.1.2.2 债券	31	−426	223	649
2.2.1.3 金融衍生工具	32	−47	22	69
2.2.1.4 其他投资	33	−3 035	301	3 336
2.2.1.4.1 其他股权	34	0	0	0
2.2.1.4.2 货币和存款	35	−333	102	435
2.2.1.4.3 贷款	36	−1 343	−196	1 147
2.2.1.4.4 保险和养老金	37	−9	−6	3
2.2.1.4.5 贸易信贷	38	−846	162	1 008
2.2.1.4.6 其他	39	−504	239	743
2.2.2 储备资产	41	4 437		
2.2.2.1 货币黄金	42	0		
2.2.2.2 特别提款权	43	3		
2.2.2.3 在国际货币基金组织的储备头寸	44	−53		
2.2.2.4 外汇储备	45	4 487		
2.2.2.5 其他储备资产	46	0		
3. 净误差与遗漏	47	−2 227		

资料来源：国家统计局。

　　首先,从复式记账法的角度来理解一下这张国际收支平衡表。在表中,经常账户的余额由贷方减借方的差来表示,符号为正,数值是 1 964 亿美元,表明经常账户盈余 1 964 亿美元。不包含储备资产在内的资本和金融账户的余额符号为负,数值是 4 173 亿美元,表明资本和金融账户是逆差,数额为 4 173 亿美元;其中,资本账户逆差 3 亿美元,非储备性质的金融账户逆差 4 170 亿美元,这两部分的余额总计是负 4 173 亿美元,它是国际间的经济交易产生的,是自发性的。储备资产的余额符号为正,数值是 4 437 亿美元,意味着该年的国际交易使我国的储备资产(以外汇为主)减少了 4 437 亿美元,这个余额是被动产生的①。经常账户余额加不包括储备资产的资本和金融账户余额之和,减去储备资产账户余额后的数值,就是统计误差和遗漏,该表中这一数额为负 2 227 亿美元。误差和遗漏账户中,借方表示净流出,贷方表示净流入。该表中 2 227 亿美元出现在借方,表示在净流出方面少统计了 2 227 亿美元。这样,整张国际收支平衡表的借贷双方是平衡的。

需要指出的是,在理论上,经常账户余额和不包括储备资产在内的资本和金融账户余额之和,应该就是储备资产的变动额。但在实际的统计中,经常账户余额和不包含储备资产在内的资本和金融账户余额是独立统计的,储备资产是在另一渠道统计的,这两者之间的差异就是净误差与遗漏。净误差与遗漏并不是实际统计的结果,而是为了使国际收支平衡表平衡而设置的账户,其实际来源可能包括统计误差和资本外逃等。

其次,从国际收支的结构来看,我国经常项目收支顺差的主要来源是货物和服务项目,差额为 2 499 亿美元;而货物和服务项目中,货物收支为顺差,服务收支又是逆差,这表明我国制造业较强,服务业较弱,主要依靠有形货物的出口来获取顺差。而在储备资产以外的资本和金融账户中,逆差的主要来源是各类贷款,它可能是因为外国对中国的净贷款减少,也可能是因为中国对外国的净贷款增加,究竟哪个原因更重要,需要有更具体的数据才能得到答案,但这两种原因所反映的经济事实则是完全个一样的。

最后,考察一下表中国际收支的经济意义。进入 21 世纪以来,中国的国际收支连续多年在经常账户和储备资产以外的资本和金融账户上保持顺差,即所谓的"双顺差",其结果是以外汇储备为主要内容的储备资产不断增加。但从 2015 年起,双顺差的局面开始逆转。从 2015 年起,中国的国际收支最显著的特点是:货物账户巨额顺差、服务账户逆差、非储备性质的资本和金融账户逆差、误差和遗漏账户借方数字大于贷方。这个结构表明,中国的外汇储备将结束持续快速增长的

---

① 譬如,一个企业出口价值 100 万美元的商品,获得 100 万美元。该企业将 100 万美元以 7.5 元人民币/1 美元的汇率向中央银行兑换,中央银行收下 100 万美元,并给该企业 750 万元人民币。在此过程中,国家的储备资产增加了 100 万美元,在收支平衡表上,这一行为反映为经常账户贷方余额发生 100 万美元,资本和金融账户下的储备资产借方余额发生 100 万美元,后者是前者引起的。

局面,但由于反映一国制造业竞争力的货物账户有巨大顺差,因此,人民币汇率水平仍能得到较大支撑。人民币汇率上升或下降对中国经济会带来什么影响,我们将在后面进行分析。

第三节　国际收支的不平衡问题

我们在前面已经提到过,"国际收支差额"与"国际收支平衡表的最终差额"是两个截然不同的概念。下面,我们就来探讨什么是"国际收支差额"以及与其密切相联的"国际收支不平衡"或"国际收支不均衡"。

一、国际收支中的自主性交易和补偿性交易

在国际收支的理论研究中,所有的交易都可以按照发生的动机分为自主性交易(Autonomous Transactions)和补偿性交易(Compensatory Transactions)。所谓自主性交易,是指个人和企业为某种自主性目的(比如追逐利润、旅游、汇款赡养亲友等)而从事的交易。而补偿性交易,是指为弥补国际收支不平衡而发生的交易,比如为弥补国际收支逆差而向外国政府或国际金融机构借款、动用官方储备等。

前面已经介绍了,根据复式记账法,国际收支平衡表的最终差额始终是零,所以,所谓国际收支差额,就是指自主性交易的差额。当这一差额为零的时候,称为"国际收支平衡";当这一差额为正时,就称为"国际收支顺差";当这一差额为负时,就称为"国际收支逆差"。后两者统称为"国际收支不平衡"。由于国际收支不平衡代表的是一国对外经济活动的不平衡,所以又简称"对外不平衡"或"外部不平衡"。

但是,按交易动机识别国际收支平衡与否的方法在理论上看虽然很有道理,在统计上和概念上却很难精确区别自主性交易与补偿性交易。所以,这种识别国际收支差额的方法仅仅提供了一种思维方式,具体衡量国际收支差额还需要对差额的口径进行定义。

二、国际收支不平衡的口径

一般而言,各国政府和国际经济组织都将国际收支平衡作为开放经济运行良

好的指标,而把国际收支不平衡作为政策调整的重要对象。但是,我们不能仅仅依据国际收支不平衡的总量定义来"对症下药",还需要进行结构分析,即按照国际收支不平衡的结构口径进行政策决断。口径的选取需要考虑到统计的可能性和一国的具体特点。按照人们的传统习惯和国际货币基金组织的做法,国际收支不平衡的结构口径主要包括以下五种。

1. 贸易收支差额①

贸易收支差额是一国在一定时期内商品货物和服务出口与进口的差额。当出口大于进口时,称作贸易顺差或盈余(Trade Surplus);反之则称作贸易逆差或赤字(Trade Deficit)。

贸易收支差额是传统上用得比较多的一个口径。虽然贸易收支仅仅是国际收支的一个组成部分,不能代表国际收支的整体,但对某些国家来说,贸易收支在全部国际收支中所占的比重相当大。因此,出于简便,仍然可将贸易收支作为国际收支的近似代表。

此外,贸易收支在国际收支中还有它的特殊重要性。贸易的进出口情况综合反映了一国的产业结构、产品质量和劳动生产率状况,反映了该国产业在国际上的分工地位和竞争能力。因此,即使像美国这样资本和金融账户比重相当大的国家,仍然十分重视贸易收支的差额。

2. 经常项目收支差额

经常项目包括有形货物收支(货物)、无形贸易收支(服务)、初次收入和二次收入(经常转移)收支,前两项构成经常项目收支的主体。虽然经常项目的收支也不能代表全部国际收支,但它综合反映了一个国家的进出口状况(包括无形进出口,如劳务、保险、旅游、运输等)及第一产业、第二产业和第三产业的综合竞争能力,同时还反映了一国对外投资为本国带来收益的状况,因而被各国广为使用,并被当作制定国际收支政策和产业政策的重要依据。同时,国际经济协调组织也经常采用这一指标对成员国经济进行衡量,例如国际货币基金组织就特别重视各国经常项目的收支状况。

3. 基本账户差额(Basic Balance)

基本账户差额是经常账户加上长期资本账户(包括直接投资、证券投资、金融衍生工具以及其他投资中偿还期限在一年以上的投资)所形成的余额。一般认为,长期资本的流动以市场、利润为目的,相对于短期资本来讲更具有稳定性。长

---

① 为了表明国际收支不平衡,此处及下面所介绍的差额均不为零,而是为正(顺差)或负(逆差)。

期资本的流入及流出状况反映了一国在国际经济往来中的基本收支状况。因此，基本账户余额便成为许多国家、尤其是那些长期资本进出规模较大的国家观察和判断其国际收支状况的重要指标。

在金融市场日益发达和金融创新层出不穷的今天，按照偿还期限划分的长期资本和短期资本界限并不鲜明。一方面，被列为长期资本流动的部分交易也具有短期性质，譬如，甲国的企业向乙国的投资者发行长期债券或者股票，这属于长期资本流动，但在甲国金融市场发达的情况下，投资者能够很容易地将购买的长期债券或股票重新出售，如果这样，则资本流动实际上很可能就是短期的。另一方面，被认为是短期资本流动的交易也可能具有稳定性，譬如，外国投资者为保持资金流动性而持有本国的短期债券，但是始终保持相当程度的余额，则余额部分就具有一定的长期性。这一点，在进行政策判断时特别需要加以注意。

4. 综合账户差额(Overall Balance)

综合账户差额是指经常账户与资本和金融账户中的资本账户、直接投资、证券投资、金融衍生工具、其他投资账户所构成的余额，也就是将国际收支账户中的储备账户剔除后的余额(如果考虑基本账户差额的话，综合账户差额可以理解为是基本账户差额加上短期资本流动账户差额)。由于综合账户差额必然导致官方储备的反方向变动，所以可以用它来衡量国际收支对一国储备造成的压力。综合账户差额在政府有义务动用官方储备来维护固定汇率制度时是极其重要的。而在浮动汇率制度下，政府原则上可以不动用储备而听任汇率变动，或使用储备调节的任务有所减轻，所以这一差额在浮动汇率制条件下的分析意义略有弱化。但这一概念比较综合地反映了自主性国际收支的状况，是全面衡量和分析国际收支状况的指标。

5. 外汇收支差额

如前所述，一国对外交往中，有些活动涉及货币支付，有些活动则没有涉及货币支付(请参见前面记账实例中的【例3】)，而在编制国际收支平衡表时，这两类活动均被记录了进去。其中，涉及货币支付的交易在现实生活中意味着外汇的收入和支出，它构成外汇市场上外汇的供给和需求。外汇供求关系直接影响到官方外汇储备的变动和汇率水平的变动，因此外汇收支被当成衡量一国国际收支状况的重要指标。

6. 国际收支不平衡口径之间的关系和选择

贸易收支差额、经常账户收支差额、基本账户收支差额和综合账户收支差额之间的关系可以归纳如图2-2所示。

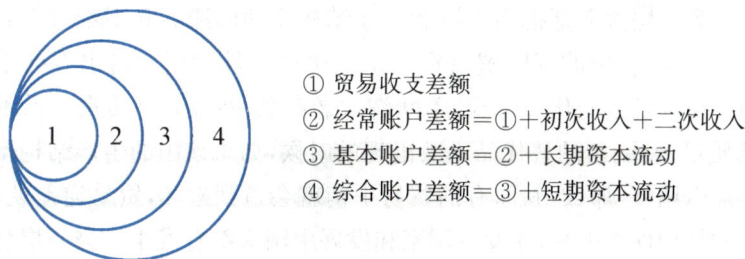

① 贸易收支差额
② 经常账户差额＝①＋初次收入＋二次收入
③ 基本账户差额＝②＋长期资本流动
④ 综合账户差额＝③＋短期资本流动

图 2-2 各种口径的国际收支差额关系示意图

可以看到,国际收支不平衡的衡量口径有许多种,不同的国家往往根据自身情况选用其中一种或若干种,来判断自己在国际交往中的地位和状况,并采取相应的对策。比如,对于主要以有形货物贸易为经济交流形式的国家而言,采用贸易收支差额作为制定政策的参考是较为合适的;而对于金融市场发达、短期资金流动频繁的国家而言,就需要以综合账户差额来衡量国际收支。需要注意的是,虽然较宽口径的国际收支差额包含了较窄口径的国际收支差额,但仅仅关注宽口径的收支差额,并不能反映一国国际经济交往的全面情况。譬如,一个国家的经常账户连年发生巨额赤字,而资本和金融账户则连年盈余,这样的国家虽然综合账户处于平衡,但长年的经常账户赤字反映了该国产业的国际竞争力低下,国际收支的长期平衡没有坚实的基础,眼前的平衡是依靠利用外资来维持的,所以它仍可能存在严重的外汇短缺和结构性国际收支不平衡,从长期看,国际收支状况不容乐观。

三、国际收支不平衡的原因

一国的国际收支不平衡,可以由多种原因引起,并适合用不同的方法解决。国际收支失衡可分为以下七种。

1. 临时性不平衡

临时性不平衡,是指短期的、由非确定或偶然因素引起的国际收支失衡。这种性质的国际收支失衡,程度一般较轻,持续时间不长,带有可逆性,因此,可以认为是一种正常现象。

2. 结构性不平衡

结构性不平衡是指国内经济、产业结构不能适应世界市场的变化而发生的国际收支失衡。结构性失衡通常反映在贸易账户或经常账户上。结构性失衡包括两层含义。第一层含义是指因经济和产业结构变动的滞后和困难所引起的国际收支失衡。比如,一国的国际贸易在一定的生产条件和消费需求下处于平衡状态。当国际市场发生变化、新产品不断淘汰老产品、新款式高质量产品不断淘汰旧款式低质量产品、新的替代品不断出现的时候,如果该国的生产结构不能及时根据形势加以调整,那么,其原有的贸易平衡就会遭到破坏,贸易逆差就会出现。这种含义的结构性不平衡,在发达国家和发展中国家都有发生。另一层含义的结构性不平衡,是指一国的产业结构比较单一,随着经济发展或外来冲击的出现,就会发生国际收支失衡。譬如,一国出口产品需求的收入弹性低,而进口产品的收入弹性相对较高,则随着时间的推移和经济的发展,本国的进口上升较快,而出口上升较慢,就会出现贸易逆差。又譬如,一国出口产品需求的价格弹性较高,而进口产品的价格弹性较低,一旦出现进出口产品的国际价格同时上升,则进口产品数量不会下降很多,出口却会大幅下降,带来贸易逆差。产品结构单一带来的收支不平衡在发展中国家表现得尤为突出。结构性不平衡与暂时性不平衡不同,它具有长期的性质,扭转起来相当困难。

3. 货币性不平衡

货币性不平衡,是指一定汇率水平下国内货币成本与一般物价上升而引起出口货物价格相对高昂、进口货物价格相对便宜,从而导致的国际收支失衡。在这里,国内货币成本与一般物价上升的原因被认为是货币供应量的过分增加,因此,究其根源,国际收支失衡的原因是货币性的。货币性失衡可以是短期的,也可以是中期的或长期的。

4. 周期性不平衡

周期性不平衡是指一国经济周期波动所引起的国际收支失衡。当一国经济处于衰退期时,社会总需求下降,进口需求也相应下降,国际收支发生盈余。反之,如果一国经济处于扩张和繁荣时期,国内投资与消费需求旺盛,对进口的需求也相应增加,国际收支便出现逆差。周期性不平衡在二战前的发达资本主义国家中表现得比较明显。在战后,由于发达国家对进口产品的消费相对稳定,经济衰退期间出口下降,国际收支的表现经常出现扭曲。比如,1981～1982年发达资本主义国家在衰退期普遍伴有巨额国际收支逆差。再比如,美国在1990～1992年衰退期中,就伴有对日本的贸易逆差(日本当时还没有进入衰退期)。

5. 收入性不平衡

收入性不平衡是一个比较笼统的概念,它统称一国国民收入相对快速增长而导致进口需求的增长超过出口增长所引起的国际收支失衡。国民收入相对快速增长的原因有多种多样,可以是周期性的、货币性的,或经济处在高速增长阶段所引起的。

与收入性不平衡有关联的另一个概念是储蓄倾向差异引起的不平衡。在追求经济增长和消费水平增长的前提下,储蓄率较低的国家容易产生国际收支逆差,而储蓄率较高的国家容易产生国际收支顺差。较高的经济增长需要较多的投资,较高的消费会造成较大的需求,这些都会引起资本和商品进口的较快增长,从而有助于形成国际收支逆差。

6. 预期性不平衡

预期因素从实物流量和金融流量两方面对国际收支产生重要影响。从实物角度而言,当预期一国经济将快速增长时,本国居民和外国投资者都会增加在本国的实物投资;当本国的资本品供给不能满足需求时,投资就通过进口资本品来实现,出现资本品进口的增加和经常账户的逆差。从金融角度而言,一方面,经常账户的逆差要由资本和金融账户的顺差来融资;另一方面,在资金自由流动的情况下,对本国经济增长和证券价格上升的预期会吸引国外资金直接投资于本国的证券市场,带来资本和金融账户的顺差①。

7. 币值扭曲

币值扭曲依标杆不同可以有多种不同的定义。仅从价格对比对国际收支的影响角度而言,币值扭曲是指本国货币与外国货币的名义比价持续背离了与外国货币的实际比价,从而造成本国商品实际价格持续较高进而导致出口持续相对下降、进口持续相对增加和国际收支持续逆差;或者造成本国商品实际价格持续较低进而导致出口持续相对增加、进口持续相对减少和国际收支持续顺差。币值扭曲通常是由僵硬的汇率政策和汇率制度引起的。从更深层次和更全面的角度讲,当本国和外国的基本经济面已经发生了较大变化而汇率水平因僵硬的汇率制度而没有发生相应的变化时,各种类别和各种性质的币值扭曲就会发生,我们将在后续章节详细讨论这一问题。币值扭曲一般具有长期性。在政府力量日益强大的情况下,政府为达到某种目标而对汇率进行人为干预也可能会导致币值扭曲。

四、国际收支调节的必要性

从上面的介绍可以看到,按贸易账户收支、经常账户收支、基本账户收支、综合

---

① 还存在另外一种情况,即经济增长过热,投资者预期政府将以调高利率等手段进行调控,从而证券价格将下降时,就会将手中持有的证券出售,使资金重新流出本国,带来资本和金融账户的逆差。

账户收支或外汇收支衡量,国际收支的不平衡会经常发生。有的国家发生的频率高、程度严重,有的国家发生的频率低、程度较轻;根据口径不同,同一个国家收支差额的性质也会改变。国际交往的主体(企业、居民、政府)成千上万,影响交往的因素也成千上万,以各种口径衡量的国际收支不平衡是必然的。在实践中,只要不计入平衡账户下的收支活动,一国在任一特定年份中的国际收支都不可能做到正好收支相等,有些国家甚至会发生连续的收支逆差或顺差,而对国际收支的调节又会对国内经济的其他变量产生影响。于是,当出现国际收支失衡时,是及时采取措施进行调节,还是允许国际收支差额在一定范围内延续或波动,就成了一个需要选择的问题。

从国际收支余额和其他经济变量的比例来看,如果收支余额与其他经济变量的比例在一个可以接受的范围内,譬如,国际贸易赤字占 GDP 的比例在 2% 以内,外债余额占外汇储备的比例在 20% 以内,并且能够长期保持而不再继续增长,那么这种收支状况就是能够持续的。只要经济维持增长,经济效率不断提高,一定程度的国际收支差额会随时间的推移而得到改善,或者,在未来可以通过成本较低的调节而得到消除,不至于对经济稳定造成太大的负面影响。

从国际收支与经济增长的角度来看,经济增长依赖于资本的积累,而资本积累又来自本国的储蓄。如果一国的储蓄率较低,而又要以较高速度增长,就需要超出本国储蓄水平的投资,从而出现经常账户的逆差和资本与金融账户的顺差。也就是说,特定的国际收支状况是特定的经济发展要求和发展阶段的反映,而且,在收支顺差或逆差不至于危害经济稳定的前提下,保持一定时期内的收支逆差或顺差,可能比长时间的收支平衡更有利于经济的增长和居民福利水平的提高。第二次世界大战后各国的经验表明,尽管存在连续的逆差或顺差,但其中有些国家仍然同时经历了经济的稳定和增长。

"可维持的国际收支差额"

所谓可维持的国际收支差额(逆差或顺差),是指一定时期内,一国在不采用危害国内均衡和以邻为壑措施的前提下,国际收支差额可以被下一段时间内的国际收支反差额所弥补或某类账户的差额可以被另一类账户的反差额所弥补。例如,一国在某年借了巨额外债来建造一个项目,分十年归还本金,借款当年其资本账户中进入大量外资,形成顺差。其后第二年、第三年、第四年因为要归还本金又产生连续逆差。但该项目 5 年建成后会产生大量出口或进口替代,其出口所得外汇或进口替代所节约的外汇足以抵消以后每年的还本付息额,那么,该国在第二年、第三年、第四年出现的逆差就是可维持的。

国际收支差额的可维持性为国际收支不平衡的调节提供了另一个视角:只要国际收支差额是可维持的,那么,主动采取措施进行国际收支调节的紧迫性就可以降低,国内政策目标相对于国际收支差额就可以得到更优先的考虑。

虽然国际收支不平衡的存在是一种必然现象,在一定条件下还可能是较优的选择。但是,一般而言,连续的巨额国际收支逆差意味着本国支付能力和信用水平的下降;连续的巨额国际收支顺差意味着本国将大量的实际资源提供给外国消费,而不增进本国的实际福利水平;这两种情况都会损害本国经济的稳定和发展。当持续的巨额的国际收支不平衡难以维持时,就必须采取措施对国际收支进行调节,减少不平衡的程度或改变不平衡的方向。如何在不损害内部均衡的条件下进行国际收支的调节,就成为国际金融学的一项重要研究内容。在下一节中,我们以国际收支逆差为代表来分析国际收支不平衡的调节。

第四节　国际收支不平衡的调节

一、国际收支不平衡的自动调节机制

国际收支不平衡的自动调节是国内经济变量变动对国际收支的反作用过程。下面我们选择几个重要的机制加以介绍。

1. 货币—价格机制

货币—价格机制的较早阐述者是 18 世纪英国哲学家和经济学家大卫·休谟,其论述被称为价格—现金流动机制。货币—价格机制与价格—现金流动机制的主要区别是货币形态。在休谟的时代,金属铸币参与流通,而在当代,则完全是纸币流通。不过,这两种机制论述的国际收支自动调节原理是一样的。

当一个国家国际收支发生逆差时(顺差情况正好相反),意味着对外支付大于收入,货币外流,在其他条件既定下,本国物价水平下降,由此导致本国出口商品相对便宜,进口商品相对昂贵,出口相对增加,进口相对减少,贸易差额因此得到改善。货币—价格自动调节机制的过程可描述如下(见图2-3所示)。

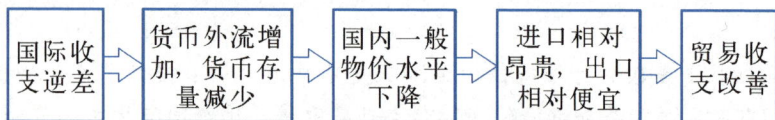

| 国际收支逆差 | → | 货币外流增加，货币存量减少 | → | 国内一般物价水平下降 | → | 进口相对昂贵，出口相对便宜 | → | 贸易收支改善 |

图 2-3 货币价格自动调节机制过程图

上述过程描述的是国内货币存量与一般物价水平变动对国际收支的影响。货币—价格自动调节机制的另一种表现形式是汇率(而不是一般价格)水平变动对国际收支的影响①。当国际收支发生逆差时,对外支出大于收入,外汇的需求大于外汇的供给,本国货币贬值,由此引起本国出口商品价格相对下降、进口商品价格相对上升,从而出口增加、进口减少,贸易收支得到改善。这一过程可描述如下(见图2-4所示)。

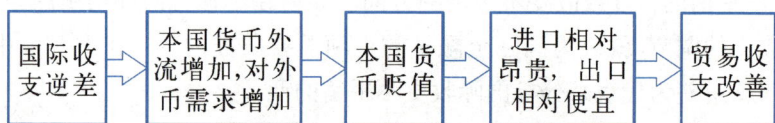

| 国际收支逆差 | → | 本国货币外流增加,对外币需求增加 | → | 本国货币贬值 | → | 进口相对昂贵，出口相对便宜 | → | 贸易收支改善 |

图 2-4 货币价格自动调节机制的另一种表现形式

2. 收入机制

当国际收支逆差时,对外支付增加,国民收入水平下降。国民收入下降引起社会总需求下降,进口需求下降,从而贸易收支得到改善。收入机制的自动调节过程可描述如下(见图2-5所示)。

| 国际收支逆差 | → | 对外支付增加 | → | 国民收入下降 | → | 社会总需求下降 | → | 进口需求下降 | → | 贸易收支改善 |

图 2-5 收入机制的自动调节过程图

国民收入下降不仅能改善贸易收支,而且能改善经常项目收支和资本项目收支。国民收入下降会使对外国劳务和金融资产的需求都不同程度地下降,从而整个国际收支得以改善。

---

① 关于汇率的概念、定义、分类等内容详见第三章。在本章的学习中,读者只需要知道,本国货币的贬值会带来进口商品价格的相对昂贵,本国出口商品价格相对便宜即可。

3. 利率机制

利率机制与货币—价格机制和收入机制一样，也是在自由经济的假定下存在的。当国际收支发生逆差时，本国货币的存量（供应量）相对减少，利率上升；而利率上升，表明本国金融资产的收益率上升，从而对本国金融资产的需求相对上升，对外国金融资产的需求相对减少，资金外流减少或资金内流增加，国际收支改善。

4. 国际收支不平衡自动调节的局限

国际收支的自动调节存在一定的局限。首先，只有在纯粹的自由市场经济中，自动调节才能产生理论上所描述的作用。现代经济中的各种干扰会使自动调节机制的作用下降甚至失效。譬如在国际收支发生逆差时，国家如果要通过扩大国内信贷刺激国内经济发展，就不会降低货币供给，利率水平也不会上升，从而资金不会流入本国。

其次，典型的国际收支自动调节需要在金本位制下才能发挥作用。在信用货币本位下，当国际收支出现逆差、本国货币减少时，货币当局只要发行纸币就能避免国内货币存量减少，从而阻止物价和收入下降；反之亦然。

最后，在国际收支逆差时，国际收支的自动调节往往以紧缩国内经济为代价，这会造成国内的就业、产出下降，影响内部均衡的实现和经济发展。

二、国际收支不平衡的政策调节工具

如前所述，在现代经济中，国际收支自动调节机制的作用被大大削弱了，这就需要政府出面，对市场进行干预，以便实现国际收支平衡。政府对国际收支进行调节的手段多种多样，基本上可以分从需求角度进行的调节、从供给角度进行的调节、融资政策以及各种政策之间的搭配。

1. 支出转换型政策（Expenditure-Switching Policy）

支出转换型政策是指不改变社会总需求和总支出而改变需求和支出方向的政策，主要包括汇率政策、补贴和关税政策以及直接管制。所谓改变方向，是指将国内支出从外国商品和劳务转移到国内的商品和劳务上来。本国货币的贬值、对进口商品和劳务课以较高的关税，都会使进口商品和劳务的价格相对上升，从而使居民将一部分支出转移到购买进口替代品上来。有的教科书把直接管制列为一种单独的国际收支调节政策，它既不属于支出增减型政策，也不属于支出转换型政策。实际上，直接管制也是一种支出转换型政策。汇率和关税政策通过改变进口商品和进口替代品的相对价格来达到支出转换的目的，而直接管制则是通过改变进口品的相对可获得性来达到支出转换的目的。直接管制包括外汇管制、进口许可证管制等形式。国际经济组织和经济学理论多半不赞成采用直接管制,但在国际收支发生较严重的困难时,发达国家和发展中国家都程度不同地采用过直接管制。

2. 支出增减型政策(Expenditure-Changing Policy)

支出增减型政策是指改变社会需求或支出总水平的政策,主要包括财政政策和货币政策。这类政策通过改变社会总需求或总支出水平,来改变对外国商品、劳务和金融资产的需求,达到调节国际收支的目的。财政政策是政府利用财政收入、财政支出和公债对经济进行调控的经济政策,它的主要工具包括财政收入政策、财政支出政策和公债政策。货币政策是中央银行通过调节货币供应量与利率来影响宏观经济活动水平的经济政策,它的主要工具是公开市场业务、利率以及法定准备金率。财政政策与货币政策都可以直接影响社会总需求,由此调节内部均衡;同时,社会总需求的变动又可以通过边际进口倾向影响进口和通过利率影响资金流动,由此调节外部平衡。紧缩性的财政政策和货币政策具有压低社会总需求和总支出的作用。当社会总需求和总支出下降时,对外国商品、劳务和金融资产的需求也相应下降,从而使国际收支逆差得到改善。反之,扩张性的财政政策和货币政策具有增加社会总需求和总支出的作用。当社会总需求和总支出增加时,对外国商品、劳务和金融资产的需求也相应增加,从而国际收支逆差增加(或顺差减少)。

3. 融资型政策

融资型政策简称融资政策,主要包括官方储备的使用和国际信贷便利的使用。从一国宏观调控角度看,它主要体现为国际储备政策。对外部不平衡调控的首要问题往往是:"融资还是调整"。因为,如果国际收支不平衡是由临时性的、短期性的冲击引起的,就可以用融资方法弥补,避免调整的痛苦;如果是由中长期因素导致的,那么就势必要运用其他政策进行调整。融资政策与调节社会总需求的支出政策之间具有一定的互补性与替代性。比如,当国际收支发生逆差时,一国政府既可以采取支出型政策来加以调节,也可以采用融资的办法或两者相结合的办法来加以调节。在逆差既定的情况下,较多使用资金融通,便会较少使用支出调节。反之,较多使用支出调节,便可较少使用资金融通。总之,融资政策是在短期内利用资金融通的方式来弥补国际收支赤字、实现经济稳定的一种政策。

4. 供给型政策

供给型政策简称供给政策,主要包括产业政策和科技政策。产业政策和科技政策旨在改善一国的经济结构和产业结构、增加出口商品和劳务的生产、提高产品质量、降低生产成本，以此达到改善国际收支的目的。供给政策的特点是长期性，在短期内难以有显著的效果，但它可以从根本上提高一国的经济实力和科技水平，从而为实现内部均衡和外部平衡创造条件。

5. 道义与宣示型政策

道义与宣示型政策是指政府在经济和行政手段之外所采取的、没有强制约束力的收支调节政策。譬如，政府的指导谈话、发言等。道义与宣示型政策的效果一方面取决于政府号召力和公信力的大小；另一方面也与国际收支不平衡的持续性有关，长期的收支不平衡不可能仅仅通过道义和宣示手段来消除，而必须配合经济本身的调整。

三、国际收支不平衡的调节路径和条件

在国际收支调节过程中，采用何种手段来进行调节，其条件和结果如何，是经济学家长期研究的内容。在这里介绍西方经济学家创立的调节国际收支的几种主要路径及其条件。

1. 国际收支调节的弹性分析法（弹性论）

国际收支调节的弹性分析法（Elasticity Approach）主要是由英国剑桥大学经济学家罗宾逊夫人（J. Robinson）等人在马歇尔微观经济学和局部均衡分析方法的基础上发展起来的。它着重考虑货币贬值取得成功的条件及其对贸易收支和贸易条件的影响。

（1）弹性的基本概念。价格变动会影响需求和供给数量的变动。需求量变动的百分比与价格变动的百分比之比，称为需求对价格的弹性，简称需求弹性。供给量变动的百分比与价格变动的百分比之比，称为供给对价格的弹性，简称供给弹性。弹性越高，意味着数量对价格的变动越敏感。在进出口方面，就有四个弹性，它们分别是：进口商品的需求弹性（E_m）、出口商品的需求弹性（E_x）、进口商品的供给弹性（S_m）、出口商品的供给弹性（S_x），其公式分别如下：

$$E_m = \frac{进口商品需求量的变动率}{进口商品价格的变动率}$$

$$E_x = \frac{出口商品需求量的变动率}{出口商品价格的变动率}$$

$$S_m = \frac{进口商品供给量的变动率}{进口商品价格的变动率}$$

$$S_x = \frac{\text{出口商品供给量的变动率}}{\text{出口商品价格的变动率}}$$

（2）马歇尔—勒纳条件（Marshall-Lerner Condition）。本币贬值会引起进出口商品价格变动，进而引起进出口商品的数量发生变动，最终引起贸易收支变动。贸易收支额的变化，最终取决于两个因素。第一个因素是贬值引起的进出口商品单位价格的变化；第二个因素是由进出口商品单位价格变化引起的进出口商品数量的变化。马歇尔—勒纳条件研究的是在什么情况下贬值才能导致贸易收支的改善。现举例说明，在这个例子中，我们假定中国为本国并出口鞋子，美国为外国，人民币从 $\$1/¥7$ 贬值到 $\$1/¥8$，由此引起出口商品美元单价和出口数量变化的一组数据见表 2-3 所示。

表 2-3 不同弹性条件下贬值对出口收入（美元）的影响

	出口商品的国内单价（¥）	汇率（¥/$）	出口商品的外币单价（$）	出口数量	出口的外币收入（$）	美元升值率	出口数量变动率
0	7	7	1	10 000	10 000	——	——
1	7	8	0.875	11 000	9 625	14.29%	10%
2	7	8	0.875	12 000	10 500	14.29%	20%

从表 2-3 中可以看到，在第一种情况下，美元升值了 14.2857%[(8−7)÷7]，与之相对应，人民币从 $\$1/¥7$ 贬值到 $\$1/¥8$，共贬值了 12.5%[(8−7)÷8]，美元升值人民币贬值后折算成美元的出口商品单价相应地从 1 美元下降到 0.875 美元。由于鞋子的美元价格下降，我们假定出口数量从 10 000 增加到 11 000，增加了 10%[(11 000−10 000)÷10 000]，但是，出口的美元收入不但没有增加，反而从 10 000 美元下降到 9 625 美元，这是因为出口数量的增加幅度（10%）小于汇率变动的幅度。当出口数量从 10 000 增加到 12 000 时，即增加了 20%[(12 000−10 000)÷10 000]，出口的美元收入才从 10 000 美元增加到超过 10 000 美元，达到 10 500 美元。这个例子说明，当出口数量的变动率小于汇率变动率时（出口需求弹性小于 1，第一种情况），出口的美元收入不能增加；而当出口数量的变动率大于汇率变动率时（出口需求弹性大于 1，第二种情况），出口的美元收入才能增加。[①]

表 2-3 只考虑了汇率变动带来的对出口的影响，但汇率变动还会对进口产生

---

① 汇率变动的计算将在第三章第一节详述。本例子中，出口商品（鞋）需增长多少百分比才能使出口的美元收入不变或增加可用美元升值前和升值后鞋子价格的对比（1÷0.875）得到。

类似的影响。当出口商品的需求弹性和进口商品的需求弹性之和大于 1 时,贸易收支才能改善,这就是著名的马歇尔—勒纳条件,其由公式 2-1 表示。

$$E_m + E_x > 1 \qquad\qquad (2\text{-}1)$$

货币贬值的就业效应

在中国,当讨论弹性问题时,有一个事实必须牢记。假定其他条件不变,我们仍以表 2-3 为例来加以说明。在第一种情况下,人民币贬值了 12.5%,出口数量只增加了 10%,导致以美元衡量的出口收入不仅没有增加,反而从 10 000 美元下降到了 9 625 美元。但是,将这 9 625 美元按贬值后的汇率折算成人民币,等于 77 000 元,相对原先出口数量 10 000 而言,出口数量增加了 10%,出口收入也增加了 10%。这意味着,即使出口的美元收入没有增加反而减少,但出口的数量增加了、人民币收入增加了、在单位劳动成本的产出不变条件下,就业也增加了。这说明:在销售价格不低于成本、销售价格下降能导致出口数量增加以及单位劳动成本的产出不变等前提下,并且假定其他条件也不变,人民币贬值总能带来出口的人民币收入增加和就业增长。

(3) 贬值与时滞反应——J 曲线效应。在实际经济生活中,当汇率变化时,进出口的实际变动情况还要取决于供给对价格的反应程度。即使在马歇尔—勒纳条件成立的情况下,贬值也不能马上改善贸易收支。相反,货币贬值后的最初段时间,贸易收支反而可能会恶化。为什么贬值对贸易收支的有利影响要经过一段时滞后才能反映出来呢? 这是因为:第一,在贬值之前已签订的贸易协议仍然必须按原来的数量和价格执行。贬值后,凡以外币定价的进口,折成本币后的支付将增加;凡以本币定价的出口,折成外币的收入将减少。换言之,在贬值前已签订但在贬值后执行的贸易协议下,出口量不能增加以冲抵出口外币价格的下降,进口数量不能减少以冲抵进口本币价格的上升。于是,贸易收支发生一次性的恶化。第二,即使在贬值后签订的贸易协议,出口供给仍然要受认识、决策、资源、生产周期等的影响,而进口商则有可能会认为现在的贬值是以后进一步贬值的前奏,从而增加进口。在短期内,由于上述种种原因,贬值有可能使贸易收支继续恶化。过了一段时间以后,待出口供给和进口需求作了相应的调整后,贸易收支才慢慢开始改善。贸易收支对贬值的调整时间,一般被认为需要 3 个月到一年左右的时间。

贬值后贸易收支的变化过程可以用曲线描述出来,见图 2-6。一国国际收支原本处于逆差状态,对应 t_0 时刻的点 A。为改善国际收支,本币发生一次性贬值,由于此时的协议仍按原数量执行,但结算的价格发生了变化,所以贸易收支恶化,逐渐发展到点 B。此后,出口供给和进口需求开始向改善贸易收支的方向调整,贸易收支得到改善。以时间为横轴,贸易收支余额为纵轴,贸易收支变化的曲线呈 J 形,因此,贬值对贸易收支改善的时滞效应,被称为 J 曲线效应。

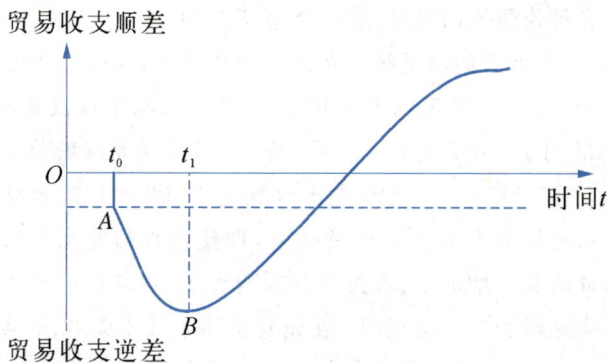

图 2-6 J 曲线效应

(4) 贬值对贸易条件的影响。贸易条件(Term of Trade)又称交换比价,是指出口商品单位价格指数与进口商品单位价格指数之间的比例,用公式表示为

$$T = P_x / P_m \qquad (2-2)$$

其中,T 为贸易条件;P_x 为出口商品单位价格指数;P_m 为进口商品单位价格指数。贸易条件表示的是一国对外交往中价格变动对实际资源的影响。贸易条件改善(T 上升),表示该国出口相同数量的商品可换回较多数量的进口商品;贸易条件恶化(T 下降),表示该国出口相同数量的商品可换回较少数量的进口商品。

我们仍以表 2-3 中的第一个例子来加以说明,并假定美国对中国的出口商品是数码相机,单价为 125 美元并且不变。在人民币贬值前,中国出口 10 000 双鞋得到 10 000 美元,可换回 80 台数码相机。贬值后,虽然中国的出口数量增加了,出口的人民币收入增加了,就业增加了,但出口 11 000 双鞋所得 9 625 美元,仅能换回 77 台数码相机,反而比原来减少了 3 台,中国等量的实际资源(鞋)换回的实际资源(相机)减少了。这个例子,反映在公式 2-2 中,就是本国出口商品的价格

指数 P_x 下降了,本国进口商品的价格指数 P_m 没有变动,从而 T 下降了。

以上讨论的是贬值后本国出口商品国际市场价格变动对贸易条件的影响,读者可以用同样的原理自行分析贬值后本国进口商品国际市场价格变动的影响。从理论上讲,贬值后贸易条件会不会恶化,与需求和供给弹性有关。一个既定幅度的贬值发生后,如果引起进出口商品的需求弹性之积小于供给弹性之积,则贸易条件会恶化;反之,如果进出口商品的需求弹性之积大于供给弹性之积,则贸易条件改善[1]。

需要指出的是,货币贬值对贸易条件的上述影响,是理论推导的结果,它有待更充分的实证检验。事实上,货币贬值对贸易条件的影响,在不同的国家是不一样的,很难做出一般的判断。一般说来,贬值或使一国的贸易条件不变,或使一国的贸易条件恶化,贬值改善一国贸易条件的例子是极其罕见的。

(5) 弹性论的评价

以上我们介绍了国际收支调节的弹性分析法所包括的主要内容。对弹性论的批评主要在于弹性论是建立在局部均衡分析法的基础上的,它仅局限于分析汇率变化对进出口市场的影响,而忽视了汇率变化对社会总支出和总收入的影响,因而具有很大的局限性。实际上,我们的研究表明:弹性论的上述局限是同历史发展的背景有关的。弹性论出现在 1930 年代,当时,宏观经济学体系尚未建立,因此,弹性论以微观经济学为基础是在所必然的。

汇率变动时的市场出清——贸易条件变动的机理

初学者可能有这样的疑惑:当本币贬值时,出口商品的外币价格会下降,进口商品的本币价格会上升,那么出口商品和进口商品的价格之比必然是下降的,为什么会随供需弹性的不同,而出现贸易条件恶化、改善或不变的情况呢?

这是因为,我们一般所说的"本币贬值,出口商品的外币价格下降",是建立在出口商品的本币价格不变假设下的,而贸易条件所比较的是市场出清时的商品价格。以出口商品为例,当本币贬值时,一方面,按原来的本币价格计

---

[1]　弹性论认为:当 $S_x S_m > E_x E_m$ 时,贸易条件恶化;当 $S_x S_m < E_x E_m$ 时,贸易条件改善;当 $S_x S_m = E_x E_m$ 时,贸易条件不变。有兴趣进一步研究的读者可以参考本书的习题集或参阅其他更深奥的书籍。

算,出口商品的外币价格变得便宜,这是本币贬值影响出口价格的直接效果;另一方面,出口商品的外币价格下降后,外国对出口商品的需求会上升,为使市场出清,出口商品的本币价格会上升,从而出口商品的外币价格同比上升,这是本币贬值影响出口价格的间接效果,其效果大小受出口商品供给和需求弹性大小决定。本币贬值的直接和间接双重效果的叠加决定了出口商品外币价格最终的变动方向和数量。进口商品的外币价格也可以类似地进行分析,其变动由进口商品供给和需求弹性共同决定。供给和需求弹性就是通过决定市场出清下的价格变化来影响贸易条件的。

2. 国际收支调节的吸收分析法(吸收论)

吸收论(Absorption Approach)又称支出分析法,它是由在国际货币基金组织工作的亚历山大(S. Alexander)在凯恩斯宏观经济学的基础上于1952年提出的。吸收论从凯恩斯的国民收入方程式入手,着重考察总收入与总支出对国际收支的影响,并在此基础上,提出国际收支调节的相应政策主张。

(1) 吸收论的基本理论。按照凯恩斯的理论,国民收入与国民支出的关系可以表述如下:

$$国民收入(Y) = 国民支出(E) \tag{2-3}$$

在封闭经济条件下:

$$国民支出(E) = 消费(C) + 投资(I) \tag{2-4}$$

在开放经济条件下,把对外贸易也考虑进去,则

$$国民支出(E) = 消费(C) + 投资(I) + [出口(X) - 进口(M)] \tag{2-5}$$

移动恒等式两边,得

$$X - M = Y - (C + I) \tag{2-6}$$

式(2-6)中,$X-M$ 为贸易收支差额,以此作为国际收支差额的代表。$C+I$ 为国内总支出,表示国民收入中国内支出的总和,称为国内吸收(A)。因此,国际收支差额实际上就可由国民收入与国内吸收之间的差额来表示。设国际收支差额为 $B=X-M$,则有

$$B = Y - A \tag{2-7}$$

当国民收入大于总吸收时,国际收支为顺差(B为正);当国民收入小于总吸收时,国际收支为逆差(B为负);当国民收入等于总吸收时,国际收支为平衡(B为零)。这表明,国际收支差额取决于总收入和总吸收的大小对比。

(2)吸收论的政策主张。根据上述公式,吸收论所主张的国际收支调节政策,无非就是改变总收入和总吸收的政策。当国际收支逆差时,表明一国的总需求(总吸收)超过了总收入,这时,就应当运用紧缩性的财政货币政策来减少总需求进而减少对进口品的需求,以纠正国际收支逆差。但这样做,又会使总收入下降,因此,还必须同时使用支出转换型政策(汇率)来消除紧缩性政策的不利影响,使进口减少的同时出口能增加,从而总收入增加。这样,既能达到外部平衡,也能达到内部均衡。

吸收论特别重视从宏观经济的整体角度来考察贬值对国际收支的影响。它认为,贬值要起到改善国际收支的作用,必须要有闲置生产资源,因为只有存在闲置生产资源,贬值后出口生产才能扩大。同时,贬值改善国际收支的另一个条件是吸收倾向小于1。所谓边际吸收倾向,是指每增加的单位收入中,用于吸收的比重。收入增长,在乘数作用下,吸收有可能更快增长,只有当吸收的增长小于收入的增长($\Delta A < \Delta Y$),贬值才能改善国际收支,而在贬值的同时采取紧缩的政策,就能降低吸收倾向。

(3)吸收论的归纳和评价。根据以上介绍,我们可以对吸收论作出以下几点归纳和评价:

第一,吸收论是从总收入与总吸收(总支出或总需求)的相对关系中来考察国际收支失衡的原因并提出国际收支的调节政策的,而不是从相对价格关系出发,这是它与弹性论的重大差别。就理论基础和分析方法而言,吸收论是建立在凯恩斯的宏观经济学基础之上的,采用的是一般均衡分析方法;而弹性论则是建立在马歇尔等人建立的微观经济学基础之上的,采用的是局部均衡分析方法。

第二,就货币贬值的效应来讲,吸收论从贬值对国民收入和国内吸收的相对影响中来考察贬值对国际收支的影响,而弹性论则从价格与需求的相对关系中来考察贬值对国际收支的影响。

第三,吸收论含有强烈的政策搭配取向。当国际收支逆差时,应采用紧缩型财政货币政策来减少吸收(需求),同时又采用货币贬值来增加出口和收入,从而使内部经济和外部经济同时达到平衡。

第四,吸收论的主要缺点是假定贬值是出口增加的唯一原因,并以贸易收支代替国际收支,因此,从宏观角度看,它具有不够全面和自相矛盾的地方。不过,吸收论在国际收支调节理论的发展过程中,具有一种承前启后的作用。一方面,它指出了弹性论的缺点,又吸纳了弹性论的某些合理内容,是在弹性论基础上的一大进步;另一方面,它指出了国际收支失衡的宏观原因和注意到国际收支失衡的货币方面。因此,吸收论成为 70 年代出现的国际收支调节的货币分析法的先驱。

3. 国际收支调节的货币分析法(货币论)

货币论(Monetary Approach)的创始者主要是美国芝加哥大学和英国伦敦经济学院的约翰逊(H. Johnson)和他的学生弗兰科(J. Frenkel)。货币论的出现同 20 世纪 60 年代在美国兴起的货币主义学说有关,它从货币的角度而不是从商品的角度,考察国际收支失衡的原因并提出相应的调节主张。

(1) 货币论的假定前提。货币论有三个基本假定:

① 在充分就业均衡状态下,一国的实际货币需求是收入和利率等变量的稳定函数。

② 从长期看,货币需求是稳定的,货币供给变动不影响实物产量。

③ 贸易商品的价格是由世界市场决定的,从长期来看,一国的价格水平和利率水平接近世界市场水平。

(2) 货币论的基本理论。在上述各项假定下,货币论的基本理论可用以下公式表达

$$M^s = M^d \tag{2-8}$$

式(2-8)中,M^s 表示名义货币的供应量;M^d 表示名义货币的需求量。从长期看,可以假定货币供应与货币需求相等。

$$M^d = P_d f(y, i) \tag{2-9}$$

式(2-9)中,P_d 为本国价格水平,f 为函数关系,y 为国民收入,i 为利率(持有货币的机会成本),$f(y,i)$ 表示对实际货币存量(余额)的需求,$P_d f(y, i)$ 表示对名义货币的需求。其中,$P_d = e P_f$,P_f 为外国价格水平,即购买力平价成立。

$$M^s = m(D + R) \tag{2-10}$$

式(2-10)中,D 指来自国内的基础货币,即中央银行的国内信贷或支持货币供给的国内资产;R 是来自国外的基础货币,它通过国际收支盈余获得,以国际储备作为代表;m 为货币乘数,指银行体系通过辗转存贷使基础货币扩大的倍数。为叙述方便,取 $m=1$(实际上,根据研究目的不同,M^s 有不同的定义和范围,从而

m 也有不同的对应值），可得

$$M^d = M^s = D + R \tag{2-11}$$

$$\Delta R = \Delta M^d - \Delta D \tag{2-12}$$

上式(2-12)是货币论的最基本方程式，ΔR、ΔM^d 和 ΔD 分别表示国际储备的变动（即国际收支）、名义货币需求的变动和国内名义货币供应量的变动。这个方程式告诉我们：第一，国际收支是一种货币现象，国际收支逆差实际上就是一国国内名义货币供应量超过了名义货币需求量。由于货币供应不影响实物产量，在价格不变的情况下，多余的货币就要寻找出路。对个人和企业来讲，就会增加货币支出，以重新调整它们的实际货币余额；对整个国家来讲，实际货币余额的调整便表现为货币外流，即国际收支逆差。反之，当一国国内的名义货币供应量小于名义货币需求量时，在价格不变的情况下，货币供应的缺口就要寻找来源。对个人和企业来讲，就要减少货币支出，以使实际货币余额维持在所希望的水平；对整个国家来说，减少支出、维持实际货币余额的过程，便表现为货币内流，国际收支盈余。第二，国际收支的调节，实际上反映的是实际货币余额（货币存量）对名义货币供应量的调整过程。当国内名义货币供应量与实际经济变量（国民收入、产量等）所决定的实际货币余额需要相一致时，国际收支便处于平衡。

（3）货币论的政策主张。货币论的政策主张，归纳起来有以下几点：

第一，所有国际收支不平衡的原因，在本质上都源于货币。因此，国际收支的不平衡，都可以由货币政策来解决。

第二，所谓国内货币政策，主要指货币供应政策。因为货币需求是收入、利率的稳定函数，而货币供应则在很大程度上可由政府操纵。因此，膨胀性的货币政策（使 D 增加）可以减少国际收支顺差，而紧缩性的货币政策（使 D 减少）可以减少国际收支逆差。

第三，为平衡国际收支而采取的贬值、进口限额、关税、外汇管制等贸易和金融干预措施，只有当它们的作用是提高货币需求，尤其是提高国内价格水平时，才能改善国际收支，而且这种影响是暂时的。如果在施加干预措施的同时伴有国内信贷膨胀，则国际收支不一定能改善，甚至还可能恶化。

总之，货币论政策主张的核心是：在国际收支逆差时，应注重国内信贷的紧缩。

（4）对货币论的评价。对货币论的评价可以分三个方面：

第一是对它的假定前提进行评价。货币论认为实际货币需求是收入和利率的稳定函数,但如果它不是稳定的,那么国际收支就不能仅仅从货币供应的变化中预测出来。另外,货币论假定货币供应对实物产量和收入没有影响,也不尽切合实际。

第二是对它政策主张的基本含义进行评价。货币论认为:国际收支逆差的基本对策是紧缩性的货币政策。这个政策结论的一个重要前提是价格不变,通过紧缩性货币政策来缩小货币供应大于货币需求的缺口。然而,事实上,当名义货币供应大于货币需求时,价格必然会上升,从而名义货币需求 $Pf(y, i)$ 在这种情况下会自然上升;如果降低名义货币供应,在价格刚性的条件下,只能导致实际货币余额的下降。另外,货币论还提出当采用贬值来改善国际收支时,必须结合紧缩性的货币政策。因此,无论从哪个方面看,货币论政策主张的含义或必然后果,就是以牺牲国内实际货币余额或实际消费、投资、收入和经济增长来纠正国际收支逆差。这一点,曾受到许多国家,尤其是发展中国家经济学家的严厉批评。

第三是对它的理论意义进行评价。货币论的最重要贡献是从开放经济的角度把货币供应的来源区分为国内部分和国外部分,从货币主义的角度为国际收支的分析提供了崭新的视角,从而为国际收支调节提供了一项新的可能选择。

弹性论、吸收论和货币论的比较,以及对货币贬值和国际收支关系论述的对比

弹性论建立在局部均衡分析的基础上,它仅仅研究贬值(相对价格变动)在什么条件下能带来净出口的增加,而没有考虑净出口增加带来的收入提高,是不是会引起进口增加,从而抵消净出口增加所带来的国际收支改善。

吸收论从总收入和总吸收的相对关系中来考察国际收支失衡的原因,它建立在凯恩斯的宏观经济学基础上,考虑的是收入变动带来的国际收支变化,但没有指出收入变动的原因和条件。

货币论将国际收支视作居民调节实际货币余额的手段,具有强烈的货币主义色彩。在货币论的框架内,收入变动、利率变动、汇率变动都先带来货币需求的变动,然后与货币供给对比形成差额,进而通过国际收支来调整,这和凯恩斯主义的吸收论有着很大的不同。

就本币贬值对国际收支的影响而言,弹性论和吸收论阐述的是一个问题的不同层次和阶段。事实上,本币贬值改善国际收支,需要以弹性论和吸收论同时满足为条件。第一步:当马歇尔—勒纳条件成立时,如果社会上存在闲置资源,且贬值后闲置资源流入出口品生产部门,那么在进口需求不增加的情况下,贬值可以通过增加净出口来改善国际收支。第二步:出口扩大会引起国民收入和国内吸收同时增加,只有当边际吸收倾向(即每增加1单位收入时国内吸收增加的数量)小于1,即吸收的增长(ΔA)小于收入的增长(ΔY),新增的国民收入才不会被吸收的增加所抵消,贬值才会最终改善国际收支。可以这样说,弹性论是吸收论中收入变动的微观基础,吸收论则进一步指出了弹性论实际发挥作用的条件。

货币论从另一个角度来看待货币贬值对国际收支的影响。它认为,货币贬值改变国际收支的关键在于,贬值改变了名义货币需求。假定"一价定律"成立,公式(2-9)就可以改写成为

$$M^d = eP_f f(y, i)$$

式中,M^d 为名义货币需求;e 为本币衡量的外币价格(直接标价法);P_f 为国外的价格水平;$f(y, i)$ 为根据本国国民收入和利率决定的实际货币需求。当本国货币贬值时,e 值上升,由此引起国内价格 $P_d = eP_f$ 上升,则 M^d 相应地上升。在来自国内的基础货币不变的情况下,本国居民为了维持实际货币余额,不得不减少对国内产品的消费来增持货币,这样,国内产品外流,外汇内流,国际储备增加,来自国外的基础货币增加,从而居民的货币需求得到满足,同时国际收支改善。进一步可以发现,如果要通过贬值改善国际收支,则在本币贬值的同时,国内的基础货币供应(D)不能增加。因为 $\Delta R = \Delta M^d - \Delta D$,若 D 与 M^d 同时增加,并且 D 的增加等于 M^d 的增加,则贬值不能改善国际收支;若 D 的增加大于 M^d 的增加,贬值还会恶化国际收支。

尽管弹性论和吸收论都给出了一定的条件,但它们都认为成功的贬值对经济增长具有刺激作用。而货币论认为贬值能暂时性地改善国际收支,是因为它提高了国内价格,在货币供给不变的情况下,减少了实际货币余额,从而增加了对名义货币的需求。但在这个过程中,实际货币余额减少意味着消费、投资、收入的下降,这无法解释为什么许多国家把贬值作为刺激出口和经济增长的手段。

四、国际收支调节中汇率水平的作用

国际收支不平衡的产生有不同的原因,但归根结底国际收支差额的发生是市场交易行为的结果,因此就必然会受到市场相对价格的影响。任何商品,包括消费品和资本品(即生产要素),其价格上升,必然导致其需求下降、供给增加;反之,其价格下降,必然导致其需求增加、供给减少。在国际金融学的范畴内,引起相对价格变动的最主要途径是汇率的变动。汇率变动引发两国商品、要素相对价格的变动,会改变两国的供求状况和比较优势,从而改变国际收支的差额。另外,各种原因引起的国际收支失衡,都可以通过汇率政策的单独作用,或者是汇率政策和其他政策的协调配合而得到改善。我们不妨从国际收支账户的不同类别出发,探讨汇率在调节国际收支中的作用。

1. 汇率水平对贸易收支的调节

汇率对贸易收支不平衡的调节是通过改变进出口商品的相对价格进行的。本币贬值改善贸易收支需要满足几个条件:首先是进出口商品的需求弹性要满足马歇尔—勒纳条件;其次是国内总供给的数量和结构要适应出口品和进口替代品扩大生产的要求;第三是国内存在闲置资源,即存在能随时用于出口品和进口替代品生产的资源。

本章第三节中列举的七种国际收支不平衡的原因,前五种和第七种都属于贸易收支的不平衡,第六种也有很大一部分不平衡属于贸易因素。当这几个条件满足时,汇率对几类贸易收支不平衡的调节可以归结在表 2-4 中。

表 2-4　汇率在解决国际收支失衡中发挥的
作用(以贸易逆差为例)

国际收支失衡的原因	汇率政策如何应对失衡	其他政策的搭配
临时性不平衡	汇率按照供需状况浮动即可调整	固定汇率制下,为避免汇率重新定位的成本,可使用融资型政策调节
结构性不平衡	短期内可以通过本币贬值来降低出口商品价格,提高产品的国际竞争力,分担国内调整的压力	产业政策
货币性不平衡	本币贬值,以抵消国内价格上升对出口价格的影响	将本币贬值和紧缩货币供应结合起来

(续表)

国际收支 失衡的原因	汇率政策如何应对失衡	其他政策的搭配
周期性 不平衡	本币贬值以减少进口,消除由国内需求过旺带来的贸易逆差	紧缩性的财政货币政策
收入性 不平衡	如果收入只是暂时性提高,则本币贬值以增加出口,减少进口	防止经济过热的稳健政策
增长预期 性不平衡	适度贬值以消除逆差,贬值幅度既不能使资本品进口价格出现太大上升,又要促进消费品的出口	采取扩大国内资本品生产的产业政策、控制过度投资以减少逆差
币值扭曲	调整币值即变动汇率	

中国在改革开放的前 20 年内,存在严重的贸易收支逆差压力,外汇短缺是当时中国经济的一个基本特征。考察中国改革初期贸易收支和人民币汇率的演变,能够对汇率变动对贸易收支的影响有一个感性的认识。表 2-5 列举了 1976～1995 年中国贸易收支和人民币汇率的演变。

表 2-5　中国贸易收支的演变(1976～1995 年)

单位:10 亿美元

年　份	出　口	进　口	差　额	货币贬值幅度(%)
1976	6.9	6.6	+0.3	
1977	7.6	7.2	+0.4	
1978	9.8	10.9	−1.1	
1979	13.7	15.7	−2.0	
1980	18.3	19.6	−1.3	
1981	22.0	22.0	0.0	45.4%
1982	22.3	19.3	+3.0	
1983	22.2	21.4	+0.8	
1984	26.1	27.4	−1.3	
1985	27.4	42.3	−14.9	12.5%
1986	30.9	42.9	−12.0	14.0%
1987	39.5	43.2	−3.7	
1988	47.5	55.2	−7.7	
1989	52.5	59.1	−6.6	21.2%
1990	62.1	53.4	+8.7	9.6%
1991	70.5	62.6	+7.9	

（续表）

年 份	出 口	进 口	差 额	货币贬值幅度(%)
1992	84.9	80.6	+4.3	
1993	91.7	104.0	-12.2	
1994	121.0	115.6	+5.4	31.3%
1995	148.8	132.1	+16.7	

注：① 1981 年人民币贬值是指内部结算价的采用,1994 年人民币汇率并轨引起的贬值幅度系
　　估计数。② 本表中的贸易收支仅指有形货物的收支。
资料来源：IMF,《国际金融统计》2011 年年鉴,China Pages。

从上表可以发现,在 1978～1995 年,中国的贸易收支经常出现逆差,为了应对这种情况,人民币汇率也经常下调(贬值)。每次人民币汇率下调后,经过半年到一年的时滞,几乎都带来贸易账户盈余增加或赤字减少(请将表 2-5 中 1982 年与 1981 年的数据进行比较,1986 年与 1985 年比较,1987 年与 1986 年比较,1990 年与 1989 年比较,1994 年与 1993 年比较,1995 年与 1994 年比较。1991 年的盈余虽没有增加,但仍然维持在很高的水平)。再进一步分析可见,1981～1994 年的 14 年,人民币汇率的 6 次下调,就其对进出口的影响分别来看,出口增加的有 6 次,进口减少的只有 2 次。我们可以得出结论,货币贬值对我国贸易收支的有利影响主要是通过促进出口达到的。人民币贬值,出口能够增长是因为我国出口商品的结构中,中低档商品、劳动密集型商品为主;同时,进口不能相应减少,是因为我国对进口品的需求弹性较低,还因为我国的土地、劳动力素质、高科学技术力量等资源的制约而使得进口产品与进口替代品之间的互换程度较低。总之,表2-5所显示的在我国外汇极度短缺、贸易收支经常出现逆差的那个年代,人民币汇率的调整对改善收支逆差起到了极为重要的作用。

2. 汇率水平对资本和金融账户收支的调节

汇率对资本和金融账户收支的影响有两条途径。就实物资本品而言,当本币贬值时,相同数量的外国资本能够换取更多数量的本国生产要素,这会导致长期资本流入[①]。

---

① 严格地说,这里所说的"本币贬值"指的是本币汇率相对于实际购买力或长期均衡汇率水平低估,并最终表现为本国较高的投资回报率。譬如,某台机器每年能够生产效益为 1 万美元的商品,如果国际的年投资回报率为 5%,这台机器的售价就应当是 20 万美元;而在本国这台机器售价为 100 万元本币,如果政府对汇率不加干预的话,那么汇率应当为 5 本币＝1 美元,但是政府采取了汇率低估政策,令 10 本币＝1 美元,折算后在本国这台机器的售价仅为 10 万美元,由于这台机器每年能够生产效益为 1 万美元的商品,所以投资于本国的回报率就为 10%,远远大于国际上的投资回报率 5%。

就证券等金融产品而言,本币贬值时,如果本国其他基本面因素没有发生变化,则外国投资者会预期本币汇率在未来会回到原有水平,即,当前贬值,未来升值。因此,外国投资者会在本币当前贬值以后,买入本国的金融资产,以期未来本币升值以后抛出以获取收益,这会带来短期资本的流入。

汇率之所以能够对贸易账户、资本和金融账户的收支产生如此重要的影响,归根结底是因为它的变动是引起相对价格变动的主要因素,或者说,汇率本身就是相对价格的一种表达形式。明白和理解了汇率的这一性质,就不难看出,任何国际收支调节机制或调节理论,其实都离不开汇率。

本章前面对国际收支自动调节机制和西方经济学家所提出的调节政策的论述,都是在假设汇率水平不变的情况下进行的;当汇率发生变动时,调节的结果就会不同。例如,在物价—现金流动机制中(见图 2-3 所示),如果在第二步后加上一个"本国货币贬值"的条件(如图 2-4 所示),那么,汇率的变动就会自动达到调节国际收支的目的。假设意外因素使第二步后面不是本国货币贬值而是本国货币升值,则整个自动调节进程就不复存在了(见图 2-7 所示)。再看吸收论。吸收论的基本公式是:$B = Y - A$。当本国货币贬值后,本国出口消费品和资本品(生产要素)的价格变得相对便宜,出口相对增加,国际收支改善。再比如根据货币论,紧缩性的货币政策能够改善国际收支,但根据其基本公式 $R = M^d - D = P_d f(y, i) - D = e P_f f(y, i) - D$,当 D 下降时(代表紧缩性的货币政策),如果 e 也同比例下降,则 R 不变,表示国际收支没有改善;反之,即使 D 不变,汇率 e 的数值变大(即本币贬值),国际收支也能改善。

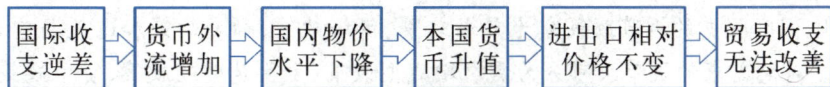

| 国际收支逆差 | 货币外流增加 | 国内物价水平下降 | 本国货币升值 | 进出口相对价格不变 | 贸易收支无法改善 |

图 2-7 汇率对国际收支自动调节的阻隔

由此我们可以看到,汇率水平是国际收支自动调节机制和政策调节机制能发挥作用的关键。各种自动调节机制或政策调节路径要发挥作用,都或者需要假设"汇率不变",或者本身就以"汇率发生正向变动"为手段。如果政府采用了某组特定目标的宏观经济政策以调节国际收支,同时却没有对汇率进行调节,那就会出现调节失效甚至南辕北辙的结果。因此,汇率水平在国际收支自动调节机制和政策调节中居于核心和关键的地位,从而也成了国际金融学分析的核心变量。

　　汇率作为相对价格的集中表现,其作用不只是能够影响国际收支的平衡,还能进一步影响内部均衡和外部平衡的相互关系。在国际金融学的范畴内,汇率问题是调节内部均衡和外部平衡的重要手段。因此,在从国际收支研究拓展到内外均衡研究之前,我们有必要在下一章中先对汇率的基础知识做集中的介绍。

本章内容提要

　　1. 国际收支是指一国在一定时期内全部对外往来的系统的货币记录。它体现的是一国的全部对外经济交往,是货币的、流量的、事后的概念。国际收支平衡表是将国际收支根据复式记账原则和特定账户分类原则编制出来的会计报表。国际收支采用复式记账法,每笔交易都由两笔价值相等、方向相反的账目表示。

　　2. 按交易动机划分,国际收支不平衡是自主性交易的不平衡。按口径划分,国际收支不平衡的口径有贸易账户收支差额、经常账户收支差额、基本账户收支差额、综合账户收支差额和外汇收支差额的不平衡。按国际收支不平衡的性质分,国际收支有临时性、结构性、收入性、货币性、周期性、预期性和币值扭曲性的不平衡。国际收支不平衡是经济发展过程中常见的现象,对连续巨额的国际收支逆差或顺差必须进行调节。

　　3. 国际收支的调节可以分为自动调节和政策调节。自动调节机制包括"货币—价格机制""利率机制"和"收入机制"。国际收支的自动调节机制只适用于完全的自由市场经济。

　　4. 国际收支的调节政策分为需求政策、供给政策、融资政策和道义与宣示型政策。对总需求的调节又可分为需求增减型政策(主要是财政政策、货币政策)与需求转换型政策(主要是汇率政策、直接管制政策)。对总供给的调节政策又称为产业政策与科技政策。融资政策主要体现为国际储备政策。由于每一种调节政策都存在调节成本,一般要将这几种政策进行有效的搭配。

　　5. 西方具有代表性的国际收支调节理论包括弹性论、吸收论、货币论。弹性论运用局部均衡分析法指出,进出口商品的需求弹性必须满足一定条件,货币贬值才能起到改善贸易收支的作用;吸收论特别重视从宏观经济的整体角度来考察贬值对国际收支的影响,指出贬值引起国际收支改善的条件是国内边际吸收倾向小于1;货币论的核心思想是,国际收支是本国居民意愿持有货币和实际货币供给的差额,在国际收支发生逆差时,应注重国内信贷的紧缩和货币供给的减少。

6. 各种自动调节机制或政策调节路径要发挥作用,都或者需要假设"汇率不变",或者本身就以"汇率发生正向变动"为手段。因此,汇率在国际收支自动调节机制和政策调节中居于核心和关键的地位,从而构成国际金融学分析的核心变量。

本章重要概念

国际收支　国际收支平衡表　贸易账户　经常账户　资本和金融账户　外汇储备　错误与遗漏账户　国际收支平衡　自主性交易　补偿性交易　基本账户　综合账户　临时性不平衡　结构性不平衡　货币型不平衡　收入性不平衡　周期性不平衡　预期性不平衡　币值扭曲　货币—价格机制　收入机制　利率机制　支出转换政策　支出增减政策　马歇尔—勒纳条件　J曲线效应　贸易条件　国内吸收　边际吸收倾向　弹性论　吸收论　货币论　汇率的核心作用

本章思考题

1. 国际收支平衡表的编制原则是什么? 其各账户之间有什么关系?
2. 请简述国际收支不平衡的几种类型。哪些因素会导致国际收支的不平衡?
3. 国际收支自动调节的机制有哪几种? 什么环境会使自动调节机制失效?
4. 当马歇尔—勒纳条件成立时,贬值是否一定会改善国际收支? 为什么?
5. 何种条件下本国货币贬值能带来正的就业效应?

本章讨论题

1. 观察中国 2016 年的国际收支平衡表,请讨论这张平衡表反映了中国经济的一些什么特征。
2. 请讨论国际收支平衡表中错误与遗漏账户余额的可能来源。
3. 自己设计五笔国际交易,涉及经常账户、资本和金融账户,并以此编制一张国际收支平衡表。
4. 是否可以用一些生活中的常识对几种国际收支的调节理论加以概括(譬如,弹性论和"薄利多销"具有相似的意义)?
5. 请在老师的帮助下,系统整理弹性论、吸收论、货币论关于本币贬值对国际收支调节产生正面效果的条件,并加以比较。

6. 根据你的观察,我国近年来采用了什么样的国际收支调节政策? 效果如何? 我国的实际情况与你所学到的各种国际收支调节理论相比,在前提和运用方面存在着怎样的异同?

7. 为什么说汇率水平在国际收支调节中处于核心和关键的地位?

第三章

汇率基础理论

汇率是两国货币的相对价格,其变动不仅会影响国际收支,还会影响物价、收入、就业等一系列变量,它在国际金融学中是一个处于核心地位的变量。本章先对外汇、汇率等相关基础知识做一些介绍,随后讨论汇率决定的原理和原则。

第一节　外汇和汇率的基本概念

一、外汇、汇率以及汇率的表示

外汇(Foreign Exchange),是指外国货币或以外国货币表示的、能用来清算国际收支差额的资产。

一种外币以及用其表示的资产成为外汇有三个前提条件:第一,自由兑换性,即这种外币能自由地兑换;第二,普遍接受性,即这种外币在国际经济往来中被各国普遍接受和使用;第三,可偿性,即这种外币资产是可以保证方便地得到偿付。只有满足这三个条件的外币及其所表示的资产(各种支付凭证和信用凭证)才是外汇。

国家不同,使用的货币也不同。当一种商品或劳务参与国际交换时,就有一个把商品或劳务以本国货币表示的价格折算成以外币表示的国际价格问题,这种折算是按汇率来进行的。所谓汇率(Exchange Rate),就是两种不同货币之间的折算比价,也就是以一种货币表示的另一种货币的价格。

汇率的表达方式有两种。

一种表达方式是固定外国货币的数量,以本国货币表示这一固定数量的外国货币的价格,这称为外币的直接标价法(Direct Quotation)。例如,2010 年 7 月 28

日,我国银行间外汇市场美元对人民币汇率的中间价为 100 美元兑人民币 677.32 元,这一标价方法就是美元的直接标价法。用数学公式来表达,外币直接标价法可以写成:本国货币数量/固定的外国货币数量。

另一种表达方式是固定本国货币的数量,以外国货币表示这一固定数量的本国货币的价格,从而间接地表示出外国货币的价格,这称为外币的间接标价法(Indirect Quotation)。以上面的人民币与美元的汇率为例,对于我国来说,用间接标价法表示美元的汇率就是每 100 元人民币等于 14.76 美元。用数学公式表达,外币间接标价法可以写成:外国货币数量/固定的本国货币数量。

在本书中,如果没有做特殊说明的话,我们将用外币直接标价法来表示汇率。在外币直接标价法下,汇率的数值越大,意味着 1 单位的外国货币可以兑换越多的本国货币,也就是本国货币的币值越低。本国货币币值的提高称为升值(Revaluation),反映为外币直接标价法下汇率数值的下降;本国货币币值的降低称为贬值(Devaluation),反映为外币直接标价法下汇率数值的上升。升值和贬值通常是固定汇率制度下表示货币币值变化的术语。在浮动汇率制度下,由于货币价值并没有在法律上或政策上得到规定,因此,人们就用汇率上升或下降、上浮或下浮来表示货币币值的变动。外币直接标价下汇率数值的下降称为本国货币汇率上升(上浮,Appreciation)、外国货币汇率下降(下浮);反之,外币直接标价下汇率数值的上升称为本国货币汇率下降(下浮,Depreciation)、外国货币汇率上升(上浮)。本国货币的升值或本国货币汇率上升,会使本国商品的价格折算成外币价格后上升,使外国商品的价格折算成本币价格后下降。反之,本国货币的贬值或本国货币汇率下降,会使本国商品的价格折算成外币价格后下降,使外国商品的价格折算成本币价格后上升。例如,本国产品大米的国内价格为每千克人民币 1 元,外国商品小麦在其国内的价格为每千克 0.5 美元,汇率为 1 元人民币等于 1 美元,即 $e = ￥1/\$1$,按此汇率折算成对方国家的货币来衡量,每千克大米等于 1 美元,每千克小麦等于 0.5 元人民币。现在,人民币贬值或人民币汇率下降到 2 元人民币等于 1 美元,即 $e = ￥2/\$1 = 2$,e 从 1 增大到 2,这时,大米的价格折算成美元就下降到每千克 0.5 美元,小麦的价格折算成人民币就上升到每千克 1 元人民币。从这里我们可以看到,货币的升值和贬值或汇率的上升和下降,改变了大米和小麦的相对价格,相对价格的变化一定又会改变大米和小麦的需求和供给,从而影响大米和小麦的进出口,甚至影响大米生产国和小麦生产国的产出和经济增长。币值变动或汇率变动的这种效应,是理解国际金融学一切问题的基础,读者在学习过程中要自始至终地牢牢记住这一点。

二、汇率变动的计算

汇率变动的计算与商品价格变动的计算在原理上是相同的。如果一个苹果的价格从 5 元变动到 10 元,我们就说这个苹果的价格上涨(升)了 5 元(10 元－5 元),或者说这个苹果的价格上涨(升)了 100%((10 元－5 元)÷5)。这里,苹果的价格是以直接标价法来表示的,苹果价格的上涨(升)率是苹果涨价后的价格(现价)减去它的原价后,得苹果价格的增加值,再用这个增加值除以苹果的原价后得到的。同理,如果苹果的原价是每个 10 元,现降价到每个 5 元,那么它的降价率就是(10－5)÷10,即降价率是用苹果价格的减少值除以原价后得到的。根据这个原理,A 币直接标价法下的汇率原价为 e_0,变动后的汇率现价为 e_1,A 币的升值率和贬值率或其汇率的上升率和下降率,可以用以下两组公式来分别表示:

$$(1)\ \text{A 币币值的升值率或 A 币汇率上升率} = \frac{\text{A 币币值的增加值}}{\text{A 币原值}} = \frac{e_1 - e_0}{e_0}$$

$$(3-1)$$

$$(2)\ \text{A 币币值的贬值率或 A 币汇率下降率} = \frac{\text{A 币币值的减少值}}{\text{A 币原值}} = \frac{e_0 - e_1}{e_0}$$

$$(3-2)$$

下面,我们举一个例子来说明。如果原先 1 美元等于 6 元人民币,后 1 美元等于 7 元人民币,美元升值了或美元汇率上升了,其币值升值率或汇率上升率在美元汇率直接标价法下等于:

$$(3)\ \frac{\text{美元币值的增加值}}{\text{美元币值的原值}} = \frac{\text{升值后的美元汇率}(e_1) - \text{原来的美元汇率}(e_0)}{\text{原来的美元汇率}(e_0)} =$$

$$\frac{e_1 - e_0}{e_0} = \frac{7 - 6}{6} = 16.7\%$$

$$(3-3)$$

如果美元汇率从原来的 1 美元等于 7 元人民币,变动到 1 美元等于 6 元人民币,那就意味着美元贬值了或美元汇率下降了,其贬值率或汇率下降率等于:

$$(4)\ \frac{\text{美元币值的减少值}}{\text{美元币值的原值}} = \frac{\text{原来的美元汇率}(e_0) - \text{贬值后的美元汇率}(e_1)}{\text{原来的美元汇率}(e_0)} =$$

$$\frac{e_0 - e_1}{e_0} = \frac{7 - 6}{7} = 14.3\%$$

$$(3-4)$$

从上面的计算实例可以看到,美元汇率从 1 美元等于 6 元人民币变动到 1 美元等于 7 元人民币(美元升值),然后又变回到 1 美元等于 6 元人民币(美元贬值),

其升值率(16.7％)并不等于其贬值率(14.3％),这一点在计算时需加以特别注意。

在中国,美元与人民币的汇率是用美元直接标价法来公布的,而人民币与美元的汇率是用人民币间接标价法来公布的。因此,为了方便,令美元的直接标价法等于人民币的间接标价法,人民币的直接标价法等于美元直接标价法的倒数,经过换算后,人民币币值的变动率或人民币汇率的上升率下降率可以用以下公式表达,其中,e 仍然表示美元汇率的直接标价法:

(5) 人民币币值的升值率(人民币汇率的上升率) $= \dfrac{e_0 - e_1}{e_1}$ 　　　　(3-5)

(6) 人民币币值的贬值率(人民币汇率的下降率) $= \dfrac{e_1 - e_0}{e_1}$ 　　　　(3-6)

上述公式(3-5)和公式(3-6)为我们在中国现行汇率公布制度下的人民币汇率变动计算提供了一个简便的方法。

套汇交易和抵补套利交易

当同一货币的汇率在不同外汇市场上存在差异时,市场参与者就能够通过在外汇汇率较低的市场上买进外汇,在外汇汇率较高的市场上卖出外汇来获得收益,这种行为被称作套汇。套汇活动的进行使汇率较低市场上的汇率上升,汇率较高市场上的汇率下降,最终使得套汇机会消失。在现代外汇市场上,由于通讯手段发达,套汇的成本很小,所需时间极短,因而能够使全球各个市场之间汇率的差异趋于消失,带来全球汇率的趋同。

与套汇交易密切相关的是抵补套利交易。所谓抵补套利,是指利用两国金融市场短期利率的差异,将资金从低利率国家调动到高利率国家以赚取利息差额,并同时购入远期外汇以锁定汇率、消除汇率风险的一系列活动。

三、汇率的种类

汇率的种类极其繁多,在这里,我们选择与本课程有关的种类进行介绍。

1. 基本汇率和套算汇率

设有 A、B、C、D 等多种货币,一国在折算其本国货币 A 汇率时,若先计算出 A

币与某一种外币(假定为 B 币)之间的汇率,再根据 B 币与 C 币、D 币的汇率折算出本币与 C 币、D 币的比价,则我们称 A 币与 B 币之间的汇率为基本汇率,A 币与 C 币、D 币等等之间的汇率为套算汇率。我国在计算人民币汇率时,曾长时间以美元为媒介来折算人民币与其他外币(比如英镑、欧元等等)之间的比价。因此,人民币与美元的汇率为基本汇率(Basic Rate),而人民币与英镑、欧元等等之间的汇率为套算汇率(Cross Rate)。为了避免汇率风险、反映外汇市场汇率波动的实际状况,我们在确定了人民币与美元之间的基本汇率后,按天折算人民币与其他货币的套算汇率。

需要提一下的是,一般而言,基本汇率存在于有直接报价关系的两种货币之间,而套算汇率存在于无直接报价关系的两种货币之间。在中国,随着人民币国际地位的提高,与人民币建立直接报价关系的货币种类也有稳步增加,从而,与人民币建立基本汇率关系的货币种类也有所增加。

建立基本汇率有利于节约外汇交易的成本。银行卖出外汇的价格称为外汇卖出价,银行买入外汇的价格称为外汇买入价,卖出价必定高于买入价,否则银行将无利可图。当你要去泰国旅游时,你肯定要去兑换泰国货币——泰铢。由于人民币与泰铢之间没有建立双边直接报价关系,所以,你只能通过套算汇率换得泰铢。你先按较贵的银行卖出价从银行那里获得美元,再以较低的银行买入价把美元卖给银行以换取泰铢,银行美元买卖差价便构成套算汇率的额外成本。

2. 固定汇率和浮动汇率

固定汇率(Fixed Exchange Rate)是指本国货币当局公布的,并用经济、行政或法律手段维持其不变的本国货币与某种外国参照货币(或贵金属)之间的固定比价。浮动汇率(Float Exchange Rate)是指由外汇市场上的供求关系决定、本国货币当局不加干预的货币比价。在现实中,完全的固定汇率和完全的浮动汇率都是很少见的,在这两种汇率制度之间还存在着一些中间性质的汇率制度。本书第六章将对此做较为详细的介绍。

3. 单一汇率与复汇率

单一汇率(Single Exchange Rate)是指一种货币(或一个国家)只有一种汇率,这种汇率通用于该国所有的国际经济交往。复汇率(Multiple Exchange Rates)是指一种货币(或一个国家)有两种或两种以上汇率,不同的汇率用于不同的国际经济活动。复汇率是外汇管理的产物,曾被许多国家采用过。复汇率的一个特例是双重汇率(Dual Exchange Rates),指一国同时存在两种汇率。我们将在第六章详细分析复汇率的影响和利弊。

4. 实际汇率和有效汇率

实际汇率(Real Exchange Rate)是相对于名义汇率而言的一个概念。我们知道,汇率是两国相对价格的表达形式。而实际汇率则是两国商品实际价格即两国货币实际币值进行对比的形式。在两国之间,由于实际价格衡量的方法有多种多样,由此造成实际汇率也有多种不同的表达形式。下面介绍常用的几种。

第一种定义是外部实际汇率,公式为 $R = \dfrac{eP_f}{P_d}$,其中,R 为实际汇率;e 为直接标价法下的名义汇率;P_f 为外国商品价格水平;P_d 为本国商品价格水平。这一公式反映的是本国商品与外国商品实际价格的对比或本国货币实际币值与外国货币实际币值的对比。R 值下降,表示单位本国商品所能换取的外国商品数量增加,即本国货币实际升值;反之,R 值上升,表示单位本国商品所能换取的外国商品数量减少,即本国货币实际贬值。

实际汇率变动的效应

仍以前面的例子为例,本国生产大米,每千克 1 元,外国生产小麦,每千克 0.5 元,汇率 e 等于 1,即 1 单位本币等于 1 单位外币,能购买 1 千克大米并能换回 2 千克小麦。在初始时刻,双方的价格都还没有发生变动,半年后,设本国大米的价格仍为每千克 1 元,即 P_d 仍为 1,外国小麦的价格则上升到每千克 1 元,即上涨了一倍,其价格指数从 $P_f = 1$ 上升到 $P_f = 2$,汇率仍为 1。这时,R 的数值增大,从 $R = 1$ 增大到 $R = 2$,1 千克大米只能换 1 千克小麦,虽然名义汇率仍然是 1,但两国商品实际价格的对比却发生了变化,以单位本币所能购买到的小麦来衡量,本国货币的实际价值下降了。如同我们在前面解释过的那样,在浮动汇率制度下,由于本国货币币值并无法律上的规定,因此,本国货币实际升值被称为本币实际汇率上升;本国货币实际贬值被称为本币实际汇率下降。本国货币实际贬值或本币实际汇率下降表示本国商品的实际价格相对下降,这会提高本国商品的价格竞争力,从而出口增加,但是从实际资源角度讲,等量实物商品出口所能换回的实物进口数量却有所下降。

第二种定义是内部实际汇率,公式为 $R = \dfrac{P_T}{P_N}$,其中,P_T 为本国贸易品的国内价格水平;P_N 为本国非贸易品的国内价格水平。由于贸易品和非贸易品是一国范围内的两种不同类型商品,因此称为内部实际汇率。内部实际汇率反映的是一国范围内贸易品与非贸易品之间的相对价格。对小国经济而言[①],非贸易品的价格由国内市场所决定,贸易品的价格则取决于国际市场上的价格(P_f)和本国名义汇率水平(e)。内部实际汇率下降意味着放弃同等数量的非贸易品消费,能够换得更多数量的贸易品消费,即对贸易品而言,本币的购买力增加,本国货币实际升值;反之,则称为本国货币实际贬值。事实上,内部实际汇率公式中,P_T 改为 eP_f,P_N 改为 P_d,则内部实际汇率与外部实际汇率在公式上就完全相同了。如果说外部实际汇率主要用于两国双边经贸关系的研究上,那么,内部实际汇率则更主要是用在小国内部产业结构和国际分工问题的研究上。

第三种定义的实际汇率是指名义汇率加上或减去财政补贴或税收减免。各国政府为达到增加出口和限制进口的目的,经常对各类出口商品进行财政补贴或税收减免,对进口则征收各种类型的附加税,实际汇率便是名义汇率与这些补贴和税收之和或之差,用公式表示为

$$实际汇率＝名义汇率±财政补贴或税收减免$$

这种定义的实际汇率在研究汇率调整、倾销调查与反倾销措施、考察货币的实际购买力时,常常被用到。例如,如果本国出口商品的单位成本是 5 元,单位商品需要向本国政府缴纳的税收是 2 元,单位商品在国际市场上的售价是 1 单位外币,本币与外币的汇率是 6 元本币等于 1 单位外币,此时,出口 1 单位本国商品能换到的本币就是 6 元本币,对该商品的出口来讲,亏损就是 1 元本币。如果政府免除这 2 元税收,出口 1 单位本国商品得 1 单位外币,合 6 元本币,就可以做到不仅不亏损,反而可以获得 1 元本币的利润。此时,该出口商品实际所使用的汇率就是 8 元本币等于 1 单位外币,即名义汇率 6 元＋减免的税收 2 元＝8 元。

在现实生活中,如果政府采用过低的名义汇率或过度的税收减免/财政补贴,乃至使本国出口商品实际所采用的本币汇率过低从而使本国企业以过低的价格向外倾销商品,就构成外汇倾销。

---

① 在本书中,在国际市场上没有定价权的商品被称为小国经济商品,在国际市场上有定价权的商品被称为大国经济商品,此定义可以推广到整个国家。按总值计,若一国大多数商品在国际市场上没有定价权,该国在国际上就处于小国经济地位。

第四种实际汇率的定义包含了两国的劳动生产率对比。其公式可以表示为 $R = e\dfrac{w_f}{w_d}\dfrac{a_d}{a_f}$，其中，$a_d$、$a_f$ 分别表示本国和外国单位劳动的产出；w_d、w_f 分别表示本国和外国单位劳动的成本（以各自货币计量）。劳动生产率对比的实际汇率 R 下降，表示单位本国劳动所能换取的外国劳动增加，即本国货币实际升值；反之，则表示本国货币实际贬值[①]。这一定义的实际汇率主要是用来研究实体经济的。如果两国单位劳动成本不变，则这一定义的实际汇率就抛开了货币因素，可以用作其他方式计算得到的实际汇率的标尺，也可以用来衡量本国出口商品的竞争力程度。

从实际汇率的上述定义可以看到：第一，实际汇率的概念十分重要，但它的种类很多，代表了不同的理论和政策含义，且至少涉及两个变量，政策上的可解释性较复杂；第二，除内部实际汇率外，所有实际汇率的定义所指明的政策含义最终都可以用名义汇率来表达。因此，本书在进行政策分析时，将主要以名义汇率作为分析的变量。

与实际汇率有关的概念是有效汇率（Effective Exchange Rate），它是某种加权平均的汇率，最常用的是以一国对某国的贸易在其全部对外贸易中的比重为权数。我们知道，一国产品出口到不同国家会使用不同的汇率，而一国货币在对某种货币贬值时也可能同时对另一种货币升值。因此，从 20 世纪 70 年代末起，人们开始使用有效汇率来观察某种货币的总体波动幅度及其在国际经贸和金融领域中的总体地位。以贸易比重为权数的有效汇率反映的是一国货币在国际贸易中的总体竞争力和总体波动幅度，其汇率的公式为

$$\text{A 国的有效汇率} = \sum_{i=1}^{N}\Big(\text{A 国货币对 } i \text{ 国货币的汇率}$$
$$\times \frac{\text{A 国同 } i \text{ 国的贸易值}}{\text{A 国的全部对外贸易值}}\Big)$$

---

① 单位劳动的产出和单位劳动的成本可以分别用一定时间内（如一年）的人均产出和人均工资来表示，即：$a = \dfrac{Y}{L}$，Y 为实际产出，L 为投入的劳动总量。当物价由成本决定，且成本只包含工资时，就有 $P_d = \dfrac{L_d w_d}{Y_d} = \dfrac{w_d}{a_d}$，$P_f = \dfrac{L_f w_f}{Y_f} = \dfrac{w_f}{a_f}$，从而，包含劳动生产率的实际汇率与外部实际汇率 $\dfrac{eP_f}{P_d}$ 就具有一致性。

目前,国际货币基金组织定期公布有关国家的若干种有效汇率指数,除了以贸易比重为权数的有效汇率外,还有以劳动力成本、消费物价、批发物价等为权数、经加权平均得出的不同类型的有效汇率指数。有效汇率的关键特点在于加权,它既可以是对名义汇率加权,也可以对实际汇率加权,分别得到名义有效汇率和实际有效汇率。

5. 币值的低估和高估

币值的低估和高估常常在口头上又被称为汇率的低估和高估①。读者可以回忆本书第二章第三节中有关国际收支不平衡原因的分析,其中一条原因是币值扭曲,即两国货币的名义比价持续背离了实际比价。在了解了实际汇率的定义后,我们就能更容易地理解什么叫币值扭曲。如果初始的名义汇率是均衡汇率,在一个较长的时间内,当两国的物价水平 P_d 和 P_f 发生了变化或两国的劳动生产率和工资水平(a_d、a_f,w_a,w_f)发生了变化而名义汇率没有发生变化,币值扭曲就产生了。或者反过来,两国的物价水平、劳动生产率、工资水平没有发生变化而初始的名义汇率发生了变化,币值扭曲也会产生。币值扭曲意味着名义汇率与实际汇率持续相背离,这时,就产生了币值(名义汇率)低估和高估这两个概念。从简单的角度讲,本币币值(名义汇率)低估相当于本币实际贬值(或本币实际汇率下降);本币币值(名义汇率)高估相当于本币实际升值(或本币实际汇率上升)。也就是说,本币币值低估或高估是名义汇率的变动相对于本国物价、工资、劳动生产率等指标的变动而言的(假定外国的这些变量不变),只要初始均衡的名义汇率未随两国物价水平对比、劳动生产率对比等指标的变动而变动,或两者的变动幅度持续不匹配,就会产生币值的低估或高估。两国物价水平的对比、劳动生产率对比等等实际指标,构成不同种类的衡量标杆,从而形成不同标杆定义下的币值低估或高估。

从更深刻的层次讲,币值的低估或高估是相对于内部均衡和外部平衡的要求而言的,我们将在后面详细讨论这个问题,这也是本书与其他教科书的一个重要区别。

6. 即期汇率和远期汇率

即期汇率(Spot Exchange Rate)和远期汇率(Forward Exchange Rate)是按时间来划分的。即期汇率指目前市场上两种货币的比价,用于外汇的现货买卖。远期汇率指当前约定,在将来某一时刻(比如 1 个月后、3 个月后或 6 个月后)交割外

---

① 在日常生活中,人们在口头上对币值低估或高估和名义汇率低估或高估常常不加区别地予以使用。在理论上,币值低估或高估是针对固定汇率制的情况而言的,名义汇率低估或高估则是针对浮动汇率制下的情况而言的。

汇时所用的两种货币比价,用于外汇远期交易和期货买卖。即期汇率与远期汇率通常在数值上是不一样的。在外币汇率直接标价法下,当某种外币的远期汇率大于即期汇率时,我们称该外币的远期汇率为升水(Premium);反之,当某种外币的远期汇率小于即期汇率时,我们称该外币的远期汇率为贴水(Discount);当两者相等时,则称为平价(Par Value)。升水或贴水的幅度为远期汇率与即期汇率之差。在市场经济国家中,即期汇率和远期汇率一般是由外汇市场的供求关系和预期决定的,而在非市场经济国家,汇率水平的决定则掺杂了许多政策和行政因素。

汇率报价表的读法

自从欧元诞生后,法国法郎和德国马克已被欧元取代。但出于方便理解,我们先用美元直接标价法下的法郎和马克、外加美元间接标价法下的英镑为例,来说明外汇市场上即期汇率和远期汇率的读法。国际外汇市场上的汇率通常以这样的形式给出:

	Closing Mid-Point	Bid/Offer Spread	One Month Rate
FFr(法国法郎)	5.675 0	740~760	5.665 0
DM(德国马克)	1.692 0	917~922	1.689 0
￡(英镑)	1.681 2	808~816	1.678 6

这一汇率采用的是外汇市场上的惯例——"美元标价法"(Dollar Quotation)。美元标价法的特点是:所有在外汇市场上交易的货币都对美元报价;并且,除英镑等极少数货币外,对一般货币均采用以美元为外币的直接标价法,即1美元等于多少该种货币。银行报价的核心是美元,买入美元、卖出其他货币的交易称作Bid;卖出美元、买入其他货币的交易称作Offer。银行买卖外汇是要赚取差价的,所以买入美元时总是支付较少的其他货币,卖出美元时总是收取较多的其他货币,从而按直接标价法,Bid的汇率总是小于Offer的汇率。为了简单表示,报价时给出一个Closing Mid-Point,也就是收盘时的中间价,即Bid Rate和Offer Rate的平均,再给出Bid/Offer Spread,即买卖价差,分别以买入价和卖出价的最后几位来表示。具体而言,法国法郎的收盘中间价为5.675 0法国法郎兑换1美元,则银行实际买入美元的价格为5.674 0法国法郎兑换1美元,银行卖出美元的价格为5.676 0法国法郎

兑换1美元。而对英镑而言,由于采用间接标价法,所以1.681 2的含义是:1英镑能够兑换1.681 2美元。One Month Rate 表示为期一个月的远期汇率,即现在可以签订的、一个月后进行交割时的汇率水平。譬如,如果现在签订一个合约,在一个月后用法郎买入100万美元,则合约约定的交易价格就是566.60万法郎(假定远期的 Bid/Offer Spread 不变)。

下表摘录的是2017年4月19日13点24分的外汇市场报价,供比较参考。

	Closing mid-point	Bid/Offer Spread	One Month Rate
欧　元	1.073 1	722~724	1.073 9
英　镑	1.284 5	829~832	1.284 1
人民币	6.887 6	810~860	6.897 2

第二节　汇率决定的原理(Ⅰ)

一、影响汇率的经济因素

汇率作为一国货币对外价格的表示形式,既要受经济因素的影响,又常常受政治和社会因素的影响。本节介绍影响汇率变动的主要经济因素。

1. 国际收支

国际收支是指一国对外经济活动中所发生的收入和支出,国际收支的差额需要由各国普遍接受的外汇来结算。当一国的国际收入大于支出即国际收支顺差时,可以说是外汇的供应大于需求,因而本国货币升值,外国货币贬值。与之相反,当一国的国际收入小于支出即国际收支逆差时,可以说是外汇的供应小于需求,因而本国货币贬值,外国货币升值。

必须指出,国际收支状况并非一定会影响到汇率,这主要看国际收支顺(逆)差的性质。短期的、临时性的、小规模的国际收支差额,可以轻易地被国际资金的流动、相对利率和通货膨胀率的变动、政府在外汇市场上的干预及其他因素所抵消。不过,长期的巨额的国际收支逆差,一般必定会导致本国货币贬值。

2. 相对通货膨胀率

货币对外价值的基础是对内价值。如果货币的对内价值持续降低,其对外价值也必然随之下降。自从纸币在全世界范围内取代金属铸币流通后,通货膨胀几乎在所有国家都发生。因此,在考察通货膨胀对汇率的影响时,不仅要考察本国的通货膨胀率,还要比较他国的通货膨胀率,即要考察相对通货膨胀率。一般地说,相对通货膨胀率持续较高的国家,由于其货币的国内价值下降相对较快,则其货币相对于外国货币也会贬值。

3. 相对利率

利率也会对汇率水平发生影响。当本国利率较高时,本币持有者不愿意将本币兑换为外币,外汇市场上本国货币供应相对减少,同时,外币持有者则愿意将外币兑换为本币以获取较高收益,外汇市场上本国货币的需求相对增加,这就使得外汇市场上本币的供需关系发生了变化,推动本国货币升值;反之亦然。

但是,如前所述,我们在考察利率变动的影响时,也要注意比较。一是比较外国利率的情况,二是比较本国通货膨胀率。如果本国利率上升,但其幅度不如外国利率的上升幅度,或其幅度不如国内通货膨胀率的上升,则不能导致本国货币升值。与国际收支、通货膨胀、总需求等等因素不同,利率在很大程度上属于政策工具的范畴,具有被动性,因而它对短期汇率产生较大的影响,对长期汇率的影响是十分有限的。

4. 总需求与总供给

总需求与总供给增长中的结构不一致和数量不一致,也会影响汇率。在经常账户下,如果总需求中进口的需求增长快于总供给中出口供给的增长,本国货币将贬值。如果总需求的整体增长快于总供给的整体增长,满足不了的那部分总需求将转向国外,引起进口增长,从而导致本国货币贬值。在资本和金融账户下,当总需求的增长从整体上快于总供给的增加是因财政赤字而引起的、而财政赤字又导致利率上升时,可能会引起资金内流,从而本国货币升值或本币汇率上升。因此,总需求与总供给相互关系变化对汇率的影响究竟如何,要视具体情况来进行分析。

5. 预期

预期有时候能对汇率造成重大影响。预期有多种多样,包括经济的、政治的和社会的。就经济方面而言,预期包含对国际收支状况的预期,对相对物价水平和通货膨胀率的预期,对相对利率或相对资产收益率的预期,以及对汇率本身的预期等等。预期通常是以捕捉刚刚出现的某些信号来进行的。因此,有意地或无意地发出一些与之相对冲的信号,有时可以改变预期的方向。

6. 财政赤字

财政赤字的增加或减少,也会影响汇率的变动方向。财政赤字往往导致货币供应增加和需求增加,因此,赤字的增加将导致本国货币贬值。但犹如国际收支等其他因素一样,赤字增加对货币汇率的影响并非绝对的。如果赤字增加同时伴随着利率上升,那么它对货币汇率的影响就很难说了。

7. 国际储备

国际储备,特别是外汇储备的多少,能表明政府干预外汇市场、稳定货币的能力的强弱。储备增加能加强外汇市场对本国货币的信心,因而有助于本国货币升值。反之,储备下降则会诱使本国货币贬值。

以上列举了影响货币汇率的七大因素。这里必须指出:第一,上述七大因素对汇率的影响不是绝对的、孤立的。它们本身可能反方向地交叉起来对汇率发生影响,加之汇率变动还受其他许多因素(包括政治的和社会的因素)的影响,从而使分析汇率变动的任务困难化和复杂化。上述七大因素对汇率的实际影响,只有在假定"其他条件都不变"的情况下,才能显示出来。第二,从根本上讲,劳动生产率的相对快速增长,使单位货币代表的价值相对增加,从而使本国货币的对外价值相应上升。不过,劳动生产率对货币汇率的影响是缓慢而长期的,它不易被马上察觉出来。

二、金本位下的汇率决定

1. 金本位制度的演变

金本位是指以黄金作为基础的货币制度。随着经济的发展和人们对货币认识的演变,金本位制度经历了三种形式:金币本位制、金块本位制、金汇兑本位制。

典型的金本位制度是金币本位制。在金币本位制下,金币的形状、重量和成色由国家法律规定,可以自由铸造和自由熔化,具有无限法偿能力,辅币和银行券的发行需要以等量的黄金作为准备,并可以自由兑换成金币。黄金是国际结算的手段,可以自由地输出、输入国境。

随着经济的发展,黄金产量日益落后于货币的需求,银行券等纸质价值符号对金币自由兑换的可能性日益缩小,黄金本身参与流通和支付的程度下降,于是出现了金块本位制。在金块本位制下,黄金(金币)不再流通,银行发行以黄金为基础的银行券(纸币)作为主要流通手段,银行券和黄金通常不能自由兑换,只能在一定条件下向发行银行兑换黄金,兑换条件往往是较高的数额,这就避免了日常生活中银行券向黄金的兑换。在金块本位制下,黄金发挥的是储藏手段和稳定纸币价值的作用。

金汇兑本位制是一种广义的金本位制。实行金汇兑本位制的国家,将本国货币的发行与某个实行金块本位制或金币本位制的国家的货币相挂钩,并规定本国货币与该外国货币的兑换比价。本国货币在国内不能兑换黄金,只能先兑换成该外国货币,然后再以该外国货币兑换黄金。第一次世界大战之前,一些殖民地国家就实行金汇兑本位制。第二次世界大战后,布雷顿森林体系规定的国际货币制度从某种程度上说也属于金汇兑本位制。随着各国经济的进一步发展,对货币的需求也进一步增加。银行券与黄金之间的法定比价被一再打破,最终银行券(即纸币)脱离黄金而独立流通,于是广义的金本位制被纸币本位所代替,纸币成了独立于黄金的流通和支付手段(见表 3-1 所示)。

表 3-1　各阶段货币制度的特征概括

		金 本 位 制 度			
		金铸币本位	金块本位	金汇兑本位	纸币本位
黄金的作用	价值尺度	直接充当	通过纸币间接充当	通过纸币间接充当	不 充 当
	流通手段	直接充当	不 充 当	不 充 当	不 充 当
	支付手段	较多充当	较少充当	稀少充当	不 充 当
	储藏手段	充 当	充 当	基本充当	部分充当
纸币的作用	价值尺度	不 充 当	以黄金为基础充当	以黄金为基础充当	直接充当
	流通手段	较少充当	全面充当	全面充当	全面充当
	支付手段	较少充当	较多充当	更多充当	全面充当
	储藏手段	不 充 当	不 充 当	较少充当	主要充当

2. 金币本位制度下汇率的决定

不同货币制度下汇率的决定基础是不一样的。在金币本位制度下,各国都规定单位金币的法定含金量。两种不同货币之间的比价,是由它们各自的含金量对比来决定的。例如在 1925～1931 年,1 英镑的含金量为 7.322 4 克,1 美元所含纯金则为 1.504 656 克,两者相比等于 4.866 5(7.322 4 ÷ 1.504 656),即 1 英镑等于 4.866 5 美元。这种以两种金属铸币含金量之比得到的汇率被称为铸币平价(Mint

Parity)。铸币平价是金平价(Gold Parity)的一种表现形式。所谓金平价,就是两种货币含金量或所代表金量的对比。

在金币本位制度下,由于国际收支既可以用外汇来支付,又可以直接通过黄金支付,那么,外汇市场上的货币价格就受制于铸币平价,实际生活中汇率因供求关系的变化而造成的波动是有限的。仍然举上面的例子:假定在英国和美国之间运送 7.322 4 克黄金的费用为 0.02 美元,那么如果外汇市场上 1 英镑的价格高于 4.886 5 美元(即4.866 5+0.02 美元),美国债务人就不会在外汇市场上购买英镑,而会用4.866 5美元的价格向联储兑换黄金并运送到英国,用黄金向英格兰银行兑换英镑以支付国际债务。这样,美国的黄金就会输出到英国,4.886 5美元就是美国对英国的黄金输出点(Gold Export Point)。与此同时,外汇市场上英镑的需求会下降,英镑的价格也会下降,直到低于 4.886 5 美元。反之,如果 1 英镑的价格低于 4.846 5 美元,英国的债务人也会同样用输出黄金的方式偿还对美国的债务,4.846 5 美元就是美国对英国的黄金输入点(Gold Import Point)。与此同时,外汇市场上美元的需求就会减少,英镑的价格就会上升,直至超过 4.846 5 美元。黄金输出点和黄金输入点统称黄金输送点(Gold Point)。

以上的分析表明,铸币平价加上黄金运送费,是汇率上涨的最高点;铸币平价减去黄金运送费,是汇率下跌的最低点。黄金输入点和黄金输出点是汇率变动的界限,汇率在这一界限内围绕着铸币平价波动,波动的幅度比较小,基本上是稳定的。

3. 金块本位和金汇兑本位制度下汇率的决定

在金块本位制度下,黄金不再直接充当流通手段,金块的绝大部分为政府所掌握,其自由输出入受到了影响。同样,在金汇兑本位制度下,黄金集中储藏在政府手中,在日常生活中,黄金不再具有流通手段的职能,输出入受到了极大限制。在上述两种货币制度下,货币汇率由政府公布的纸币所代表的金量之比决定,称为法定平价。法定平价也是金平价的一种表现形式。市场汇率因供求关系而围绕法定平价上下波动。但这时,汇率波动的幅度已不再受制于黄金输送点。黄金输送点存在的必要前提是黄金的自由输出入。在金块本位和金汇兑本位下,由于黄金的输出入受到了限制,因此,黄金输送点实际上已不复存在。在金块本位和金汇兑本位这两种削弱了的金本位制度下,虽说决定汇率的基础依然是金平价,但汇率波动的幅度则由政府来规定和维护。政府通过设立外汇平准基金来维护汇率的稳定。当外汇价格上升,便出售外汇;当外汇价格下降,便买进外汇,以此使汇率的波动局限在允许的幅度内。显然,与金币本位制度时的情况相比,金块本位和金汇兑本位下汇率的稳定程度已降低了。

三、汇率决定学说（上）

金本位制虽然具有较好的稳定币值的作用，但黄金作为稀缺资源，其产量落后于世界经济的增长和货币需求的增长，这就决定了各种形式的将货币与黄金按固定比例挂钩的制度最终都会瓦解。在信用货币制度下，汇率水平不再由含金量或所代表金量的对比来决定，也没有了一个公认的标尺，因而经济学家提出了纸币流通条件下的多种汇率决定理论，我们在这里分别加以介绍。

1. 购买力平价说（Theory of Purchasing Power Parity）

购买力平价说的历史非常悠久，其理论渊源可以追溯到 16 世纪。瑞典学者卡塞尔（G. Cassel）于 1922 年首次对其进行了系统的阐述，并由后人加以发展。购买力平价的基本思想是货币的价值在于其购买力，因此不同货币之间的兑换率取决于其购买力之比，也就是说，汇率与各国的价格水平之间具有直接的联系。对汇率与价格水平之间关系的分析，可以先从某一商品在不同国家中的价格之间存在的联系开始。

（1）购买力平价说的基础。在经济活动中存在这样一类商品：首先，假定位于不同地区的该商品是同质的，也就是说不存在任何商品质量及其他方面的差别；其次，该商品能自由交易，其价格能按市场供求关系灵活地进行调整，不存在任何价格上的黏性，并且，其跨国移动也不存在障碍。如果满足这样的条件，那么，若该商品在不同地区的价格存在差异，套利者就可以在低价地区买入这种商品，然后在高价地区卖出以牟取差价。套利者的持续套利行为将不断改变两个地区的商品供求状况，使低价地区的商品价格上升，高价地区的商品价格下降。最后，两个地区的商品价格会接近。可贸易品就是这样一种商品，它能自由移动，自由交易。如果假定可贸易品的运输成本为零，则在套利作用下同种可贸易品在各个地区的价格应该是一致的，这种一致关系被称作"一价定律"（Law of One Price）。在开放经济条件下，一价定律体现为用同一货币衡量的不同国家的同质可贸易品价格相同，可以用公式（3-7）表示。

$$P_d^i = eP_f^i \qquad\qquad (3\text{-}7)$$

式中，e 是直接标价法的汇率；P_d^i 和 P_f^i 是本国和外国的可贸易品 i 的标价。一价定律描述的可贸易品价格和汇率的关系是购买力平价说的基础。

　　(2) 绝对购买力平价。如果对于两国的任何一种可贸易品,一价定律都成立,并且在两国物价指数的编制中,各种可贸易品所占的权重相等,那么,两国由可贸易商品构成的物价水平之间存在着下列关系

$$\sum_{i=1}^{n} \alpha^i P_d^i = e \sum_{i=1}^{n} \alpha^i P_f^i \qquad (3-8)$$

　　式(3-8)中,e 是直接标价法的汇率;P_d^i 和 P_f^i 是第 i 种可贸易品的本国和外国价格水平;α^i 表示第 i 种可贸易品在物价指数中的权重。尽管一国的商品可以分为可贸易品和不可贸易品,但主张购买力平价的学者们认为一国的可贸易品与不可贸易品之间,以及各国不可贸易品之间存在着种种联系,这些联系使得一价定律对于不可贸易品也成立。也就是说,所有国家的一般物价水平以同一种货币计算时是相等的,汇率取决于两国一般物价水平之比。

　　如果将两国一般物价水平直接用 P_d 和 P_f 来分别表示,则式(3-8)可以写成

$$P_d = e P_f \qquad (3-9)$$

　　这个式子的含义是:不同国家的物价水平在换算成同一货币计量时是一样的。将式(3-9)变形就可以得到

$$e = \frac{P_d}{P_f} \qquad (3-10)$$

　　这就是绝对购买力平价的一般形式。它意味着汇率取决于以不同货币衡量的两国一般物价水平之比,即不同货币的购买力之比。

　　(3) 相对购买力平价。在实际生活中,由于各国间的贸易存在着交易成本,各国物价水平的计算中,不同商品的权重有所不同,各国物价水平中可贸易品和不可贸易品的口径和权重也有所不同,所以各国的物价水平很难用同一种方法来比较,从而汇率水平的绝对值也就缺少比较的基础。于是,经济学家又提出,把汇率变动的幅度和物价变动的幅度联系起来,这就是相对购买力平价,其公式为

$$e_t = \frac{PI_{d,t}}{PI_{f,t}} \cdot e_0 \qquad (3-11)$$

　　式中,$PI_{d,t}$、$PI_{f,t}$ 分别是本国和外国在 t 期的物价指数的变动;e_0 是基期的汇率;e_t 是计算期的汇率。相对购买力平价的含义是:尽管汇率水平不一定能反映两国物价绝对水平的对比,但可以反映两国物价的相对变动。物价上升速度较

快(物价指数相对基期提高较快)的国家,其货币就会贬值。由于物价指数比较容易得到,因而计算相对购买力平价也就容易得多,其实用性也大大提高。

(4) 购买力平价说的检验和评价。从购买力平价说产生开始,理论界和实务界就一直试图对其进行实证检验。但是在实证研究中,购买力平价一般并不能得到经验数据的有力支持。对此现象的解释主要有:

首先,购买力平价的实证检验存在技术上的困难。第一,物价指数的选择不同,可以导致不同的购买力平价。比如:国内生产总值消涨指数(GDP Deflator),是覆盖面最广的物价指数;批发物价指数(Wholesale Price Index),则是偏重覆盖内外贸商品价格的指数;而消费物价指数(Consumer Price Index),是仅仅覆盖消费品价格的一种物价指数。采用何种指数最为恰当,是个悬而未决的问题。第二,商品分类上的主观性可以扭曲购买力平价。运用购买力平价来计算汇率,要求不同国家在商品的分类上做到一致性和可操作性,否则,就会缺乏可比性。但由于不同国家间价格体系、经济体制、统计口径上的差异,以及人们主观认知的差异,商品分类很难达到一致。第三,在检验相对购买力平价时,由于相对购买力平价说隐含地假定了基年的汇率 e_0 是均衡的汇率,但在实证检验时,研究人员根据主观判断选定的基年未必就是均衡汇率实现的时刻,因此,以后的数据自然也就得不到验证。

其次,从短期看,汇率会因为各种原因而暂时偏离购买力平价。例如,购买力平价的分析是以物价水平可以灵活调整作为前提的,如果存在价格黏性,导致其不能在短期内及时调整,汇率就会暂时偏离购买力平价。再例如,购买力平价在分析中还假定只存在经常账户交易,如果也存在着资本与金融账户交易,尤其是这一交易在短期内主导了汇率的变动时,现实中的汇率也很难通过商品套利机制使之满足购买力平价[①]。

在所有的汇率理论中,购买力平价说是最有影响的。首先,它从货币的基本功能(具有购买力)出发来分析货币的交换问题,非常易于理解。同时,它的表达形式也最为简单。所以,购买力平价被广泛运用于对汇率水平的分析和政策研究之中。

但是,购买力平价说把汇率的变动完全看成一种货币现象,购买力平价的成立意味着反映一国产品国际竞争力的实际汇率不发生变动,这是不符合现实的。

---

① 购买力平价理论的另一个重要缺点是它假定一价定律存在于所有可贸易品之中。事实上,只有能够自由移动、自由竞争的可贸易品,其交换中才会有套利活动,从而才会有一价定律的存在。

从长期看,实际因素的变动会引起实际汇率以及相应的名义汇率的调整,从而使名义汇率与购买力平价产生长久性的偏离。主要的实际因素包括:生产率的变动、消费偏好的变动、自然资源的发现、各国自然禀赋和经济禀赋的不同、各国经济政策的不同、对国际贸易管制的变动等。

换 汇 成 本

换汇成本说是中国原经贸部和理论界的学者根据中国的国情,于20世纪70年代末发展出来的一种汇率决定方法。它把非贸易商品加以剔除,而用国际贸易商品的价格对比来考察人民币汇率的决定,这显然比购买力平价说更切合中国的实情,也具有很强的操作性。

换汇成本可以用两种方式来表达,分别为

$$出口换汇成本 = \frac{(1+P)EY}{ED}$$

$$进口换汇成本 = \frac{MY}{MD}$$

式中,P 是预期的利润率,EY 是一定时期内以人民币衡量的中国出口商品总成本,包括商品生产和流通费用及关税等项目;ED 是以美元衡量的一定时期内中国的出口总收入;MD 是以美元衡量的一定时期内中国的进口总值;MY 是一定时期内以人民币衡量的进口商品在国内市场的销售总收入(已包含利润在内)。出口换汇成本的含义是中国在国际市场赚得一美元所付出的人民币代价,进口换汇成本的含义是中国在国内市场上销售一美元产品所能获得的人民币收入。

换汇成本不仅可以用来测算全国平均的人民币换汇成本,也可以用来测算一个企业甚至一种商品的换汇成本。若人民币汇率由全国平均的出口换汇成本决定,则当一个企业(或一种出口商品)的换汇成本低于它时,该企业(或该商品)就具有价格竞争的优势。1981年1月1日到1984年12月31日,以全国平均的出口换汇成本决定的汇率被称作内部结算价,统一适用于中国境内所有企业的进出口商品结售汇。之后,在人民币汇率政策制定中,换汇成本说长期发挥着重要影响。

2. 利率平价说(Theory of Interest Rate Parity)

在现实生活中,许多国家金融市场之间的联系比商品市场之间的联系更为紧密,而国际资金流动的发展使汇率与金融市场上的价格——利率之间也存在着密切的关系。从金融市场角度分析汇率与利率所存在的关系,就是汇率决定的利率平价说(Theory of Interest-Rate Parity)。与购买力平价说相比,利率平价说是一种短期的分析,这两者之间的关系可以用图 3-1 说明。

中长期:货币供应数量——→购买力(商品价格)——→汇率

短 期:货币(资金)供求数量——→利率(资产价格)——→汇率

图 3-1 购买力平价理论与利率平价理论关系示意图

利率平价说的基本思想可追溯到 19 世纪下半叶,在 20 世纪 20 年代由凯恩斯等人予以完整阐述。利率平价说分为套补的利率平价(Covered Interest-Rate Parity;CIP)与非套补的利率平价(Uncovered Interest-Rate Parity;UIP)两种,以下分别对它们进行介绍。

(1) 套补的利率平价。为便于说明问题,我们不妨假设自己手中握有一笔可自由支配的资金,可以自由进出本国与外国金融市场。我们假定资金在国际间移动不存在任何限制与交易成本。

如果我们想把这笔资金用于投资一年期的债券,则存在着投资于本国金融市场还是外国金融市场这两种不同选择。我们在进行选择时,若其他条件不变,显然是要确定哪种投资收益更高。

假设本国金融市场上一年期投资收益率为 i_d,外国金融市场上同种投资收益率为 i_f,即期汇率为 e(直接标价法)。

如果投资于本国金融市场,则每 1 单位本币到期可增值为

$$1+(1 \times i_d) = 1 + i_d \qquad (3-12)$$

如果投资于外国金融市场,则这一投资行为可以划分为三个步骤。首先,将本币在外汇市场上兑换成外币;其次,用所获得的外币在外国金融市场上进行为期一年的投资;最后,在到期后,将以外币计的金融资产在外汇市场上兑换成本币。我们逐步分析这一投资方式的获利情况。

首先,对于每 1 单位本币,可在外汇市场上即期兑换为 $1/e$ 单位的外币。将这 $1/e$ 单位的外币用于一年期投资,期满时可增值为

$$\frac{1}{e} + \frac{1}{e} \times i_f = \frac{1}{e} \times (1 + i_f) \qquad (3-13)$$

在一年后期满之时,假定此时的汇率为e^f,则这笔外币可兑换成的本币数为

$$\frac{1}{e} \times (1+i_f) \times e^f = \frac{e^f}{e}(1+i_f) \tag{3-14}$$

可以看出,由于一年后的即期汇率e^f是不确定的,因此这种投资方式的最终收益也是不确定的,或者说这笔投资的收益具有汇率风险。为了消除汇率风险,我们可以购买一年后交割的远期合约,交割的远期汇率记为f。这样,这笔投资就不存在汇率风险,届时1单位本币可兑换为

$$\frac{f}{e}(1+i_f) \tag{3-15}$$

在消除了汇率风险的情况下,选择在国内还是国外投资,取决于这两种投资收益率的高低。如果$1+i_d > \frac{f}{e}(1+i_f)$,则将投资于本国金融市场;如果$1+i_d < \frac{f}{e}(1+i_f)$,则将投资于外国金融市场;如果$1+i_d = \frac{f}{e}(1+i_f)$,此时投资于两国金融市场都一样。

在市场上的其他投资者也面临着同样的决策选择。如果$1+i_d < \frac{f}{e}(1+i_f)$,则众多的投资者都会将资金投入外国金融市场,表现为在外汇市场上即期购入外币,远期卖出外币,从而使本币在即期贬值(e增大),在远期升值(f减小),投资于外国金融市场的收益率$\frac{f}{e}(1+i_f)$逐步下降,直到$1+i_d - \frac{f}{e}(1+i_f)$时,外汇市场上对本币和外币的供求才处于平衡状态,即期和远期的汇率都达到稳定。如果$1+i_d > \frac{f}{e}(1+i_f)$,则情况正相反。所以,当投资者采取持有远期合约的套补方式交易时,市场最终会使利率与汇率间形成下列关系:

$$1+i_d = \frac{f}{e}(1+i_f) \tag{3-16}$$

整理得

$$\frac{f}{e} = \frac{1+i_d}{1+i_f} \tag{3-17}$$

我们记外币即期汇率与远期汇率之间的升(贴)水率为ρ,即

$$\rho = \frac{f-e}{e} \qquad (3\text{-}18)$$

再将式(3-18)代入式(3-17),化简得到

$$\rho + \rho i_f = i_d - i_f \qquad (3\text{-}19)$$

由于 ρ 及 i_f 均是很小的数值,所以它们的积 ρi_f 可以省略,得到

$$\rho = i_d - i_f \qquad (3\text{-}20)$$

式(3-20)即为套补的利率平价的一般形式。它的经济含义是:外币汇率的远期升(贴)水率等于两国利率之差。如果本国利率高于外国利率,则外币远期汇率必将升水,这意味着本币在远期将贬值;如果本国利率低于外国利率,则外币远期汇率将贴水而本币在远期将升值。也就是说,汇率的变动会抵消两国间的利率差异,从而使金融市场处于平衡状态。

需要指出的是,套补性交易行为一般是不存在任何风险的。因此,当市场上套补利率平价不成立时,投资者就可以进行金融市场上的无本金套利活动。以 $1+i_d < \frac{f}{e}(1+i_f)$ 为例,投资者可以在本国金融市场上以 i_d 的利率借入资金,随后将它投资于外国金融市场并采取相应的套补措施,便可以获得无风险利润 $\left[\frac{f}{e}(1+i_f) - (1+i_d)\right]$。可以说,这种套利活动是使套补的利率平价始终成立的主要条件。

套补的利率平价具有很高的实践价值,被作为指导公式广泛运用于交易之中,在外汇交易中处于做市商地位的大银行基本上就根据各国的利率差异来确定远期汇率的升(贴)水额。在实证中,除了外汇市场激烈动荡的时期,套补的利率平价基本上都能比较好地成立。当然,实际的汇率变动与套补的利率平价之间存在着一定的偏离,这一偏离常被认为反映了交易成本、外汇管制以及各种风险等因素。

(2)非套补的利率平价。在套补的利率平价推导过程中,我们假定投资者的投资策略是进行远期交易以规避风险。实际上,还存在着另外一种投资策略,即根据自己对未来汇率变动的预期而计算预期的收益,不进行远期交易,在承担一定的汇率风险情况下进行投资活动。

在不进行远期交易时,投资者计算国外投资的收益时不但要考虑外国的利

率,还要考虑投资到期时的汇率。如果投资者对一年后的汇率的预期为 E,则投资者对投资国外所收回本币资金的预期就是 $\dfrac{1+i_f}{e}E$。如果这一预期的收入与投资本国金融市场的收入存在差异,则投资者就会选择在预期收入较高的市场投资,其投资活动会带来当前本国利率、汇率的变动,最终在市场处于平衡状态时,有下式成立。

$$1+i_d = \frac{E}{e}(1+i_f) \qquad\qquad (3\text{-}21)$$

对之进行类似上面的整理,可得

$$E\rho = i_d - i_f \qquad\qquad (3\text{-}22)$$

式(3-22)中,$E\rho$ 表示预期的汇率变动率。上式即为非套补利率平价的一般形式,它的经济含义是:预期的汇率变动率等于两国货币利率之差。在非套补利率平价成立时,如果本国利率高于外国利率,则意味着市场预期本币在未来将贬值。再例如,在非套补利率平价已经成立时,如果本币当局提高利率,则当市场预期未来的汇率并不因之发生变动时,本币的币值在即期将升值。

利用非套补的利率平价的一般形式进行实证检验的并不多见。这是因为,预期的汇率变动率在一定程度上是一个心理变量,很难获得可信的数据进行分析,并且实际意义也不大。在经济分析中,对非套补的利率平价的实证研究一般是与远期外汇市场的分析相联系的。

(3)套补和非套补利率平价的关系。在前面的分析中,套补与非套补的利率平价的成立分别是由两种类型的交易活动实现的。但在外汇市场上,还存在着另外一种交易者——投机者。投机者交易的目的不在于获得随时间变动的资产增值,而在于利用资产在特定时刻的差价获利。

当投机者预期的未来汇率与相应的远期汇率不一致时,投机者就会进行交易。以 $E < f$ 为例,投机者就可以在外汇市场上以 f 的汇率卖出远期外币合约,合约到期时,投机者预期能够以 E 的汇率将本币兑换成外币以交割,则投机者投入一单位外币获得的预期收益率为 $\dfrac{f}{E}-1 > 0$。投机者不断在远期市场卖出外币合约,从而会使 f 不断减小,直至 $E = f$。此时,套补的利率平价与非套补的利率平价同时成立,即

$$f = E, \rho = E\rho = i_d - i_f \qquad\qquad (3\text{-}23)$$

同样的道理也适用于 $E>f$ 的情况。当 $E>f$ 时,投机者就会在外汇市场上以 f 的汇率买入远期外币合约,合约到期时,投机者能够以 f 的汇率先将本币换成(买入)外币,然后马上再以 E 的汇率将外币卖出得到本币,此时,投机者投入一单位本币的收益率为 $\frac{F}{f}-1>0$。投机者不断在远期市场买入外币合约会使 f 不断变大,直至 $E=f$,此时,套补的利率平价与非套补的利率平价同时成立。

(4)对利率平价说的简单评价。对利率平价说的评价主要有以下三点:

首先,利率平价说从资金流动的角度指出了汇率与利率之间的密切关系,有助于正确认识现实的外汇市场上汇率的形成机制。由于现实的外汇市场上资金流动非常迅速而频繁,使利率平价(主要是套补的利率平价)的前提始终较好地成立,具有坚实的分析基础。

其次,利率平价说不是一个独立的汇率决定理论,它只是描述了汇率与利率之间相互作用的关系,即:不仅利率的差异会影响到汇率的变动,汇率的改变也会通过资金流动影响不同市场上的资金供求关系,进而影响利率。更为重要的是,利率和汇率可能会同时受到更为基本的因素(例如货币供求等)的作用而发生变化,利率平价只是在这一变化过程中表现出来的利率与汇率之间的联系。因此,利率平价理论与其他汇率决定理论之间是相互补充而不是相互对立的,它常常作为一种基本的关系而被运用在其他汇率决定理论的分析中。

再次,利率平价说具有特别的实践价值。由于利率的变动非常迅速,同时利率又可以对汇率产生立竿见影的影响,利率与汇率之间存在的这一关系就为中央银行对外汇市场进行灵活的调节提供了有效的途径,即:培育一个发达的、有效率的货币市场,在货币市场上利用利率尤其是短期利率的变动来对汇率进行调节。例如,当市场上存在着本币将贬值的预期时,就可以相应提高本国利率以抵消这一贬值预期对外汇市场的压力,维持汇率的稳定。

3. 国际收支说(Balance of Payment Theory of Exchange Rate)

汇率是外汇市场上的价格。外汇市场上供需流量的变动对汇率有直接的影响,而外汇市场上的供需又受到国际收支的影响,因此国际收支状况与汇率之间存在着密切的联系。国际收支说就是从国际收支角度分析汇率决定的一种理论,它的理论渊源可追溯到 14 世纪。1861 年,英国学者葛逊(G. Goschen)较为完整地阐述了汇率与国际收支的关系,他的理论被称为国际借贷说(Theory of International Indebtedness)。国际借贷说认为,外汇供求是由已进入支付阶段的国际收支引起的,当一国已进入支付阶段的外汇支出大于外汇收入时,外汇的需求大于供应,因而本国货币贬值;反之,则本国货币升值。国际借贷说的实质是汇率的供求决定论,但并没有指出具体影响外汇供求和国际收支的因素。二战后,随着凯恩斯主义的宏观经济分析被广泛运用,很多学者应用凯恩斯模型来说明影响国际收支的主要因素,分析了这些因素如何通过国际收支作用到汇率,从而形成了国际收支说的现代形式。美国学者阿尔盖(V. Argy)对此进行了系统的总结。

(1)国际收支说的基本原理。假定汇率完全自由浮动,政府不对外汇市场进行任何干预。在这一前提下我们分析有哪些因素通过作用于国际收支而影响汇率的变动。

假定国际收支仅包括经常账户(CA)和资本与金融账户(K),这里的资本与金融账户不含储备资产,国际收支(BP)平衡可以表示为

$$BP = CA + K = 0 \qquad (3\text{-}24)$$

如将经常账户简单视为贸易账户,则它主要是由商品与服务的进出口决定的。其中,进口主要是由本国国民收入 Y 和两国相对价格之比 $\dfrac{eP_f}{P_d}$ 决定的(e 是直接标价法下的汇率),出口主要是由外国国民收入 Y^* 和两国相对价格之比决定的。假定资本与金融账户的收支取决于本国利率 i、外国利率 i^*,还有对未来汇率水平变化的预期 $\dfrac{E-e}{e}$。

综合上述各种因素,如果将除汇率外的其他变量均视为已给定的外生变量,则汇率将在这些因素的共同作用下变化至某一水平,从而起到平衡国际收支的作用,即

$$e = f(Y, Y^*, P, P^*, i_d, i_f, E) \qquad (3\text{-}25)$$

我们不妨简单分析一下各变量的变动对汇率的影响:

第一,国民收入的变动。当其他条件不变时(下同),本国国民收入的增加将通过边际进口倾向而带来进口的上升,这导致经常账户的恶化,外汇需求上升,本币贬值。外国国民收入的增加将带来本国出口的上升,本币升值。

第二,价格水平的变动。本国价格水平的上升将使本国产品竞争力下降,经常账户恶化,外汇需求上升,本币贬值。外国价格水平的上升将使本国产品竞争力上升,本国经常账户改善,本币升值。

第三,利率的变动。本国利率提高将吸引更多的资本流入,本币升值。外国利率的提高将造成本币贬值。

第四,对未来汇率预期的变动。如果预期本币在未来将贬值,资本将会流出以避免汇率损失,这带来本币即期的贬值。如果预期本币在未来将升值,则本币币值在即期就将升值。

(2) 对国际收支说的简单评价。国际收支说是带有浓厚凯恩斯主义色彩的汇率决定理论,它是凯恩斯主义的国际收支理论在浮动汇率制下的应用。对于国际收支说的评价主要有两点:

第一,国际收支说指出了汇率与国际收支之间存在的密切关系,有利于全面分析短期内汇率的变动和决定。

第二,国际收支说是关于汇率决定的流量理论,其核心思路是国际收支引起的外汇供求流量决定了短期汇率水平及其变动。这一特点导致其很难解释现实中的一些经济现象。例如,利率上升在很多情况下并不能持续吸引资本流入,从而引起汇率的相应变动;再比如,汇率常常在外汇市场交易流量变动很小的情况下发生大幅变动。

4. 汇兑心理说(Psychological Theory of Exchange)

汇兑心理说是法国学者阿夫达里昂(A. Af-Talion)于 1927 年提出的。他认为,人们之所以需要外币,是为了满足某种欲望,如支付、投资、投机等等。这种主观欲望是使外国货币具有价值的基础。人们依据自己的主观欲望来判断外币价值的高低。根据边际效用理论,外汇供应增加,单位外币的边际效用就递减,外汇汇率就下降。这种主观判断决定了外汇的供求,从而决定了汇率。

汇兑心理说后来演变为心理预期说,即外汇市场上人们的心理预期,对汇率的决定产生重大影响。汇兑心理说和心理预期说在解释外汇投机、资金逃避、国际储备下降及外债累积对未来汇率的影响时,尤其值得重视。1993 年上半年我国人民币在外汇调剂市场上大幅度贬值,就同人们的复关预期、开放人民币自由兑换预期,以及通货膨胀预期有关。但是应当指出,汇兑心理说和心理预期说,讲的都是对短期汇率的影响。应该说,它们是影响汇率变动的因素,而不是汇率(尤其不是长期汇率)的决定基础。

四、汇率决定学说(下)

20 世纪 70 年代以来,国际资金流动的发展和财富的资产化对汇率产生了重大影响,这启发人们将汇率看成一种资产价格,这一价格是在资产市场上确定的,从而在分析汇率的决定时应采用与普通资产价格决定基本相同的理论。这一分析方法被统称为汇率决定的资产市场说,在20世纪70年代中后期成为汇率理论的重要一派。

资产市场说按不同资产是否可替代分为两大流派:第一个流派称为货币分析法,第二个流派称为资产组合分析法。货币分析法认为不同资产(本币资产和外币资产)是完全替代的,一种资产市场达到平衡则另一种资产市场也会同时达到平衡,因此,两种资产市场各自的平衡可以用一个市场来进行讨论。而资产组合分析法则认为本币资产和外币资产是不完全替代的,因此,它们各自的平衡问题要分开来进行讨论。货币分析法重点放在考察货币供给变动对汇率的影响。按照对商品价格弹性的不同假设,货币分析法又可以分为两个分支。第一个分支认为商品价格对应货币供给的变动具有充分的弹性,即能作出充分的反应,故称之为弹性价格的货币分析法。第二个分支认为商品价格对应货币供给的变动不具有充分的弹性,即不能作出立即的充分的反应,商品价格具有一定的黏性。相对于货币冲击而言,商品价格的调整速度较慢而资产价格(如利率、汇率)的调整较快。当货币供给发生变动时,资产价格会立即作出充分反应,从而立即作出相应比例的调整;而商品价格由于受商品需求和供给(产出)调整较慢影响从而也会较慢作出反应,因而其调整速度要慢于资产价格的调整速度,故称之为黏性价格的货币分析法。但无论是弹性价格的货币分析法还是黏性价格的货币分析法,它们的理论基础都是货币学派,强调货币数量变动对汇率的影响,同时也都假定购买力平价成立,只不过前者认为购买力平价始终成立,而后者认为购买力平价短期不成立,只有长期才成立。

由此,我们得到图3-2。

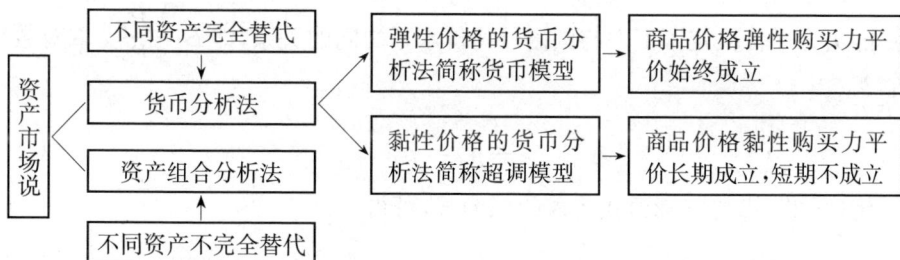

图3-2 资产市场说结构图

下同,我们来逐一简单介绍这些理论。

1. 弹性价格货币分析法

汇率的弹性价格货币分析法可简称为汇率的货币模型。它是由美国经济学家弗兰克(J. Frenkel)和比尔森(J. Bilson)等人首先提出的。在这一模型中,由于本外币资产是完全可替代的,因此这两种资产市场是统一的市场。根据一般均衡的原理,只要本国货币市场达到平衡,外币市场就必然平衡。因此,货币模型把重点放在分析本国货币市场上货币供求关系的变动对汇率的影响上。

(1) 基本模型。弹性价格货币分析法建立在三个假定基础上:① 货币中性,总供给曲线垂直;② 货币需求是国民收入和利率的稳定函数;③ 购买力平价成立。该方法的核心思想是汇率可以自由调整以反映各种因素对汇率水平决定的影响,各种因素通过影响货币供求关系从而最终影响汇率。特别需要指出的是,此处的货币供给是政府可以控制的外生变量,利率与实际国民收入(也就是实际产出水平)都与货币供给无关,货币供给变动带来的货币市场不均衡,完全由价格的弹性变动来调整,不会影响产出。

根据这些假定,本国货币市场平衡的条件是

$$M_d^s = M_d^d = P_d Y_d^\alpha e^{-\beta i d} \tag{3-26}$$

式中,e 是自然对数的底;Y 为产出;P 为物价;i 为利率;M 为货币数量,货币需求函数为半对数形式。本国变量用下标 d 表示,上标 s 和 d 表示供给和需求。对式(3-26)取对数,并用小写字母表示各变量的对数值(除利率外),得到

$$p_d = m_d^s - \alpha y_d + \beta i_d \tag{3-27}$$

为方便起见,假设外国货币需求函数的参数与本国相同,外国变量用下标 f 表示,同样可得外国价格水平(对数)的表达式

$$p_f = m_f^s - \alpha y_f + \beta i_f \tag{3-28}$$

购买力平价决定了汇率与国内外物价水平之间的关系,即 $E = \dfrac{P_d}{P_f}$,取对数后可得

$$e = p_d - p_f \tag{3-29}$$

将(3-27)式与(3-28)式代入(3-29)式,可得

$$e = (m_d^s - m_f^s) - \alpha(y_d - y_f) + \beta(i_d - i_f) \tag{3-30}$$

以上即为弹性价格货币分析法的基本模型。第一项表示本国和外国货币供给变动的差额,第二项表示本国和外国实际国民收入变动的差额,第三项表示本国和外国利率变动的差额。本国与外国之间的实际国民收入水平、利率水平以及货币供给水平通过影响各自的货币供求关系进而影响物价水平,最终通过购买力

平价决定了汇率水平。这样,弹性货币分析法就将货币市场上的一系列因素引进了汇率水平的决定中。

我们分别分析一下这些因素变动对汇率水平的影响。

第一,我们先来看式(3-30)中的第一项$(m_d^s - m_f^s)$,并配以图3-3给予形象说明。在式中其他变量都不变的情况下,本国货币供给水平(m_d^s)的一次性增加(图3-3(a)),会造成居民手中的货币余额超出居民愿意持有的货币量,居民将会增加支出以减少手中的货币余额。由于产出不变,额外的支出会使价格水平同比例上升(图3-3(b))。由于购买力平价的成立,本国价格水平的提高又将带来本国货币的同比例贬值(图3-3(c))。

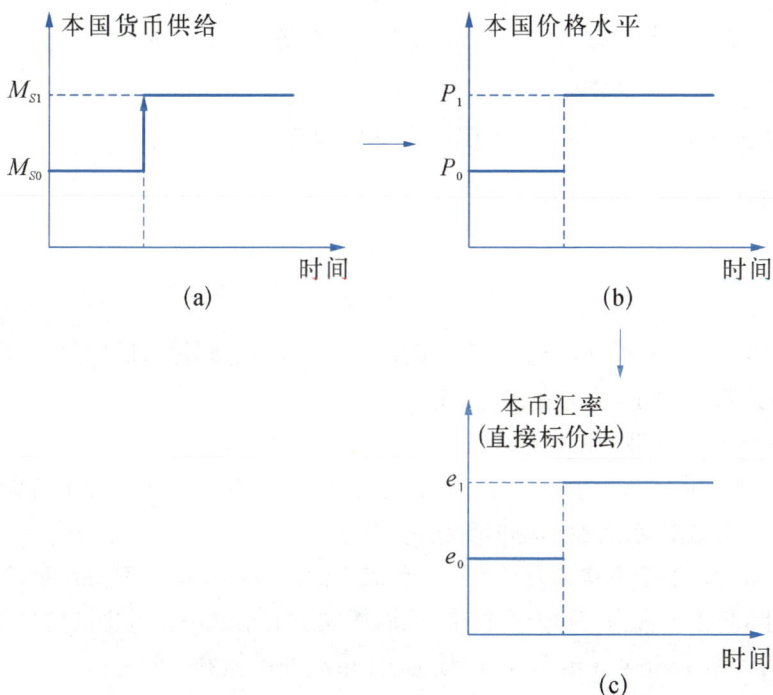

图3-3　货币模型中本国货币供给一次性增加的影响

第二,我们再来看式(3-30)中的第二项。同样假定式中其他变量都不变,本国产出(y_d)的增加会带来货币需求的增加,由于货币供给没有相应增加,因此会造成本国价格水平的下降,而本国价格水平下降又会通过购买力平价关系造成本国货币的相应升值。

第三,我们最后来看式(3-30)中的第三项。还是假定式中其他变量都不变,本国利率(i_d)的上升会降低货币需求,在原有的货币供给水平上,使货币供给大于货币需求,这会造成货币支出的增加和物价的上升,从而通过购买力平价关系造成本国货币的贬值。

(2) 预期的作用。上面介绍了货币模型关于汇率决定的分析,从中可以看出,汇率主要由货币供应量、产出、利率等因素决定,货币供应量、产出、利率通过影响货币供求关系进而影响物价并最终影响汇率。但事实上,除了货币供应量、产出、利率等"客观"因素外,货币模型还十分重视"主观"因素即预期的作用。根据我们已经学过的利率平价理论可知,预期的汇率 E 近似满足以下公式:

$$E_p = E - e = i_d - i_f \tag{3-31}$$

将式(3-31)代入式(3-30),并令代表实际经济的 $(m_d^s - m_f^s) - \alpha(y_d - y_f)$ 等于 z,得

$$e = z + \beta(E - e) \tag{3-32}$$

整理后可得

$$e = \frac{z + \beta E}{1 + \beta} \tag{3-33}$$

从式(3-33)可知,即期汇率水平既由实际经济面 z(货币供应量、产出等)决定,又由预期 E 决定,即两者共同决定。

(3) 对货币模型的检验与评价。我们首先对货币模型进行理论上的分析。货币模型是建立在购买力平价说这一前提之上的,但它并不是购买力平价的简单翻版,而是具有诸多新的内容,这体现在:

第一,货币模型将购买力平价这一形成于商品市场上的汇率决定理论引入资产市场上,将汇率视为一种资产价格,从而抓住了汇率这一变量中的特殊性质,在一定程度上符合资金在本币存款、债券、外币或外币债券之间可以频繁转换的客观事实,对现实生活中汇率的频繁变动提供了一种解释。

第二,货币模型引入了诸如货币供给量、国民收入等经济变量,分析了这些变量对汇率造成的影响,避免了直接使用购买力平价而产生的物价指数选择等技术问题,从而在现实分析中具有特定的实用性。

第三,货币模型是一般均衡分析。在这个简单的模型里,实际上包含了商品市场的平衡(弹性价格使市场随时出清)、货币市场的平衡(货币供给等于货币需求)、外汇市场的平衡(购买力平价与非套补利率平价的成立),这使得它的视角相

对比较开阔。

第四，由于理论假定的不同，货币模型是资产市场说中最为简单的一种形式，但它却反映出这一分析方法的基本特点。简单使得它在各种分析中被经常使用，同时也使它成为更为复杂的汇率理论的基础。

货币模型的不足之处则体现在：

第一，它是以购买力平价为理论前提的，如果购买力平价在实际中很难成立的话，那么这种理论的可信性就存在问题。而事实上，无论在长期还是短期，均没有充分证据证明购买力平价的成立，这使得货币模型对现实的解释也大打折扣。

第二，它假定货币需求是稳定的，这一点至少在实证研究中存在争议。

第三，它假定价格水平具有充分弹性（灵活性），这一点尤其受到众多研究者的批评。大量的研究结果显示，商品市场上的价格调整不同于金融资产市场上的价格变动，它一般是比较缓慢的，在短期内显示出黏性。坚持这一观点的研究者将黏性价格引入了货币模型，这就是我们要在下面介绍的黏性价格货币分析方法。

因此，货币模型在实证中，总的来说并不令人满意。但也有的研究者认为，货币模型在分析汇率变动的长期趋势方面，还是有帮助的。例如，从美元与日元的汇率变动看，日本国民收入增长率曾长期超过美国，与此相应的是日元相对美元的长期升值，这在一定程度上符合货币模型的分析。

2. 黏性价格货币分析法

汇率的黏性价格货币分析法简称为"超调模型"（Overshooting Model），是由美国经济学家多恩布什（R. Dornbusch）于20世纪70年代提出的。与货币模型相比，这一模型的最大特点在于：它认为商品市场价格与资产市场价格的调整速度是不同的，商品市场上的价格水平具有黏性的特点，而资产市场的价格则没有黏性，这就使得购买力平价在短期内不能成立，在货币供给的冲击下，经济存在着由短期不平衡向长期平衡的过渡过程。这里所说的短期不平衡，是指商品价格还来不及发生充分调整时的情况。由于一段时期后商品价格开始调整，所以长期平衡就是商品价格充分调整后的经济平衡。此外，与货币模型相比，超调模型还释放了总供给不变这一假设，认为总供给会随货币供给的变动、价格的变动、以及利率的变动而发生相应变动，即货币非中性。

（1）基本模型。在超调模型中，其货币需求和货币供给的基本公式与货币模型中的公式是相同的。但是，货币供给的一次性增加（即冲击），会使汇率立即发生同比例的贬值和利率同比例的下降（见图 3-4(a)、图 3-4(c) 和图 3-4(d)）。由

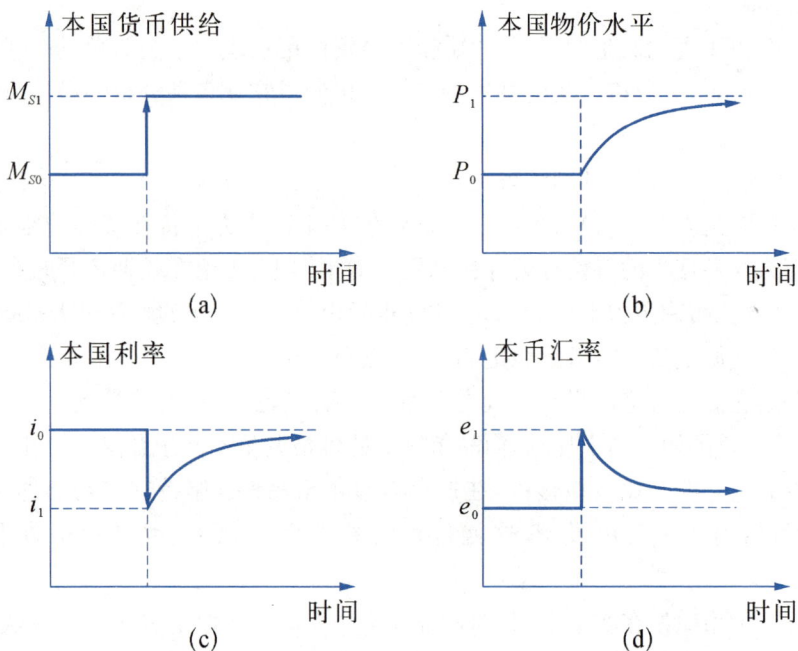

图 3-4　超调模型中本国货币供给一次性增加的影响

于价格黏性的存在,商品价格的上升则相对缓慢(见图 3-4(b))。由于汇率和商品价格的调整速度不一致,造成汇率的超调,此时,购买力平价不成立。随着时间的推移,商品价格会随货币供给增加而缓慢上升。商品价格的缓慢上升会使产出增加,利率的一次性下降会刺激投资从而也会使产出增加,而汇率的超调(超额贬值)①通过刺激出口也会使产出增加。由于产出增加会吸纳部分新增的货币,因此,商品价格的最终上升幅度要小于货币供应量增加的幅度,最终只能达到并稳定在图 3-4(b)中箭头所示的位置,该位置与图中虚线有一段距离。出口的增加使汇率上升,并最终在图 3-4(b)箭头所对应的位置稳定下来,该位置对应的就是长期购买力平价,反映在图 3-4(d)中,新的汇率水平与原来的汇率水平 e_0 也有一段距离。利率的变动也同样如此,货币供给一次性增加使作为资产价格的利率一次

---

①　可以这样理解超调的定义:它是指在外生冲击下,一个变量的短期调整幅度超过了长期调整幅度。我们也可以从另一个角度来理解超调,即若两个变量彼此存在恒等关系,在外生冲击下,其中一个变量暂时调整幅度更大而另一个变量暂时调整幅度更小,随着时间的推移,调整幅度更大的变量逐步向调整幅度更小的变量重新靠拢,那么,这个调整幅度更大的变量在外生冲击下也存在超调。

性同比例下降,然后又随产出增加而缓慢回升到图 3-4(c)箭头所示的位置。这样,货币供给的一次性增加,最终表现在:① 产出增加;② 价格上升;③ 本币汇率先降(贬值)后升(升值);④ 利率先降后升。经济在新的基础上又动态地在购买力平价处重新实现了平衡。

(2) 对超调模型的评价与检验。超调模型在现代汇率理论中具有重要的地位,对此可以从以下几个方面来理解:

首先,超调模型在货币模型的框架内展开分析,但它采用了商品价格黏性这一被认为更切合实际生活的分析方法,并释放了产出不变这一假设,因而实用意义更大。

其次,超调模型首次涉及了汇率的动态调整问题,从而创立了汇率理论的一个重要分支——汇率动态学(Exchange Rate Dynamics)。继超调模型之后,研究者从各个角度将汇率动态调整的研究推向深入。例如,在弹性价格假定下,经济中也存在着与超调具有相似之处的汇率过度调整现象;除价格黏性外,其他一些因素也会造成汇率的超调;在一些情况下,汇率还有可能出现短期内调整不足即"低调"(Under-Shooting)现象。这些都使汇率动态学的内容逐步丰富,成为汇率理论中一个相对独立的研究领域。

再次,超调模型的意义不仅在于汇率决定,还在于对内部均衡和外部平衡分析方法的扩展。它在蒙代尔—弗莱明模型的基础上加入了价格调整和理性预期,极大地加强了蒙代尔—弗莱明模型[①]的解释力。在相当长的时间内,蒙代尔—弗莱明—多恩布什模型是西方国际金融学的工作母机(workhorse)。

最后,超调模型具有鲜明的政策含义。既然超调是在资金自由流动条件下汇率自由调整的必然现象,而在这一过程中汇率的过度波动会给金融市场与实际经济带来很大的冲击,那么,完全放任资金自由流动、完全自由浮动的汇率制度就不是最合理的,政府有必要对资金流动、汇率乃至于整个经济进行干预与管理。

超调模型是建立在货币模型分析基础之上的,因此它也具有与货币模型相同的一些缺陷。比如,作为存量理论的超调模型同样忽略了对国际收支流量的分析。在超调模型中,汇率的超调会使购买力平价在短期内不成立,实际汇率在短期内的波动会使经常账户发生变化,从而对货币需求产生影响,导致汇率的相应变化。但遗憾的是,这一国际收支流量问题并没有反映在超调模型中。下文的资

---

① 关于蒙代尔—弗莱明模型的内容,参见第四章。

产组合模型将在存量与流量因素的综合方面做出努力。

从实际研究角度看,对超调模型很难进行计量检验,难以确定这一模型的说服力。原因之一,该模型较为复杂,在选择计量检验的方式上存在困难;原因之二,现实生活中冲击太多,既有货币性冲击也有实际性冲击,很难确定汇率的变动是对哪一种冲击进行的反应,以及是处于短期变动还是处于向长期状态的复归。在研究中,超调模型更多地被利用在对某些经济现象的解释以及对汇率长期变动趋势的说明上。例如,多恩布什本人就认为1979～1981年英镑在短期内的急剧升值是英国政府紧缩货币供给造成汇率过度调整的结果,超调模型可以对此做出较为可信的分析。

3. 汇率决定的资产组合分析法

汇率的资产组合分析法形成于20世纪70年代,美国普林斯顿大学教授布朗森(W.Branson)对此进行了最系统和最全面的阐述。

与货币分析法相比,这一理论的特点在于:第一,假定本币资产与外币资产是不完全的替代物,从而需要对本币资产与外币资产的供求平衡分别进行考察;第二,将本国资产总量引入了分析模型,本国资产总量直接制约着对各种资产的持有量,而经常账户的变动会对这一资产总量造成影响,从而将流量因素与存量因素结合了起来。

(1) 资产组合分析法的基本思想。资产组合分析法有两个前提:

第一,国外利率 i_f 是给定的。

第二,本国居民持有三种资产:本国货币(记为 M)、本国政府发行的以本币为面值的债券(记为 B)、外国发行的以外币为面值的资产(记为 F,具体可以包括外国货币、外币存款、外币债券等)。外币资产的本币价值等于 eF(e 为直接标价法时的外币汇率)。

在上述前提下,以本币计的一国资产总量(总财富,记为 W)在任何时候由下式构成:

$$W = M + B + eF \tag{3-34}$$

资产总量增加,会导致对本国货币、本国资产以及外币资产的需求增加。

一国资产总量分布在本国货币、本国债券、外币资产之中。从货币市场来看,货币供给是由政府控制的,货币需求则是本国利率和资产总量的函数。当本国利率上升时,投资者都倾向于减少货币的持有,造成货币需求的降低;而资产总量增加时,对货币的需求也会增加。所以,货币需求是本国利率的减函数,是资产总量的增函数。

从本国债券市场看,本国债券供给同样是由政府控制的。本国利率水平提高时,投资者会更倾向于持有本国债券,因此,对本国债券的需求是本国利率的增函数、资产总量的增函数。

从外币资产市场看,外币资产的供给是通过经常账户的盈余获得的,在短期内,我们假定经常账户状况不发生变动,因此外币资产的供给是外生的固定值。同理,对外币资产的需求是本国利率的减函数,也是资产总量的增函数。

在以上三个市场上,不同资产供求的不平衡都会带来相应变量——主要是本国利率与汇率的调整。由于各个市场是相互关联的,因此只有当三个市场都处于平衡状态时,该国的资产市场整体才处于平衡状态。这样,在短期内各种资产的供给量既定的情况下,资产市场的平衡会确定本国的利率与汇率水平。在长期内,对于既定的货币供给与本国债券供给,经常账户的失衡会带来本国持有的外币资产总量变动,这一变动又会引起资产市场的调整。因此,在长期内,本国资产市场的平衡还要求经常账户处于平衡状态。这样,本国的资产总量就不会发生变化,由此确定的本国利率与汇率水平亦将保持稳定。

(2)资产组合模型的图形分析。为了便于理解,我们利用图形来对这一模型进行解释。我们设立一个以本国利率为横轴,本国汇率(直接标价法)为纵轴的坐标,来分析各个市场的平衡情况。当资产总量(W)供求平衡时,任何两个市场处于平衡状态,则另一个市场也肯定处于平衡状态。所以在分析中,我们可以省略掉一个市场。

假定各种资产供给量的初始水平是给定的,那么货币市场的平衡情况如图3-5 所示。

图 3-5 中,MM 曲线表示使货币市场供求处于平衡状态的本国利率与汇率的组合。这一曲线斜率为正,是因为随着 e 值的增大(即本币的贬值),在外币资产数量 F 一定时,以本币衡量的这一资产的价值提高了,这带来资产总量的本币价值提高[1]。因此,如果其他条件不变,以本币衡量的资产总量的增加将导致货币需求的上升。在货币供给既定的

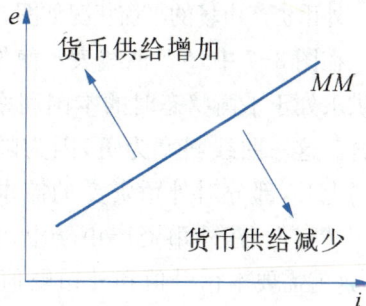

图 3-5　货币市场平衡时利率和汇率的组合

---

① 以下分析相同,请读者注意。

情况下,为了维持或恢复货币市场的平衡,需要提高本国利率来降低货币需求,即汇率 e 与利率 i 的变动方向正相关,因此,MM 曲线的斜率为正。

另外,货币供给增加将使 MM 曲线向左上方移动。因为在汇率既定时,为恢复货币市场的平衡,利率必须下降以提高货币需求;在利率既定时,本币必须贬值(e 增大)以提高货币需求。这样,货币市场平衡才能在新的更低的利率水平和新的更大的 e 值水平上得以重新实现,MM 曲线便由此发生了向左上方的移动。

本国债券市场的平衡情况如图 3-6 所示。

在图 3-6 中,BB 曲线表示本国债券市场供求处于平衡状态时本国利率与汇率的组合。这一曲线斜率为负,因为本币贬值同样带来本国资产总量(值)的增加和对本国债券需求的上升,这导致本国债券价格上涨、本国利率下降,即汇率 e 和利率 i 的变动方向负相关。

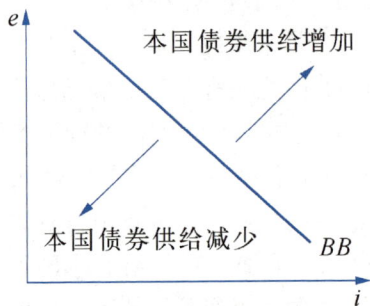

图 3-6　本国债券市场平衡时
利率和汇率的组合

另外,本国债券供给增加会使 BB 曲线向右上方移动。因为在汇率既定时,本国债券市场上的供给增加,要使需求也增加,利率就应上升;或者,在利率既定时,本币汇率下降,在外币资产不变的情况下,eF 增大,总财富增加,从而本国债券的需求也增加。这样,债券市场平衡才能在新的更高的利率和新的更大的 e 值水平上得以重新实现。

外币资产市场的平衡状况如图 3-7 所示。

在图 3-7 中,FF 曲线表示使外币资产市场供求处于平衡状态时的本国利率与汇率的组合。这一曲线斜率为负,因为随着本国利率的上升,部分对外币资产的需求会转移到本国债券上,在外币资产市场上出现超额供给,这就需要本币升值和外币贬值(反映为 e 值的下降)来维持市场平衡,即汇率 e 和利率

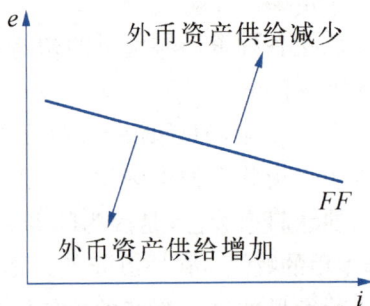

图 3-7　外币资产市场平衡时
利率和汇率的组合

i 的变动方向负相关。需要指出的是,FF 曲线比 BB 曲线更平缓,这是因为本国债券市场对本国利率的变化更为敏感,而外币资产市场对汇率的变化更敏感。

此外,外币资产供给的增加将导致 FF 曲线向左下方移动。因为在利率既定

时,外币资产市场上供给超过需求将导致本币升值。如果汇率不变,则本国利率应下降,从而转移部分本币资产的需求到外币资产上。这样,外币资产市场才能在新的更低的 e 值水平和新的更低的利率水平上得以重新实现平衡。

（3）资产组合模型下的短期汇率决定。当货币市场、本国债券市场、外币资产市场同时达到平衡时,经济将处于短期平衡状态。经济的短期平衡由三条曲线的交点 A 来表示（如图 3-8 所示）。

在资产组合模型的框架内,以政策冲击为典型的外生冲击,改变的不只是汇率,也包括利率,并且会对政策的效力产生各种不同的影响,对此将在第六章做详细讨论。这

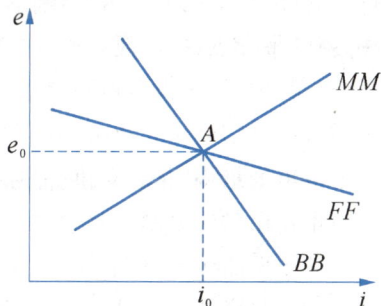

图 3-8　资产市场的短期平衡

里主要从汇率决定的角度,研究资产供给变动对汇率的影响。资产供给的变动可以分为两种情况:一种是"相对量"的变动,另一种是"绝对量"的变动。相对量变动是指两种不同资产之间的互换,从而使一种资产的供给量增加,而另一种资产的供给量相应减少,但投资者持有的各种资产的总量不变。绝对量变动是指一种（或两种）资产的供给量增加（或减少）而其他资产的供给量不变,从而资产总量增加（或减少）。我们在此简单介绍两种相对量变动和两种绝对量变动的情况。这四种情况分别以图 3-9～图 3-12 来说明。

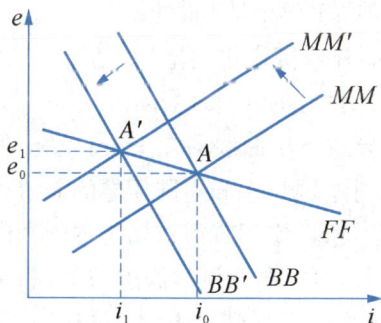

图 3-9　在国内债券市场上进行公开
操作引起的汇率调整

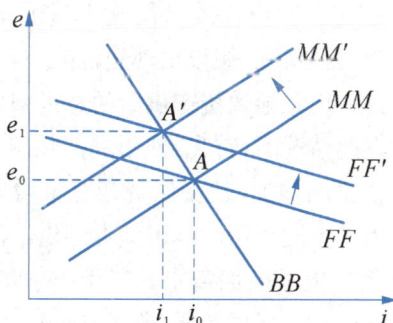

图 3-10　在外币资产市场上进行公开
操作引起的汇率调整

第一种情况,假设政府在本国债券市场上进行公开市场操作,买入国债,则本国债券供给减少,本国货币供给增加。这一活动不改变资产供给总量,只改变资产供给的结构,是相对供应量的变动。

本币货币供应量增加将使本国的 MM 曲线左移至 MM′, 本国债券供给的相应减少使 BB 曲线左移到 BB′。由于外币资产供给不发生变动，因此 FF 曲线不发生移动。MM′曲线与 BB′曲线的交点意味着货币市场和本国债券市场的同时平衡，由一般均衡的原理可知，新的交点一定在 FF 曲线上，即三个资产市场同时平衡，新的平衡点 A′表现为本币贬值、本国利率水平下降。

第二种情况，假设政府在外币资产市场上进行公开市场操作，买入外币资产，则外币资产供给减少，本国货币供给增加。这一活动不改变资产供给总量，只改变资产供给的结构，是相对供应量的变动。

本币货币供应量增加将使本国的 MM 曲线左移至 MM′, 外币资产供给的相应减少使 FF 曲线上移到 FF′。由于本国债券供给不发生变动，因此 BB 曲线不发生移动。MM′曲线与 FF′曲线的交点意味着货币市场和外币资产市场的同时平衡，由一般均衡的原理可知，新的交点一定在 BB 曲线上，即三个资产市场同时平衡，新的平衡点 A′表现为本币贬值、本国利率水平下降。

比较图 3-9 和图 3-10 可以看到，无论采取何种相对数量调整的手段来扩大本国货币供给，都会带来本国货币的贬值和本国利率的下降。但由于 FF 曲线的斜率比 BB 曲线更平缓，所以，与图 3-9 相比，图 3-10 中新交点 A′对应的汇率水平较高，而利率水平较低。这也就是说，根据资产组合分析法，使用不同操作手段所实现的货币供应增加，会对利率和汇率水平产生不同程度的影响，汇率对外币资产市场的干预更敏感，而利率对本国债券市场的干预更敏感。这是因为，资产组合分析法假设了本国债券和外国资产的不完全替代，这与货币分析法的前提和结论是不同的。

第三种情况，假设出现经常账户盈余，从而外币资产供给增加，见图 3-11 所示。这一现象导致资产供给的总量增加，是资产供应的绝对量变动。

在此情况下，首先，外币资产供应的增加导致 FF 曲线向左下方移动。外币资产供给的增加，使一国资产总量增加，从而对本国货币和本国债券的需求也增加。由于本国货币和本国债券的供给没有增加，所以本国货币市场与本国债券市场上就产生了超额需求。货币需求增加，利率上升；本国债券需求增加，利率下降；一升一降，形成矛盾，所以，这里假定利率不变以便找到均衡点。同时，货币需求增加使 MM 曲线向右下方移动，本国债券需求增加使 BB 曲线向左下方移动，最后三条曲线重新交于新的点，即 A′点，A′点所对应的利率水平与原有水平相等，所对应的本币汇率水平 e 下降，本币升值。

第四种情况，假设央行为财政赤字融资，本国货币供给增加，见图 3-12 所示。这一现象导致资产供给的总量增加，是资产供应的绝对量变动。

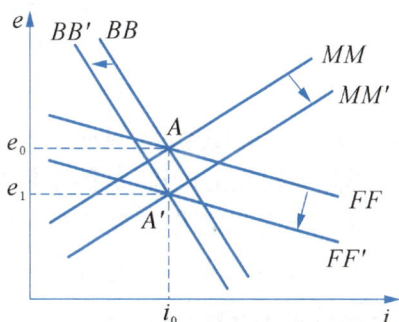

图 3-11 经常账户盈余导致外币资产供给增加引起的汇率调整

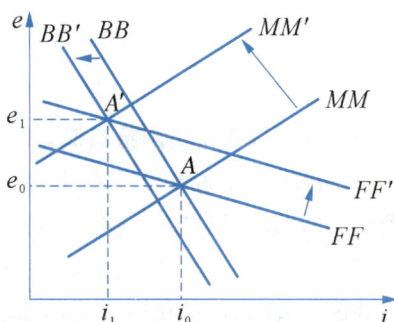

图 3-12 融通赤字导致本国货币供给增加引起的汇率调整

在此情况下,首先是本国货币市场均衡的 MM 曲线左移。因为本国货币供给的增加,使一国资产总量增加,由于本国债券市场和外币资产市场的供给没有增加,所以本国债券市场与外币资产市场上就产生了超额需求。在本国债券市场上,既定汇率下,对本国债券的超额需求会导致利率下降,BB 曲线左移。在外币资产市场上,既定本国利率下,对外币资产的超额需求会导致本币贬值,FF 曲线上移。最后三条曲线重新交于新的点,即 A′点,A′所对应的利率水平比原来下降,所对应的本币汇率水平 e 上升,本币贬值。

以此类推,把各种资产存量变动的不同结果归纳可得表 3-2。从短期来讲,资产组合说的含义有三点:首先,均衡汇率由三种资产市场供求相等的交叉点决定,汇率同利率有密切的联系,资产总量和货币政策可以改变汇率和利率,引起汇率和利率的反向运动。其次,货币供应量通过金融市场对汇率的影响要比通过相对物价和购买力平价对汇率的影响快得多,从短期看,汇率是资产选择决定的,而不是由相对物价或购买力的对比决定的。最后,经常账户盈余会导致外币资产存

表 3-2 资产存量变动对短期均衡汇率和短期均衡利率的影响

	资产供给绝对量的变动		资产供给相对量的变动	
	货币存量增加	外币资产存量增加（经常账户盈余）	央行买进本币资产	央行买进外币资产
本国利率	下降	不变	下降	下降
本币币值	贬值	升值	贬值	贬值

量增加,进而导致外币贬值,本币升值。反之,经常账户赤字导致外币资产存量减少,外币升值,本币贬值。这样,资产组合说就在资产的存量和流量之间建立了关系。这三点,既是短期内汇率决定问题的概括,又是长期内汇率决定的基本表述。

(4) 资产市场长期调整机制。以上论述的是短期汇率的决定。但资产市场说关于汇率决定的学说并没有到此为止。在某一特定的时点上,当汇率和利率达到均衡时,经常账户可能为顺差,也可能为逆差。在浮动汇率制度和政府不干预外汇市场的情况下,经常账户的顺差意味着外币资产供给的增加,这会使外币贬值,本币升值,进而降低外币资产供给增加的速度,但只要外币资产供给仍然在增加,则外币就会继续贬值。这种不断的反馈过程形成了汇率的动态调节,直到经常账户差额为零,外币资产供应不再增加,本币不再升值为止。在经常账户逆差的情况下,也会有类似的过程。这样,资产市场说便从短期汇率决定学说延伸到了长期汇率决定学说。

(5) 对资产组合分析法的评价。资产组合分析法具有两个突出的优点。首先,它区分了本币资产与外币资产的不完全替代性,又将经常账户这一流量因素纳入了存量分析之中,从而提高了汇率模型对各种因素的包容程度,使原有的各种理论都能较好地被融入这一模型之中。

其次,资产组合分析法把政府作为一个市场主体,着重分析政府的市场行为对汇率的影响,因而具有特殊的政策分析价值。由于较好地符合了现实中本币资产与外币资产的不完全替代性,这一分析法对政策效应的研究更为细致。例如,它首次区分了货币供给量结构的不同对汇率的不同影响,为许多国家的政府决策提供了全新的依据(在第六章"政府干预外汇市场的效应研究"中。我们还将运用到这一原理)。

资产组合分析法的不足主要体现在:该模型虽然纳入了流量因素,但并没有对流量因素本身作更为专门和全面的分析。一国的经常账户是受各种因素影响的、是在经济发展中不断调整的,并不能简单地以它在长期内必然平衡而回避经常账户状况本身的分析。而资本与金融账户的资金流动也会极大地影响一国外币资产、本国债券以及货币存量的变动,而资产组合分析法恰恰没有充分分析这个问题。

五、汇率理论最新发展简介

20 世纪 70 年代以来,浮动汇率制成为世界汇率制度的主流,国际金融市场上的资金流动成了汇率形成的重要影响因素。由于浮动汇率制本身的特点,外汇市场上的汇率水平跌宕起伏,传统的汇率理论常常不能解释汇率的这种易变性。经过二十多年的研究,汇率理论又增添了新成员,它们一方面对资本市场上决定的汇率是否和实体经济的状况相符合提出了判断方法;另一方面又对汇率决定的微观机理进行了更为细致的研究。

下面,我们就简单介绍汇率理论最新发展的两类思路:宏观均衡分析方法(Macroeconomic Equilibrium Approach)和外汇市场微观结构方法(Market Microstructure Approach)。

1. 汇率决定的宏观均衡分析方法

外汇的宏观均衡分析方法要回答的问题并不是市场上的汇率如何决定,而是市场上的汇率应该是多少,怎样的市场汇率能够使本国经济实现内外均衡。威廉姆森(J. Williamson)于1983年提出的基本要素均衡汇率理论(Fundamental Equilibrium Exchange Rate;FEER)是此类研究的代表。FEER将均衡汇率定义为与宏观经济均衡相一致的实际有效汇率,其中宏观经济均衡包括充分就业、低通货膨胀率、可持续性的经常账户余额、合意的净资本流动等。通过FEER与实际有效汇率进行比较,可以判断一国实际汇率偏离均衡汇率的失调程度。

在FEER之后,又出现过行为均衡汇率、国际收支均衡汇率、自然均衡汇率、均衡实际汇率等诸多均衡汇率计算方法,它们计算所得的均衡汇率都是由宏观经济变量决定的,是"规范的"(Normative)汇率而非市场中的实际汇率。其含义是:当市场汇率达到某种均衡汇率水平时,能够实现该均衡汇率计算时所设定的"均衡"目标。这一思路反映了研究者对汇率与实体经济关系的重新关注。

2. 外汇市场微观结构方法

传统的汇率决定理论认为汇率水平是由外汇市场上货币的供求关系决定的,只要研究清楚了供求,就能知道汇率。在此过程中,供应方和需求方是如何达成交易的,交易的路径、条件、方式等都被忽略了。外汇市场微观结构方法的主要思想是:汇率是由市场决定的,而市场上的汇率又是在交易者的交易中决定的。所以,研究一定基本面条件和制度下各种交易者的行为,尤其是在外汇市场中处于核心的做市商的行为,就有可能揭示汇率决定的原因和路径。形象地说,传统的汇率决定理论将外汇市场视作一个"黑箱",在黑箱一头输入"供给"和"需求"等宏观变量,就能从黑箱另一头获得决定好了的汇率水平;而微观市场结构方法则试图揭示,在黑箱中汇率是如何被具体决定的。

微观市场结构分析方法的分支很多,其代表人物有 Hans Stoll、Thomas Ho、

Albert Kyle、M. O'Hara 等人。这里简单介绍一下比较典型的存货模型和信息模型的思路。

在存货模型中,做市商要随时满足任意数量的外汇买卖要求,并对买卖要求报出价格。由于在有限的时期内,买卖的委托不一定是完全能够彼此抵消的,所以做市商就会被迫持有一部分头寸以应付交易。为此,做市商就会承担一系列的风险和成本,包括存货数额无法满足委托的要求而破产的风险、持有的存货偏离其期望的资产组合的成本等等,从而,做市商会要求买卖差价以补偿持有存货的成本和风险。

在信息模型中,市场中的交易者被分为知情交易者和不知情交易者,前者拥有不为人知的私人信息,知道资产(外汇)的真实价值,而后者不知道资产的真实价值,只能在与知情交易者交易的过程中设法获得信息。信息模型中,做市商处于不知情的地位,他通过研究买卖委托的订单流(Order Flow)来猜测和学习信息,并根据猜测和学习到的信息来制定买卖差价。譬如,当做市商收到大量英镑买单时,他从中发掘的信息可能是:知情交易者认为当前英镑的价格低于真实价值,从而大量买入,据此,做市商会提高英镑的卖出价,英镑升值。

3. 现代汇率理论发展的特点

当然,现代汇率理论远远不止我们在上文所介绍的两类,在此就不再赘述。从现代汇率理论的简单介绍中,我们可以看出汇率理论发展的趋势和特点:

第一,新的汇率理论突破了传统的分析框架,引进新的变量。这种研究分成两个方向。第一种方向是继续从传统的基本经济因素出发,找寻新的基本因素来对传统模型进行扩充,或是对其假定前提进行质疑和修正。他们一般充分利用宏观经济学、货币银行学等相关学科和一些边缘经济学科的研究成果构建自己的理论体系,重视政府行为的作用和影响。比如说,一些经济学家曾把财政政策等变量引入模型,研究国家的政策偏好和政策力度对汇率变动的影响。第二种方向则突破了传统基本因素分析的框架,引进了预期、信息等全新的非基本因素的概念,甚至引进了外汇市场上用于实际操作的基本分析和技术分析等手段,并试图将其进行量化。

第二,为汇率的决定建立微观基础成了汇率研究的重点之一,由于汇率波动幅度和频率日益增长,所以尽管汇率均衡点的确定仍然是汇率理论的重要研究对象,但是已有越来越多的学者将精力放在对汇率波动的微观解释上,并提出了许多政策建议。

第三,新的汇率理论大量使用计量经济学和统计学工具。许多经济学家认为,传统的模型采用的是单一方程的简化形式,解释力不足。为此,现代汇率模型越来越多地引进了联立方程,试图更好地体现多种经济变量变动对汇率水平的影响,以及这些变量之间的相互作用。同时,新的统计技术和计量技术对联立方程模型的构建提供了全新的手段,在区分和剔除噪声因素对模型变量独立性的影响中起到了重要作用。

从上面的介绍中,我们可以看出,理论的发展令人目不暇接,每一种都有很强的针对性,并提出了各自的政策建议,可谓"仁者见仁,智者见智"。鉴于实际经济仍然云诡波谲,对汇率的研究也就势必继续下去。

第三节 汇率决定的原理(Ⅱ)

上一节中,我们介绍了汇率是怎样决定的这一问题。汇率是怎样决定的理论大多是西方经济学家建立的。把汇率作为一种因变量,把其他各种变量作为自变量来研究汇率的决定,存在一个重大的局限和不足,即忽视了汇率变动本身也会影响其他各种变量,从而影响宏观经济的均衡。我们知道,汇率水平是否合适的关键,在于汇率水平是否有助于使物价、就业等变量达到理想状态,而由其他因素变动所决定的汇率水平有时并不能达到这一要求。下面,我们举几个例子来予以说明。例1,根据前面介绍的国际收支说,当发生国际收支顺差时,外汇的供应大于需求,本币应升值,但若该国的国际收支顺差主要是由短期资本流入所引起,而该国当时又存在较严重的失业情况,那么本币升值无疑等于雪上加霜。例2,根据购买力平价说,一国物价下降,本国货币应升值,但货币升值又会带来需求不足和失业增加。例3,本国总需求增加,进口需求增加,国际收支发生逆差,这时,本国货币应贬值,但货币贬值又会导致国内通货膨胀。以上种种例子说明:在了解"什么变量决定汇率水平"的同时,我们有必要同时了解"汇率变动会影响什么变量",只有这样,我们才能最终把握"好的汇率水平究竟应该如何决定"这样一个根本问题。据此,在这一节我们把汇率作为自变量,把其他宏观经济变量作为因变量,并以中国为例来研究汇率变动对一些主要宏观经济变量的影响,从而为后面的均衡汇率水平研究做一个铺垫。

由于汇率变动的方向不同,效果正反也不同,所以我们在这里以本币贬值(即直接标价法下的汇率上升)为例,从一般理论到中国实情来分析几种汇率变动的经济影响。由于第二章第四节已经对汇率变动最直接的影响,即对国际收支的影响做了介绍,所以在此不再重复。

一、本币贬值与国际贸易交换条件

在第二章第四节我们已经指出,所谓国际贸易交换条件(以下简称贸易条件)是指出口商品单位价格指数与进口商品单位价格指数之间的比率,公式为

$$T = P_x / P_m \tag{3-35}$$

式中,T 为贸易条件;P_x 为出口商品单位价格指数;P_m 为进口商品单位价格指数。当比率上升,称为贸易条件改善,它表示由于进出口相对价格的有利变动而使相同数量的出口能换回较多数量的进口;反之,当这一比率下降,称为贸易条件恶化,它表示由于进出口相对价格的不利变动而使相同数量的出口只能换回较少数量的进口,这意味着实际资源的损失。当贸易条件改善(或恶化)时,若进出口数量依旧不变,则贸易收入必将改善(或恶化)。汇率的变化会引起进出口商品价格的变化,从而对贸易条件发生影响。但贸易条件恶化不一定是货币贬值的必然结果。贸易条件可以用本国货币来衡量,也可以用外币来衡量。两种方法可能导致不同的结果。在考察对实际资源的影响时,以外币来衡量更有意义。下面的分析就使用外币来衡量。

汇率变动对贸易条件的影响与本国在世界经济体系中属于大国经济还是小国经济有关。所谓大国经济,就是本国是价格的制定者;所谓小国经济,就是本国是价格的接受者[①]。在这里的分析中,我们假设本国在出口品方面是大国经济,在进口品方面是小国经济,也就是说,本国出口品的国际价格,随本国国内价格变动而变动,本国进口品的国际价格不受本国决定。

由于本国在进口品方面是小国经济,故进口品的国际价格由国际市场上的供需决定,本国仅是价格的接受者。当本币贬值时,以外币计价的进口价格不变。在出口方面,本国是出口品国际价格的制定者。当本币贬值时,在出口品国内价格不变的情况下,出口品的外币价格也不变。这样,以外币计,本国的贸易条件不变。

[①] 在现实世界中,没有任何一个国家是完全的大国经济或者完全的小国经济,因为每一个国家都有其独特的比较优势,在某个领域是价格的制定者,在其他领域则是价格的接受者。大国经济和小国经济的划分主要是出于理论分析的需要。此外,贸易品领域的大国经济与计价方式并没有必然的联系,日本是最典型的例子。日本在制造业领域是大国经济,但其进出口超过 60% 由美元计价。

　　汇率变动对贸易条件的影响是比较复杂的。以上仅仅分析了大国经济、小国经济与进口、出口、本币计价、外币计价等多种组合中的一种情况。在下述情况下本币贬值对贸易条件的负面影响会十分有限：

　　第一，一国商品在国际市场上具有定价权。本币贬值的宗旨仅仅在鼓励出口商品的生产和进口商品的减少，而不在于降低出口商品的外币价格。本币贬值后，出口商品的外币价格仍保持不变。

　　第二，出口商品的需求弹性较高而出口商品的供给弹性较低，即贬值后微小的降价就能带来较大的出口需求增量，但出口供应跟不上，也能减少本币贬值后贸易条件的恶化。

　　在现实生活中，一国所有进出口商品都要完全满足上述条件是很困难的，因此，货币贬值或多或少会恶化本国的贸易条件。

二、本币贬值与物价水平

　　本币贬值会直接影响物价水平。贬值通过货币工资机制、生产成本机制、货币供应机制和收入机制，有可能导致国内工资和物价水平的循环上升。

　　(1) 从货币工资机制来讲，进口物价的上升，会推动生活费用的上涨，从而导致工资收入者要求更高的名义工资。更高的名义工资又会推动货币生产成本和生活费用的上升，如此循环不已，最终使出口商品和进口替代品乃至整个经济的一般物价水平上升。

　　(2) 从生产成本机制来讲，当进口商品是本国产品的重要原料或中间品时，本币贬值会直接导致本国商品价格的上升。例如，一个大量消费进口原油的国家，其货币贬值会使进口原油的本币价格上涨，通过成本上升来推动原油相关产品价格的普遍上升。

　　(3) 从货币供应机制来讲，本币贬值后，由于货币工资机制和生产成本机制的作用，货币供应量有可能增加。另外在外汇市场上，本币贬值后，政府在等量外汇的结汇方面，将被迫支出更多的本国货币，也会导致本国货币供应的增加。

　　(4) 从收入机制来讲，如果因为国内对进口商品的需求弹性较低从而本币贬值不能减少进口总量(或减少的总量不足以抵消价格的上升)，外国对本国出口产品的需求弹性较低从而本币贬值不能增加本国出口总量(或增加的总量不足以抵消价格的下降)，在这种情况下，本国的收入会减少，支出会增加，并导致贸易收支恶化和物价水平的上涨。

从上述分析可以看到,本币贬值会不会引起国内物价水平的上涨,并不像传统理论所说的那样,仅仅取决于进口商品和出口商品的需求弹性,还取决于国内的整个经济制度、经济结构和人们的心理。我们只能这样说,只有当进出口商品的需求弹性都比较好,并且从总体上讲,工资收入者和企业对生活费用和生产成本的上升反应不灵敏,政府采取必要的措施来抵消进口物价上涨的影响时,本币贬值对物价的影响才能较有效地得到控制。然而,在经济日益开放的条件下,期望货币工资收入者及企业对生活费用和进口成本的上涨反应不灵敏,是不现实的。换言之,我们可以这样推论:任何较大幅度的本币贬值,都将对国内物价起到程度不等的推动作用。

三、本币贬值与总需求

本币贬值对总需求的影响究竟是扩张性的还是紧缩性的,一直是个有争议的问题。比较传统的理论认为,成功的货币贬值对经济的影响是扩张性的。在乘数作用下,它通过增加出口,增加进口替代品的生产,使国民收入得到多倍增长。根据对 1980 年代中国经济运行的观察,人民币贬值确实具有推动出口的作用,也具有推动物价上涨的作用,从这两个角度讲,它确实具有扩张性的作用。

但是,汇率变动与总需求的关系比较复杂。本币贬值在对经济产生扩张性影响时,也有可能同时对经济产生紧缩性影响,其原因在于:

第一,随着我国经济建设的发展和农村耕地面积的减少,高新技术、设备、能源以及粮食等需求弹性很低的进口商品越来越必要。本币贬值后我国货币购买力的较大部分将转向这些进口商品,从而导致对本国产品的需求相对下降。这实际上是本币贬值加在社会总需求上的一种赋税,可称为"贬值税"或"贬值税效应"。

第二,本币贬值可使出口行业利润增加,进口商品成本增加,两者都会推动一般物价水平上升。为控制物价上涨及在存有货币幻觉的前提下,实际工资的增长可能滞后于物价的增长。在我国,就货币幻觉而言,已经变得淡薄,在沿海大中城市尤其如此。因此第一个因素即控制物价上涨的企图,往往会导致货币供给的增幅小于贬值的幅度,从而对实际收入和总需求的负面影响更大。这些可称为实际收入和货币供应增长滞后效应。

第三,从货币理论和金融资产的角度看,本币贬值使本国货币购买金融资产尤其是外币资产的能力下降,它把较多的本国购买力转移到了相同数量的外币资产上,从而也会导致总需求的萎缩,这是"货币资产效应"。

第四,"债务效应"也会导致总需求的萎缩。本币贬值后,偿还相同数额的外债需要付出更多的本国货币。当外债还本付息额较大时,贬值必会引起国内总需求下降。

由此可见,汇率变化对总需求的影响是双重的,既有扩张性影响,又有紧缩性影响。就中国而言,从 20 世纪 80～90 年代的统计数据看,扩张性影响似乎占主导地位。

总需求扩张的条件和性质

货币贬值要带来总需求和收入的扩张,至少需要满足四个前提:第一,从微观角度讲,出口商品的需求弹性较大;第二,从宏观角度讲,边际吸收倾向要小于1;第三,贬值伴随有货币供应量的增加;第四,贬值后,生产随总需求扩张而扩张,也就是要存在可用于生产扩张的劳动力、土地等闲置生产要素。除了这四个一般条件外,货币贬值国的外债也不能过多。贬值虽然能带来总需求扩张,但这种扩张效应会随货币供应量的增加而逐步消蚀,因而具有短期性质,而生产效率不可能在短期内提高,生产的扩大就只能来源于闲置的劳动力、土地和其他资源被投放到生产过程之中,从而,贬值所带来的经济扩张往往是一种外延型的扩张。

四、本币贬值与就业和民族工业

社会就业率往往与总需求具有同向变动的关系。当本币贬值带来总需求扩张时,企业就会通过增加生产要素投入和增加雇员来扩大生产规模,社会就业率就能提高。一般而言,本币贬值能够对总需求起到扩张作用,所以本币贬值一般也会带来就业提高。就业的提高不仅反映在和对外经济交往直接有关的行业,如生产出口商品的行业,也反映在为企业经营提供服务的行业,如流通、金融等行业,还反映在为企业经营提供基本装备的行业,如基础设备制造业等。

本币贬值对民族工业的影响与一国民族工业的发展战略有关。本币贬值无论从理论上还是在实践中,都可以被看成是一种税赋行为。它是对出口的一种补贴、对进口的一种征税。当一国采取进口替代型战略,希望通过从国外进口基础设备,迅速建立起本国的工业体系时,本币贬值就会增加建设工业体系的进口成本,不利于民族工业发展①。当一国希望发挥本国比较优势,采取出口导向型战略时,本币贬值就能降低本国出口产品的价格,提高本国出口商品的竞争力,有利于民族工业的发展,但也会造成本国工业低端的生产结构。20 世纪 50～70 年代拉美国家大多采用了高估本币和发展进口替代型经济的战略,实践证明这种战略效果不佳。目前发展中国家大多使用低估本币作为促进本国经济增长和工业发展的手段。

五、本币贬值与劳动生产率和经济结构

从短期来说,本币贬值对企业经营一般是有利的。一方面,本币贬值时出口企业产品的外币价格下降,出口企业销售增加;另一方面,进口产品的本币价格上升,从而在国内市场上处于价格劣势,为本国进口替代品留下了生存和发展的空间。但是,本币贬值引发的企业经营状况提升未必就会带来劳动生产率的提高和经济结构的改善。

如果本币贬值后,企业利用销售增加获得的资金来改善生产技术,更新生产装备,研发新产品和向新产业转移,那么从长期看,本国的劳动生产率和经济结构都会改善。否则,贬值就会在客观上保护那些以高成本低效益生产出口产品和进口替代品的落后企业,甚至使落后企业仍然有能力扩大生产规模,重复原来的生产方式。这样的话,贬值就会不利于本国劳动生产率的提高和经济结构的改善。

六、汇率水平决定的比价属性和杠杆属性

上一节和本节的介绍表明,汇率作为国际金融学中重要的变量,同时具有比价属性和杠杆属性。所谓汇率的比价属性,就是指汇率的水平由其他宏观经济变量(如国际收支、货币供应量、物价、产出等等)的变动所决定;所谓汇率的杠杆属性,就是指汇率水平变动会带来其他宏观经济变量的变动。汇率的比价属性可以称为汇率决定的被动属性,汇率的杠杆属性可以称为汇率决定的主动属性。如果政府对汇率水平能够施加影响并进行一定程度的控制,那么,在汇率水平决定的过程中,既要考虑到汇率的比价属性,即汇率水平要和宏观经济的基本状况相一

---

① 本币高估同时也会使进口商品的本币价格便宜,不利于本国生产的进口替代品的销售,因此,高估本币的同时往往需要对贸易进行限制。

致,又要考虑到汇率的杠杆属性,即汇率水平要能对特定的宏观经济目标产生合意的影响。在下一章中,我们将围绕汇率的比价属性和杠杆属性,介绍汇率在内外均衡调节中发挥的作用。

汇率比价属性和杠杆属性的数学表示

汇率的比价属性和杠杆属性对经济的影响可以用以下方式简单示意。

假设经济运行由下列线性无关的方程组决定:

$$f_1(e, a_1, a_2, \cdots, a_{n-1}) = 0$$
$$f_2(e, a_1, a_2, \cdots, a_{n-1}) = 0$$
$$\cdots\cdots$$
$$f_n(e, a_1, a_2, \cdots, a_{n-1}) = 0$$

因为有 n 个方程, n 个变量,所以存在一组确定的解 $\{\bar{e}, \bar{a_1}, \bar{a_2}, \cdots, \bar{a_{n-1}}\}$,汇率 $\bar{e}$ 的水平就反映了汇率的比价属性,并且,其他的变量 $\{\bar{a_1}, \bar{a_2}, \cdots, \bar{a_{n-1}}\}$ 也都唯一地得到了确定,但是,这种均衡下的变量水平并不一定是政府所期待的目标。那么,就可以通过放弃一个方程(譬如 f_n),并由政府控制变量 e ,来求得其他变量,即方程组的解可以表示为

$$a_1 = a_1(e)$$
$$a_2 = a_2(e)$$
$$\cdots\cdots$$
$$a_{n-1} = a_{n-1}(e)$$

这表明,只要改变 e 的数值,就能引起其他变量的变化,代价则是经济中另外某一个方面的不平衡。

本章内容提要

1. 外汇是指以外国货币表示的、能用来清算国际收支差额的资产。一种外币及其所表示的资产能成为外汇需要具有自由兑换性、普遍接受性和可偿性这三个特征。

2. 汇率是两种不同货币之间的比价。汇率的表达方式有直接标价法与间接标价法。根据不同角度,汇率可以分成固定汇率与浮动汇率、单一汇率与复汇率、实际汇率与有效汇率等多种类型。

3. 影响汇率水平的因素包括国际收支、相对通货膨胀率、相对利率、总需求和总供给、心理预期、财政赤字、国际储备等。

4. 在金币本位制度下,汇率决定的基础是铸币平价,其波动的幅度受制于黄金输送点。在信用货币制度下的汇率决定理论种类繁多,本章介绍了购买力平价说、利率平价说、国际收支说、汇兑心理说、弹性价格货币分析法、黏性价格货币分析法、资产组合分析法等汇率决定理论。它们分别从货币因素、宏观基本面因素和实际市场因素等各个角度对汇率的决定和汇率的变动进行了研究。当代学者又从传统的基本因素角度和微观机制角度分别对汇率决定理论做了新拓展。

5. 汇率不但受到其他经济因素的影响和决定,而且汇率变动本身也会影响其他各种变量,从而影响宏观经济的运行。以本币贬值为例,它一般能够改善国际收支、扩大总需求、促进就业,并对民族工业、劳动生产率和经济结构有复杂的影响。汇率水平是否合适的关键,在于汇率水平是否有助于使物价、就业等变量达到理想状态。

6. 汇率水平的决定既要考虑汇率的比价属性,又要考虑汇率的杠杆属性。所谓汇率的比价属性,就是指汇率的水平由其他宏观经济变量(如国际收支、货币供应量、物价、产出等等)的变动所决定;所谓汇率的杠杆属性,就是指汇率水平变动会带来其他宏观经济变量的变动。汇率水平决定的杠杆属性对于中国的宏观决策具有特别重要的意义。

本章重要概念

外汇 汇率 直接标价法和间接标价法 升贬值率的计算 固定汇率 浮动汇率 单一汇率 复汇率 名义汇率 实际汇率 有效汇率 外汇倾销 即期汇率 远期汇率 升水 贴水 金本位制 黄金输送点 铸币平价 一价定律 可贸易品 不可贸易品 绝对购买力平价 相对购买力平价 换汇成本 套汇 套补的利率平价 非套补的利率平价 弹性价格货币分析法 黏性价格货币分析法 汇率超调 资产组合分析法 贸易条件 汇率水平决定的比价属性 汇率水平决定的杠杆属性

本章思考题

1. 什么是一价定律？它的成立条件是什么？

2. 论述绝对购买力平价和相对购买力平价的异同。

3. 请用套补利率平价说证明远期汇率与利率之间存在的关系。

4. 请指出弹性价格货币分析法和购买力平价理论之间的联系和区别。

5. 思考汇率决定的国际收支说与汇率决定的弹性价格货币分析法在前提、分析方法上的区别，关于本国国民收入上升对本国汇率的影响，为什么国际收支说和货币分析法会得到相反的结论？

6. 资产组合分析法的总量（绝对量）效应有三种情况，替换（相对量）效应也有三种情况，而教科书中只只分别介绍了两种，请自行讨论另外的各一种情况，并讨论资产组合分析法对中央银行政策操作的现实意义。

7. 讨论本币贬值对本国贸易条件的影响。

8. 本国货币贬值对本国总需求和收入水平一定会有扩张作用么？请区别本币贬值导致总需求扩张的条件与本币贬值改善国际收支的条件。

本章讨论题

1. 根据超调模型，分析汇率超调是如何形成的，最终汇率又在什么水平上稳定下来，汇率从超调到重新稳定的过程原理是什么？

2. 试用本章介绍的汇率决定理论对近年来人民币汇率变动情况进行分析。哪种理论能够较好地解释人民币汇率的变动？

3. 请利用互联网等手段，查找几个大国常见商品的价格，自行设计一个商品篮子，计算各国货币与人民币之间的购买力平价，并思考购买力平价与汇率偏离的原因。

4. 从比较优势的角度看，劳动力资源丰富的发展中国家应当采取怎样的汇率政策？这种政策是否有利于发展中国家民族工业的进步和经济效率的提高？

5. 如何认识汇率水平决定的杠杆属性和比价属性？试结合中国国情，挑选一个现实例子对此加以讨论。

第四章

内部均衡和外部平衡的短期调节

在前几章,我们不仅介绍了汇率水平变动对国际收支调节的重要意义,也介绍了汇率水平变动对其他宏观经济变量的重要影响。在了解汇率的重要性及相关知识后,本章首先介绍内部均衡和外部平衡的概念,以及内部均衡和外部平衡为什么会发生矛盾和冲突的原理,然后介绍西方经济学家建立的同时实现内、外均衡所需要的调节方法和调节原理,最后以汇率政策为主要手段,以中国国情为基础,研究短期内内部均衡和外部平衡框架下汇率水平的决定和调节。

第一节　从国际收支平衡到内部均衡和外部均衡

一国的对外经济活动与国内经济活动是密切相连的,因此,把国际收支平衡同国内经济均衡联系起来考察,便产生了国际收支均衡这一更深刻的概念。所谓国际收支均衡,是指国内经济处于均衡状态下的自主性国际收支平衡。国际收支调节的目的,从简单和直接的意义上讲是要追求国际收支的平衡;从更深一层的意义上讲,尤其是当国内经济处于不均衡的情况下,是要追求国际收支的均衡。

一、内部均衡和外部均衡的概念

1. 内部均衡的概念

在国际收支均衡的分析中,斯旺(T. Swan)将内部均衡与外部平衡分离开来,分别用两条曲线代表内部均衡和外部平衡。斯旺出于需求管理政策的需要定义内部均衡,将充分就业条件下的总需求等于总供给定义为内部均衡。在斯旺看来,总需求是可变的,而总供给对应于充分就业时的供给水平,在短期内是不变的。这样的定义对内部均衡的束缚过于严重,与中国的国情也有所偏离。因此,在本书中,我们对内部均衡仍然沿用斯旺的基本定义,即内部均衡反映了国内总供给与国内总需求相等的状态,但将充分就业这一条件剔除①,同时将内部均衡在时间跨度上进行拓展和细分,分为短期、中期和长期三个阶段,三个阶段的比较如下(见表 4-1 所示)。

表 4-1　不同时间跨度的主要变量设定与比较

跨 度	总 需 求	总 供 给	潜 在 产 出	生产率水平
短 期	可 变	不 变	不 变	不 变
中 期	可 变	可 变	不 变	不 变
长 期	可 变	可 变	可 变	可 变

表 4-1 中,总供给即为产出,它受投入生产的生产要素总量和单位生产要素的产出效率影响。潜在产出是指一定生产率水平下,全部生产要素投入生产时的产出水平。由此可见,潜在产出受全部生产要素总量的影响,总量越大,潜在产出就越大。同时,潜在产出还受生产率的影响。单位生产要素的产出效率越高,潜在产出也越大。在短期内,需求增加,比如扩张性财政政策会立即引起需求增加,但总供给(产出)因受生产过程调整的影响而不可能马上增加,生产率也不可能马上提高,所以,总供给与潜在产出在短期内都不变。在中期内,需求增加,如果社会所拥有的现有生产要素与投入生产的生产要素之间有一个差,总供给(产出)也能增加,因为这个差就是闲置的生产要素,需求上升一般会引起价格上升,价格上升使企业感到扩大生产有利可图,于是,企业就会把闲置生产资源投入到生产过程,总供给因此而增加。但是,生产率的提高来源于技术进步,需求的增加无法在中期内引起可用于现实生产的科学技术发生显著进步,也无法使社会的全部生产要素(土地、水、森林、矿藏、人口等等)总量发生显

---

①　之所以要剔除充分就业这一条件,是因为中国存在城乡二元结构,数量巨大的农村劳动力游离于充分就业的统计之外。但是,虽然剔除了充分就业,就业的扩大始终是我们后续分析中考虑的重要因素和目标之一。

著的增加,因此,在中期内,潜在产出不变。只有在长期内,全部生产要素总量和生产率水平才会增加,潜在产出才能增加。将国际金融学的研究对象和上表结合起来可以看到,在短期内,我们要研究的是总需求与不变的总供给相平衡基础上的外部平衡;在中期内,我们要研究的是总需求与可变的总供给相平衡基础上的外部平衡;在长期内,我们要研究的是不断增长的总需求与不断增长的潜在产出相匹配基础上的外部平衡,实际上也就是经济持续增长条件下的外部平衡。在本章中,我们先进行短期研究,中期和长期研究将在下一章中进行。

2. 外部均衡的概念

外部均衡和外部平衡在内涵上是不同的。外部平衡就是国际收支平衡,主要是指单纯的国际收支账户在一定口径上的数量平衡,而外部均衡则是在国内经济均衡发展,内部均衡实现基础上的国际收支平衡。从长期来讲,外部均衡是指经济可持续增长基础上的国际收支平衡。

在本书中,由于实体经济的发展是我们关注的重点,所以经常账户的收支平衡是研究的重点,同时,与实体经济有密切关系的长期资本流动也是我们要关注的。至于短期的资本流动,只有在介绍西方经济学家调节理论时才加以介绍。因此,为了方便和简单,我们可以定义:外部平衡就是经常账户与剔除了短期资本后的资本与金融账户之和的国际收支平衡。更简单地说,外部平衡就是经常账户加上了长期资本账户、即国际收支基本账户的平衡。而外部均衡,就是内部均衡(短期)和经济可持续增长(长期)基础上的基本账户平衡。在已经讨论了内部均衡的基础上,本章和下一章将以外部平衡为中间目标,来讨论外部均衡的实现。

3. 即期均衡和跨时均衡

国际收支的即期均衡指的是在当期内部均衡的前提下,一国的国际收入等于支出。由于只考虑当期,实现即期均衡的手段具有短期性和直接性,譬如简单地使用国际借贷来为贸易逆差融资,或者压缩国内需求以减少贸易逆差等。

国际收支的跨期均衡指的是,以一定时期内居民福利的最大化为目标,将资源在国内和国外、当前和未来之间进行配置,使得每期的国际收支差额都具有可维持性,并在长期内达到经济持续增长和福利水平持续提高的目标。追求国际收支的跨期均衡需要考虑到经济的长期发展和国际收支差额的可维持性,不能以当前或者未来某个特定时期的收支平衡为唯一出发点,在某些情况下,实现跨期均衡的措施可能会造成即期的收支不平衡[1]。

二、内部均衡与外部平衡的相互冲突[2]

经济的开放是一把"双刃剑"。一方面,它为经济提供了许多封闭条件下不具备的有利条件;另一方面它也对经济的稳定与发展造成了很大的冲击。在开放条件下,经济政策的目标不再只是维持内部总需求和总供给的平衡,而且还要尽可能维持国际收支平衡。然而,经济政策在内部均衡和外部平衡这两个目标之间存在着冲突的可能。

进一步地说,在封闭经济下,经济增长、充分就业与价格稳定是政府追求的主要经济目标。这三个目标本身就存在着冲突。例如,失业率与通货膨胀之间可能存在着相互替换关系,经济增长往往也会带来通货膨胀。封闭经济中政策调控的主要课题在于协调这三者的冲突,确定并实现这三者的合理组合。在开放经济中,政府的政策目标发生了改变,国际收支成为宏观调控所关注的目标之一,宏观经济在封闭条件下的主要目标与国际收支这一新的目标之间的冲突成为经济面临的突出问题,某一个目标的实现可能会导致另一个目标的恶化,政策的选择和搭配也就有了更高的要求。

按照第二章介绍的国际收支吸收论,国际收支(外部平衡)取决于国民收入和国内吸收的大小。当国民收入大于总吸收时,国际收支为顺差;当国民收入小于总吸收时,国际收支为逆差;当国民收入等于总吸收时,国民收支为平衡。

然而,国民收入和国内吸收孰高孰低是一国内部经济均衡的要求所决定的:在一国经济高速发展的阶段,国内需求旺盛,投资需求高,国内产出提高的速度跟不上需求(支出)增加的速度。如果要满足国内需求,实现内部均衡,就会发生净进口,导致国际收支逆差。反之,在经济发展的成熟阶段,国内产出水平很高,但经济增长缓慢,需求(尤其是投资需求)较低,产出不能被国内完全吸收,要依靠净

---

[1]　关于跨期均衡和当期平衡的冲突,请参见第二章第三节第四部分"国际收支不平衡调节的必要性"。

[2]　由于我们将外部均衡定义为内部均衡基础上的国际收支平衡,所以,在内部均衡和国际收支平衡可能存在冲突的情况下,严格地说应当使用"内部均衡和外部平衡"来分别表示两个目标。在本书中,有时候为行文简洁,会使用"内外均衡"来指代"内部均衡和外部平衡"。

出口来弥补需求的不足,导致国际收支顺差。也就是说,随着一国经济发展阶段的不同,内部均衡和外部平衡可能会产生冲突。

英国经济学家米德(J. Meade)于 1951 在其名著《国际收支》中最早提出了固定汇率制下经济政策内部均衡目标和外部平衡目标的冲突问题①,这一观点被称作米德冲突(Meade's Conflict)。他指出,在汇率固定不变时,政府只能主要运用影响社会总需求的政策来调节内部均衡和外部平衡。这样,在开放经济运行的特定区间便会出现内部均衡和外部平衡难以兼顾的情形。在开放条件下,经济可能面临着如表 4-2 所示的内外经济状况的组合(假定失业与通货膨胀是两种独立的情况、外部平衡就是经常账户平衡)。

表 4-2　固定汇率制下的内外失衡

	内部经济状况	外 部 状 况
1	经济衰退/失业增加	国际收支逆差
2	经济衰退/失业增加	国际收支顺差
3	通货膨胀	国际收支逆差
4	通货膨胀	国际收支顺差

在表 4-2 中,第二种、第三种情况意味着内部均衡和外部平衡之间的一致。以第二种情况为例,为实现经济的内部均衡,显然要求政府采取增加社会总需求的措施进行调控,这便会导致进口相应增加,在出口保持不变时,就会使原有的国际收支顺差状况得以改变而趋于平衡。这样,政府采取的措施在实现内部均衡的同时,也对外部平衡的实现发挥了积极影响,因此是内部均衡和外部平衡一致的情况。而第一种、第四种情况意味着内部均衡和外部平衡的冲突,因为政府在通过调节社会总需求实现内部均衡时,会引起外部经济状况距离平衡目标更远。以第四种情况为例,国际收支顺差的原因是国内的供给大于需求,国内的供给输出到国外,此时政府如果要实现内部均衡,就要采取降低社会总需求的措施,而这就会使国内供给和需求的差额进一步扩大,国际收支顺差进一步增加。

---

① 米德是 1977 年诺贝尔经济学奖的获得者。他本人在《国际收支》一书中也提出了政策搭配的方法,我们将在更专门的场合介绍他的搭配方法。有兴趣的读者可以阅读米德所著《国际经济政策理论》(*Theory of International Economics Policy*)第 1 卷《国际收支》(*Balance of Payment*),牛津大学出版社 1951 年版。

汇率可变情况下的内外均衡冲突

　　表 4-2 是讲固定汇率制度下经济政策目标的冲突,如果别除"固定汇率"这一条件,冲突的情况会变得更为复杂多样。在第一种情况下,使用扩张性财政货币政策能改善内部均衡但却会恶化外部平衡,而使用调低本币汇率则能同时改善内部均衡和外部平衡,即扩张性财政货币政策的内外目标之间有冲突而汇率政策的内外目标之间没有冲突。第二种情况下,扩张性财政货币政策既能改善内部均衡又能增加进口减少国际收支顺差,而调高本币汇率虽然能减少出口改善国际收支,但却会使失业进一步增加,即扩张性财政货币政策的内外目标之间无冲突而汇率政策的内外目标之间有冲突。第三种情况下,紧缩性财政货币政策能降低物价,从而既能降低通货膨胀又能帮助出口减少逆差,而调低本币汇率虽然能减少国际收支逆差但却会进一步提升本国的物价,即紧缩性财政货币政策在内外两个目标之间没有冲突而汇率政策在内外两个目标之间有冲突。第四种情况下,紧缩性财政货币政策虽然能减少通货膨胀但却同时也会减少进口,从而使国际收支顺差进一步增加,而调高本币汇率则既能减轻通胀压力又能减少国际收支顺差,即紧缩性财政货币政策在内外两个目标之间有冲突而汇率政策在内外两个目标之间没有冲突。

　　将宏观经济政策具体化为货币政策和财政政策,能够更加清晰地看出内部均衡和外部平衡的冲突。譬如,当国内需求不足时(第一种情况),政府会实施扩张性的货币政策和财政政策,通过降低利率促进投资和直接增加政府购买,以此来扩大需求。但在固定汇率制度下,国内需求的增加会导致进口的增加,利率的下降会导致资金流入的减少或流出的增加,这都会加剧国际收支逆差。这种冲突有时可以通过改变汇率水平来消除,有时则需要在内部均衡和外部平衡中做一个(痛苦的)权衡抉择。

　　表 4-3 列举了 20 世纪后 20 年发生在我国的几轮较为主要的内部均衡与外部平衡的矛盾和冲突,读者可以对此有一个更为具体的认识。从理论和实际都可以看到,一国经济发展的过程中,内部均衡和外部平衡的冲突不是偶然的、暂时的,而是经常的、必然的。如果单纯依赖经济的自我调节,很难达到内部均衡和外部平衡的同时实现,有时同一种政策在不同的时间执行也会有不同的效果,因此运用各种政策手段并将它们进行合理搭配就十分必要了。

表 4-3　1979～1999 年中国内部均衡和外部平衡的冲突

政 策 手 段	政 策 目 标	冲 突 的 表 现	观 察 年 份
紧缩性政策	抑制经济过热	国际收支顺差	1980～1983
扩张性政策	促进经济发展	国际收支逆差	1985～1989
人民币贬值	改善国际收支	国内通货膨胀	1986～1988
扩张性政策	促进经济发展	国际收支逆差	1992～1993
紧缩性政策	抑制经济过热	国际收支顺差	1994～1996

第二节　内部均衡和外部平衡相互冲突的调节原则

前面的分析已经指出,开放经济的政策目标包括内部均衡和外部平衡两部分。如果仍像封闭条件下一样单纯运用控制社会需求总量的政策进行调控,会在很多情况下造成内外均衡之间的冲突。所以,开放经济条件下的政策调控需要有新的规则。下面就对开放经济下政策调控的基本原则作一番介绍。

一、数量匹配原则

1969 年诺贝尔经济学奖得主,荷兰经济学家丁伯根(J. Tinbergen)提出了将政策目标和工具联系在一起的主张,指出要实现 N 个独立的政策目标,至少需要相互独立的 N 个有效的政策工具,这一观点被称作丁伯根原则。

用一个简单的线性框架可以说明丁伯根的主张。假定存在两个目标 T_1、T_2 与两种工具 I_1、I_2,政策调控追求的 T_1、T_2 的最佳水平为 T_1^* 和 T_2^*,令目标是工具的线性函数,即

$$T_1 = a_1 I_1 + a_2 I_2$$
$$T_2 = b_1 I_1 + b_2 I_2 \tag{4-1}$$

在这种情况下,只要决策者能够控制两种工具,每种工具对目标的影响是独立的,决策者就能通过政策工具的配合达到理想的目标水平。

从数学上看,只要 $a_1/b_1 \neq a_2/b_2$(即两个政策工具线性无关),就可以求解出

达到最佳目标水平 T_1^* 和 T_2^* 时所需要的 I_1 和 I_2 的水平,即

$$I_1 = (b_2 T_1^* - a_2 T_2^*)/(a_1 b_2 - b_1 a_2)$$

$$I_2 = (a_1 T_2^* - b_1 T_1^*)/(a_1 b_2 - b_1 a_2) \tag{4-2}$$

当 $a_1/b_1 = a_2/b_2$ 时,意味着两种工具对这两种政策目标有着相同的影响,也就是说,决策者只有一个独立的工具而试图实现两个目标,这是不可能成功的。

这一结论可以进行推广。如果一个经济具有线性结构,决策者有 N 个目标,至少要有 N 个线性无关的政策工具,才可能实现这 N 个目标。就开放经济而言,这一结论具有鲜明的政策含义:只运用财政政策这一种工具是不够的,必须寻找新的政策工具进行合理搭配。同理,其他的单一政策也不能同时解决内部均衡和外部平衡这两个问题。

丁伯根原则指出了应运用 N 种独立的工具进行配合来实现 N 个独立的政策目标,这一结论对于经济政策理论具有深远意义。但是,丁伯根原则对目标的实现过程具有如下特点:一是假定各种政策工具可以由决策当局集中控制,从而通过各种工具的紧密配合实现政策目标;二是没有明确指出哪种工具在调控中侧重于哪种目标的实现。这两个特点或尽与实际情况符合,或不能满足实际调节的需要。蒙代尔(R. Mundell)于 20 世纪 60 年代指出的关于政策指派的有效市场分类原则部分弥补了这一缺陷。

二、最优指派原则

蒙代尔对于政策调控的研究基于这样一个出发点:在许多情况下,不同的政策工具实际上掌握在不同的决策者手中,例如,货币政策隶属于中央银行的权限,财政政策则由财政部门掌管。如果决策者不能紧密协调这些政策,而是独立地进行决策的话,就不能实现最佳的目标。蒙代尔得出的结论是:如果每一工具被合理地指派给一个目标,并且在该目标偏离其最佳水平时按规则进行调控,那么在分散决策的情况下仍有可能实现最佳调控目标。

关于每一工具应如何指派给相应目标,蒙代尔提出了"有效市场分类原则"。这一原则的含义是:每一目标应当指派给对这一目标有着相对最大影响力、因而在影响政策目标上有相对优势的工具。如果在指派问题上出现错误,则经济会产生不稳定并且距均衡点越来越远。根据这一原则,蒙代尔区分了财政政策、货币政策在影响内外均衡上的不同效果,提出了以货币政策实现外部平衡目标、财政政策实现内部均衡目标的指派方案(在本章第三节会有较为详细的介绍)。

蒙代尔提出了特定的工具实现特定的目标这一指派问题,丰富了开放经济的政策调控理论,它与丁伯根原则一起确定了开放经济下政策调控的基本思想,即针对内外均衡目标,确定不同政策工具的指派对象,并且尽可能地进行协调以同时实现内外均衡。

三、合理搭配原则

各种国际收支政策,虽然手段有所不同,但解决的问题可能是相似的,也就是说,当一个不平衡现象出现时,可能会有多种政策能解决该问题。在所有类型的国际收支调节政策中,至少存在以下几对互为替代的搭配:

① 支出增减型政策与支出转换型政策;

② 支出型政策与融资型政策;

③ 支出增减型政策与供给型政策。

支出增减型政策和支出转换型政策都是调节需求的政策,调节供给政策的典型是产业政策和科技政策。资金融通政策简称融资型政策,包括官方储备的使用和国际信贷便利的使用。当一国供给小于需求,国际收支发生逆差时,既可以通过供给政策来使供给适应需求,也可以通过支出政策使需求适应供给,还可以通过融资型政策来为收支逆差融资。几种政策还可以共同使用,各自消除一部分的不平衡。选择政策的着眼点在于以最小的经济和社会代价达到国际收支的平衡或均衡。

各类政策的直接作用对象如表4-4所示。

表 4-4　各种类型政策的作用

1	支出增减型	需求和支出增减
2	支出转换型	需求和支出方向转换
3	供给型	供给增减
4	融资型	中　性

采用什么样的政策来调节国际收支,首先取决于国际收支失衡的性质,其次取决于国际收支失衡时国内社会和宏观经济的结构与状况,再次还取决于内部均衡与外部平衡之间的相互关系,最后,对于发展中国家来讲,还要取决于是否有利于经济的持续稳定增长。

一般来说,对不同性质的国际收支失衡要采用不同的调节方法。比如,以资金融通来纠正暂时性的国际收支不平衡,以紧缩性的预算和货币政策来纠正货币性不平衡。但有时候情况并不这样。比如,由预算赤字和货币宽松引起的货币性收支失衡,可采用下述几种方法加以调整(见表 4-5 所示)。

表 4-5　调整预算赤字和货币宽松引起的
货币性收支失衡的方法

方　法　一	方　法　二	方　法　三
1. 减少预算赤字和收缩货币供应量	1. 减少预算赤字和收缩货币供应量 2. 资金融通	1. 减少预算赤字和收缩货币供应量 2. 货币贬值

方法一是支出增减型,它要求较大幅度地削减财政赤字、减少货币供应量。其结果是:在纠正国际收支失衡的同时,有可能同时造成内部不均衡,引发国内失业增加、经济活动活力降低、社会动荡。

方法二是支出增减型与融资型的搭配。与方法一相比,它要求较小程度地削减财政赤字和收缩货币供应量,但同时要求动用官方储备或使用国际信贷便利。其结果是:在纠正国际收支逆差的同时,引发的国内失业和社会动荡程度会较轻,但同时会使部分官方储备流失或债务增加。

方法三是支出增减型与支出转换型的搭配。与方法一相比,它要求较小程度地削减财政赤字和收缩货币供应量,但同时要求货币贬值。其结果是:在纠正国际收支逆差的同时,国内的失业和社会动荡程度较轻,但货币贬值可能引起外汇市场混乱和未来的通货膨胀。

由此看来,正确的政策搭配,是实现内外均衡的核心。从上述例子可以看到,对某种性质的国际收支失衡,采用不同的调节政策搭配会导致不同的调节成本或代价。较大程度的失业或许是许多国家都不能容忍或无法承受的。因此,即使是货币性失衡,也必须同时配以资金融通型政策或支出转换型政策,才能使内部均衡方面的调节代价相对减少。

四、顺势而为原则

顺势而为原则是指在调控过程中要正确认识、判断市场力量并加以巧妙利用。在内外均衡的调整中,随着其他条件的不同,相同的政策可能会有不同的结果,这会加大政策调控在数量和时机选择上的难度。

首先,人们对未来的预期将使政策的结果难以预测。譬如:如果人们都认为政府会实施贬值以实现收支平衡,从而纷纷提前在外汇市场上进行卖出本币的操作,在固定汇率制下就会导致固定汇率制度的崩溃,在浮动汇率制下就会导致一国货币过度贬值。

其次,在短期内由于其他变量的变动迟滞,调控政策可能不会带来合意的效果,政府对此的进一步权变会在未来导致调节过度。譬如当经济不景气时,政府会实行扩张性政策以刺激投资,但资本品从购买到安装使用需要一段时间,在这段时间里,不会带来产出增加。而政府如果对此认识不足,认为产出不增加的原因是扩张程度不够,从而继续扩张的话,就会导致过度投资,导致未来的供大于求。

最后,即使政策是一次性的,由于调节时滞的存在,也会出现短期效果和长期效果的不一致。譬如在黏性价格条件下,扩大货币供应量从而对汇率造成影响的过程中,本币经历了过度贬值,产出也超过了长期的均衡水平,即所谓超调现象。

预期、时滞和超调现象的存在,意味着在选择政策以达到内外均衡的过程中,需要综合考虑政策的长期效果和短期作用,要尽量利用好市场的力量,以使政策达到最佳的效果。

除了上述具体的原则外,对于世界绝大多数国家,特别是中国这样一个发展中的大国而言,任何调节方法和调节措施都要以经济的持续稳定增长为前提来加以考虑和实施。因此,经济的持续稳定增长是贯穿一切调节方法的主线和基础,可以将它列为一项总原则。

第三节　内部均衡和外部平衡调节的经典理论

在介绍了内部均衡和外部平衡之间为什么会发生冲突,以及内外均衡的调节有哪些手段、应遵循哪些原则后,本节介绍几种西方经济学家发展起来的经典调节模型,并给予简要评价。

一、支出转换型政策与支出增减型政策的搭配①

澳大利亚经济学家斯旺(T. Swan)提出用支出转换型政策与支出增减型政策

---

① 本节参考了马之骃著:《当代世界货币与金融》,复旦大学出版社 1992 年版。

搭配来解决内外均衡的冲突问题。斯旺模型的基本公式如下：

$$国内支出＋净出口＝总需求＝（既定的）总供给$$
$$国内支出＝消费（C）＋投资（I）＋政府支出（G）$$

内部均衡指总供给等于总需求。

外部平衡指净出口为零。

将上述公式作成图，得图 4-1。图 4-1 中，IB 表示内部均衡曲线，EB 表示外部平衡曲线。横轴表示国内支出（消费、投资、政府支出），政府的支出增减型政策可以明显影响国内支出总水平。纵轴表示本国货币的实际汇率（外币直接标价法），单位外币折合的本币数增加，表示本币实际贬值，本国商品的竞争力增加；

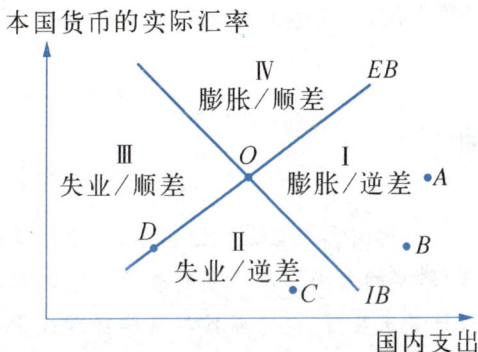

图 4-1　斯旺模型：支出转换与支出增减政策的搭配

单位外币折合的本币数减少，表示本币实际升值，本国商品的竞争力下降。

IB 曲线（内部均衡）代表实际汇率与国内支出的结合，以实现内部均衡。该线从左到右向下倾斜，因为本币实际升值将减少出口，增加进口，带来净出口下降和总需求下降，要维持内部均衡就必须增加国内支出。在 IB 线的右边，表示在一定的汇率下，国内支出大于维持内部均衡所需要的国内支出，故有通货膨胀压力；在 IB 线的左边，表示国内支出比维持内部均衡所需要的国内支出要少，故有通货紧缩压力。

EB 曲线（外部平衡）表示实际汇率与国内支出的组合，以实现外部平衡，即经常项目的收支平衡。该线从左到右向上倾斜，这是因为本币实际贬值（实际汇率数值上升）会增加出口，减少进口，所以要防止经常项目收支出现顺差，就需要扩大国内支出，抵消进口的减少。EB 曲线的右边，国内支出大于维持经常项目平衡所需要的国内支出，结果出现经常项目收支逆差，EB 曲线的左边，就会出现经常项目收支顺差。

当开放宏观经济处于失衡时，比如在区间 I 的点 A 时，削减国内支出，压缩总需求，通货膨胀和国际收支逆差的压力同时下降，点 A 遂向点 O 方向切近。但若开放宏观经济的失衡不是对称地处于 EB 和 IB 之间，而是在区间 I 的点 B 上或区间 II 的点 C 上，政策搭配就变得十分必要。在点 B 上，为达到经常项目收支平衡，就必须大幅度削减支出，使点 B 向点 D 移动。这样，虽说外部失衡趋于减少，内部经济却进入衰退和失业。同理,在点 C 上,单单使用支出增减型政策或支出转换型政策,也无法使点 C 向点 O 方向切近,因此,应当搭配使用这两种政策。针对不同的内、外失衡情况,所使用的政策搭配方法也应当有所不同。基本的思路一般首先是利用支出增减型政策谋求内部均衡,利用支出转换型政策(如变动汇率水平)谋求外部平衡,最终达到内外同时均衡。在这里,我们又一次看到了汇率的重要性。

斜率的重要性

利用图像模型进行分析时,图像中曲线(如 Swan 模型中的 IB 线和 EB 线)斜率的大小取决于其对相关政策的敏感性大小。敏感性大小可以通过实证计量来获得,也可以按经济学原理或常识来假设。如果不进行敏感性讨论而将曲线按 45 度夹角作平均分布或将两条线作对称分布,那极有可能会导致非均衡点无法按原理向均衡点切近,从而导致模型失败。借 Swan 模型为例,如果简单假定 EB 线为 45 度,IB 线为对称分布(135 度),经济运行状况落在 A 点,A 点表示国内支出大于供应从而产生膨胀,同时也表示本币实际汇率过低从而产生国际收支顺差。按经济学原理,减少支出会使 A 点向左移动到 IB 线上的 B 点①,再提高本币实际汇率使 B 点向下移动到 EB 线上的 C 点②。C 点在 IB 线的左边,表示支出不足从而存在失业,增加支出 C 点又会移动到 D 点③。D 点在 EB 线的下方,表示本币实际汇率过高从而存在逆差,降低本币实际汇率会使 D 点移动到 E 点④。如此反复循环,经济运行状况始终无法通过支出和汇率政策的组合向中心点 O 点切近。

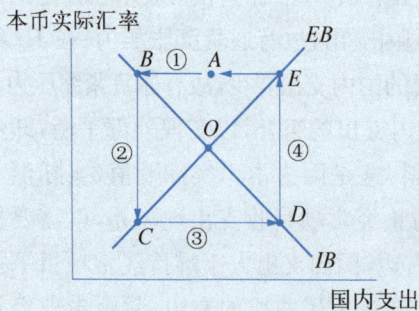

本币实际汇率

国内支出

二、政策手段最优指派的搭配

蒙代尔在论述政策搭配时,用预算作为财政政策的代表(用横轴表示),用利率作为货币政策的代表(以纵轴表示),来表述其最优指派的政策搭配思想(见图4-2)。

在财政政策与货币政策的
搭配图中，*IB* 曲线表示内部均
衡，在这条线上国内经济达到均
衡。在这条线的左边，预算过
小，国内经济处于衰退和失业；
在这条线的右边，预算过大，国
内经济处于膨胀。*EB* 曲线表示
外部平衡，在这条线上国际收支
达到平衡。在这条线的上边，表
示国际收支逆差；在这条线的下
边，表示国际收支顺差。沿预算

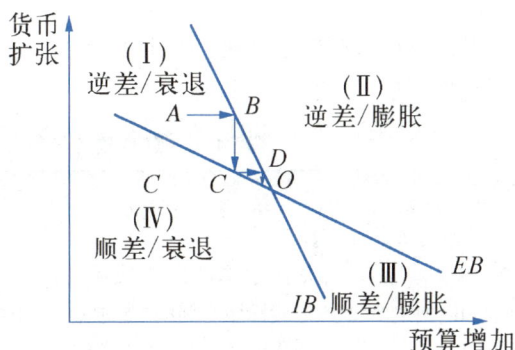

**图 4-2　蒙代尔模型——财政政策与
货币政策的最优指派搭配**

轴线向右移动，表示财政政策的扩张、预算增加；向左移动，表示财政政策的紧缩、
预算削减。沿货币扩张轴线向上移动，表示货币政策的扩张，银根放松（对应的是
利率下降）；向下移动，表示货币政策紧缩，银根收紧（利率上升）。*IB* 曲线和 *EB*
曲线的斜率都为负，表示当一种政策扩张时，为达到内部均衡或外部平衡，另一种
政策必须紧缩；或一种政策紧缩时，另一种政策必须扩张。蒙代尔假定，预算对国
民收入、就业等国内经济变量影响较大，利率对国际收支影响较大。这样的关系
在图 4-2 上表现为 *IB* 曲线比 *EB* 曲线更为陡峭。

基于这样的假定，蒙代尔认为，当国内宏观经济和国际收支都处于失衡状态
时（比如在区间 I 的点 A 时），就应采用财政政策来解决经济衰退问题，扩大预算，
使点 A 向点 B 移动。同时，应采用紧缩性货币政策来解决国际收支问题，使点 B
向点 C 移动。对扩张性财政政策与紧缩性货币政策的如此反复搭配使用，最终会
使点 A 切近点 O。点 O 表示国内经济达于均衡和国际收支达于平衡，即内外同时
均衡。

需要指出的是，财政政策和货币政策的效果都不是单一的，并不是说财政政
策只会影响内部均衡，而货币政策只影响外部平衡。譬如，当政府扩大预算时，国
民收入增加。一方面，收入增加会带来进口需求增加，形成经常账户的逆差；另一
方面，在货币政策不变的情况下，利率会上升，进而形成资本账户的顺差，这都会
对外部平衡带来影响。之所以用财政政策来调节内部均衡，用货币政策调节外部
平衡，完全是基于预算和利率对国内外经济变量影响各有强弱这一假设之上的。
只有选择影响力较强的政策对相应变量进行调节，才可能以较小的代价使经济重
新回到内外均衡的位置上，这就是蒙代尔提出的最优指派原则在政策搭配中的

运用。

上述政策搭配的原理可同样推广到区间Ⅱ、区间Ⅲ和区间Ⅳ,由此我们得到如下几种搭配(见表4-6所示)。

表4-6 财政政策与货币政策的搭配

区 间	经 济 状 况	财政政策	货币政策
Ⅰ	失业、衰退/国际收支逆差	扩 张	紧 缩
Ⅱ	通货膨胀/国际收支逆差	紧 缩	紧 缩
Ⅲ	通货膨胀/国际收支顺差	紧 缩	扩 张
Ⅳ	失业、衰退/国际收支顺差	扩 张	扩 张

三、蒙代尔—弗莱明模型[①]

蒙代尔—弗莱明模型是由美国经济学家蒙代尔(R. Mundell)和德国经济学家弗莱明(J. M. Fleming)在封闭条件下的 *IS-LM* 模型基础上,加入了外部平衡的分析而形成的。它是分析开放经济偏离均衡时政策搭配的工具,又是分析不同政策手段调节效果的工具。在此处,我们先介绍它对内外均衡实现过程中政策搭配的分析。

1. 蒙代尔—弗莱明模型的基本框架

蒙代尔—弗莱明模型的假定如下:

① 商品价格不变。

② 产出完全由总需求决定。

③ 本币贬值使产出增加。

④ 资本流动由两国利率差异决定。

用简单线性的形式表述,有如下方程[②]:

(1) 商品市场平衡,即 *IS* 曲线。商品市场的平衡指国内总供给等于总需求,可以用式(4-3)表示。

---

① 蒙代尔—弗莱明模型不完全是一种短期分析模型,但出于教材编写中分类归并的需要而将它放在本节之中,特此说明。

② 此处的介绍根据宏观经济学的基本思路对蒙代尔—弗莱明模型进行了适当简化,模型的完整形式和详细应用请读者参阅相关教科书和论文。

$$Y = (\overline{A} - bi) + (ce - tY), \quad b > 0, \ c > 0, \ 0 < t < 1 \qquad (4\text{-}3)$$

式(4-3)左边表示总供给(即总产出或总收入),右边表示总需求,总需求由国内吸收和净出口组成。右边的第一部分表示国内吸收,国内吸收包含投资和消费,其中 b、c 分别是利率和汇率对需求影响的系数,$\overline{A}$ 是不受利率影响的自发吸收,bi 是受利率影响的吸收,它是利率的减函数。右边的第二部分表示净出口,即出口与进口的差,出口需求随本币贬值而上升,是外币直接标价法下汇率 e 的增函数,而进口需求是收入(产出)Y 的增函数,t 是边际进口倾向。公式(4-3)可以改写成:

$$i = \frac{\overline{A} + ce - (1+t)Y}{b} \qquad (4\text{-}4)$$

式(4-4)表明,就 IS 曲线的斜率而言,在一定的汇率水平上,利率 i 下降,则产出 Y 增加;i 和 Y 负相关,故 IS 曲线在 i-Y 平面内的斜率为负。就 IS 曲线的移动而言,本币贬值,e 增大,要维持等式成立,i 或 Y 必须增大。于是,IS 曲线便向右上方移动。[①]

(2)货币市场平衡,即 LM 曲线。货币市场的平衡指居民对货币的需求等于货币供给,可以用式(4-5)表示。

$$M^s = p(kY - hi), \quad k > 0, \ h > 0 \qquad (4\text{-}5)$$

式(4-5)左边是由货币当局决定的货币供给,右边是名义货币需求,p 为物价水平,k、h 分别是产出和利率对货币需求的影响系数。随着收入的增加,居民交易需求增加,对货币的需求上升;随着利率的上升,居民会将手中持有的货币转换为生息资产,对货币的需求下降;随着物价上升,居民希望手中持有的货币增加,对货币的需求上升。

货币市场达到平衡的调整过程,就是在一定的收入水平下,通过利率的变化而使居民的货币需求等于外生的货币供给。因为商品价格不变,所以可以将价格 p 一般化为1,改写式(4-5)得到

$$i = \frac{kY - M^s}{h} \qquad (4\text{-}6)$$

---

① 需要注意的是,蒙代尔—弗莱明模型是基于 IS-LM 模型建立的,在分析国际金融中的内部均衡和外部平衡时,汇率因素并没有直接标示在其模型图中。

式(4-6)表明：就 LM 曲线的斜率而言，随着产出增加，利率上升，i 和 Y 正相关，故 LM 曲线在 i-Y 平面内的斜率为正。就 LM 曲线的移动而言，货币供给增加，要维持等式成立，Y 必须增大而 i 必须变小，于是，LM 曲线向右下方移动。

（3）国际收支平衡，即 BP 曲线。国际收支平衡表示为经常账户和资本账户之和的平衡。经常账户的收支由贸易决定，即净出口。资本账户的收支由国内外利率差异决定，国内利率 i 高于国际市场利率 i^* 时，就有资本流入，资本账户差额为正。BP 曲线可以表示为

$$(ce - tY) + \omega(i - i^*) = 0 \qquad\qquad (4\text{-}7)$$

式中，ω 由资本流动程度决定。当资本完全不流动时，$\omega = 0$，在 i-Y 平面内，国际收支只与产出有关，与利率无关，故 BP 曲线是一条垂直线，并随着本国货币的贬值而向右移动，含义是：国际收支平衡等同于贸易平衡，随着本币的贬值，出口会增加，国际收支需在更高的产出水平进而更高的进口水平下才能得到平衡。

当资本完全流动时，$\omega \to +\infty$，在 i-Y 平面内，BP 曲线是一条水平线，含义是：国际收支与汇率和产出无关，只与国内外利率差异有关，利率差异会引起资本无限流动，当且仅当国内利率等于国外利率时国际收支才能平衡。

当资本不完全流动时，$\omega > 0$，在一定的汇率水平下，当 Y 上升，进口增加进而逆差增加时，为了维持国际收支平衡，本国利率 i 应上升以吸引更多的资本流入，i 和 Y 正相关，故在 i-Y 平面内，BP 曲线是一条斜率为正的直线。同时，随着本币贬值（e 上升）出口增加，产出（收入）Y 应上升以增加进口，或本国利率应下降以增加资本外流，这意味着本币贬值使 BP 曲线向右下方移动。

归纳以上介绍，我们可以整理出以下几个结论：第一，在 i-Y 平面内，商品市场平衡曲线 IS 的斜率为负，i-Y 平面之外的变量——汇率，会引起 IS 曲线移动，本币贬值（e 增大）使 IS 曲线向右上方移动。第二，在 i-Y 平面内，货币市场平衡曲线 IM 的斜率为正，i-Y 平面之外的变量——货币供给，会引起 LM 曲线移动，货币供给增加使 LM 曲线向右下方移动。第三，在 i-Y 平面内，国际收支平衡曲线 BP 的斜率取决于资本自由流动的程度，i-Y 平面之外的变量——汇率，会引起资本完全不流动和不完全流动时 BP 曲线的移动，本币贬值（e 增大）使 BP 曲线向右或右下方移动。

上面，我们以本币贬值和货币供给增加来讨论了相关曲线的移动方向，如果

本币升值和货币供给减少,则相关曲线会发生反向移动,此处不再赘述。

2. 蒙代尔—弗莱明模型分析举例

由于一国对于资本流动的政策分为完全流动、完全不流动和部分流动,而一国的汇率制度分为固定汇率和浮动汇率制度,所以蒙代尔—弗莱明模型的分析存在很多种情况。在这里选取三种情况进行介绍,其他情况请读者思考。

(1) 资本完全不流动,固定汇率制度下的内外均衡调节。资本完全不流动时,BP为垂直线,即外部平衡仅仅由贸易余额决定。在初始国内均衡的条件下,利率和产出水平位于 IS 曲线、LM 曲线的交点 A 上,此时的产出水平超过了能使国际收支平衡的水平,即国际收支逆差(见图 4-3 所示)。

在此情况下,市场会产生自发调节。国际收支逆差导致外汇市场上的本币需求减少,外币需求增加,中央银行需要买入本币、

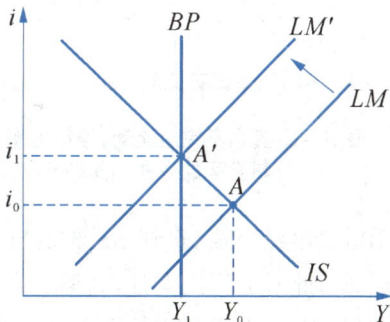

图 4-3　资本完全不流动,固定汇率制度下的内外均衡调节

卖出外币来维持固定汇率,这样就减少了货币供给,LM 曲线左移到 LM',利率上升,产出下降,国际收支平衡。

(2) 资本不完全流动,浮动汇率制度下的内外均衡调节。在资本不完全流动的情况下,BP 曲线是一条向右上倾斜的直线,即利率上升能够吸引资本流入,以弥补收入上升带来进口增加造成的贸易逆差。在初始国内均衡下,IS 曲线与 LM 曲线相交于点 A,点 A 位于 BP 曲线的下方,相对于国际收支平衡的水平而言,产出偏高,利率偏低,所以带来了国际收支逆差,外汇市场外币需求大于供给,导致本币贬值。观察 IS 曲线、BP 曲线的表达式会发现,本币贬值会使得自发出口增加,从而 BP 曲线、IS 曲线右移成为 BP' 曲线、IS' 曲线。在 IS 曲线、BP 曲线右移的过程中,它们和 LM 曲线交于点 A',达到新的内外均衡,此时的利率和产出都比原先有所提高,本币有所贬值(见图 4-4 所示)。

(3) 资本完全流动,浮动汇率制度下的内外均衡调节。在资本完全流动的情况下,BP 曲线是一条水平的直线,即,国内利率必须和国际利率保持一致,国际收支完全由资本流动决定,进出口贸易的影响被资本流动抵消。在初始国内均衡下,IS 曲线与 LM 曲线相交于点 A,此时利率低于国际水平,发生国际收支逆差,外汇市场外币需求大于供给,导致本币贬值。本币贬值导致 IS 曲线右移到 IS',只要 IS' 曲线与 LM 曲线决定的利率仍然小于国际利率,本国资本就会继续流出,

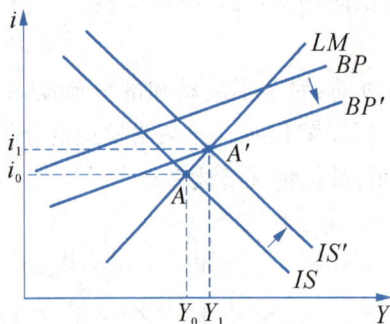

图 4-4　资本不完全流动,浮动汇率
制度下的内外均衡调节

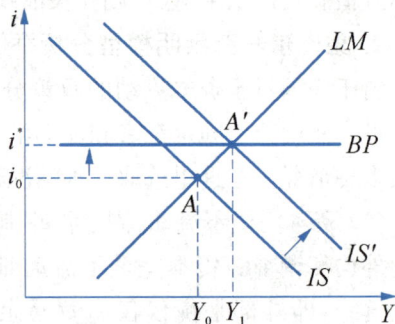

图 4-5　资本完全流动,浮动汇率
制度下的内外均衡调节

本币就会继续贬值,直到 IS' 曲线与 LM 曲线决定的利率等于国际利率,经济均衡于点 A',此时的产出上升,利率上升(见图 4-5 所示)。[1]

(4) 内外均衡调节过程中的曲线移动。在蒙代尔—弗莱明模型中,内外均衡调节的关键在于国际收支不平衡时,不同汇率制度和不同的资本流动自由程度下汇率和货币供给的变动。在固定汇率制下,汇率 e 不变,在浮动汇率制下,货币供给 M^S 不变,不同汇率制度和不同资本流动情况下的曲线移动情况可以归纳成表4-7,读者可以根据此表和式(4-3)~式(4-7),自行分析内外均衡调节过程中利率、汇率和产出的变动情况。

表 4-7　不同条件下,国际收支失衡引发的曲线移动

资本流动状况	汇率制度	IS 曲线	LM 曲线	BP 曲线
完全不流动	固　定	×	√	×
	浮　动	√	×	√
不完全流动	固　定	×	√	×
	浮　动	√	×	√
完全流动	固　定	×	√	×
	浮　动	√	×	×

说明:×表示曲线不移动,√表示曲线移动。

---

[1]　本国资本外流,使国内资金存量下降,也会导致本国利率上升。

四、西方经典内外均衡调节理论的不足

前面介绍的几种西方经典的内外均衡调节理论都在宏观经济学的框架内引入了国际收支问题,进而研究实现内外均衡的条件和政策搭配方法。但是对我们的学习和研究而言,这几种经典理论都存在一些共同的不足之处。

1. 西方经典的内外均衡调节理论是基于成熟经济体而提出的

西方经典的内外均衡理论大致有两个特点:都以产出不变或产出由需求决定为背景、经济或者没有增长或者受制于充分就业的劳动规模。譬如,斯旺模型中,内部均衡曲线和外部平衡曲线是固定不变的,均衡汇率是唯一的,对应着唯一的产出水平。在蒙代尔的政策搭配模型中,选用各种宏观政策进行搭配的目的,是使经济的运行回到原有的均衡点上,即产出水平不变。蒙代尔—弗莱明模型也同样如此,它以 *IS-LM* 模型为基础,隐含的条件是存在闲置资源,从而产出仅仅由需求决定,但是当闲置资源被利用、充分就业实现时,经济便不再增长。

对于经济增长处于稳定阶段的发达工业国家而言,这样的研究方法比较接近现实,因为它们的劳动力规模与经济规模基本相符,经济增长受制于劳动要素规模,当需求的增长超过了充分就业所能提供的供给水平时,就会导致通货膨胀。但是这样的研究方法,不能直接用来研究经济高速增长且劳动要素丰富国家的内外均衡问题。以我国为例,经济规模与劳动要素规模之间存在着相当大的缺口,经济增长受劳动要素约束较小,而更多地受到资本、技术等因素的制约。显然,由于制约经济增长的因素不同,西方经典的内外均衡调节理论就难以充分体现我国经济增长的基本要求,也难以充分揭示人民币汇率决定和作用的基本规律。

2. 西方经典的内外均衡调节理论对汇率的作用认识不足

本章介绍的内外均衡调节理论,以及第三章介绍的西方汇率决定理论,基本上都认为均衡汇率是在内外均衡同时实现时被决定的变量,而没有同时关注汇率如何在内外均衡同时实现过程中发挥的杠杆作用,更没有关注汇率在经济持续增长中的作用。然而,自20世纪70年代世界进入有管理的浮动汇率制时代以来,汇率作为一种政策工具,对各国的内外均衡和经济发展发挥着越来越重要的作用,因此在研究内外均衡调节中,应当对汇率的杠杆作用加以进一步的重视。

第四节　内部均衡和外部平衡短期调节理论的新探索

在了解西方经典内外均衡调节理论的基本思想和不足后,我们将以我国国情为基础,以汇率为核心,来探讨内部均衡和外部平衡的调节框架。按照循序渐进的原则,本节将先讨论这一调节框架的基本原则,然后从静态(短期)角度建立起基本模型。在下一章,我们将在经济(数量和质量)增长的前提下把短期模型拓展为中期模型和长期模型,然后从资源和产业两个角度将长期模型进行拓展,最后完成建立既包括内部均衡又包括外部平衡在内的统一的双均衡模型,并讨论制约我国汇率变动效果的因素。

一、内外均衡调节理论新探索的基本原则

根据前述各章有关中国国情的描述、汇率重要性的分析,以及西方经典理论的介绍,在构建一个以国情为基础,以汇率为核心手段的调节框架时,我们将遵循以下四条原则。

1. 在内涵上,基于国情来确定内外均衡的目标

在经济学意义上,我国最基本的国情是经济发展程度不高,人均收入水平低,劳动力丰富。这一国情表明,我国既有经济增长的必要性,也有经济增长的可能性,从而,内外均衡的调节需要以经济增长为最终目标。

另一方面,我国生产技术水平、劳动生产率和人均实际占有资源水平都较低,因此,内外均衡的长期调节应当在就业增长、国内资源节约和经济效率提高间达到平衡。内外均衡实现的过程就是对经济增长的数量和质量进行权衡的过程。

2. 在视角上,综合考虑汇率的比价属性和杠杆属性

汇率既是其他宏观经济因素决定的两种货币的比价,又是影响其他宏观经济变量的重要杠杆。在有管理的浮动汇率制度下,内外均衡调节需要充分利用汇率这一相对价格工具,并将汇率决定的比价属性和杠杆属性加以综合考虑。从比价角度看,内外均衡是由多个经济变量共同决定的,在汇率之外的某个变量发生变化时,如果只对汇率进行调整,就会带来其他变量和其他经济关系的失衡。以21世纪初的人民币汇率调整为例,若以单纯的国际收支平衡为目的,人民币就需要

发生较大幅度的升值,但人民币大幅度的升值会造成就业减少,造成新的经济失调;另一方面,从杠杆角度看,只要愿意放弃政府目标中某个次要方面的平衡(譬如国际收支的即期平衡),就可以在内外均衡的调节中,把汇率这个重要手段"解放"出来,使之成为调节其他变量、实现主要目标(如经济增长或就业扩大等)的工具。再通顺一点讲,从比价属性的角度看,国际收支顺差决定人民币应当升值以恢复国际收支平衡,而从杠杆属性看,人民币升值又会损害国内就业和经济的数量增长。这时,汇率水平究竟应该如何决定就需要同时从以上两个角度来考虑。这就是本书将汇率核心作用用于模型构建时的基本思路。

3. 在方法上,以相对价格调节为切入点,以汇率为核心

价格是经济主体进行资源配置的重要杠杆。在国际金融学中,价格包括国内的物价水平和汇率水平两方面,后者反映的是国内和国外的相对价格。适当的国内物价水平是内部均衡实现的必要条件,适当的汇率水平是外部平衡实现的必要条件,这说明,价格因素与内外均衡的实现具有相关性。另一方面,政府可以通过货币政策、财政政策等手段影响物价水平,可以通过货币政策、外汇管理等手段影响汇率水平。因此,价格因素也具有一定的可控性。我们的模型以相对价格调节为切入点,以汇率为核心。

4. 在内容上,注意经典理论的利用和传承

虽然我们指出了西方经典调节理论的不足,但西方经济学家有关汇率决定和国际收支调节的学说中,仍然有许多内容具有参考价值。例如,购买力平价说是从货币的基本功能出发来构建的、在一定条件下货币贬值具有扩张经济的作用、供给不变条件下需求增加会带来物价的上升、经济增长的来源可区分为劳动投入的增加、资本形态的资源投入增加和技术进步的贡献等。因此,在构建适合中国国情的内部均衡和外部平衡框架时,我们既要做到基于基本国情,从国情出发,又要充分利用前人的研究成果,实现知识的传承。

二、坐标系的选取

在内部均衡和外部平衡调节的新探索中,既然我们选用相对价格作为切入点,那么,不管采用什么具体方式对内部均衡和外部平衡进行调节,都要体现在相对价格上,为此,从描述的简单和直接角度出发,不妨采用国内物价水平和名义汇率水平作为坐标系的两个变量,以此分析内部均衡和外部平衡的实现。当内外均衡同时达到时,所对应的国内物价水平和名义汇率水平具有直接操作意义。

三、内部均衡曲线和外部平衡曲线

为了使分析简洁且有明确结论,在汇率—价格坐标系中研究经济的内外均衡问题时先做出以下几点假设:

① 马歇尔—勒纳条件成立,即进口商品和出口商品的需求价格弹性之和大于1,并且闲置资源存在,从而,本币贬值能够改善国际收支,并带来国民收入的增加。

② 国内吸收倾向小于1,即随着国民收入的增加,本国的消费、投资等需求也会增加,但是增加的数量小于国民收入增加的数量,其差额会转化为净出口。

③ 本章进行的是短期分析,因此假设社会的总供给不变,总需求的变动只会造成价格的改变,而不会带来产出的变动。在第五章的中期和长期分析中,我们将放松这一假定。

1. 内部均衡曲线的推导和分析

(1) 内部均衡曲线的推导。在本章第一节中已经说明,内部均衡可以用本国的总供给等于总需求来表示。下面用简单的数学形式对内部均衡曲线加以推导。

以 Y 表示产出即总供给,它在短期内是不变的。

以 D 表示总需求,它是国内吸收 A 和经常账户余额 CA 之和,即

$$D = A + CA \tag{4-8}$$

对于国内吸收 A,因为物价上升会使需求下降,国内吸收必然下降;反之,物价下降,国内吸收增加。所以,国内吸收是本国物价 P 的减函数,即

$$A_P = \frac{\mathrm{d}A}{\mathrm{d}P} < 0 \tag{4-9}$$

对于经常账户余额 CA,它是出口与进口的差额。当本国物价上升,本国出口品价格相对上升,外国对本国出口品的需求下降,经常账户余额 CA 减少;当本币贬值,本国出口品价格相对下降而外国进口品价格相对上升,外国对本国出口品需求增加的同时本国对外国进口品的需求下降,从而经常账户余额会增加,所以经常账户余额是物价 P 的减函数,是汇率 e 的增函数,即

$$CA_p = \frac{\partial CA}{\partial P} < 0, \ CA_e = \frac{\partial CA}{\partial e} > 0 \tag{4-10}$$

由此可见,国内总需求是物价的减函数,是汇率的增函数,即

$$D_P = A_P + CA_P < 0, \ D_e = CA_e > 0 \qquad (4\text{-}11)$$

根据内部均衡的定义,内部均衡方程可以表示为

$$Y = D(P, e) \qquad (4\text{-}12)$$

由隐函数求导法则可以知道

$$\frac{\partial e}{\partial P} = -\frac{D_P}{D_e} \qquad (4\text{-}13)$$

由于 $D_P < 0$ 而 $D_e > 0$,所以 $\frac{\partial e}{\partial P} > 0$,在汇率和物价构成的二维平面中,内部均衡曲线的斜率为正,它是一条自左向右朝上倾斜的曲线,在图 4-6 中以 IB 表示。IB 曲线的含义是:本币贬值后,出口商品的国外价格下降,进口商品的国内价格上升,从而净出口需求上升,在总供给不变的情况下,只有国内价格上升以减少国内吸收,才能使总需求等于总供给,达到内部均衡。

(2)内部均衡曲线的分析。内部均衡曲线 IB 是由能使总需求等于总供给的汇率水平与物价水平的组合所形成的轨迹。在 IB 线上,内部均衡能够实现,背离了 IB 线,内部均衡就不

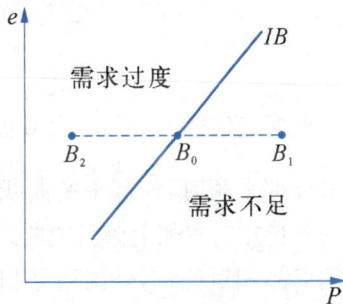

图 4-6　内部均衡曲线及其分析

能实现。内部均衡曲线 IB 的右下方和左上方分别对应着不同性质的内部失衡。

在内部均衡曲线 IB 的右下方,内部经济面临的情况是物价过高,需求不足;而在 IB 的左上方,内部经济面临的是物价过低,需求过度①。在图 4-6 中分别在 IB 的右下方和左上方选择两个点,分别为 B_1 和 B_2。为分析方便,设连接两点的直线 B_1B_2 与横轴平行,这样汇率水平就是一致的,直线 B_1B_2 与 IB 的交点为 B_0。相对于 B_0,IB 右下方的 B_1 点,表示在相同的汇率水平下具有更高的物价水平,说明物价相对于均衡状态偏高,在净出口水平相同的情况下,国内吸收不足,

① 需要特别注意的是,这里所说的"价格过高,需求不足"与一般认为的"需求高,价格高"不同。在这里,物价水平是政府能够通过宏观经济政策调节的变量,需求是物价水平的减函数,如果物价水平过高,就使国内市场需求小于供给,国内市场不能出清。"价格过低,需求过度"也是一样的道理。

总需求小于总供给;而 IB 左上方的点 B_2,表示在相同的汇率水平下具有更低的物价,说明物价相对于均衡状态偏低,在净出口水平相同的情况下,国内吸收过高,总需求大于总供给。

2. 外部平衡曲线的推导和分析

如前所述,本书中的外部平衡是指经常账户与剔除了短期流动性资本后的资本与金融账户(即长期资本账户)之和的国际收支平衡。若将经常账户平衡称为狭义的外部平衡,则经常账户与资本账户之和的国际收支平衡可被称为广义的外部平衡。

(1) 经常账户平衡下的外部平衡曲线推导。在内部均衡分析时,已经引入了经常账户余额 CA,经常账户平衡可以表达成

$$CA = CA(e, P) = 0 \qquad (4-14)$$

由隐函数求导可知

$$\frac{\partial e}{\partial P} = -\frac{CA_P}{CA_e} \qquad (4-15)$$

根据式(4-10),$CA_P < 0$ 而 $CA_e > 0$,因此 $\frac{\partial e}{\partial P} > 0$,即:用经常账户平衡来定义外部平衡时,外部平衡曲线的斜率为正,在由汇率和价格构成的二维空间中是一条自左向右朝上倾斜的曲线。EB 曲线的含义是:本币贬值(汇率上升)会使本国商品相对便宜,外国商品相对昂贵,从而出口增加,进口减少,出现经常账户顺差,对此,需要本国物价水平上升,以使本国和外国的相对价格回到原来的水平,消除经常账户顺差,恢复经常账户平衡。

(2) 基本账户平衡下的外部平衡曲线推导。将国际收支的范围扩大到经常账户 CA 和长期资本账户 KA 之和后,国际收支以 BP 表示,外部平衡表示为

$$BP = CA(e, P) + KA(e, P) = 0 \qquad (4-16)$$

对于资本账户 KA,当本币贬值或本国物价水平下降,相同数量的外币能够换取更多数量的本国要素,增加对本国的投资显然有利可图,长期资本流入增加,因此,KA 是汇率 e 的增函数,是物价 P 的减函数,即

$$KA_e = \frac{\partial KA}{\partial e} > 0, \; KA_P = \frac{\partial KA}{\partial P} < 0 \qquad (4-17)$$

因此又有

$$BP_e = CA_e + KA_e > 0, BP_P = CA_P + KA_P < 0 \qquad (4-18)$$

由隐函数求导可知

$$\frac{\partial e}{\partial P} = -\frac{BP_P}{BP_e} > 0 \qquad\qquad (4\text{-}19)$$

这个式子表示,在以基本账户平衡来定义外部平衡的情况下,外部平衡曲线的斜率依然为正,其意义与经常账户下外部平衡曲线的意义类似,即随着本币的贬值,出口和资本流入都会增加,从而需要本国物价水平的上升来使国内外相对价格恢复到原有水平,使国际收支恢复平衡。外部平衡曲线在图 4-7 中以 EB 表示。需要注意的是,在下面的分析中,为了简单起见,我们只研究经常账户的收支,但因为经常账户和基本账户的外部平衡曲线只存在斜率的差异而不存在性质的根本差异,所以我们选用物价水平(P)和汇率(e)作为自变量所构建的模型既能包括经常账户的平衡,也能包括资本账户的平衡。

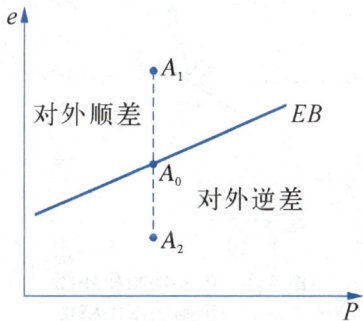

图 4-7 外部平衡曲线及其分析

(3)外部平衡曲线的分析。外部平衡曲线 EB 是由维持国际收支平衡的汇率水平与物价水平的组合所形成的轨迹。在 EB 线上,外部平衡能够实现,背离了 EB 线,外部平衡就不能实现。外部平衡曲线 EB 的左上方和右下方分别对应着不同性质的外部失衡。

在外部平衡曲线 EB 的左上方,外部经济面临的情况是本币币值偏低,国际收支顺差;而在 EB 的右下方,外部经济面临的是本币币值偏高,国际收支逆差。在图 4-7 中 EB 曲线的左上方和右下方分别选择两个点 A_1 和 A_2,为分析的方便,假定连接着两个点形成的直线垂直于横轴,它与外部平衡曲线 EB 的交点为 A_0。由于 A_1A_2 垂直于横轴,A_0、A_1 和 A_2 三个点对应的物价是相同的。在 A_1 处,本国货币相对于 A_0 处贬值,即本国出口品价格更便宜而外国进口品价格更昂贵,因此 A_1 必然对应着国际收支顺差。同理,A_2 必然对应着国际收支逆差。因此,EB 的左上方是国际收支顺差的失衡,而 EB 的右下方是国际收支逆差的失衡(参见图4-7所示)。

四、均衡汇率分析的基本框架

比较式(4-13)和式(4-15)可以发现,当用经常账户来衡量外部平衡时,IB 曲

线的斜率大于 EB 曲线的斜率$\left[\text{式}(4-13)\text{中,}\dfrac{\partial e}{\partial P}=-\dfrac{D_P}{D_e}=-\dfrac{A_P+CA_P}{CA_e},\text{式}\right.$

$\left.(4-15)\text{中,}\dfrac{\partial e}{\partial P}=-\dfrac{CA_P}{CA_e},\text{两者分母相同,但前者的分子更大}\right]$;如果用基本账户来

衡量外部平衡[式(4-19)],则无法从表达式上判断 IB 曲线和 EB 曲线斜率的大小,但我们不妨假设,在解决内部均衡问题上,国内物价的调整更有效,而在解决外部平衡问题上,汇率调整更有效;因此,IB 曲线的斜率大于 EB 曲线的斜率。

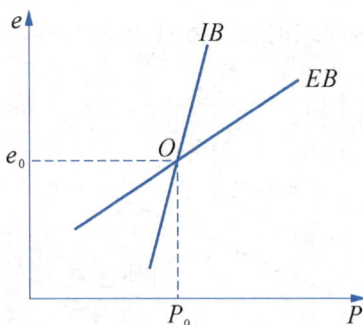

图 4-8　内部均衡和外部平衡的基本框架

将 IB 曲线和 EB 曲线放在同一张图上,得到图 4-8。图 4-8 就是以中国国情为基础的内外均衡短期模型,也可称为 P-e 模型。图 4-8 表明:在静态的框架中,均衡汇率位于 IB 曲线和 EB 曲线的交点 O 上,均衡汇率就是内部均衡和外部平衡曲线交点所表示的汇率,即内外均衡同时实现时的汇率 e_0,这一汇率也对应着内外均衡同时实现时的国内物价水平 P_0。由于外部均衡是内部均衡基础上的外部平衡,因此,内部均衡曲线与外部平衡曲线的交点 O 同时也表示外部均衡的实现,或内外均衡的同时实现。

五、内部均衡和外部平衡调节的短期分析

1. 内部均衡和外部平衡的自动调节

在基本分析框架内,IB 曲线和 EB 曲线将 P-e 平面划分为四个区间,如图4-9 所示。

图 4-9 中,内部均衡曲线 IB 和外部平衡曲线 EB 交点所对应的汇率水平 e_0 就是短期条件下的均衡汇率,它是固定不变的。图中,第一区间内的点位于内部均衡曲线左侧、外部平衡曲线上方。当一国的物价—汇率组合落在第一区间时,物价水平低于均衡物价水平,汇率水平高于均衡汇率水平(即本币币值偏低),其经济结果是国内需求过

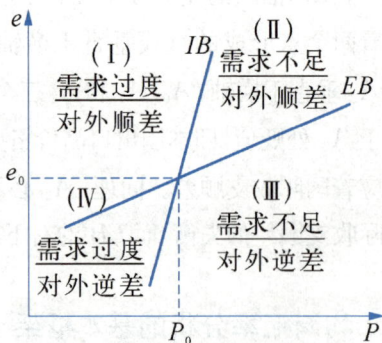

图 4-9　均衡汇率与均衡物价的偏离和调节

度,国际收支顺差;其他几个区间的情况也可以进行类似的分析。

在图 4-9 所示的内部均衡和外部平衡的基本框架内,经济从非均衡向均衡的回归途径可以是市场的自发调节。具体来说,当物价偏低,需求大于供给时,人们会纷纷购买商品,导致物价上升,需求重新等于供给;当本币币值过高时,国际收支逆差,对外币的需求增加,导致本币贬值,国际收支改善。第一区间到第四区间中纠正经济失衡的自动调节可归纳成表 4-8。

表 4-8　宏观经济内外不均衡的自动调节

区间	物价和汇率水平 (相对于均衡水平而言)	经 济 含 义	自动调节路径
I	物价过低,汇率过高	需求过度,对外顺差	物价上升,本币升值
II	物价过高,汇率过高	需求不足,对外顺差	物价下降,本币升值
III	物价过高,汇率过低	需求不足,对外逆差	物价下降,本币贬值
IV	物价过低,汇率过低	需求过度,对外逆差	物价上升,本币贬值

2. 内部均衡和外部平衡的政策调节

虽然市场力量能够使内外不均衡向均衡水平回复,然而这样的调整未必是效率最高的方法。如果我们把图 4-9 进一步划分成八个小区域(从 1～8,如图 4-10 所示),就会看到在不同的小区域内,会有不同的情况。这里不妨以大区间 I 内的小区域 1、小区域 2 和小区域 3 为例来分析。

当物价和汇率水平处于小区域 1 内的点 P_1 时,由于总需求大于总供给,价格水平会在超额需

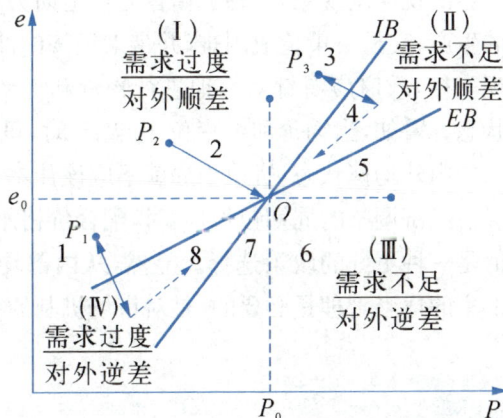

图 4-10　进一步细分的内外均衡调节

求的推动下上升,向右运动;同时,国际收支存在顺差,本币升值,名义汇率会向下运动。然而,对比 P_1 的位置和均衡点 O 会发现,均衡点 O 的汇率水平高于点 P_1 的汇率水平,也就是说从 P_1 向均衡点的调整过程中,在两种市场力量的合力作用下,经济也可能会先从一种失衡走向另一种失衡,P_1 穿越 EB 曲线进入大区域 IV,然后再向点 O 靠拢。在这个过程中,会出现汇率的逆调。

当物价和汇率水平处于小区域 3 内的点 P_3 时,同样,由于总需求大于总供给,价格水平会在超额需求的推动下上升,向右运动;同时,国际收支存在顺差,本币升值,名义汇率会向下运动。然而,对比 P_3 的位置和均衡点 O 会发现,均衡点 O 的物价水平低于 P_3 的物价水平,也就是说从 P_3 向均衡点的调整过程中,在两种市场力量的合力作用下,经济同样也可能会先从一种失衡走向另一种失衡,P_3 穿越 IB 曲线进入大区间 Ⅱ,然后再向点 O 靠拢。在这个过程中,会出现物价的逆调。

当物价和汇率水平处于小区域 2 内的点 P_2 时,同样,由于总需求大于总供给,价格水平会在超额需求的推动下上升,向右运动;同时,国际收支存在顺差,本币升值,名义汇率会向下运动。对比 P_2 的位置和均衡点 O 会发现,均衡点 O 的物价水平高于 P_2 的物价水平,汇率水平低于 P_2 的汇率水平,也就是说从 P_2 向均衡点的调整过程中,物价和汇率都不会出现逆调,自动调节机制的效率比较高。

以上的分析表明:在经济失衡后,经由市场力量自发进行的调整虽然能够使经济恢复内外均衡状态,但大多数情况下,这种自发调整的效率并不高,调整过程往往会出现逆调现象,一种失衡首先会走向另一种失衡,然后再走向均衡,这给人们的生产、交易决策造成困难,并带来经济的波动。基于上述这些事实,一旦经济出现失衡,政府应有针对性地进行物价和汇率的干预,促使经济尽快恢复内外均衡状态。譬如,当物价和汇率位于点 P_1 时,虽然经济存在顺差,但为了尽快恢复理想的内外均衡状态,货币当局就不应该让本币升值,因为升值虽然缩小了顺差,却会使经济调整的周期拉长,此时,配合价格水平较大幅度上升的节奏,本币适度贬值是一种更好的政策选择。显然,从内部均衡和外部平衡的调节效率角度看,对汇率的适当管理是必要的,是对市场机制的有益补充。

汇率的操作意义和中介意义

需要指出的是,在图 4-10 所示模型的描述中,汇率既是一个直接政策工具,又是一个中介指标。政府既可以在外汇市场上买卖外汇以调节汇率水平,从而达到调节国际收支等目的,又可以通过其他宏观政策工具对汇率进行调节(譬如,增加或减少财政支出、增加或减少货币供应量等等)。汇率的双重属性可以表示如下:

政策工具	中介变量	目标变量
		GDP
财政政策 ⟶	汇率 ⟶	就业
		国际收支
货币政策 ⟶	汇率 ⟶	生产效率
汇　率 ——————————⟶		……

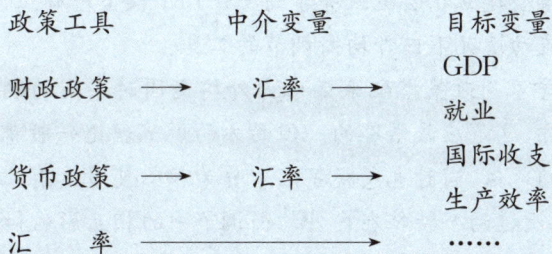

汇率的变动能够达到理想的（均衡的）水平，是各种政策工具运用得当和搭配合理的结果。图4-10所表示的物价、汇率调节实际上是以相对价格和汇率为指标的政策搭配方向。

在短期的 P-e 模型中，我们假设供给不变，这就意味着，内外均衡的调整结果只是让需求变动到与固定的供给水平相等，在此过程中，经济增长并没有实现，IB 曲线和 EB 曲线始终没有变动，经济的均衡点只有一个即 O 点，对应的物价水平、汇率水平和名义国民收入水平也都是唯一的。考虑到中国的国情和我们的目标，这样的短期调整并不是我们最终所要追求的。也就是说，内外均衡的同时实现和均衡汇率的决定应该在经济增长的条件下讨论，这才是我们所要的。为此，在下一章，我们将在中长期的跨度内对这个问题展开研究。

本章内容提要

1. 开放条件下，一国政策目标可以分为内部均衡和外部平衡两部分。内部均衡随时间跨度不同而具有不同内涵。在短期内是总供给不变情况下的总需求和总供给相等，在中期内是总供给可变、潜在产出和生产率不变情况下的总需求和总供给相等，在长期内是潜在产出和生产率可变，从而总供给可变情况下的总需求和总供给相等。外部均衡是在国内经济均衡发展、内部均衡实现基础上的国际收支平衡或外部平衡。

2. 内部均衡和外部平衡有时会相互冲突。内外均衡冲突的根源在于经济的开放性。运用政策手段解决内部均衡与外部平衡的相互冲突时，要遵循数量匹配原则、最优指派原则、合理搭配原则以及顺势而为原则。

3. 斯旺提出，利用支出增减型政策谋求内部均衡，利用支出转换型政策谋求外部平衡。蒙代尔模型根据政策效力相对大小，提出了政策手段最优指派原则。

蒙代尔—弗莱明模型建立在宏观经济学的 $IS\text{-}LM$ 模型基础上,是研究不同汇率制度和不同资本流动情况下内外均衡调节的工具。

4. 西方经济学家用政策搭配来谋求内外均衡同时实现的调节理论有其正确和值得参考的地方,这是应该借鉴的。但西方的调节理论一般都忽视经济增长这个前提在调节中的地位,同时也忽视了汇率作为核心变量具有比价属性和杠杆属性这两个特征,以及这两个特征在内外均衡调节中的相互影响和重要性。

5. 本章以中国国情为基础,以经济增长为前提,以汇率水平决定的比价属性和杠杆属性的统一来探索适合中国国情的内外均衡调节框架。作为第一步,选择从相对价格出发建立一个物价—汇率平面的框架,分析内外不均衡产生的原因及政策搭配和调节方法,但这一分析仅仅是一个基础,因为它虽然重视了相对价格和汇率水平决定的两种属性,但仍未涉及经济增长,因而本章进行的仍然是一种短期分析。

本章重要概念

内部均衡　外部平衡　外部均衡　米德冲突　数量匹配原则　最优指派原则　合理搭配原则　顺势而为原则　融资型政策　供给型政策　斯旺模型　蒙代尔的政策手段最优指派模型　蒙代尔—弗莱明模型　$P\text{-}e$ 模型内的内部均衡曲线和外部平衡曲线　$P\text{-}e$ 模型内的短期均衡汇率

本章思考题

1. 试论述内外均衡目标的关系。它们为什么会产生冲突?

2. 从短期、中期、长期分析总需求变动与总供给变动之间的关系。

3. 国际收支调节政策可以分为几类?它们之间互补和替代的关系如何?

4. 政策指派的核心精神是什么?蒙代尔认为,财政政策和货币政策分别对解决什么问题更有效?

5. 在蒙代尔的模型中,当国际收支逆差,国内经济衰退时,为什么采用扩张财政政策和紧缩货币政策搭配而不是相反?

6. 根据蒙代尔—弗莱明模型,在资本完全不流动且汇率浮动的情况下,当出现国际收支顺差时,国际收支不平衡通过什么途径调节?在资本完全流动且汇率固定的情况下又是如何调节的呢?这两种情况下发挥作用的机制分别是什么?

7. 构建适合中国国情的内外均衡调节框架时应当遵循什么原则？

8. 在 $P-e$ 平面内，当物价和汇率位于小区间 3、6、8 时，经济状况会是怎样的？请分别讨论通过怎样的调整能够实现内外均衡。

本章讨论题

1. 在本书举例的基础上，再找几个内外均衡冲突的例子，并讨论我国目前内外均衡是否存在冲突，如果有，是怎样的情况？

2. 政策搭配有哪些原则，请熟练掌握并在老师的帮助下进行模拟运用。

3. 熟悉 $P-e$ 平面构成的内外均衡调节模型的构建原理，并讨论这个模型的意义。

第五章

内部均衡和外部平衡的
中长期调节

在上一章中,我们以汇率为核心建立了内部均衡和外部平衡分析的基本框架,对内外均衡进行了短期分析,但短期分析所得到的内外均衡并没有将经济增长包括在内。本章将从上一章所建立的思路出发,以国民收入增长代表经济增长,研究汇率的变动如何才能满足经济增长这一条件,并进一步探讨汇率变动与经济数量和质量增长的关系,以及汇率变动与经济增长条件下外部平衡的关系。

第一节　增长条件下内部均衡和
外部平衡的中期调节

在第四章中,本书提出了以汇率和本国物价(即相对价格关系)为核心变量调节内部均衡和外部平衡的基本模型,并在短期的框架内应用此模型讨论了内外均衡同时实现的问题,但没有涉及经济增长问题,也就是说还没有结合中国的基本国情。一方面,中国仍然是发展中国家,对经济增长有迫切的需要;另一方面,鉴于中国城乡二元就业结构的基本国情,中国的总供给在某种意义上说是非充分就业的总供给,劳动力能够在城市和农村之间根据收入高低而流动,从而供给也会相应地发生变动,经济增长存在潜力。这就为上一章所建立的基本模型的拓展提供了空间。

本节中,我们将把内部均衡和外部平衡调节的基本模型拓展到中期分析。在中期分析中,内部均衡首先仍然意味着总供给等于总需求,其次还意味着总供给会受总需求的影响而相应发生变动,但是,总供给的变动仅仅来源于闲置生产要素,其增长极限受到不变的潜在产出水平的约束。

一、内部均衡曲线的移动

我们以需求上升为例,来讨论内部均衡曲线和外部平衡曲线的移动。在中期的跨度上,劳动生产率不变,内部均衡曲线移动的机理如下:

当需求上升,若汇率不变,则本国物价上升,而本国物价上升(如图5-1中的横向虚线箭头所示),会导致供给增加,从而供需重新达到平衡。另一方面,当需求上升,若国内物价不变,只有本国产品的国际价格上升,才会刺激总供给的增加,即 P/e 必须上升,也就是说 e 值必须下降(如图5-1中的纵向虚线箭头所示),从而供需才能重新达到平衡。这样,当需求上升,供给也相应上升,从而需求和供给相等的内部均衡曲线 IB 就会按虚线箭头所指的方向,从 IB_1 移动到 IB_2(见图5-1)。

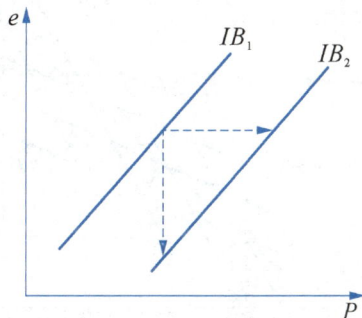

图 5-1　内部均衡曲线的移动

二、外部平衡曲线的移动

从外部平衡的角度讲,需求上升,必有部分反映为对商品进口需求的上升,这带来进口增加和国际收支(在这里用经常项目收支余额表示)逆差。因此,需求增加后,本币需要贬值(见图 5-2 中的纵向虚线箭头所示),或本国商品价格需要下降(见图 5-2 中横向虚线箭头所示),这样才能使本国商品相对于外国商品更便宜,从而使进口减少、出口增加,重新实现外部收支平衡。这样,外部平衡曲线 EB 便从 EB_1 移动到 EB_2(见图 5-2 所示)。

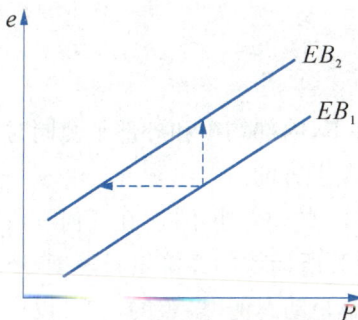

图 5-2　外部平衡曲线的移动

在图 5-2 中,外部平衡曲线移动的实质就是本币贬值,从而使净出口出现适应性的增长。在此过程中,本国产出水平对国外市场的依赖程度增加了。从这个意义上说,外部平衡曲线的移动代表了经济增长来源的变动。

三、经济增长前提下的汇率和物价变动

明确了需求上升情况下内部均衡曲线和外部平衡曲线移动的方向后,我们把

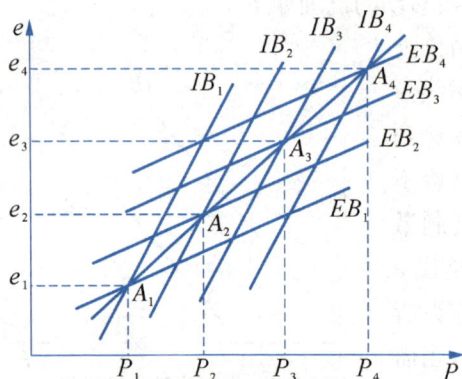

图 5-3　内外均衡曲线的同时
移动和经济增长

图 5-1 和图 5-2 合并到一起做进一步分析。在图 5-3 中,经济增长的趋势可由一系列 IB 曲线和 EB 曲线的交点连接所形成的路径(即从 $A_1 \sim A_4$ 的连线)来表示,每组 IB 和 EB 曲线对应的是一定的经济规模 Y,曲线的交点表明这一经济规模下的均衡汇率 e_i 和均衡物价 P_i。随着国内需求的上升,汇率和物价也相应上升,汇率和物价上升又引起了闲置生产要素投入生产过程的数量增加和产出增加、供给增加,其过程归纳在图 5-4 中。

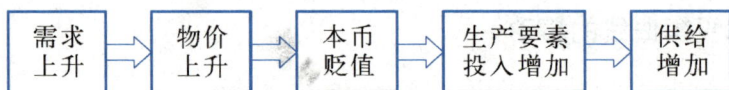

图 5-4　需求上升引发的物价和
汇率变动示意图

观察图 5-3,我们可以得到的结论是:

① 在经济增长过程中,劳动生产率不变条件下,内部均衡和外部平衡同时实现所对应的均衡物价和均衡汇率(e 值)水平是不断上升的。

② 从政策角度讲,经济增长的幅度不同,P 和 e 的位置也不同,在任何一段特定的时间内有多种可能的位置,它取决于经济政策所期望的经济增长速度,还取决于经济增长不同来源之间比例的变化,均衡汇率是动态的、多重的,它可以由一个区间来表示。

③ 在全社会生产要素总量不变、技术进步不变的情况下,需求上升导致的价格水平上升和本国货币贬值会吸引闲置的生产要素进入生产过程,从而产出增长,内部均衡和外部平衡重新实现。但是,这种形式的经济增长受闲置生产要素总量的限

制,在动力上则依赖于需求的外生变动,并且,从结果上看,本国物价(P)和汇率(e)水平的值也不可能无限增大,因而,从长期讲,这种经济增长是不可持续的。

虽然中期分析克服了短期分析中内外均衡同时达到与经济增长之间的矛盾,但却产生了增长的不可持续这一新的问题。接下去,我们将讨论如何克服这个新的矛盾。

第二节　可持续增长条件下的汇率模型

在上一节中,我们讨论了中期跨度内需求引发的经济增长,以及增长条件下的内外均衡如何在 P-e 平面内实现的问题。中期跨度内的经济增长是建立在技术进步不变即要素生产率或劳动生产率不变的前提下的。也就是说,中期条件下的经济增长是靠要素投入增加来实现的。由于一定时期内社会上闲置的生产要素总量有限,这种增长无法在长期内持续。在长期内,经济增长既需要依靠要素投入的增加,又需要依靠要素利用效率的提高。由于我们分析的最终目标是要实现经济的持续稳定增长,经济的持续增长就是长期的内部均衡,因此,我们将转而讨论可持续增长条件下实现外部平衡的长期调节问题,在这个过程中,汇率依然是我们分析的核心变量。

从顺序上讲,本节中,我们先从本国经济可持续增长的角度来讨论汇率问题。第三节中,我们将根据中国国情的某些重要特征来拓展本节的分析。然后在第四节中,再加入国际收支的长期平衡来讨论长期条件下的内外均衡和均衡汇率问题。最后在第五节,再专门讨论一下汇率变动有效性的条件问题。

一、经济的外延增长和内涵增长

在第三章我们简单地提到了汇率的变动能够带来经济增长方式的转变,在本节我们将详细讨论这种转变的机制和效果。首先我们对经济的增长方式做一个分类。

所谓经济增长方式可以定义为生产要素的组合和利用的方式,或者经济增长过程中生产要素投入数量的增加和生产要素利用效率的提高之间的相互关系。可以看到,经济增长方式反映的是一种数量、结构关系。

具体来说,经济增长方式可以分为外延经济增长和内涵经济增长两类。外延经济增长是指通过各种生产要素投入的增加而带来的经济增长；内涵经济增长是指要素生产率提高而带来的经济增长。尽管外延经济增长和内涵经济增长在数量上都体现为经济规模的扩大，但外延经济增长是依靠投入要素的数量增加而引起的，内涵经济增长是依靠投入要素的效率提升而引起的。因此，出于方便，本书又把外延经济增长称为数量增长，把内涵经济增长称为质量增长。

经济增长的构成和附加值

在现实中，经济的增长不可能是纯粹的外延式增长或内涵式增长，而是两者的混合。我们不妨以最常见的柯布—道格拉斯生产函数为例来分析经济增长方式的构成。该生产函数形式如下：

$$Y = AL^{\alpha}K^{1-\alpha}$$

该生产函数中，L 代表劳动；K 代表资本，这是生产所使用的两种要素；α、$(1-\alpha)$ 分别是劳动和资本的产出弹性；A 代表技术状态，被称作索洛残差或全要素生产率（Total Factor Productivity；TFP）。由生产函数形式可知，产出的数量 Y 取决于要素 L、K 的投入数量和要素的使用效率 A。

对柯布—道格拉斯生产函数取对数并差分，得到

$$\Delta y = \Delta a + \alpha \Delta l + (1-\alpha)\Delta k$$

其中小写字母均为对应大写字母所表示变量的对数值，对数的一阶差分代表变量的增长率。经济增长既可以依靠要素投入数量的增加（外延增长），也可以依靠全要素生产率的增加即技术进步（内涵增长）。当经济增长以全要素生产率提高为主要表现时，内涵经济增长就是经济增长的主要来源；反之，外延经济增长就是经济增长的主要来源。

从可核算的角度讲，内涵经济增长的一个重要指标是产品的附加值。附加值是一个具有管理学和会计学色彩的名词。将产品价格构成中物质资源投入和简单劳动的成本近似地认为是要素投入，其余部分就是附加值，它近似地代表了全要素生产率的贡献。如果在产品的价格构成中附加值比例较高，就意味着经济增长以内涵式为主。在对外交往中，出口高附加值产品，进口低附加值产品，就能够用较少的实际资源换得较多的实际资源，从而提高本国的福利水平。

在实践中,要素投入数量是容易统计的变量,但要素生产率需要在对模型参数进行选择的基础上计算出来,统计口径往往不一致。因此,出于简便,本书使用劳动生产率来近似地代表要素生产率,进而以劳动生产率的提高来代表内涵型经济增长[①]。

二、长期经济增长与汇率

在讨论长期经济增长与汇率水平的关系时,有必要先明确汇率水平状态和汇率水平动作这两个概念之间的异同。货币升值或货币贬值,是指货币币值状态变动的一个动作,本国货币升值指本国货币币值增大了,本国货币贬值指本国货币币值下降了。显然,从语义上讲,升值或贬值仅仅表示币值水平的一个变动,而不是一个持续的或长期的状态。因此,在长期分析中,我们应该用币值水平的高估或低估来表示币值的状态。不过,为了结合图形进行分析时的方便,我们仍然使用"升值"和"贬值"这两个术语,但必须牢记的是,在长期分析中,"升值"和"贬值"不是指汇率水平发生变动的一个动作,而是指汇率水平的一种状态。本国货币升值表示本国货币币值高估,贬值表示本国货币币值低估。

1. 汇率与外延经济增长的关系

外延经济增长是依靠要素投入数量增加而扩大产出的经济增长方式。当本币贬值时,本国生产要素所受影响如下:

对资本 K 而言,K 可以分为 K_{CA}、K_f 及 K_d。K_{CA} 表示通过经常账户顺差所得收入中转化为 K 的部分,K_f 表示通过资本与金融账户中长期资本流入转化为 K 的部分,K_d 表示本国经济在内循环过程中完成的资本积累。当本国货币贬值(名义汇率 e 值上升)时:(1)经常账户收入增加,转化为资本的 K_{CA} 相应增加;(2)资本流入增加并且等量外国资本所能兑换的本币值增加,转化为资本的 K_f 相应增加;(3)在经济增长的约束条件下,本国货币贬值要求本国货币供应量同时增加,收入效应和货币供给效应使储蓄增加,储蓄转化为资本的 K_d 也相应增加。因此,本国货币贬值会引起 K_{CA}、K_f 和 K_d 的增加,即资本供给的增加,我们把它称为汇率变动的资本供给效应。

对劳动 L 而言,随着本币贬值,总需求上升,本国企业为了扩大生产规模,对劳动的需求提高,企业为了吸引更多的劳动者而提高工资水平,从而劳动供给增加。我们将此称为汇率变动的劳动供给效应。

[①] 使用劳动生产率的提高来表示技术进步和内涵经济增长,有其优缺点,详细分析可参见姜波克《人民币均衡汇率问题研究》,经济科学出版社 2011 年版。

因此,若以本币升值代表本币币值高估,以本币贬值代表本币币值低估,那么,随着本币贬值,劳动和资本的供给和投入会上升,从而带来产出增加,这种增长来源于要素投入的增加,属于外延型经济增长。具体来说,外延增长 $Y_外$ 可以表示为

$$Y_外 = f(e), \frac{\mathrm{d}Y_外}{\mathrm{d}e} > 0 \tag{5-1}$$

式(5-1)的含义是:本国货币贬值会引发外延经济增长,在以外币直接标价法的名义汇率 e 和产出 $Y_外$ 为轴的坐标系内,外延增长曲线斜率为正,是一条从左到右向上倾斜的曲线,如图5-5所示。横轴表示外延经济的数量,向右表示数量增大。随着供给冲击,外延增长曲线会发生移动,正向的供给冲击使外延增长曲线向右移动,反向的供给冲击使外延增长曲线向左移动。

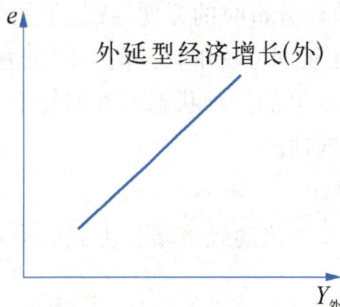

图5-5 外延经济增长曲线

在内外均衡的中期分析中,我们得到的结论是:随着国内需求的上升,本国的产出增加,本国物价水平上升,本币贬值(反映在图5-3中)。本国产出增加的原因是本国存在尚未利用的闲置生产要素,当需求上升时闲置要素被使用,从而产出增加。由于中期分析所描述的经济增长过程中,单位要素的利用效率并没有提高,因此,这种经济增长从长期看属于外延型经济增长。如果将图5-3中内外均衡曲线交点移动所对应的汇率、产出水平在汇率—产出平面内表示出来,该图中得到的 A_1、A_2、A_3、A_4 等点的连线其实就是图5-5中的外延经济增长曲线。

但是,图5-3中由点 A_1、A_2、A_3、A_4 连接形成的外延经济增长曲线和图5-5中的外延经济增长曲线所表示的含义不完全相同。它们的共同之处在于:

(1)中期的外延经济增长和长期的外延经济增长都与汇率水平的值(e 值)正相关。

(2)中期的外延经济增长和长期的外延经济增长都没有涉及劳动生产率,它们都来源于投入生产过程的生产要素数量的增加。

它们的不同之处在于:

(1)中期的外延经济增长来源于闲置生产要素的利用,全社会生产要素总量未发生变化,而长期的外延经济增长则来源于全社会生产要素总量的增加。

(2)中期的外延经济增长是从需求首先增加这一角度出发进行分析而得到

的,而长期的外延经济增长则直接从(要素)供给这一角度进行分析而得到。

(3) 中期外延经济增长曲线的讨论中,均衡汇率是被动决定的,而长期外延经济增长曲线的讨论中,强调的是汇率的杠杆作用。

(4) 中期外延经济增长曲线的讨论中,既包含了对内部均衡的考虑,又包含了对外部平衡的考虑,它是由内部均衡曲线 *IB* 和外部平衡曲线 *EB* 的交点连线所形成的,而长期的外延经济增长曲线只考虑了内部均衡。

2. 汇率与内涵经济增长的关系

内涵经济增长是依靠要素利用效率提高(表现为劳动生产率提高)而使产出扩大的经济增长方式。劳动生产率的提高可以通过本国货币升值(币值高估)来实现,具体途径如下:

一方面,高估的币值使本国出口商品、劳务、资本品的价格折算成本币后减少,从而通过经常账户和资本账户形成的储蓄和外资流入减少,资本数量下降。为了保持经济的增长,只有提高投入资本和劳动的效率,即劳动生产率必须提高。

另一方面,币值高估时,出口商品和劳务折算成本币后减少,而它们的国内成本是不变的,因此,要想获得更多的利润,只能依靠降低本币计算的成本即劳动生产率的提高。

因此,若以本币升值代表本币币值高估,以本币贬值代表本币币值低估,那么,随着本币升值,劳动生产率提高,产出增加,这种增长就属于内涵型经济增长。具体来说,内涵增长 $Y_内$ 可以表示为

$$Y_内 = g(e), \quad \frac{\mathrm{d}Y_内}{\mathrm{d}e} < 0 \tag{5-2}$$

式(5-2)的含义是:本国货币升值会引发内涵经济增长,在以直接标价法的名义汇率 *e* 和产出 $Y_内$ 为轴的坐标系内,内涵经济增长曲线斜率为负,是一条从左到右向下倾斜的曲线,如图 5-6 所示。横轴表示内涵经济的数量,向右表示数量增大。随着外生的技术冲击,内涵经济增长曲线会发生移动,技术进步使内涵经济增长曲线向右移动,技术退步使内涵经济增长曲线向左移动。

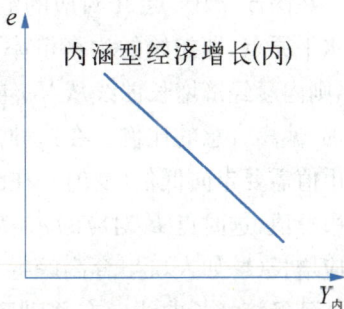

图 5-6　内涵经济增长曲线

如果一国外延经济增长被定义为数量增长,内涵经济增长被定义为质量增长,那么可以得出这样一个结论,一国经济的质量增长(真正强大)是在本国货币

升值和劳动生产率提高的过程中实现的,我们将此称为"升值强国论"。

三、经济均衡增长与汇率

现实中的经济增长由外延经济增长和内涵经济增长共同构成。当外延经济和内涵经济都增长、并且彼此间能够协调增长,就意味着经济能持续增长。根据这一思想,把图5-5和图5-6中的横坐标改为外延/内涵式经济增长各自在总增长中的比例,并将两图合并,得图5-7。此时,横轴表示每种经济增长方式在总增长中的相对比例(贡献率),记为$Q(Y)$。

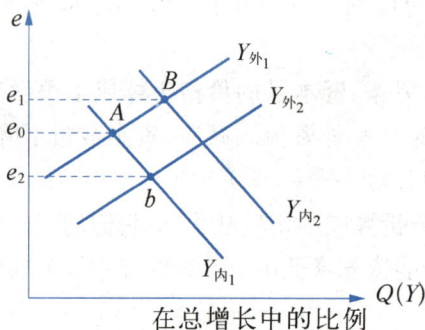

图 5-7 可持续增长条件下的汇率模型

根据两种增长方式与汇率水平的关系,当本币贬值,外延型增长的相对比例会上升;当本币升值,内涵型增长的相对比例会上升。也就是说,汇率变动对两种经济增长方式具有转换效应,国民收入的增加既可由$Y_外$的增长引起,也可由$Y_内$的增长引起。根据各国的国情和发展阶段不同,经济增长中合意的外延经济增长和内涵经济增长比例也会有所不同。图5-7中,外延经济增长曲线和内涵经济增长曲线的交点表示的是外延型增长与内涵型增长的适当比例,即在经济增长的过程中,要素投入的增加与劳动生产率的提高都做出了基于国情的适当贡献[①]。

在图5-7中,点A对应的汇率水平e_0是外延经济和内涵经济保持均衡的汇率水平原点,即初始的均衡汇率。以此为出发,若一段时期内发生外生的技术进步,则内涵经济增长曲线从$Y_{内1}$向右移动到$Y_{内2}$,内涵经济对经济增长贡献的比例增加,偏离合意的比例。在这种情况下,为了使外延经济与内涵经济平衡增长,本币币值需要走向低估(贬值),在图形上,名义汇率需要上升到点B对应的位置e_1,本币贬值,这时点B对应的e_1为新的均衡汇率。若一段时间内发生外生的要素供应增长(譬如人口生育高峰导致劳动力供应增加,或发现了一个巨大的油田),则外延经济增长曲线向右移动到$Y_{外2}$,外延经济对经济增长贡献的比例增加,偏

---

① 在本书中,外延增长曲线和内涵增长曲线的交点并不表示外延增长的贡献与内涵经济增长的贡献正好是1∶1的关系,而是表示两者的比例达到了基于国情的平衡。

离合意的比例。在这种情况下,为了使内涵经济与外延经济平衡增长,本币币值需要走向高估(升值),在图形上,名义汇率需要下降到点 b 对应的位置 e_2,本币升值,这时,点 b 对应的 e_2 为新的均衡汇率。如此循环,汇率的比价属性和杠杆属性共同发挥作用,推动着外延经济和内涵经济彼此间平衡地增长。

四、长期条件下的汇率失调——双缺口模型

在一个完全的市场经济国家,我们或许可以假定一国的名义汇率能够随着外生冲击而自行调整,实现外延经济和内涵经济的平衡增长。那么,在一个对汇率有管理的国家中,这种假定就难以存在了。由于汇率的错误管理,可能会出现在内涵经济增长相对较快的阶段中名义汇率不变甚至反而下降、本币升值的情况[见图 5-8(a)],或在外延经济增长相对较快的阶段中名义汇率不变甚至反而上升、本币贬值的情况[见图 5-8(b)]。

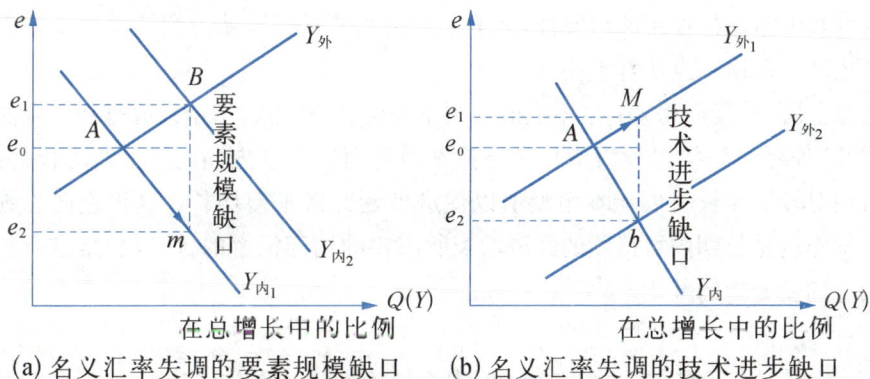

(a) 名义汇率失调的要素规模缺口　　(b) 名义汇率失调的技术进步缺口

图 5-8　汇率失调的双缺口模型

在图 5-8(a)中,内涵经济相对较快增长,内涵经济增长曲线右移,名义汇率如果不是从点 A 对应的位置 e_0 向点 B 对应的位置 e_1 运动(贬值),而是保持不变或甚至向点 m 对应的位置 e_2 运动(升值),就会出现内涵经济增长过快的失调。点 e_1 到 e_0 或 e_2 的距离,就是汇率失调的距离,本书称之为汇率失调的要素规模缺口[1]。

——————————

① 当然,实际变动中点 B 与点 m 连成的直线未必就是一条垂直于横轴的线,即点 m 未必恰好在点 B 的正下方,特此说明。

　　存在要素规模缺口的汇率失调意味着部分本该投入的生产要素（资本、劳动等）在汇率变动的支出转换效应下被阻止投入或被转移投入到世界市场上去了，这将危害外延经济增长，造成失业的增加，甚至产业的空洞化。纠正这个缺口的办法是逐步让本币贬值，以扩大外延经济的规模。

　　在图5-8(b)中，外延经济相对较快增长，外延增长曲线右移，名义汇率如果不是从点 A 对应的位置 e_0 向点 b 对应的位置 e_2 运动（升值），而是保持不变或甚至向点 M 运动对应的位置 e_1（贬值），就会出现外延经济增长过快的失调。点 e_2 到点 e_0 或到 e_1 的距离，就是汇率失调的距离，本书称之为汇率失调的技术进步缺口。

　　汇率失调的技术进步缺口会危害内涵经济增长，造成效率低下，技术进步受阻。纠正这个缺口的办法是通过有意识的政策操作逐步让本币升值，以扩大内涵经济的规模。

　　汇率从点 A 向点 B（或点 b）移动是汇率杠杆作用的要求，而汇率从点 A 移向点 m（或点 M）则是汇率比价作用的结果。在政策操作中，如果没有意识到这两者的区别及汇率杠杆作用的重要性，则汇率失调的要素规模缺口和技术进步缺口就会产生。牢记这一点非常重要。

　　综上所述，我们得知：本币贬值有利于外延经济增长，本币升值有利于内涵经济增长；外延经济相对较快增长时要让本币升值以促进内涵经济平衡增长；内涵经济相对较快增长时要让本币贬值以促进外延经济平衡增长。这种逆向思维和汇率操作就是长期内可持续的经济增长所需要的均衡汇率的含义，也是进行长期的内外均衡分析的基础①。

第三节　可持续增长条件下汇率模型的扩展

　　外延经济增长是指劳动、资本等生产要素投入增加所引起的经济增长，内涵经济增长是指由技术进步带来劳动生产率提高而引起的经济增长。这两种经济增长方式与资源利用的方式、资源的来源以及产业结构有密切的关系。因此，我们将进一步分析资源利用、产业结构与汇率之间的关系。

---

　　① 此处的均衡汇率，是从本国外延经济增长与内涵经济增长的相互关系来讲的，更完整的定义我们将在后文继续讨论。

一、汇率模型在资源视角的拓展

1. 外延经济增长与资源消耗

在前面的分析中,将经济增长所需要的生产要素抽象为资本和劳动。具体来看:资本的实体形态包括用于生产的土地、厂房和设备(固定资本),以及用资本购买的原材料、水气电能(流动资本)等等,这些内容或者本身就是自然资源,或者需要依靠对自然资源的加工而得到。如果把劳动也视为一种资源(劳动力资源),则经济增长所使用的生产要素,其实就是一系列的资源。由此我们得知,外延经济增长与资源消耗增长存在正相关关系。

在本书中,我们把包含劳动力在内的资源统称为资源,把不包含劳动力在内的资源称为自然资源。由外延型经济增长与汇率的关系可知,当本国货币升值时,本国的要素使用下降,从而,本国资源消耗也会下降,外延经济增长放缓;反之,当本国货币贬值时,本国资源消耗上升,外延经济增长加快。

2. 内涵经济增长与资源节约

经济增长由外延经济增长与内涵经济增长两部分组成。从外延经济的角度看,本币币值上升引起的国内资源消耗减少,反映为产出水平的下降。但是,从内涵经济的角度看,这种资源消耗减少反映为资源节约,而资源利用效率提高。

国内资源节约等同于资源效率,它有两层含义:第一,是指生产同样数量产品所投入的国内资源量减少,或者投入同样数量的国内资源所生产的产品数量增加。第二,是指投入等量本国资源,能够交换到更多的外国资源。

具体而言,本币升值能够从以下几条途径促进国内资源的节约:

(1)当本币升值时,本国出口产品的国际定价如果能同比上升,则意味着贸易条件改善,出口同量资源能换回更多的外国资源,从而国内资源消耗相对下降。

(2)当本币升值而本国出口产品的国际定价完全不能上升时,将迫使企业提高生产效率,降低成本,单位产品的资源消耗下降,从而国内资源消耗相对减少。

(3)当本币升值而本国产品的国际定价只能部分上升时,一方面由于国际售价的提高和贸易条件的改善使出口同量商品(资源)能换回较多外国资源;另一方面国际定价上升不到位仍会迫使企业提高效率和降低费用。这两方面都会促进国内资源节约。

上述第二种情况、第三种情况下①，还会促使企业通过下列途径来应对本国货币升值的压力。

（4）改头换面或改善设计，增加产品次要功能，提高产品的新颖化、个性化、非同质化，从而能或多或少地提高国际定价。

（5）为节约成本、增加收入而减少代理、开拓直销、努力培养自主品牌。

（6）国外资源相对便宜导致企业进行更多的海外并购、设厂。

（7）重视和运用集体定价权②。

如果以产品所能交换到的进口资源来衡量产出水平，则国内资源的节约意味着单位国内资源投入的产出水平提高，也就是内涵经济的增长。以上七种方式的效应可归纳为表5-1。

表5-1　本币升值对内涵经济、国内自然资源
节约和劳动力就业的影响

方式	内涵经济	国内自然资源节约	劳动力就业
1	正	正	NA
2	正	正	负
3	正	正	负
4	正	正	NA
5	正	正	NA
6	NA	正	负
7	正	正	NA

注：符号"NA"表示暂时不知道或暂时无直接影响。本表的归纳仅仅是基于社会调查形成的初步看法。

从表5-1可以看出，本币升值引起的国内资源消耗减少，不仅仅反映为外延经济增长的放缓，也会通过资源节约及单位国内资源的产出增加而带来内涵

---

① 以上几条具体途径均来自作者负责的教育部重大攻关项目"人民币均衡汇率问题研究"课题组在浙江、广东、山东等地调查研究的发现。

② 如前所述，经济学中的大国与小国的区别在于定价能力。中国目前有相当多产品出口量都占据了国际市场的较大份额（比如家用挂壁式空调，占世界市场销售量的80%左右），能够影响国际市场的价格水平，但由于国内生产厂家的相互竞争，商品的出口价格无法提高。一旦人民币升值，将造成厂商的人民币收入下降，最后促使所有厂商集体提高价格。价格联盟是违反市场规则的，但因质量、品牌、国家形象及某种共同的经济或文化力量而形成的不约而同的提价行为，并不属于价格联盟，而是正常的经济活动。

经济的增长,我们称此时的情况为资源节约型的经济增长。相对地,本币贬值引起的国内资源消耗增加带来的增长为资源驱动型的经济增长。资源驱动型的经济增长与外延经济增长相一致,资源节约型的经济增长与内涵经济增长相一致。

3. 考虑国际资源的汇率—资源模型

我们知道,在本国产出水平一定,即资源消耗总量既定的情况下,来自国内的资源消耗增加,来自国外的资源消耗便相应减少;反之,来自国内的资源消耗减少,势必要求来自国外的资源消耗增加,两者成反比关系。具体而言,汇率变动具有支出转换效应,本币贬值引起国内资源相对便宜,则国内资源的消耗相对增加;本币升值引起国外资源相对便宜,则本国生产所使用的国外资源相对增加(或者,从内涵经济的角度看,就是本国所能交换和利用到的国外资源相对增加)。因此,资源消耗型经济增长,其实就是更多依赖本国资源的经济增长,资源节约型经济增长,其实不仅仅是国内资源利用效率的提高,而且同时也是更多利用国外资源的经济增长。

如果仅仅对资源做笼统的考虑,那么,汇率水平的选择自然是以本国资源的节约为优先的,但是,我们还需要考虑资源消耗的内部结构。中国是一个人口大国,劳动力资源相对丰富,自然资源相对紧缺,将这两类资源细分后可以得到表5-2。

表 5-2　汇率变动对资源和就业的影响

情　况	本币 币值	国内资源 相对价格	国内资源 消耗总量	国内劳动 力消耗	国内自然 资源消耗
资源驱动型的经济增长	低估	下降	相对增加	增加	增加
资源节约型的经济增长	高估	上升	相对减少	减少	减少

细分了自然资源和劳动力后,我们发现,资源驱动型和资源节约型的经济增长都存在可持续性问题。前者若持续下去,会使国内其他资源(主要指以资本形态投入生产的自然资源)较快枯竭并且价格相对上涨。后者若持续下去,会对国内劳动力的就业造成压力。因此,汇率水平的选择实际上就是在本国一定的资源禀赋基础上,对自然资源节约和扩大劳动就业进行的权衡,最终目的是要实现可持续的经济增长。

我们用图 5-9 来表示汇率水平的决定。图中的纵轴表示汇率水平,在直接标价法下,向上表示本币贬值,向下表示本币升值。本币贬值使进口资源相对昂贵,国内

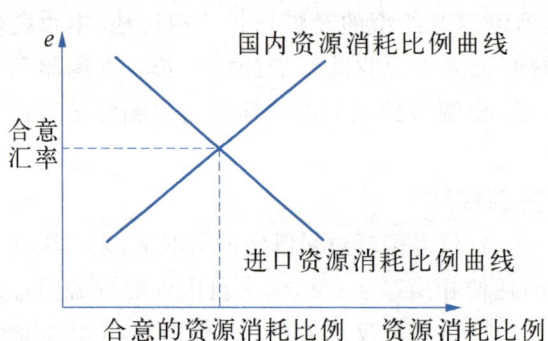

图 5-9 资源角度的汇率模型拓展

资源消耗比例增加,故国内资源消耗比例曲线斜率为正。本币升值使进口资源相对便宜,国外资源消耗增加,故进口资源消耗比例曲线斜率为负。假定两条曲线的交点表示国内外资源消耗的合意比例,也表示本国自然资源使用和劳动力就业的合意比例,那么,交点同时也代表着应有的均衡汇率水平。

4. 资源—汇率模型下的汇率失调

当某些因素引起国内资源消耗增长相对较快时,国内资源消耗比例曲线将从国内资源曲线 1 移向国内资源曲线 2[见图 5-10(a)],此时,本币应升值(从 e_0 走向 e_1),以便促进市场进口更多的国外资源。若本币不是升值而是不变或贬值(从 e_0 走向 e_2),在经济增长约束下,就会出现国内资源供应缺口(以 e_1 到 e_0 或 e_2 在纵坐标上的距离表示)。这种缺口的长期存在或扩大,势必导致国内资源的过度开发和利用,并可能导致国内资源的过早枯竭。

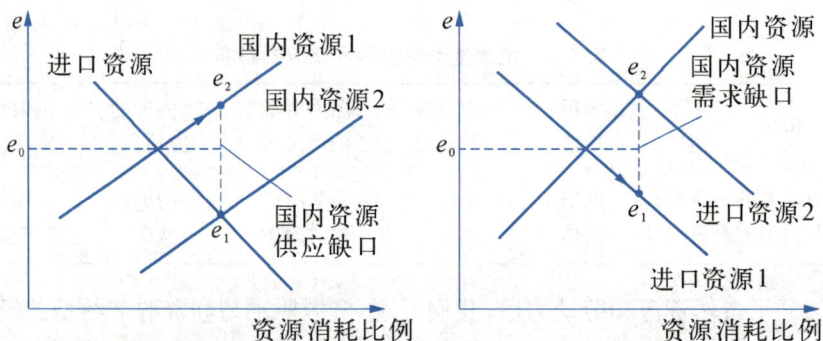

(a) 资源角度的名义汇率失调(Ⅰ)　　(b) 资源角度的名义汇率失调(Ⅱ)

──── 国内资源供应缺口　　　　──── 国内资源需求缺口

图 5-10 双缺口模型在资源角度的拓展

反之,当某些因素引起国外进口资源消耗增长相对较快时,进口资源消耗比例曲线将从进口资源曲线 1 移向进口资源曲线 2[见图5-10(b)]。此时,本币应贬值(从 e_0 走向 e_2)以便促进市场更多地使用国内资源。若本币不是贬值而是不变或升值(从 e_0 走向 e_1),在经济增长的约束下,就会出现国内资源需求缺口(以 e_2 到 e_0 或 e_1 在纵轴上的距离表示)。这种缺口的长期存在或扩大,会导致国内资源利用水平低下和就业不足,从而影响社会稳定和经济增长目标的实现。

5. 汇率的资源约束

综上所述,平衡利用本国资源和外国资源,平衡利用本国自然资源和本国劳动力资源,这就是汇率决定中的资源约束。如果我们把外延经济增长与内涵经济增长相平衡的增长方式称为人民币均衡汇率决定中的增长方式约束,那么资源约束和增长方式约束是高度一致的,资源约束就是增长方式约束的一种特定表现形态。汇率水平选择的目标是在经济稳定和持续增长前提下,使外延经济增长和内涵经济增长获得平衡,使国内资源消耗和国外资源消耗获得平衡,使自然资源消耗和劳动力资源消耗获得平衡。

二、汇率模型在经济结构视角的拓展

上述内容从宏观层面上论述了汇率变动对经济增长方式的影响,而经济增长方式的转变需要微观机制来支持,在这里我们结合中国的基本国情,从产业结构角度探讨汇率变动对经济结构的影响。

1. 汇率变动与商品价格变动

汇率变动依靠相对价格效应对经济运行发生影响,而前面章节中关于汇率变动的相对价格效应都是从宏观层次上理解的,将所有的商品价格归纳为一个物价指数。如果将商品加以区分,则汇率变动就会对不同的商品价格产生不同的影响,改变商品的需求结构,进而影响产业结构。在这里我们从商品的需求收入弹性入手将商品分类,来提供一个分析的范例。

需求的收入弹性定义如下:

$$需求的收入弹性 \ \eta = \frac{需求的变动率}{收入的变动率} \tag{5-3}$$

式(5-3)中,当 $\eta>1$ 时,表明收入变动 1 个百分点,需求同向变动超过 1 个百分点;当 $0<\eta<1$ 时,表明收入变动一个百分点,需求同向变动少于一个百分点;当 $\eta<0$ 时,表明收入变动导致需求反向变动。

我们给出模型的基本假定:

① 国际经济体系包括两种产品,分别为 X 和 Y。X 产品的需求收入弹性相

对较高，Y 产品的需求收入弹性相对较低。

② 本国同时生产 X 产品和 Y 产品，但是 X 产品的净进口国，是 Y 产品的净出口国。

③ 本国的货币供给保持不变，用 M 表示。

④ 不考虑汇率变动对劳动生产率的影响。

在这样一个简化的国际经济体系中，如果本国货币对外国货币的当前名义汇率按直接标价法为 e，那么当本国货币贬值，即 e 值上升时，在货币供给保持不变的前提下，本国对外国产品的购买力总量 M/e 下降，进而本国居民的实际收入下降[①]。

我们可以发现，在本国货币贬值后，有两个相反的因素影响 X 产品和 Y 产品的相对价格。首先，一次性的贬值会使进口产品 X 的价格相对于 Y 上升；其次，由于本国实际收入下降，所以对 X、Y 两种产品的需求都会下降，由于 X 产品的需求收入弹性高于 Y 产品，导致 X 产品的需求下降幅度大于 Y 产品，进而 X 产品的价格将相对于 Y 产品下降。将两个因素综合起来，如果 X 产品和 Y 产品的需求收入弹性差距足够大，那么在本国货币贬值后，X 产品相对于 Y 产品会变得更便宜。

2. 价格变动引发的资源配置和产品结构变动

由于一国经济资源的配置是由不同产品间的相对价格决定的，一种产品的相对价格上升，资源就会较多地流入这个产业；反之，相对价格下降也会导致资源较多地流出。所以，如果在本国货币贬值后，X 产品相对于 Y 产品变得更便宜，那么原先投入 X 产品生产的一部分资源会转向 Y 产品的生产。

也就是说，如果一国国内两类产品的需求收入弹性相差足够大，则本国货币贬值后，本国需求收入弹性较大的部门的生产规模将会相对缩小，需求收入弹性较小的部门的生产规模将会相对扩大。

日常生活的常识可以告诉我们，生活必需品和日常用品的需求收入弹性较低，而奢侈品的需求收入弹性较高。同时，前者生产的难度和技术含量较低，附加值也较低，后者生产的难度和技术含量较高，附加值也较高。也就是说，在商品的技术含量与其需求的收入弹性之间存在相当程度的正相关性。因此，我们可以把需求收入弹性较高的 X 产品视为技术含量高的高端产业部门产品，而把需求收入

---

① 从贬值后物价一次性变动的角度也可以解释。在货币供应量不变的情况下，本币贬值，外国商品的本币价格上升，本国商品的本币价格不变，导致社会总体的物价水平提高，居民实际收入水平下降。另外，如果稍微放宽假设，贬值后货币供应量增加，但只要货币供应增加的幅度小于本币贬值的幅度，本国居民的实际收入仍会下降。

弹性较低的 Y 产品视为技术含量低的低端产业部门产品。需要特别注意的是,净进口高端产品、净出口低端产品正好是中国目前对外经济交流的基本情况。

将产业分类与货币贬值带来的产业结构变化结合起来,我们可以得到的结论是：在一国净进口高端产品、净出口低端产品的情况下,如果高端产品和低端产品的需求收入弹性相差足够大,则本国货币的贬值会使本国高端产业部门的生产规模相对缩小,使低端产业部门的生产规模相对扩大。也就是说,贬值会导致本国产业结构的低端化。

进一步来说,贬值带来的产业结构低端化会在长期内影响本国的国际分工地位。如果我们以一个国家的技术水平来衡量一国的经济社会发展水平的话,可以发现,贬值,或更准确地讲是本币低估,会不利于一国经济效率的提高,从而不利于一国长期的经济发展。贬值虽然能扩大高端产品进口替代部门的生产规模,但需求的相对下降又会延缓其发展,从而导致劳动生产率提高缓慢。从要素利用角度来看,货币贬值鼓励了低端产业,特别是劳动和资源密集型产业的发展,使经济增长更依赖于生产要素投入的增长,即利于外延经济的增长。

另一方面,货币升值也会给本国经济带来两种相应的效应[①]：其一是产业结构升级效应,即升值有利于本国产业结构的高端化。本币升值会限制劳动力和资源密集型部门的生产规模,使资源从这些部门中流出以支持高端产业的发展。其二是要素就业效应,货币升值抑制了低端产业,特别是劳动和资源密集型产业的发展,降低了经济增长对生产要素投入,特别是劳动和自然资源投入的依赖度,从而也会降低就业水平。我们把汇率变动的产业结构效应和增长方式效应用图 5-11 来归纳。

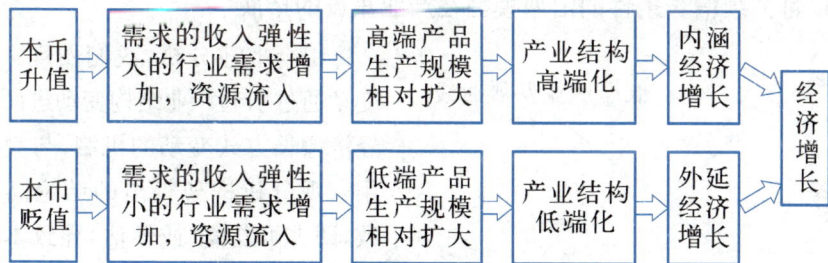

图 5-11　从需求收入弹性角度分析的
汇率变动与产业结构变动

[①]　升值对经济的影响在理论上应该与贬值相反,但在现实经济运行中要实现这些"逆效应"则依赖于一定的经济条件,我们将在本章稍后部分专门讨论其中的部分条件。

贬值收入效应的进一步讨论

货币贬值对收入到底产生什么影响，一直是个含糊不清的问题。典型的正方观点是：贬值通过促进出口、减少进口，从而增加了收入；典型的反方观点是：贬值提高了进口商品的价格和国内一般物价水平，从而实际收入下降。在本书内，我们提到，当本国进出口商品及资本品需求对价格的弹性足够大从而贬值能使贸易收支改善、资本净流入增加、货币供应随贬值而同步增加、边际吸收倾向小于1，以及存在扩大生产的闲置资源等条件成立时，贬值能使收入增加。但随着时间的推移，贬值本身引起的进口商品价格上升会传导到一般物价，与贬值同时增加的货币供应也会使一般物价上升，一般物价的上升会逐步抵消贬值的相对价格效应，从而使贬值对收入的正效应逐步消蚀。同时，贬值引起进口商品价格上升，虽然进口商品需求对价格的弹性足够大从而进口可以减少，但单位进口商品价格的上升使购买单位进口商品仍需支出较多的国内货币（收入）从而实际收入相对下降。综合起来看，可以得出以下结论：① 当上述各项条件成立时，贬值能在中短期内使收入增加；② 从中长期看，贬值对收入的正向影响会逐步递减甚至消蚀；③ 从中长期看，贬值对实际收入增长的影响没有对名义收入增长的影响那么大。④ 特别是，如果发生连续贬值，为了控制贬值引起的物价上涨，政府的货币供给增幅很可能逐次变小，从而使贬值对收入扩张的正向效应逐步下降。

3. 可持续增长条件的汇率模型在产业角度的拓展

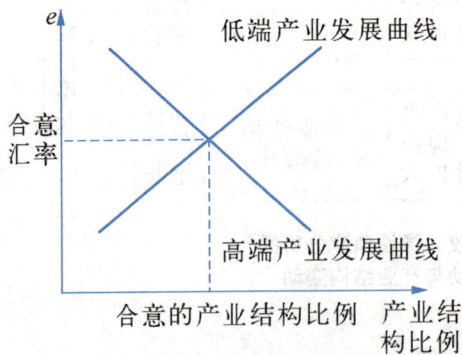

图 5-12　产业结构角度的汇率模型拓展

综合上述分析，我们发现：汇率变动通过引起产业结构变动进而引起经济增长方式变动的机制，与我们使用宏观分析框架得出的结论高度一致，即本币贬值（或低估）导致本国产业结构低端化，但有利于本国要素的使用，特别是劳动力的就业，从而使本国经济增长更依赖于外延经济增长；本币升值（或高估）促进本国产业结构高端化，虽然不利于本国要素的使用和就业增长,但有利于本国技术进步和劳动生产率提高,从而使本国经济增长更依赖于内涵经济增长。我们可以参照可持续增长条件下汇率模型在资源角度拓展的方式,将汇率变动与产业结构变动的关系在图 5-12 中画出来①。图 5-12 表示:合理的汇率水平应当通过影响产业结构,来促进外延经济增长和内涵经济增长的平衡。

第四节　可持续增长条件下的内外均衡与均衡汇率

在第二节和第三节的讨论中,我们分析了汇率变动如何实现本国外延经济和内涵经济的平衡增长,其中涉及的汇率操作主要是为了实现本国经济均衡发展的目标,没有考虑国际收支,因而属于内部均衡的范畴。在本节中,我们首先要将上两节所介绍的汇率操作与均衡汇率定义归纳为与内部均衡的关系,并进一步讨论,在长期内随着本国和外国相对劳动生产率的变化及国际收支变化,本国实现外部平衡的汇率条件,最后讨论内外均衡同时实现时的均衡汇率的含义。

一、长期的内部均衡和内部均衡曲线

如前所述,在长期内,内部均衡的主要目标是实现本国经济的可持续增长,具体地说,就是要促使要素投入的增长和生产效率的增长相平衡。因此,在长期内,我们的分析必须把实际因素,尤其是反映生产率增长的因素包含在内。

我们如图 5-13 建立坐标系。图中的纵轴表示名义汇率水平,横轴表示内涵经济和外延经济在经济增长中贡献比例的对比,用内涵增长/外延增长之比来代表,记为 $\frac{Y_内}{Y_外}$。$\frac{Y_内}{Y_外}$ 比例提高,意味着内涵经济相对于外延经济增长更快,

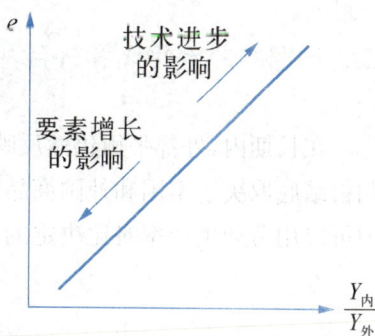

图 5-13　长期的内部均衡曲线

---

① 具体如何推导出图 5-12 所示模型,留给读者自行思考。

也就是在这段时间内以技术进步的影响为主；$\dfrac{Y_{内}}{Y_{外}}$ 比例降低,意味着外延经济相对于内涵经济增长更快,也就是在这段时间内以要素投入增长的影响为主。因此,从 $\dfrac{Y_{内}}{Y_{外}}$ 这一指标的变动,就能看出内涵经济增长和外延经济增长的相对状况。

如上一节所述,内涵经济增长相对较快时,为了让外延经济和内涵经济保持合意的比例,本币需要贬值以促进外延经济平衡增长；当外延经济增长相对较快时,为了让内涵经济和外延经济保持合意的比例,本币需要升值以促进内涵经济平衡增长。因此,在图 5-13 所示的平面内,长期的内部均衡曲线向右上倾斜,它表示了在不同类型冲击下,为实现内部均衡,汇率水平所需做出的反应和调整方向。所谓长期的内部均衡,就是指外延经济增长与内涵经济增长保持一个适当的比例,从而使经济可持续增长。

长期的内部均衡曲线和中期的内部均衡曲线既有联系又有区别。联系在于:长期和中期的内部均衡曲线都能表示汇率对外生冲击的反应。区别在于:① 在长期内,冲击来自供给方面；在中期内,冲击来自需求方面。② 在长期模型的坐标系内,横坐标隐含了产出、生产率和生产要素等实际因素,从而,实际冲击对均衡汇率的要求由汇率在内部均衡曲线上的移动来表示；在中期模型的坐标系内,横坐标和纵坐标表示的都是名义变量,从而,实际冲击对均衡汇率的要求由曲线本身移动后的新交点来决定。前者更多反映了均衡汇率决定中杠杆属性的作用,后者更多反映了均衡汇率决定中比价属性的作用。

二、长期的外部平衡和外部平衡曲线

在长期内,外部平衡仍然反映为本国的国际收支平衡。国际收支的长期平衡归根结底取决于本国和外国商品的相对竞争力。具体而言,两国商品的相对竞争力可以用劳动生产率对比决定的实际汇率 R 来衡量,即

$$R = e \frac{w_f}{w_d} \frac{a_d}{a_f} ① \tag{5-4}$$

式(5-4)表明,R 是实际汇率、两国单位劳动成本对比和两国单位劳动产出对

---

① 公式(5-4)中,以工资代表成本,w 为单位劳动的成本,a 为单位劳动的产出。请参见本书第三章第一节实际汇率的概念。

比的函数。假设两国的单位劳动成本不变,则 R 的变动取决于名义汇率的变动和两国单位劳动产出对比的变动。

在分析的起始点,假定 $R=1$,本国和外国在国际经济交流中,对劳动产品进行的是等价交换,没有哪一国的产品特别便宜,也没有哪一国的产品特别昂贵,此时国际收支平衡。假设产品的价格由单位产品的劳动成本决定,当 $R<1$ 时,本国的产品价格相对昂贵,本国出现国际收支逆差;当 $R>1$ 时,本国产品价格相对便宜,本国出现国际收支顺差。当出现国际收支不平衡(顺差或逆差)时,需要通过政策调节,使 R 回到1的水平上,实现外部平衡。

当本国技术进步持续快于外国,即本国劳动生产率上升更快时,$\frac{a_d}{a_f}$ 上升,由式(5-4)可知,R 也会同步上升并超过 1,本国货币实际贬值,本国产品价格相对便宜,出现国际收支顺差。为消除顺差,名义汇率 e 值需要下降(本币名义升值),使实际汇率 R 重新回到1的水平。

当外国技术进步持续快于本国,即外国劳动生产率上升更快时,$\frac{a_d}{a_f}$ 下降,由式(5-4)可知,R 也会同步下降并低于 1,本国货币实际升值,本国产品价格相对昂贵,出现国际收支逆差。为消除逆差,名义汇率 e 值需要上升(本币名义贬值),以使实际汇率 R 重新回到1的水平。

这一过程可以用图 5-14 表示。

长期的外部平衡曲线刻画了在本国或外国发生技术进步冲击的情况下,为维持国际收支平衡,汇率水平需要做出的反应和调整方向。在图 5-14 的坐标系内,假定国内外单位劳动成本不变,a_d 和 a_f 便可分别代表国内外的劳动生产率,$\frac{a_d}{a_f}$ 构成图 5-14 的横轴。在这个图中,外部平衡曲线向右下倾斜,即随着本国相对于外国劳动生产率提高,为了平衡国际收支,本币需要升值。

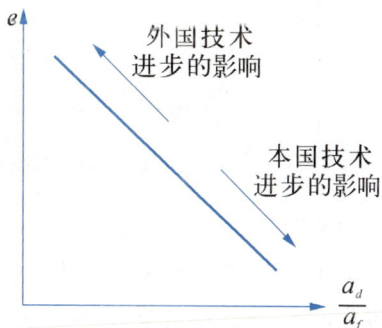

图 5-14　长期的外部平衡曲线

长期的外部平衡曲线和中期的外部平衡曲线既有联系又有区别。联系在于:长期和中期的外部平衡曲线都能表示汇率对外生冲击的反应。区别在于:① 在长期内,冲击来自供给方面;在中期内,冲击来自需求方面。② 在长期模型的坐标系内,横坐标表示两国生产率对比，从而，劳动生产率对比变动对均衡汇率的要求由汇率在外部平衡曲线上的移动来表示；在中期模型的坐标系内，横坐标与纵坐标表示的都是名义变量，从而，实际冲击对均衡汇率的要求由曲线本身移动后的新交点来决定。

三、内外均衡的长期关系和长期均衡汇率

在图 5-13 和图 5-14 中分别出现的内部均衡曲线和外部平衡曲线有共同的纵坐标即汇率水平，因此，我们可以将两图合并以比较内部均衡和外部平衡所要求的汇率关系[①]，如图 5-15 所示。图 5-15 中，第一象限表示的是内部均衡，第二象限表示的是外部平衡。横轴左边表示的是本国劳动生产率与外国劳动生产率的对比，右边表示的是内涵经济增长与外延经济增长的对比。初始的劳动生产率（技术水平）所对应的内涵增长/外延增长对比在第一象限内表示为 a_0，其对应的本国/外国劳动生产率对比在第二象限内表示为 a_0，在这样的技术水平上内部均衡和外部平衡所要求的汇率水平相等，记作 e_0，即在初始状态下，内部均衡和外部平衡同时实现，e_0 就是对应的均衡汇率。

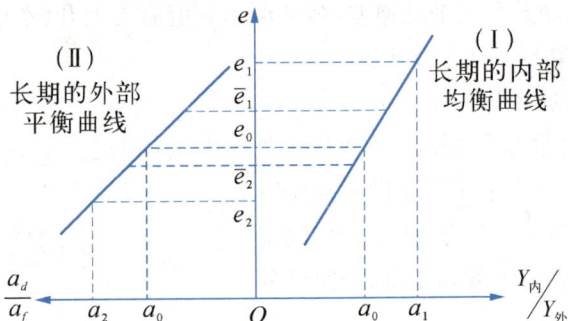

图 5-15 本国长期内外均衡下的汇率模型

与短期和中期不同，在长期内，使内部均衡实现的汇率水平和使外部平衡实现的汇率水平，都是由实际冲击分别决定的（包括本国的技术进步冲击、外国的技术进步冲击、本国的要素供给变动冲击等等）。因此，对于特定的实际冲击，内部

---

① 考虑到教学层次和难度，本书中介绍的长期内外均衡模型经过了简化。另外，内涵经济增长虽然由劳动生产率增长所带来，但不能用人均产出为代表的劳动生产率来衡量，而应以人均收入增长率与人均产出增长率之比来衡量。有兴趣的读者可参考阅读姜波克的《人民币均衡汇率问题研究》，经济科学出版社 2011 年版。

均衡所需的汇率和外部平衡所需的汇率有可能出现偏离。

　　以图 5-15 为例，我们讨论本国发生技术进步的影响。当本国发生正向技术进步冲击时，一方面，本国内涵经济增长对经济增长的贡献比例提高，反映为第一象限内内涵经济增长与外延经济增长的对比从 a_0 右移到 a_1 所示位置。为促进外延经济平衡增长，实现内部均衡，汇率应沿着纵轴向上移动，本币应贬值到 e_1 的水平，以消除汇率失调的要素规模缺口。另一方面，本国技术进步冲击使本国劳动生产率相对于外国劳动生产率更快增长，反映为第二象限内两国劳动生产率对比从 a_0 左移到 a_2 所示位置。为实现外部平衡，汇率应沿着纵轴向下移动，本币应升值到 e_2 的水平，以消除国际收支顺差。

内外均衡长期关系的另一种表示

　　图 5-15 还有另一种画法，即将第一象限中的横坐标改为"外延增长/内涵增长比例"，记为 $\dfrac{Y_外}{Y_内}$，并对长期内部均衡曲线作相应的变换，即将其斜率由正改为负，其他不变，如下图所示。当本国技术进步冲击发生时，内涵增长贡献度提高，外延/内涵增长比例从 a_0 移动到 a_1，内部均衡所要求的汇率移动到 e_1，e_1 与图 5-15 的内部均衡汇率水平一致，内部均衡汇率与外部平衡汇率的差距也一样。在这样的表示中，长期的内部均衡曲线和长期的外部平衡曲线形成一个向上拱起的尖峰形状，我们形象地称之为长期均衡汇率的"尖峰模型"。

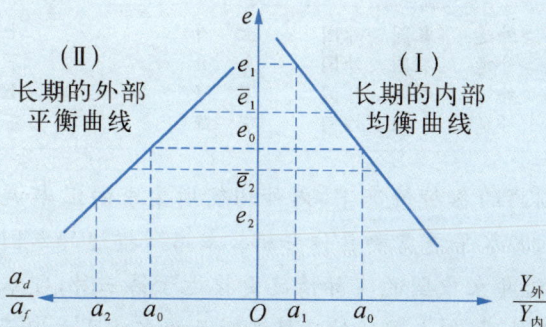

长期内外均衡下汇率的"尖峰模型"

显然，在图 5-15 中，e_0 是严格意义上的均衡汇率原点。e_1 是本国技术进步更快时基于内部均衡的均衡汇率，e_2 是本国技术进步更快时基于外部平衡的均衡汇率，$e_1 \neq e_2$。也就是说，对政府而言，如果它希望用汇率手段来实现内部均衡，那么它会选择的汇率水平为 e_1，并用其他手段来解决外部不平衡；如果它希望用汇率手段来实现外部平衡，那么它会选择的汇率水平为 e_2，并用其他手段来解决内部不均衡；如果它希望兼顾内部均衡和外部平衡两个目标，那么它只能在区间 (e_1, e_2) 中选择一个汇率水平，但这个汇率水平既不能实现内部均衡，又不能实现外部平衡，其不足的部分仍然需要其他政策手段来补充。我们可以得出结论：在长期内，内部均衡所要求的汇率水平与外部平衡所要求的汇率水平常常会不一致，单一的汇率手段不可能同时实现内部均衡和外部平衡。这进一步印证了搭配使用多种政策手段以实现多个目标的必要性。

外生冲击的多种情况

本书中讨论了本国发生正向技术进步冲击后，内部均衡和外部平衡所需要的汇率调整及其冲突。在现实中，实际冲击是多样的，既包括本国技术冲击，也包括本国要素冲击、外国技术冲击等等，其幅度、方向也会有所不同。就其引发内涵/外延增长比例变动和本国/外国劳动生产率变动的结果而言，我们可以将其分为四类，如下表：

情 况	经济增长贡献率	劳动生产率增长	内涵/外延增长比例	本国/外国劳动生产率比例
1	内涵＞外延	本国＞外国	上 升	上 升
2	内涵＞外延	本国＜外国	上 升	下 降
3	内涵＜外延	本国＞外国	下 降	上 升
4	内涵＜外延	本国＜外国	下 降	下 降

在表中所刻画的各种情况下，内外均衡所要求的汇率调整方向可能一致，也可能相反，其水平更需要具体分析。本书所描述的本国技术进步属于第一种情况，而近年来中国的实际情况更接近于第三种，即本国的劳动生产率增长速度快于外国，但本国的外延经济增长的贡献高于内涵经济增长的贡献。有兴趣的读者可以对此做进一步的分析和思考。

事实上,政府所能选择的区间可能会小于$[e_1, e_2]$,因为在升值以获得国际收支平衡时,社会就业水平会下降;在贬值以实现经济持续增长时,会形成国际收支顺差。因此,汇率的上限(贬值的最高幅度),应当是国际收支差额的可维持点;汇率的下限(升值的最高幅度),应当是社会失业水平的可容忍点。将这组上下限写成$[\overline{e_1}, \overline{e_2}]$,便可在图5-15中表现出来①。

在$[e_1, e_2]$和$[\overline{e_1}, \overline{e_2}]$所决定的范围内,政府根据其对就业水平、国际收支可维持性、内涵经济与外延经济平衡增长等目标的不同偏好,选择一个汇率水平。这个汇率水平不可能同时实现所有目标,但是,它应当能够较好地实现特定时期的主要目标。譬如,在就业压力已经较大的情况下,当技术进步发生时,政府会选择靠近$\overline{e_1}$的汇率水平,以此来促进外延经济的增长,进而促进就业,但其代价是技术进步会变慢;而在经济发展较为稳定、就业较充分的阶段,政府会选择靠近$\overline{e_2}$的汇率水平,以使国际收支顺差减小或达到平衡,同时使本国在国际经济交流中用较低的代价换取外国的产品,提高本国居民的生活和福利水平,但其代价是就业率会变低。在长期内,均衡汇率并不一定意味着汇率使内部均衡和外部平衡始终保持一致,只要是能够较好实现特定时期内主要经济目标,并且不影响其他经济目标的可维持性,那么,这样的汇率水平就是具有现实意义的均衡汇率。根据上述分析我们可以得出一个重要推论:所谓外部均衡,就是在经济持续增长条件下的外部(国际)收支趋势平衡或外部(国际)收支可维持的差额。

现在,我们可以作出如下总结:在经济持续增长条件下外部平衡实现问题的分析中,汇率仍然是一个核心变量。外延经济增长是要素投入增加引起的增长,低估的本币币值有利于外延经济增长;内涵经济增长是要素使用效率提高引起的增长,高估的本币币值有利于内涵经济增长。通过汇率水平的调节(杠杆作用)使外延经济和内涵经济获得平衡的增长,从而使经济可持续增长,是可持续增长条件下实现长期外部平衡的尖峰模型所表达的第一层含义。对于长期外部平衡而言,汇率水平的调节(本币币值高估或低估)具有相互矛盾的双重属性:一方面,本国货币币值低估不利于本国的技术进步和劳动生产率的提高,从而不利于本国产品长期国际竞争力的根本提高;另一方面,低估又使得本国产品的价格竞争力提高,从而有利于本国产品当前国际竞争力的提高。因此,在考虑内部均衡时,我们

---

① 需要指出的是,我们在这里让$[\overline{e_1}, \overline{e_2}]$位于$[e_1, e_2]$之内主要是为了较为清晰地说明汇率选择受到多种约束。实际上,随着技术冲击水平的不同、国际收支可维持性的不同和社会能容忍失业率的不同,$[\overline{e_1}, \overline{e_2}]$的范围可能会宽于、窄于或等于$[e_1, e_2]$。

更关注汇率水平决定的杠杆属性,而在考虑外部平衡时,我们只能更关注汇率水平决定的比价属性,即当本国劳动生产率持续更快上升从而引起本国持续顺差时,本国货币应升值;反之,则应贬值。这是尖峰模型所表达的第二层含义。这样,尖峰模型就把汇率水平决定的比价属性和杠杆属性统一在一个模型之中了。由于长期内部均衡和长期外部平衡所要求的汇率水平可能发生差异,因此,均衡汇率的具体水平取决于当时的主要政策目标,它位于长期内部均衡所要求的汇率水平和长期外部平衡所要求的汇率水平之间,这是尖峰模型所表达的第三层含义。此外,以汇率为核心变量的短期分析、中期分析和长期分析中,出现了不同含义的均衡汇率概念,在本教科书的其他章节中也出现过多个其他类别的均衡汇率概念,每一种均衡汇率的概念只适用于特定的语境和分析,这是学习国际金融理论和运用国际金融政策时要牢记的。与之相关联,货币币值的高估与低估,实际上既可以相对于实际汇率而言,也可以相对于均衡汇率而言,实际汇率并不等于均衡汇率,货币币值高估与低估的程度也因此而多样化,如何选择取决于分析的目的和政策的目标。

第五节　汇率水平变动有效性的讨论

前面各节所描述的汇率选择过程和结论,都是在汇率变动能够改变经济增长方式的前提下得到的。在现实中,汇率变动对外延经济的影响,尤其是本币贬值的扩张性影响,是得到较为广泛认可的,而汇率变动对内涵经济的影响,尤其是本币升值对经济效率的促进作用,则需要在一定的条件下才能成立。本节将利用微观经济学的一般原理,并基于中国的国情,来讨论汇率水平变动对内涵经济增长的不同影响。

一、汇率变动与企业的生产技术选择

企业总是在一定的资源约束下进行生产的。具体而言,企业的生产要在劳动要素和资本要素的使用上进行权衡。我们借用微观经济学中常用的分析方法,构建一个分析框架,其中:假设企业的生产函数为 $Q=F(K,L)$,以纵轴代表资本要素 K,以横轴代表劳动要素 L,企业的权衡过程可以用图 5-16 表示。

图 5-16 中，Q_1、Q_2 是等产量线；I、I' 是企业的等成本线。

在我国，由于自主创新能力薄弱，长期以来企业走的是一条技术引进的发展道路，大量的核心技术和关键部件需要先从国外进口，再对技术消化吸收、改进创新，形成了资本推进型的技术进步，技术先进程度与资本密集程度高度相关①。以图 5-16 中的点 A 和点 B 为例，

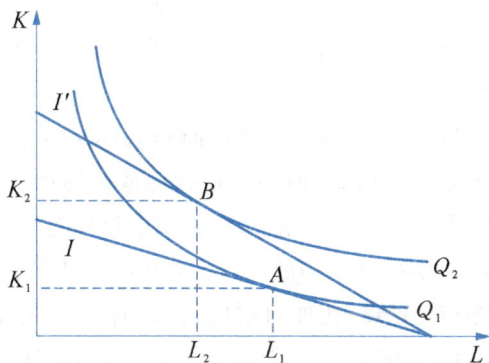

图 5-16　企业的生产技术选择

点 B 相比点 A 有更高的资本/劳动比例，因此它所代表的生产技术水平要比点 A 高。

企业根据等成本线和等产量线的切点选择生产技术。我国的资源禀赋决定了我国企业的等成本线近似于 I，即资本相对于劳动较为昂贵，从而，企业将会选择在点 A 进行生产。人民币升值的结果是进口的资本品价格下降，进而资本相对于劳动变得便宜，从而企业的等成本线从 I 旋转到了 I'，企业选择点 B 进行生产，生产技术有所进步，产出水平也会有所提高。这也就是内涵增长曲线所描述的现象。也就是说，从要素需求角度看，汇率对经济增长方式的影响，是通过改变资本品和劳动的相对价格，从而改变生产中的要素密集程度和技术水平而发生的。

二、汇率效应传导的劳动替代约束

本币升值对企业技术进步的促进作用并不是都能如期实现的。在我国，汇率变动的效应传导受到劳动替代的约束，也就是说，企业应对汇率变动的措施（劳动替代）可能会抵消汇率变动引起的要素相对价格变动，从而不改变企业的生产技术。

我国人口众多，劳动要素丰富，从而劳动供给富有弹性，企业相对于工人而

———————

①　为了研究的方便，我们把资本分为与技术相结合的资本 $K_{技}$ 和与要素相结合的资本 $K_{要素}$ 两部分，即 $K = K_{技} + K_{要素}$。由于发展中国家更多的是从发达国家直接购买资本设备或者引进先进的设备生产线，走的是由资本推进技术进步的发展道路。所以，这里的资本投入指的是与技术改造、设备更新相关的投资，而不是高能耗、高污染的资源性投资。

言,对工资的议价能力较强,从而能够较为自由地制定工资。在此情况下,当汇率变动时,资本和技术对劳动的替代存在一定困难,我们将这一困难称为劳动替代约束。

具体而言,出口企业在面对人民币升值这一成本冲击时,本应通过改变生产技术来降低成本,但当存在劳动替代约束时,企业还能够通过降低工资来消化成本压力。比如一个企业,年利润增长率是10%,正常的工资增长率应是3%。但为了转移本币升值的成本压力,在劳动力供给过剩的情况下,企业就会通过降低工资的增长速度,比如只增长2%或者1%,或者干脆不增长,来转移成本压力。这种情况可以由图5-17来说明。在图5-17中,表现为企业面临的等成本线从 I 旋转到了 I'',企业决定的要素组合从点 A 转移到了点 B' 而非点 B。在此情况下,虽然生产规模扩大了,但相比原来的点 A,企业的资本密集程度几乎没有提高,也就没有出现技术进步。由于存在劳动替代约束,本币升值对劳动生产率的促进效应在企业决策阶段被滞阻了。

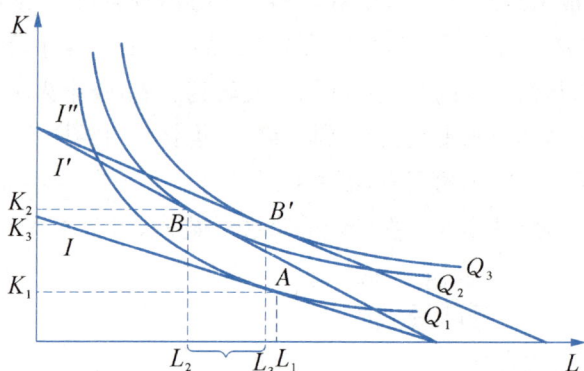

图 5-17　劳动替代约束下企业的生产技术选择

三、汇率效应传导的资本存量约束

与劳动力供给丰富相反,企业能获得的资本要素是相对短缺的。改革开放以来,我国资本存量确实有很大的增加,但还远没有达到丰裕的地步。尤其是中小企业,很难依靠自身积累或银行贷款来进行持续的技术和设备的投资。从投资流向看,我国资本流向资本密集型行业多,流向劳动密集型行业少,流向高能耗、高污染和资源型的行业多,流向高技术产业、研发部门的少。由于技术进步是由资本推进的，因此，有限的资本存量将限制企业生产选择的范围，使汇率效应的传导受到资本存量的约束。

假定 $\overline{K}$ 是企业能筹得的资本数量的上限，则在图 5-18 中可以看到，企业已经做出了有利于劳动生产率提高的决策，其希望拥有的要素组合为 B 点，但 B 点所需要的资本数量超过了 $\overline{K}$，因而不能实现，企业最终实现的要素组合为 B'' 点。相比 B 点，B'' 点对应的资本使用数量较低，劳动使用数量较高，B'' 对应的等产量线是 Q_4，位于 Q_2 的下方，并且与等成本线相交。这意味着，企业资本密集程度的提高受到资本存量的限制。当汇率变动后，企业本应扩大投资，降低劳动使用，但由于最优的资本数量高于可得的资本存量，企业的要素选择就无法达到最优化，企业的产量和生产技术也就会低于最优水平。由于存在资本存量约束，本币升值对劳动生产率的促进效应在决策执行阶段被滞阻了。

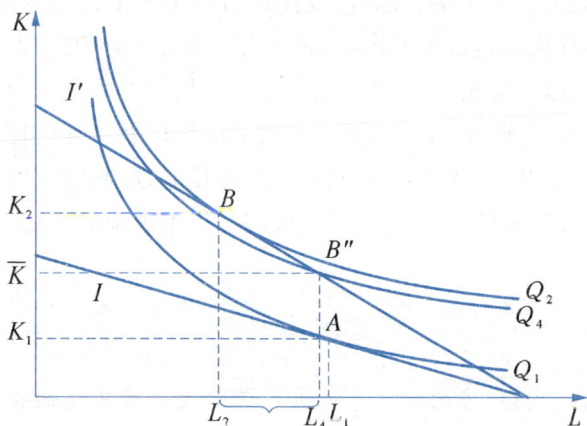

图 5-18 资本存量约束下企业的生产技术选择

四、汇率效应传导的国际定价权约束

本国货币升值或本币汇率上升，使本国商品在国际市场上出售后所获得的外币收入折算成本币后减少，本币收入减少，利润减少。为了应对这种情况，企业必须压缩成本（包括压缩劳动成本），加大投入，更新技术和工艺，提高效率，但这样做会面临技术替代劳动的约束和资本存量不足的约束。企业另外还有一种可能的选择，那就是提高本国商品在国际市场上的售价。对于垄断商品、资源禀赋或技术含量特殊的商品，提高售价比较容易做到。对于非垄断商品、竞争型商品，提高售价就很难做到。当一个国家绝大多数的出口商品都是竞争型商品或技术含量不高的商品时,这个国家显然从总体讲就是一个缺乏国际定价权的国家。我国目前基本上就处于这样一个发展阶段,这就会使货币升值的使用比较困难。货币升值后往往要同时改变商品的包装、增加商品的某些(次要)功能,才能实现商品国际售价的提升。我们把国际定价权缺失(或不足)导致的本币升值困难或升值效应的缓慢,称之为汇率效应传导的国际定价权约束。

到此,我们可以得出这样一个结论:在中国,货币贬值的使用比较容易,货币升值的使用比较困难。货币贬值的效应能较快地传导到外延经济的增长上,而货币升值的效应则只能较慢地传导到内涵经济的增长上,由此形成了汇率变动的不对称效应,简称为棘轮效应。

汇率作用的劳动替代约束、资本存量约束和国际定价权约束,从某种程度上说,是我国的客观情况决定的。因此,我国通过货币升值促进企业技术进步和产业结构升级的传导机制运行还不畅通,缺乏人民币大幅升值的现实基础。进一步地说,它从微观机制上证明了,在中国这样一个发展中的大国,汇率政策必须要充分考虑企业的可承受能力、社会可承受的失业底线以及企业的国际竞争能力,避免对经济与社会造成巨大的伤害,货币升值的速度必须要适应我国出口企业由成本优势向技术优势转变的进程,维护社会发展和技术进步的平衡。

本章内容提要

1. 在中期跨度内,经济的增长意味着在劳动生产率不变的条件下,供给随需求的上升而上升,具体表现为内部均衡曲线和外部平衡曲线的移动,移动后两线的交点决定了新的产出水平下的均衡汇率水平和均衡物价水平。在经济增长过程中,内部均衡和外部平衡同时实现所对应的均衡物价和均衡汇率水平是不断上升的。从政策角度讲,经济增长的幅度不同,汇率和物价的变动幅度也不同,均衡汇率可以是多重的,或者说,它是由一个区间来表示的。

2. 在长期跨度内,经济增长有两个来源:要素投入的增加和要素效率的提高。外延经济增长是指通过各种生产要素投入的增加而带来的经济增长;内涵经济增长是指要素效率提高而带来的经济增长。本币的贬值(低估)有利于外延经济增长,本币的升值(高估)有利于内涵经济增长。

3. 外延经济增长和内涵经济增长的平衡意味着在经济增长的过程中,要素投入的增加与劳动生产率的提高都做出了适当的贡献,其政策含义是:在外延经济获得相对较快增长的过程中要让本币升值以促进内涵经济平衡增长,内涵经济获得相对较快增长的过程中要让本币贬值以促进外延经济平衡增长。在汇率管理的情况下,汇率水平可能会与平衡增长的要求不协调,从而出现要素规模缺口和技术进步缺口。

4. 汇率变动会改变经济增长过程中国内资源的消耗程度和国外、国内资源的使用比例。本币贬值使本国资源消耗水平上升,本国/外国资源消耗比例上升;本币升值使本国资源消耗水平下降,本国/外国资源消耗比例下降。汇率变动还会影响本国劳动和自然资源的相对使用情况。汇率水平选择的目标是在经济稳定和持续增长前提下,使外延经济和内涵经济获得平衡增长,使国内资源消耗和国外资源消耗获得平衡,使自然资源和劳动力资源的消耗获得平衡。

5. 从产品需求角度看,在一国进口高端产品、出口低端产品的情况下,如果高端产品和低端产品的需求收入弹性相差足够大,则本国货币的贬值会通过收入效应使高端产品需求下降,进而使高端产业部门生产规模相对缩小,使低端产业部门生产规模相对扩大,也就是说,贬值会导致本国产业结构的低端化。反之,升值会导致本国产业结构的高端化。这与外延、内涵经济增长具有内在一致性。合理的汇率水平应当通过对产业结构的影响,来促进外延经济和内涵经济的平衡增长。

6. 在长期内,内部均衡的目标就是使外延经济增长和内涵经济增长相平衡,从而使经济实现可持续的增长,外部平衡的目标是本国国际收支平衡或趋势平衡。长期内部均衡和长期外部平衡框架下的均衡汇率可用尖峰模型来表示。当冲击发生时,单独使用汇率手段可能无法同时实现内部均衡和外部平衡的目标,选用其他政策与汇率政策进行适当搭配是必要的。在长期内,均衡汇率并不一定意味着汇率使内部均衡和外部平衡同时实现,只要是能够较好地实现特定时期内主要经济目标,并且不影响其他经济目标的可维持性,这样的汇率就是长期的和具有现实性的均衡汇率。

7. 汇率变动对经济增长方式的影响并不是完全对称有效的。从要素需求角度看,汇率变动要发生作用,需要通过汇率的改变来影响资本品和劳动的相对价格,从而改变生产中的要素密集程度和技术水平。但当劳动的供给富有弹性,企业在工资议价中居于有利地位时,就会产生劳动替代约束,使货币升值效应的传递在企业决策阶段被滞阻。当资本存量不足时,就会产生资本存量约束,使货币升值效应的传递在企业执行阶段被滞阻。国际定价权的缺失或不足也会给货币升值带来困难并延滞其发生作用的时间。相反,货币贬值对外延经济的作用则来得比较容易和快捷。货币升、贬值对经济增长方式的调整具有不对称性。

本章重要概念

中期的内部均衡和外部平衡　中期的均衡汇率　经济的外延增长　经济的内涵增长　币值高估与低估　汇率变动的资本供给效应和劳动供给效应　可持续增长条件下的汇率模型　基于内部均衡的长期均衡汇率　汇率的要素规模缺口　汇率的技术进步缺口　国内资源消耗比例曲线　进口资源消耗比例曲线　汇率的国内资源供应缺口　汇率的国内资源需求缺口　需求的收入弹性　长期的内部均衡和外部平衡　长期内外均衡条件下的汇率模型　基于内外均衡的长期均衡汇率　汇率效应传导的劳动替代约束　汇率效应传导的资本存量约束　汇率效应传导的国际定价权约束　棘轮效应

本章思考题

1. 从经济增长的角度看,均衡汇率多重论的政策含义是什么?

2. 为什么经济增长要追求外延经济增长和内涵经济增长的平衡? 当内涵经济增长快于外延经济增长时,为实现可持续增长,汇率水平应当怎样变动?

3. 要素规模缺口、技术进步缺口与资源供应缺口、资源需求缺口之间有什么区别和联系?

4. 贬值导致本国产业结构低端化的理论前提是什么? 这一前提和中国国情是否相容?

5. 请自行推导可持续增长条件下的汇率模型、长期内外均衡条件下的汇率模型,并说明这两个模型之间的关系及其可能的应用环境。

6. 为什么在长期内无法使用单一的汇率手段同时实现本国的内部均衡和外部平衡? 请使用本章介绍的知识和经典的政策搭配理论分别论证。

7. 本章在构建增长条件下内外均衡同时实现的中期模型和长期模型时,考虑了哪些国情,请一一予以罗列并说明。

本章讨论题

1. 除了本章所介绍的各类微观机制,汇率还能通过什么途径影响企业的生产技术和产业结构? 谈谈你的想法。

2. 试考虑这样的外生冲击情况：本国的劳动生产率增长高于外国，同时，本国的要素供应增长又高于本国劳动生产率的增长，此时，为实现内部均衡，本国的汇率水平应当如何变动？为实现外部平衡，本国的汇率水平又应该如何变动？这两者之间是否存在冲突？能否用这种情况来解释 2000～2015 年中国的实际经济表现？

3. 本书给出了哪些均衡汇率的定义（包括狭义的、广义的、拓展的）？请一一说明并比较它们之间的关系。

第六章

外汇管理及其效率分析

外汇管理是指国家通过行政、立法和经济手段主动调节外汇价格和外汇供求、以实现经济内部均衡条件下外部平衡的一系列行为。在国际金融学的范畴内，外汇管理的主要内容包括外汇直接管制、汇率制度选择、外汇储备管理，以及外汇市场干预等方面的内容[①]。

第一节　外汇直接管制及其效率分析

一、外汇直接管制的含义

外汇直接管制是指国家通过法律、法令、条例等形式，对外汇资金的收入和支出、汇入和汇出、本国货币与外国货币的兑换方式及兑换比价所进行的限制。外汇管制的主要目标是维持本国国际收支的平衡，保持汇率的有序安排，维持物价和金融的稳定，促进本国的竞争能力和经济的发展。然而，在经济高速发展、涉外经贸往来频繁、国内外经济与金融情况发生较大变化的时候，外汇管制经常会同实际经济的发展产生矛盾。改进外汇管制，使之不断适应形势的发展，就成为国际金融研究的一个重大课题。

外汇管制通常由各国专设的外汇管理机构或中央银行负责，中国的外汇管制由中国人民银行归口管理的国家外汇管理局负责。实际上，许多国家专设的外汇

---

　　① 　汇率水平管理也是外汇管理的重要内容。由于汇率水平问题在前面各章中已有较多讨论，因此，本章不再专门讨论这个问题。

管理机构(比如我国的外汇管理局),主要负责外汇管理的日常事务、执行外汇管制的法令条文、提出外汇管理的政策建议,而许多重大的外汇管制法令条文,是由更高层次的行政机构和立法机构做出的。

二、外汇管制的主要原因

根据国际货币基金组织的分类,世界上实施较严外汇管制的国家(或地区),或者是经济不发达国家(或地区),或者是原计划经济国家。这些国家(或地区),或者因为出口创汇能力低、外汇资金匮乏,或者因为国内外价格体系严重脱节,为保证经济发展和国内经济改革的有序进行,大多实行较严格的外汇管制。政府对外汇之所以采取直接管制,是因为当经济运行中出现种种问题时,不仅经济的自发调节机制因各种缺陷难以发挥效力,而且还难以通过采用其他类型的政策措施达到预期目的。具体而言,政府采取直接管制的原因包括以下三个方面。

1. 短期冲击因素

经济运行中的冲击包括实际冲击(生产率差异的扩大、消费偏好的转移等)、货币性冲击(货币供给扩张、通货膨胀率变动),以及由各种因素导致心理预期的改变所产生的投机冲击。这些冲击会使经济难以及时调整至新的均衡位置,从而产生调整滞后或调整过度现象,使经济出现失衡、混乱甚至动荡。以调整滞后为例,根据 J 曲线效应,经常账户收支对贬值的反应存在时滞,使短期内的国际收支可能会更加恶化,如果此时缺乏资金流入并且政府外汇储备不足,就会直接面临国际收支的可维持性问题。而调整过度最为突出的现象是国际资金流动,尤其是短期投机型资金的冲击导致的汇率与利率的过度波动,这一现象在商品市场价格黏性的情况下尤为突出,即出现第三章所描述的汇率超调。

应对经济冲击的最好办法是在制度上建立能化解冲击的经济环境,譬如建设完善的金融市场、增加信息的透明度,以促进资产和商品的价格能随冲击而尽快自发调整,但这在经济发展水平较低的国家难以实现。政府也可以采取权变的措施,根据冲击的类型实施财政、货币等宏观经济政策,但政策传导具有时滞,政策的效果同样依赖于金融市场和商品市场的发展程度。相比之下,直接管制政策具有收效迅速和针对性强的特点,当面对各种冲击,市场自发调节及政府调控措施都很难及时奏效时,直接管制就非常必要了。

2. 宏观经济因素

致使政府对外汇进行直接管制的宏观经济因素就其性质来说有两种。

一种是为了保证原有政策能够发挥预期效力。例如,根据蒙代尔——弗莱明模型,在资本完全流动时,浮动汇率制下的财政政策将无效,如果政府想要发挥财政政策的效力,就有必要对资本流动进行控制。从这个角度看,直接管制政策扩大了政府在开放经济条件下政策搭配的选择空间。

另外一种情况是由于政府采取了不合理的宏观政策,导致最后被迫采取直接管制措施以避免危机。例如,一国采用固定汇率制,同时通过国内信贷的高速扩张来融通巨额财政赤字,货币扩张使货币供给大大超过货币需求,致使该国居民增加购买外国商品劳务或外国金融资产,该国的国际收支出现逆差,导致外汇储备减少。如果听任这一现象持续下去,将会出现货币危机。在此情况下,政府将被迫采取直接管制措施来限制外汇兑换。

3. 微观经济因素

微观经济因素也可能导致政府实行直接管制。常见的有这样几种情况:

第一,在计划经济条件下,一国价格体系不合理,产品的相对价格被扭曲(譬如工业制成品价格偏高,农业产品价格偏低),在价格体制改革的过程中,不同行业不同类型的产品价格会逐步放开,但如果允许本国货币自由兑换外汇并直接进口,则国内那些和国际市场价格水平差距较大的产品就会纷纷失去竞争力,进而对原有的产业部门造成较大冲击。为了循序渐进地实行价格改革,就需要限制外汇的兑换和产品进口。

第二,就发展中国家而言,在产品缺乏竞争力的情况下,外汇的直接管制能够对国内幼稚产业起到一定的保护作用;而且在外汇管制条件下,政府更容易低估本国货币币值从而提高本国产品的价格竞争力,保护本国民族工业的发展。

第三,发展中国家在发展过程中,产品出口收入受国际经济波动影响较大,而同时又要进口工业发展的必需品,因此会在较长时期内存在外汇短缺问题,为此,政府将被迫采取各种管制措施以节约外汇的使用。

三、外汇管制的主要内容

1. 货币兑换管制

货币兑换管制是外汇管制的基础。所谓货币兑换管制,是指在外汇市场上,用本国货币购买(兑换)某种外国货币,或用某种外国货币购买(兑换)本国货币的限制。货币兑换管制按范围可以分为:经常账户(包括贸易账户和非贸易账户)下的兑换管制、资本账户下的兑换管制。按对象又可分为企业用汇的管制和个人用汇的管制。一般而言,对资本账户的管制严于对经常账户的管制,对个人用汇的管制严于对企业用汇的管制。

第二次世界大战结束后的初期,世界上除美国等极个别国家外,所有其他国家均实施程度不等的兑换管制。从 20 世纪 60 年代起,西欧及日本诸国开始放松兑换管制。截至 2010 年底,被国际货币基金组织列为可兑换的货币已达 100 种以上,但大多数国家仍多少保留着某种程度的兑换管制。发展中国家中实施兑换管制,尤其是资本项目兑换管制的国家更多,管制程度也更严格。

货币自由兑换的定义和"第 8 条款国"

货币兑换管制的反面是货币自由兑换。按照国际货币基金组织的定义,一国若能实现经常账户下的货币自由兑换,该国的货币就被列为可兑换货币。由于自由兑换的条款集中出现在基金组织协定的第 8 条,所以货币自由兑换的国家又被称为"第 8 条款国"。

具体而言,自由兑换的要求集中出现在基金组织协定第 8 条的第 2、3、4款,其内容为:(1)避免对经常性支付或转移的限制。各会员国未经国际货币基金组织的同意,不得对国际经常往来的付款和资金转移实施汇兑限制。(2)不得实行歧视性货币措施或多重汇率措施。(3)兑付外国持有的本国货币。任何一个成员国均有义务购回其他成员国所持有的本国货币结存,只需兑换的国家能证明这种结存是由最近的经常性交易所获得的,或者这种兑换是为了支付经常性交易所需要的。

2. 外汇资金收入和运用的管理

(1)外汇资金收入的管理。外汇资金的收入,是指贸易出口、非贸易出口和资本输入引起的外汇收入。出口收汇管理的主要目标是集中外汇收入、增加外汇收入,以保证进口需要和国际收支平衡。对资本输入的管理,主要集中在两个方面。第一是对长期资本输入实施期限结构、投入方向等输入条件的管理,包括还款期限不宜过分集中、投入方向要符合本国经济发展的需要、资金换市场的比重要适当、资本来源不宜过分集中在某一国家、利润的返回方式要适当等等,都是要考虑的因素。第二是对短期资本输入的管理。在这方面,各国(包括发达国家)大多采取比较严厉的管制措施。

（2）外汇资金运用的管理。外汇资金运用管理指的是,经济主体不具备自由使用外汇的资格,也不持有大量外汇,只有在与贸易和非贸易活动有关的进口付汇和资本输出时才能使用外汇。

在进口付汇方面,实施严格外汇管理的国家,通常采用进口许可制。只有获准进口,才能申请进口所需外汇。在资本输出的管制方面,发展中国家大多实施严格的管制,一般不允许个人和企业自由输出（或汇出）外汇资金。但是近年来,随着经济一体化和贸易集团化趋势的出现,不少发展中国家开始积极向海外投资,以期通过直接投资来打破各种贸易壁垒,带动本国出口贸易和经济的增长。拉美国家、韩国、东盟各国、中国近年来的海外投资都十分活跃,这就为外汇管理和国际金融的研究带来了一个新课题。

3. 汇率种类管理

汇率种类管理指实行单一汇率,或双重汇率,或多重汇率。一国实行两种或两种以上的汇率称为复汇率。因此,双重汇率和多重汇率都属于复汇率范畴。复汇率按其适用对象可分为经常账户汇率和资本账户汇率,前者又称为贸易及非贸易汇率,后者又称为金融汇率。在复汇率制度下,贸易和非贸易汇率通常相对稳定;而金融汇率通常听任市场供求关系决定,政府对此不加干预。

实行复汇率通常是由金融秩序混乱、短期资本流动过于频繁或政府想保护或鼓励某些特定的部门而引起的。为了稳定进出口和物价,政府便对贸易和非贸易汇率实施干预,使其稳定在一个理想的水平。此外,对不同种类的商品实施不同的汇率,还能起到鼓励或抑制特定商品生产和消费的效果。

复汇率按其表现形式有公开的和隐蔽的两种。隐蔽的复汇率又有多种表现形式,这里简单列举几种:第一种形式是对出口按商品类别给予不同的财政补贴（或税收减免）,由此导致不同的实际汇率;或者对进口按类别课以不同的附加税,这同样导致不同的实际汇率。第二种形式是采用影子汇率。影子汇率实际上是附在不同种类进出口商品之后的一个不同的折算系数。比如,某类商品的国内平均单位生产成本是 8 元人民币,国外售价是 1 美元,官方汇率为 1 美元等于 6 元人民币,通过官方汇率只能弥补该单位产品的 6 元生产成本。为鼓励出口,就在该类产品的官方汇率之后附加一个 1.34 的折算系数。这样,当该产品出口后,1 美元的收入便可换到 8.04 元人民币（1.34×6＝8.04）。由于不同种类的进出口商品因成本不同往往具有不同的影子汇率,故影子汇率构成实际上的复汇率。复汇率的第三种隐蔽的表现形式是在两国已存在官方汇率和市场汇率两种汇率的条件下,对不同企业或不同的出口商品实行不同的收汇留成比例。允许企业将其留成外汇在平行市场或调剂市场上按市场汇率换成本国货币,这等于变相地给予补贴。留成比例高的企业所得变相补贴就多,留成比例低的企业所得变相补贴就少,没有留成的就得不到补贴(见表6-1)。从表6-1中可见,有多少留成比例,实际上就有多少种汇率。

表6-1 收汇留成比例与复汇率的关系

	出口收汇	留成比例	按官方汇率$1/￥4折算的本币收入	按市场汇率$1/￥6折算的本币收入	本币收入总计	实际平均汇率
甲	100美元	50%	200元	300元	500元	$1/￥5.0
乙	100美元	20%	320元	120元	440元	$1/￥4.4
丙	100美元	0%	400元	0	400元	$1/￥4.0

汇率管理的内容

汇率种类管理只是汇率管理的内容之一。汇率管理还包括汇率制度管理,它涉及一国货币汇率究竟是固定的、还是浮动的、还是介于这两者之间的。如果是固定的,那么,又涉及以何物作为本国货币对外定价的锚。是与黄金保持国家比价,还是与世界某种主要货币保持固定比价、还是与主要贸易伙伴国的货币保持固定比价,或者还是与某几种货币的组合(简称一篮子货币)保持固定比价?不同的选择会带来不同的结果。汇率管理还包括汇率水平管理,即本国货币汇率究竟应维持在一个什么水平上以及汇率偏离这个水平时如何进行调整或纠正。

四、外汇管制的效率分析

外汇直接管制作为一种行政措施,其效率存在极大的争议。在相当多的情况下,行政与制度调节就解决某一特定需要时显得十分有力,但随之而来的副作用也十分明显。一般认为,长时期的直接管制会造成各种扭曲,进而影响到一国经济的活力。这里对外汇管制中的货币兑换管制问题与复汇率问题进行简单的效率分析。

1. 货币兑换管制的经济效应分析

首先,我们借用微观经济学的一般原理对外汇市场进行局部均衡分析,着重研究在发展中国家常常发生的以兑换管制维持本币定值过高的现象。如图 6-1

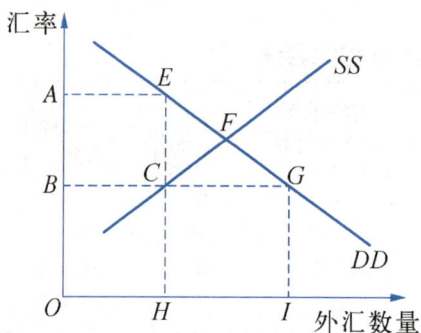

所示,纵轴表示汇率(直接标价法),横轴表示外汇数量,SS 曲线表示外汇供给,DD 曲线表示外汇需求,F 是市场调节时形成的均衡汇率位置,OB 是政府强制维持的汇率水平。

政府确定的外汇价格低于均衡水平(表示本币币值过高),导致在这一价格上的外汇供给小于外汇需求,政府于是采取兑换管制,对外汇需求进行数量控制,使市场外汇交易量维持在 OH 水平。

图 6-1 外汇兑换管制的
经济效应分析

也就是说,购买外汇需要从政府处获取许可证。

对于市场供给的外汇数量 OH,需求者愿意为此支付的外汇价格为 OA。这就意味着,如果存在着可以自由反映市场需求情况的外汇黑市,则可以从官方市场以较低价格(OB)购入外汇后,再以更高的价格(OA)在黑市上卖出,从而每一单位外汇的交易中可获得一定收益(AB)。从全社会来看,就存在一笔可以利用不同市场的价格差异而赚取的收入,我们称之为经济租金(Rent)。在图 6-1 中,租金总额可以用 ABCE 这一矩形构成的面积表示。存在经济租金,就必然存在谋求将这一经济租金转化为自己收入的活动,我们称为寻租行为(Rent Seeking)。寻租行为大量发生的关键在于:政府对许可证的发放不是完全规则化、公开化的,政府既可以根据外汇需求总量一视同仁地按比例配给,也可以根据申请的前后次序以排队方式供给,还可以完全视具体情况而分配。在这种情况下,外汇购买者就会用各种方式来影响政府官员对外汇的分配,例如游说、夸大用汇的必要性,乃至于进行贿赂。寻租活动的结果是租金以各种形式转化为个人收入(包括政府官员个人的收入和获得外汇者的收入)。这些收入并不是由生产活动带来的,在实质上是一种收入的再分配,并且这种分配往往使原有的社会分配状况更加不公平(因为能获得许可证的人一般都更有权势与经济实力),从全社会的角度来讲,在这一寻租过程中发生的种种成本完全是一种资源的浪费。

外汇兑换管制还存在着许多无法从图 6-1 中反映出来的消极效应,这可以从以下几方面来认识:

首先,它导致了一系列的非法现象。例如,外汇管制往往带来一个规模较大的外汇黑市,这会直接影响一国的经济秩序。另外,交易者在进口交易中倾向于高报进口,以便尽可能从政府那里获得较多的外汇,同时在出口交易中倾向于低报出口,以减少向政府结售外汇,这就带来政府外汇来源的减少。

其次,外汇兑换管制对一国国内经济的长远发展也具有较大的不利影响。例如,兑换管制会削弱本国企业的出口积极性,也会造成外汇资源的行政误配。另外,对资本与金融账户的管制会使本国失去利用国外资金来发展经济的有利条件。而且,外汇兑换管制使本国商品市场与金融市场处于被保护的状态之中。由于缺乏来自国外的竞争,本国产业部门与金融市场的效率也难以提高。

再次,外汇兑换管制会对国际间经济交往产生不良影响。例如,对经常账户兑换的管制会阻碍国际间的自由贸易,还会引发各国间的贸易战与汇率战。对资本与金融账户的兑换管制则会降低资本在全球范围内配置所能带来的福利,并直接影响到国际资金市场的形成与发展。

综上所述,货币兑换管制除了存在正面效应(如节约外汇,利于进口等等)外还存在不少消极作用。权衡这两种效应以作正确的选择已经成为国际金融政策准则的一个难题,也是留给本教材读者思考的一个问题。

2. 复汇率制度的效率分析

同其他直接管制政策一样,复汇率制对经济的影响也具有两面性。复汇率制在达到和维持内外均衡的政策目标上有以下作用:

第一,维持一定数量的国际储备并保持官方汇率。假定　国实行的是无管制的单一固定汇率制,政府通过外汇市场干预来维持固定汇率,那么,当该国政府执行扩张性货币政策时,本国物价上升,货币遭受贬值压力。为了维持币值,该国对外汇市场实行干预,买入本币,卖出外币,国际储备不断减少。为防止国际储备枯竭,该国政府采用复汇率制,在原有官方外汇市场外设定一个汇率可自由浮动的第二外汇市场。对于各项国际收支交易,只有政府核准的部分可在官方外汇市场上以官方汇率交易,其余的都必须在第二外汇市场进行。这样,对外汇的需求压力就被部分转移到第二外汇市场上,通过第二外汇市场的本币贬值来降低外汇储备减少的幅度,以达到维持国际储备和稳定官方汇率的双重目的。

第二,隔绝来源于外国的冲击。如果一国对经常账户交易采用统一的固定汇率而对资本与金融账户交易采用浮动汇率,就可以通过汇率的灵活变动来吸收资本与金融账户下来自外国的冲击,尤其是来源于外国金融市场的短期冲击。当这一汇率的变动不对本国商品市场产生影响时,本国实际部门就可以与外部冲击相隔绝。在国际资金流动问题非常突出的情况下,频繁的、过度的汇率变动会对本国的进出口乃至于整个宏观经济产生非常不利的影响,因此采用复汇率制是一种有用的选择。

第三,达到产业政策的目的。政府实行复汇率制的另一个重要原因是为了充分发挥汇率的杠杆作用,体现政府对不同交易的不同态度。这表现在两个方面:首先,复汇率制可以针对进出口商品价格弹性的差异进行区别对待,从而改善进出口状况。例如,对于外国需求价格弹性小的出口品(如本国垄断的某种必需品),可以高估本币币值,从而通过出口获取更多的外汇收入。再例如,对于外国需求价格弹性大、国际市场上竞争比较激烈的商品,则可以低估本币币值从而增加出口。其次,复汇率制可以体现国家对特定产业及商品的态度。一国可以利用复汇率制对某些行业的生产或商品的进出口给予特殊鼓励,而对另外某些行业的生产或商品的进出口予以限制。例如,在生活必需品的进口上高估本币币值,在奢侈品的进口上低估本币币值,这样就可以达到抑制奢侈品进口和鼓励必需品进口的目的。

第四,实现财政收支的目的。例如,政府可以在不同外汇市场上以不同的汇率买卖外汇,获得其中的差价,增加财政收入。复汇率制实际上是一种变相的财政手段,针对不同交易采用不同的汇率意味着政府隐含的差别征税措施。在单一汇率制下,政府要想达到同等效果只有通过公开的征税措施才可以实现。如果政府财政收入不足而又不便采取公开的差别征税措施,复汇率就成为一种选择。

复汇率制对经济也会产生很大的损害,这主要体现在:

第一,管理成本较高。由于汇率种类繁多,势必涉及大量的人力成本。管理人员主观知识上的缺陷、信息不通,都会导致复汇率的错误运用,使经济运行的整体效益下降。第二,扭曲价格。众多的汇率导致众多的价格,使价格关系变得复杂和扭曲。第三,不公平竞争。复汇率使不同企业处在不同的竞争地位,不利于公平竞争关系的建立和透明的市场关系的形成。

另外,复汇率容易引发国际社会的非议甚至报复,不利于国际经济合作的发展。从战后世界各国的历史来看,复汇率被采用的频率相当高,但是被中止的频率也相当高。换言之,复汇率被经常性地作为一种权宜之计或过渡措施来加以利用,较少有国家长期地使用某种特定形式的复汇率制度。

五、外汇直接管制的评价

在经济学理论中对直接管制一般都存有较多争议和负面意见,但在实际生活中,尤其在发展中国家,各种形式的外汇直接管制仍然是较为常见的现象。我们对外汇直接管制政策的评价主要有三点:

第一,直接管制政策是开放经济实现内外均衡目标的政策搭配中经常采用的措施。这是因为,直接管制政策具有收效迅速、针对性强等特点,可以实现许多其他政策工具难以达到的目的。因此,它在解决内外均衡冲突的政策搭配选择中居于有用的、有时甚至是不可或缺的地位。

第二,直接管制政策具有很多弊端,且实施直接管制政策的时间越长,它对经济的消极影响也越大。权衡直接管制政策的利弊并对其进行有限的和合理的使用,是开放经济所要解决的难题。

第三,从长远来看,逐步减少直接管制政策是发展的方向。直接管制政策的减少有其特定的条件,在条件不成熟时强行取消某些措施会对经济带来很大冲击。在直接管制政策逐步减少的过程中,始终需要运用其他政策来与之恰当配合,以维持经济的稳定和增长。

第二节　汇率制度选择及其效率分析

所谓汇率制度是指一国货币当局对本国汇率水平的确定、汇率变动方式等问题所作的一系列安排或规定。

具体来讲,汇率制度选择涉及的内容有:(1)汇率水平是固定的还是浮动的,或是介于这两者之间的?(2)如果是固定的,那么,本国货币与什么保持固定比价?是与黄金还是与美元,或是与其他某种货币或某一组货币?(3)上一节中谈到的汇率种类问题,实际上也是汇率制度问题,即一国是选择一种汇率还是两种汇率,或是多种汇率?在汇率制度选择中,最基本的问题是采取固定汇率制还是采取浮动汇率制,本节着重分析这个问题。

固定汇率(Fixed Exchange Rate)是指政府用行政或法律手段选择一个基本参照物,并确定、公布和维持本国货币与该单位参照物之间的固定比价,这个固定比价也可被称为法定比价或法定汇率。充当参照物的东西可以是黄金,也可以是某一种外国货币或某一组外国货币。当一国政府把本国货币固定在某一组货币上时,我们就称该货币钉住在一篮子货币或钉住在货币篮子上。固定汇率不是永远不能改变的:首先,在外汇市场的日常交易中,汇率能在很小的允许范围内围绕法定汇率水平上下波动;其次,在经济形势发生较大变化时,也可以对法定汇率水平进行调整(Realignment),只不过这种调整因涉及制度和法律而很少发生。因此,固定汇率通常表现为可调整的钉住制度(Adjustable Pegs)。

浮动汇率(Floating Exchange Rate 或 Flexible Exchange Rate)是指汇率水平完全由外汇市场上的供求关系决定、政府不加任何干预的汇率制度。在当今世界上,由于政府力量的强大和对经济生活日益加深的干预,各国政府或多或少地对汇率水平进行干预和指导。当干预程度较高时,浮动汇率制度就成为管理浮动汇率(Managed Floating Exchange Rate)制度。管理浮动汇率又称为肮脏浮动(Dirty Floating),与之相对应,完全自由浮动的汇率称为清洁浮动(Clean Floating)。

二战后到 20 世纪 70 年代初,全球主要国家实行的都是固定汇率制度。随着布雷顿森林体系的崩溃,各国实行的汇率制度开始多样化。除固定和浮动汇率制度之外,还存在其他汇率制度,如爬行钉住制(Crawling Pegs)、汇率目标区制(Exchange Rate Target Zone),以及固定汇率制的特殊类型——货币局(Currency Board)制度等。

作为汇率制度的两极,完全固定与完全浮动的汇率制度到底孰优孰劣一直是一个有争议的问题。本节首先对完全的固定汇率制与完全的浮动汇率制进行比较,随后再介绍介于两者之间的其他汇率制度,最后讨论影响一国汇率制度选择的主要因素。

国际货币基金组织对汇率制度的分类

自 2009 年起,国际货币基金组织根据修订的方法每年报告各个国家汇率安排的信息。报告区分了成员国宣布的汇率安排和实际汇率安排的详细信息。宣布的安排依据各国的自述进行报告。实际汇率安排以观察到的事实为依据被分为以下三大类 10 小类,按照从固定到浮动的程度排列,分别是:

(1) 硬钉住(hard pegs)。包括 a. 没有独立法币的汇率安排(exchange arrangements with no separate legal tender)；b. 货币局安排(currency board arrangements)；(2) 软钉住(soft pegs)。包括 a. 传统的钉住安排(conventional pegged arrangements)；b. 规定波动幅度的钉住汇率(pegged exchange rates within horizontal bands)；c. 爬行钉住(crawling pegs)；d. 稳定性安排(stabilized arrangements)；e. 类似爬行安排(crawl-like arrangements)；(3) 浮动制度(floating regimes)。在浮动制度下汇率由市场决定，按特征分为：a. 浮动(floating)；b. 其他管理安排(other managed arrangements)；c. 自由浮动(free floating)。

这种分类依赖于可获取的有关各成员国实际汇率安排(de facto arrangements)的信息，经 IMF 职员分析后得出，它可能会与各国官方宣布(de jure)的安排不同。这种分类法于 2009 年 2 月 2 日正式生效。

一、固定汇率制与浮动汇率制的优劣比较

固定汇率制与浮动汇率制孰优孰劣是国际金融领域中一个长期争论不休的问题。从 20 世纪 60 年代起，就有大批著名学者陆续卷入了这场争论。比如赞成浮动汇率制的经济学家有弗里德曼(M. Friedman)、约翰逊(H. Johnson)、哈伯勒(G. Haberler)等，赞成固定汇率制的有纳克斯(R. Nurkse)、蒙代尔和金德尔伯格(C. Kindleberger)等。这一争论所涉及的问题是极为广泛的，我们可以将这些学者的观点归结为如下三个方面来加以介绍。

1. 实现内外均衡的自动调节效率问题

固定汇率制与浮动汇率制最大的区别在于：出现国际收支不平衡后，经济恢复内外均衡的自动调节机制不同。在固定汇率制下，货币当局会在固定的汇率水平下通过调整外汇储备来消除外汇市场上的供求缺口，并相应通过变动货币供应量来对经济不平衡进行调节。而在浮动汇率制下，政府则完全听任汇率变动来平衡外汇供求，进而调节经济运行。以上两种调节方式各有其特点，对于哪种调节方式更有效率的分析便构成固定汇率制与浮动汇率制度孰优孰劣争论的第一个问题。以下分别介绍支持浮动汇率制的四个理由，并在介绍每个理由时同时说明固定汇率制支持者的反驳。

(1) 简单性。以本国产品的国际竞争力下降为例，浮动汇率制的支持者认为：在浮动汇率制下，只需听任汇率这唯一的变量进行调整，让本币贬值即可，而在固

定汇率制下,则必须通过货币供应量的变动进而本国价格水平的变动来进行调节,这就牵涉到许多变量的调整。很显然,前者的调整必然时间更快、成本更低。尤其是本国价格调整存在黏性时,浮动汇率制的优势更为明显。

但是,固定汇率制的支持者指出,在很多情况下,对本国价格体系的调整是非常必要的,而仅仅或完全通过汇率变动是不合理的。例如,如果本国产品国际竞争力的下降是由于生产出口产品的经济部门的劳动生产率提高缓慢导致的成本过高所致,本币贬值虽可在短期内增加出口,但从长期看不利于本国产品竞争力的提高,从而不利于本国相关产业的发展。而在固定汇率制下,相关产业部门将被迫主动采取措施以降低成本、提高技术水平。这一价格调整往往是不可回避的。所以,从长期看,固定汇率制的调节成本反而较低。

(2) 自发性。在浮动汇率制下,只要一国的国际收支出现失衡,货币就会自动地贬值或升值,从而对国际收支与整个经济进行自发调节,不需要任何专门的政策乃至于强制措施。而在固定汇率制下,国际收支的失衡一般都需要政府制定出特定的政策组合来加以解决,这一过程中存在的时滞等问题使其效率较低,所以,浮动汇率制的调节更加灵活。

固定汇率制的支持者是从以下三个方面进行反驳的:首先,导致汇率变动的因素很多,汇率未必能按照平衡国际收支所需的方向进行调整。例如,如果一国在经常账户出现较大赤字的同时,存在大规模的资金流入,则本国货币不但不会贬值,反而会升值。这一升值若持续较长时间,将会给本国出口部门的竞争力带来严重且不可逆转的损害。经常账户的状况是国际收支平衡的基础,当再次出现大规模的资金流出时,货币贬值就很难迅速发挥效力。因此在这个过程中汇率变动就不能说是合理或合时的。其次,汇率只能通过价格因素影响到国际收支,而国际收支是由多种因素共同决定的,这就带来很多情况下汇率调整的乏力。例如,当一国产品的需求弹性较低,马歇尔—勒纳条件不满足时,或者一国吸收比例过高时,货币贬值都无法改善国际收支。再次,汇率对国际收支的调整往往需要国内政策的支持。例如,贬值刺激出口必须有相应的紧缩政策才可以避免因通货膨胀而抵消贬值的副作用,没有相应政策配合的汇率变动往往是难以发挥效力的。

(3) 微调性。在浮动汇率制下,汇率可以根据一国国际收支的变动情况进行连续微调而避免经济的急剧波动。而在固定汇率制下,一国对国际收支的调整往往是到了问题已经积累到相当程度时才发生,调整幅度一般较大,对经济的冲击也比较剧烈。

固定汇率制的支持者不否认固定汇率制下的调整较为僵硬,但是他们同时指出,固定汇率制可以避免许多无谓的汇率调整,尤其是当这些调整是货币性干扰或投机性干扰所造成的时候。例如,当资产市场上出现供求的暂时性变化时(例如本国货币需求的暂时下降),在固定汇率制下可以通过储备变动予以消除,避免汇率的频繁调整。另外,固定汇率制的支持者还指出,在资金流动对汇率形成具有决定性影响时,浮动汇率的无谓调整是很剧烈的,对经济的冲击也非常大。

(4)稳定性。浮动汇率制的支持者认为,以下两个因素使浮动汇率制具有稳定性。首先,浮动汇率制下的投机主要是一种稳定性投机(Stabilizing Speculation),因为投机者只有在货币币值相对于均衡水平被低估时买入该货币,或在货币币值相对于均衡水平被高估时卖出此货币,才能持续获利,而这一投机策略能够使被低估的货币升值,使被高估的货币贬值,对市场价格的影响是稳定性的,倾向于降低市场价格的波幅。其次,在浮动汇率制下,由于汇率随时都在进行调整,政府也不承诺维持某一汇率水平,因此投机性资金不易找到汇率明显高估(或低估)的机会,同时在进行投机活动时还得承担汇率反向变动的风险。而在固定汇率制下,政府对汇率的调整是很少见的,这便会给投机性资金找到汇率错误定值的时机;而且在政府承诺支持汇率水平时,投机活动就演变为和政府进行的较量,在前者实力非常强大的情况下,国际投机性资金可以从政府的失败干预中获得高额利润。尤其重要的是,固定汇率制下的投机活动可以不承担任何风险,失败后还可以按固定汇率水平进行抵补交易,大大刺激了投机活动的发生。所以,资金的高度流动再加上固定汇率制可能是一种最不稳定的组合①。

固定汇率制的支持者对此进行了针锋相对的反驳。首先,浮动汇率制下盛行的不是稳定性投机,而是非稳定性投机(Destabilizing Speculation)。投机者的心理往往是非理性的,其表现之一就是"羊群效应"(Herd Effects 或 Bandwagon Effects),也就是交易者往往在价格上涨时争相买进,价格下跌时纷纷卖出。结果是扩大了而不是缩小了市场价格的波幅。并且,实力较强的投机者还会故意制造价格的大幅波动以从中获利。比较而言,固定汇率制下的投机行为一般具有稳定性,因为投机者们预期汇率将会向固定水平调整,从而会在现实汇率水平与固定平价存在差异时通过缩小这一差异获利。其次,固定汇率制下政府的介入使市场交易者在心理上存在"名义驻锚"(Nominal Anchor),并通过改变投机者的预期对实现汇率的稳定施加影响,消除不确定性。而在浮动汇率制下,对未来汇率变动的预期则完全没有任何客观依据,这种高度的不确定性使外汇市场完全成为投机

---

① 在第七章分析货币危机原因时将对这一问题做更详细的分析。

者的乐园,凭一国政府之力很难对之进行制约和抗衡。

2. 实现内外均衡的政策利益问题

汇率制度的不同导致了内外均衡实现过程中政策工具(主要是财政、货币政策)的运用方式也不同。在固定汇率制下,政府必须将货币政策运用于对汇率水平的维持,而在浮动汇率制下则无此限制。针对这一特点,不同汇率制度的拥护者也从政策利益角度提出了各自的理由。

(1) 政策自主性。赞成实行浮动汇率制的重要理由之一是:货币政策可以从对汇率政策的依附中解脱出来,让汇率自发调节来实现外部平衡,而货币政策与财政政策则可专注于实现经济的内部均衡。并且,在浮动汇率制下,一国可以将外国的通货膨胀隔绝在外,从而独立制定有利于本国经济稳定与发展的财政货币政策。

固定汇率制的支持者则指出,首先,完全利用汇率政策来解决外部平衡意味着政府准备接受任何汇率水平,这显然是不可能的,因为一国的货币政策不可能完全不受外部因素的制约。其次,汇率调整必须有相应的其他国内政策的配合才能实现自动调整,譬如,根据国际收支的货币论,本币贬值时,只有国内信贷不扩大,才能带来国际收支改善。再次,浮动汇率制不可能真正隔绝外国通货膨胀对本国的影响,本国汇率的波动仍然会通过货币工资机制、成本机制等多种途径对国内物价水平发生作用。

不同汇率制度下通货膨胀的国际传导

在固定汇率制下,一国(称作 A 国)的通货膨胀通过两条途径传递到另一国(称作 B 国):第一,A 国商品价格上升,在汇率固定时,B 国进口的 A 国商品价格上升,并通过货币工资、成本等机制,按照一定的比例传递到 B 国其他产品的价格上,带来 B 国价格水平的普遍上升;第二,A 国商品价格上升,B 国国内产品相对便宜,导致出口增加,进口减少,B 国货币有升值压力,为维护固定汇率制度,B 国货币当局必须在市场上买入外汇,抛出本国货币,结果是国内货币供应量上升,物价随之上涨。

如果 B 国采用浮动汇率制,则当 A 国发生通货膨胀时,由于 B 国没有维护固定汇率的义务,B 国的货币就会升值,因此传递的第二条途径不起作用;但是,B 国货币的升值常常不能够将 A 国商品的涨价完全抵消,B 国进口的 A 国商品仍然会价格上升,因此传递的第一条途径仍然会发生一定作用。

汇率传递的不对称效应（或棘轮效应）

第五章说到，本国货币的贬值（低估），能较快有利于外延经济的增长，本国货币升值（高估），只能较慢有利于内涵经济的增长，汇率变动存在不对称效应或称棘轮效应。在这里，我们需要特别指出，汇率变动除了对经济增长方式存在不对称效应外，对通货膨胀的传导也存在不对称效应。由于价格刚性的存在，在固定汇率制下，国际收支顺差的国家为了维持汇率的稳定而不得不在外汇市场抛出本国货币，从而本国货币供应量增加，物价上升；而国际收支逆差的国家虽然为了维持汇率的稳定而在外汇市场回笼本国货币，但物价水平却不容易同等程度地下降，这是汇率变动在通货膨胀传导中的第一个不对称效应。同样，由于价格刚性的存在，在浮动汇率制下，国际收支逆差的国家其货币汇率下降，进口物价和整体物价水平上升；国际收支顺差的国家其货币汇率上升，进口物价和整体物价却不容易同等程度地下降，这是汇率变动在通货膨胀传导中的第二个不对称效应。通货膨胀传导中的这两个不对称效应，都被称为汇率变动的棘轮效应。这样，本教材就得到了汇率变动的三个棘轮效应：第一个棘轮效应是关于汇率变动与经济增长方式的关系而言的，是基于长期分析而得到的；第二个和第三个棘轮效应是关于汇率变动与通货膨胀传导的关系而言的，是基于中短期分析而言的。

（2）政策纪律性。浮动汇率制的拥护者指出，浮动汇率可以防止货币当局对汇率政策的滥用。例如，当一个发展中国家存在大量进口需求时，会故意高估本国货币币值以减少进口成本，这一做法往往会造成进口过度、外汇短缺、出口衰退、债务状况恶化等严重后果。再例如，出口导向型国家往往故意低估本国货币以达到增加出口的目的，这可能会恶化本国贸易条件，不利于经济的长久发展。在浮动汇率制下，对汇率政策的滥用则难以发生，因为汇率已经脱离了当局的控制而由市场供求决定。

固定汇率制的支持者指出，固定汇率制可以防止货币当局对货币政策的滥用。在固定汇率制下，当货币当局扩大货币供应时，就会面临本国利率下降、资金流出、本国货币贬值的压力，为了维护固定汇率，货币当局就需要动用外汇储备，从而基础货币重新减少，货币当局的扩张性政策受到了约束。而在浮动汇率制下，一国可以更自主地推行扩张性政策，不必顾及本国货币的贬值。

(3) 政策效力的放大性。在浮动汇率制和固定汇率制下,财政政策和货币政策的效果是不同的,在浮动汇率制下货币政策较为有效,在固定汇率制下财政政策较为有效[①],因此政府需要根据其操控经济的主要手段,以及运用各项手段的条件不同而选用不同的汇率制度。当一国的金融市场较为发达时,政府使用货币政策的便利性就会提高,与之配合,政府可以选择浮动汇率制度。倡导固定汇率制的研究者还指出,政府在对固定汇率的维系中,会获得执行政策始终一致的声誉。这样在政府的政策实施过程中,会通过影响人们的心理预期而收到额外的效果。

3. 对国际经济关系的影响

(1) 对国际贸易、投资等活动的影响。浮动汇率制的拥护者从两个方面来论证浮动汇率有利于国际间经济交往。首先,汇率自由浮动使固定汇率制下政府为维持固定汇率而采取的种种直接管制措施失去必要,浮动汇率制可以推动经济自由化,从而会极大地促进国际间经济交往的发展。其次,汇率浮动固然给国际贸易、投资带来了一定的不确定性,但这可以通过远期交易等方式来加以规避,国际金融创新的飞速发展已使这一问题的严重性大大减轻了。

赞成固定汇率制的人则认为绝不能低估浮动汇率对国际贸易与投资的危害。首先,进行各项规避风险的交易本身也是有成本的,有时成本还比较高,这不可避免地会对国际经济活动产生负面影响。其次,许多经济活动是无法规避汇率风险的,例如跨国的长期投资等。另外,广大发展中国家由于金融市场不发达,缺乏远期交易等规避风险的工具,浮动汇率制对它们是特别不利的。

(2) 对国际间政策协调的影响。在浮动汇率制下,由于缺乏关于汇率约束的协议,各国将本国国内经济目标摆在首位,易于利用汇率的自由波动而推行“以邻为壑”的政策,这会造成国际经济秩序的混乱。

对此,浮动汇率制的拥护者则指出:首先,汇率本质上是个具有“竞争性”的变量,任何一种汇率制度都不可能完全解决这一问题。其次,在浮动汇率制下,汇率的大幅度波动往往会引起各国的关注,进而形成国际间的磋商协调,这在某种程度上反而会加强各国的政策协调。

以上是固定汇率制与浮动汇率制孰优孰劣争论的主要内容。可以看出,两种汇率制度各有特点,都不是十全十美。就本质来说,这两种汇率制度的比较,实际上意味着在内外均衡目标的实现中对“可信性”(Credibility)与“灵活性”(Flexibility)的权衡,而这两者常常是不可兼得的。因此,从纯粹抽象的讨论来

---

① 本节下面介绍的不同汇率制度下的政策有效性分析对此有较为详细的分析。

看,并不能简单得出哪种汇率制度更为优越的结论。

汇率制度的争论与国际金融学核心理论的发展

国际金融学萌芽于以货币为媒介的国际经济交往,但它作为一门独立学科的真正形成是在 20 世纪 60～70 年代。在当时布雷顿森林体系难以维持并最终瓦解的背景下,学者们就汇率制度的选择和汇率变动的效应进行了一系列争论,争论中形成了当代国际金融学的核心理论,争论的参与者中也产生了多位诺贝尔经济学奖得主和著名学者。

在这些争论中产生的国际金融学核心理论,除包括本节所介绍的固定汇率制和浮动汇率制优劣的对比分析外,还包括:不同汇率制度下货币政策和财政政策相对有效性的分析,它从另一个角度比较了不同汇率制度;三元悖论理论,它讨论了汇率制度灵活程度的成本与代价问题;最优货币区理论,它讨论了汇率制度选择的经济标准问题;复汇率理论,它讨论了汇率作为相对价格,对不同产业结构的影响问题等等。这些理论的有序组合构成了国际金融学的主体内容,而汇率问题则成为国际金融学的核心问题。

二、不同汇率制度下宏观经济政策的相对有效性分析

与固定汇率制和浮动汇率制优劣争论相关联的一个问题是:在这两种制度下货币政策和财政政策的相对有效性。我们在这里继续使用蒙代尔—弗莱明模型来分析政策有效性。关于蒙代尔—弗莱明模型的基本框架,请读者回顾第四章第三节的有关内容,我们在这里再次列举出 IS、LM 和 BP 三条曲线的基本公式以方便读者记忆。

表示商品市场均衡的 IS 曲线为 $i = \dfrac{\overline{A} + ce - (1+t)Y}{b}$ 　　　　　　(6-1)

表示货币市场均衡的 LM 曲线为 $i = \dfrac{kY - M^s}{h}$ 　　　　　　(6-2)

表示国际收支平衡的 BP 曲线为 $(ce - tY) + \omega(i - i^*) = 0$ 　　　　　　(6-3)

本节只给出资本完全流动条件下的分析范例,因此 $\omega \to +\infty$,在 i-Y 平面内,BP 曲线是一条水平直线,对应的是国际利率水平 i^*。

1. 固定汇率制下的财政政策

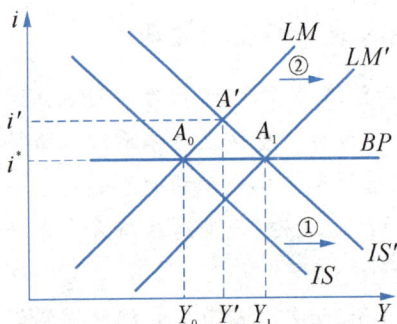

图 6-2　固定汇率制度下的财政政策

假设经济原先在点 A_0 处达到平衡,国内利率等于国际利率 i^*。现在,政府采取扩张性的财政政策[在本书给出的简化表达式(4-4)中,反映为 $\overline{A}$ 的上升],体现为 IS 曲线右移到 IS'(在图 6-2 中用①表示),产出增加到 Y'。在货币供应量不增加而产出增加的情况下,为了使货币市场平衡,利率会上升到 i',从而超过国际利率水平。

在国内利率高于国际利率的情况下,由于资本可以完全流动,所以国外的资本就会流入本国,造成资本账户顺差,在外汇市场上,形成对本国货币的需求,本国货币有升值的压力。为了维持固定汇率制度,货币当局会在外汇市场上卖出本币,买入外币,在此过程中,货币当局不断增加货币投放[反映为(4-6)式中的 M^S 增加],LM 曲线不断右移,利率下降,直到 LM 曲线右移到 LM' 时(在图 6-2 中用②表示),LM' 曲线与 IS' 曲线决定的国内利率水平才重新等于国际利率水平,经济在点 A_1 处重新达到内外均衡。因为在此过程中,货币供给被动扩张了,所以此时的产出水平比封闭经济下使用财政政策所能达到的产出水平更高,达到了 Y_1 的水平。也就是说,在固定汇率制度下,当资本完全流动时,财政政策对实现经济扩张的目标是有效的。

2. 固定汇率制下的货币政策

仍然假设经济在点 A_0 处达到平衡。现在,货币当局采取扩张性的货币政策,体现为 LM 曲线右移到 LM'(在图 6-3 中用①表示)。在政府支出不扩大的情况下,LM' 曲线与 IS 曲线相交于 A' 点,产出增加到 Y',利率下降到 i',低于国际水平。

在国内利率低于国际利率的情况下,由于资本可以完全流动,所以本国资本就会流出,造成资本账户逆差,在外汇市场

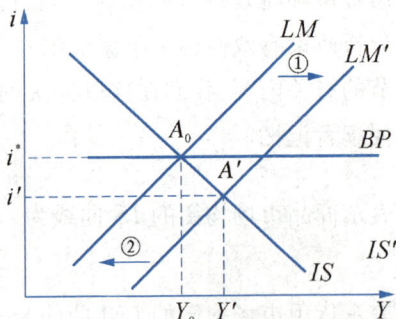

图 6-3　固定汇率制度下的货币政策

上,形成对外国货币的需求,本国货币有贬值的压力。为了维持固定汇率制度,货币当局会在外汇市场上卖出外币,买入本币,在此过程中,货币当局不断紧缩货币,LM'曲线不断左移,利率上升,直到LM'曲线重新回到原来LM曲线的位置时(在图 6-3 中用②表示),LM曲线与IS曲线决定的国内利率水平才重新等于国际利率水平,经济仍然在点A_0处达到内外均衡。在此过程中,货币供给主动的扩张被维持固定汇率而实行的货币紧缩所抵消了。也就是说,在固定汇率制度下,当资本完全流动时,货币政策对实现经济扩张的目标是无效的。

3. 浮动汇率制下的财政政策

浮动汇率制下,政府扩大开支造成的IS曲线移动(在图 6-4 中用①表示)、本国利率上升以及随之产生的本币升值压力,都是和固定汇率制下财政政策的分析一样的。

但是,在浮动汇率制下,货币当局不会为维持汇率而干预市场。这一方面导致货币供应不变,LM曲线不移动;另一方面导致本币随市场要求而升值[反映为式(4-4)中e的下降]。本币升值会带来净出口下降和产出下降,IS'曲线不断左移,利率下降,直到IS'曲线重新回到原来IS曲线的位置时(在图 6-4 中用②表示),IS曲线与LM曲线决定的国内利率水平才重新等于国际利率水平,经济仍然在点A_0处达到内外均衡。在此过程中,财政支出主动的扩张被本币升值带来的净出口下降所抵消了。也就是说,在浮动汇率制度下,当资本完全流动时,财政政策对实现经济扩张的目标是无效的。

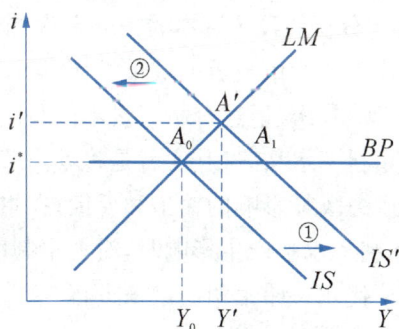

图 6-4　浮动汇率制度下的财政政策　　图 6-5　浮动汇率制度下的货币政策

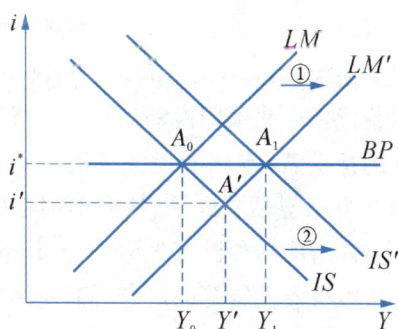

4. 浮动汇率制下的货币政策

浮动汇率制下,货币当局增加货币供给所引起的LM曲线移动(在图 6-5 中用①表示),本国利率下降以及随之产生的本币贬值压力,都是和固定汇率制下货币政策的分析一样的。

但是,在浮动汇率制下,货币当局不会为维持汇率而干预市场。这一方面导致货币供应不变,LM'曲线不再移动;另一方面导致本币随市场要求而贬值[反映为式(4-4)中 e 的上升]。本币贬值会带来净出口上升和产出上升,IS 曲线不断右移,利率上升,直到 IS 曲线到达 IS' 曲线的位置时(在图6-5中用②表示),IS'曲线与 LM'曲线决定的国内利率水平才重新等于国际利率水平,经济在点 A_1 处重新达到内外均衡。在这个过程中,货币供给增加引发的本币贬值进一步增加了商品市场的需求,产出水平比封闭经济下使用货币政策所能达到的产出水平更高。也就是说,在浮动汇率制下,当资本完全流动时,货币政策对实现经济扩张的目标是有效的。

概括起来,从财政政策、货币政策对产出的影响效果看,蒙代尔—弗莱明模型的结论是:在资本完全自由流动的情况下,固定汇率制度下财政政策有效,而货币政策无效(但可以改变基础货币的构成);浮动汇率制度下,货币政策有效,而财政政策无效(但可以改变总需求的构成),这一结论可以归纳为表6-2。

表6-2 蒙代尔—弗莱明模型对不同汇率
制度下政策有效性的分析

	固 定 汇 率	浮 动 汇 率
货 币 政 策	无 效	有 效
财 政 政 策	有 效	无 效

对以上的分析需要做两点说明:首先,上述分析假设了资本的完全流动,在资本完全不流动或不完全流动的情况下,财政政策和货币政策的效果如何,请读者根据蒙代尔—弗莱明模型的框架自行思考分析。其次,上述分析假设本国是国际利率的接受者,本国的经济政策不会影响国际利率水平,这其实就是将本国假设成为一个小型开放经济,从而不用考虑本国经济政策影响的输出和反馈;在本国的实际冲击能对外国产生影响,尤其是对国际利率水平产生影响时,对汇率制度、经济政策有效性等等的研究就需要用两国的蒙代尔—弗莱明模型来进行,这将在本书第八章介绍。

5. 蒙代尔—弗莱明模型的政策启示

以上通过蒙代尔—弗莱明模型对不同汇率制度下宏观经济政策有效性的分析,可以得到一个重要启示:在维持固定汇率制度、允许资本自由流动和保持货币政策独立性三个目标间,只能同时实现两个。具体来说:在固定汇率制度下,资本的自由流动,会使一国的货币供应量受资本进出的影响,使本国无法维持与国际利率水平的差距,货币政策失去独立性(即图 6-3 所示);要维持货币政策的独立性和资本自由流动,就必须允许汇率自由浮动(即图6-5 所示);如果既要维持固定汇率制度,又要执行独立的货币政策,就要限制由于国内外利率不同而发生的资金流动。[①] 这一结论就是著名的三元悖论(Mundellian Trilemma 或 Impossible Trinity,见图 6-6)。

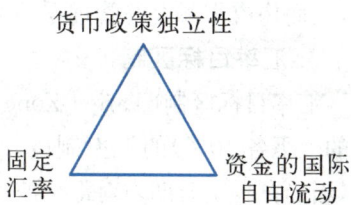

图 6-6 国际金融学中的三元悖论

三、其他汇率制度简介

固定汇率制和浮动汇率制是对现有汇率制度的抽象划分,在现实中,很多国家实行的汇率制度不能简单地用固定或浮动来划分,譬如在固定和自由浮动之间的爬行钉住制度和汇率目标区制度,以及比固定汇率制度更极端的货币局制度等等,我们在此加以简介。

1. 爬行钉住制

爬行钉住制(Crawling Peg)是指汇率可以作经常地、小幅度调整的固定汇率制度。这一制度有两个基本特征:首先,实施爬行钉住制的国家负有维持某种平价的义务,这使得它属于固定汇率制度这一类别。其次,这一平价与一般的可调整钉住制有区别:后者的平价调整是很偶然的,而且一般幅度很大;而爬行钉住制则经常性地作小幅调整。

爬行钉住制在 20 世纪 60 年代时曾引起过学术界较为广泛的讨论。自那时起,也有一些国家相继采用了这一制度,例如智利(1965～1970,1973～1979),韩国(1968～1972),秘鲁(1976～1977,1978～1984)等等,但为数并不多。

2. 管理浮动制

管理浮动(Managed Floating Exchange Rate)汇率制度有时也可称为肮脏浮动(Dirty Floating Exchange Rate)汇率制度。在这种制度下,在表面上,汇率是由市场自发的供求关系决定的,即自由浮动的,但实际上,政府暗中也在市场上买卖外汇,通过买卖外汇,实行对汇率的干预和管理,以使汇率的走势或波动幅度符

---

① 三元悖论是否真的成立,是一个有争议的问题。例如,当资本不能自由流动时,独立的货币政策与固定汇率之间也存在冲突。有兴趣的读者可以对此问题作进一步的思考。

合自己的愿望。管理浮动汇率制是现实生活中被广泛采用的一种汇率制度。有些国家虽然名义上采用的是浮动汇率,但实际上或多或少地对外汇市场进行干预,从而构成实际上的管理浮动汇率制。

3. 汇率目标区制

汇率目标区制(Target Zone)是指将汇率浮动限制在一个区域内(例如中心汇率的上下各10%)的汇率制度。它相对于管理浮动汇率制有两点主要不同:第一,当局在一定时期内对汇率波动有比较确定的区间限制;第二,当局要更为关注汇率变动,必要时要利用货币政策等措施将汇率波动尽可能地限制在目标区内。目标区制度与可调整钉住的汇率制度的主要区别则在于:在目标区制度下,以政府公布的中心汇率为基准,汇率允许波动的范围更大。

依据目标区区域的幅度、目标区调整的频率、目标区的公开程度以及对目标区进行维持的承诺程度,可分为严格的目标区与宽松的目标区两种类型。前者的目标区区域较小、区域上下限极少变动、目标区域公开,政府负有较大的维持目标区的义务。后者则是目标区区域较大、区域上下限经常进行调整、目标区域保密,政府只是有限度地将货币政策运用于对目标区的维持上。

汇率目标区在进入20世纪90年代后引起了研究者的特殊兴趣,这是因为,在新形势下目标区域内的汇率变动具有某些非常重要的特征。

假定交易者确信汇率目标区是可信的,政府在市场汇率变动到目标区的上下限时会进行有效的逆向干预。那么,以本币贬值为例,当本币汇率(直接标价法)上升到目标区上限附近时,交易者预期到政府将会干预,本币将会升值,为了获得收益,交易者会在外汇市场上买入本币,抛出外币,从而自发导致本币升值,汇率向中心水平接近,政府从而无须实际干预外汇市场。本币升值的情况也是类似的。在政府承诺可信的前提下,目标区下的市场汇率围绕着中心汇率上下波动,当离开中心汇率至一定程度后便会自发向之趋近,这一情形正如情侣在短暂分离后必然期待重聚,因此被形象地称为"蜜月效应"(Honeymoon Effect),如图6-7所示。

汇率目标区下的汇率变动还存在另外一种情况,那就是由于经济基本面向某一个方向的变动程度很大并且已表现为长期的趋势,市场交易者普遍预期汇率目标区的中心汇率将作较大的调整时,此时政府维持汇率目标区的承诺不再具有普遍的可信性。在这种情况下,投机发生,市场汇率波动将不再自动倾向或回归于中心汇率。相反,两种力量的较量使此时的汇率波动非常剧烈并倾向于导致中心汇率的崩溃。与前面的分析相对应,这一汇率变动情况正如情侣们发现存在根本上的性格不合,从而不再期待婚姻的持续,因此被称为"离婚效应"(Divorce Effect)。

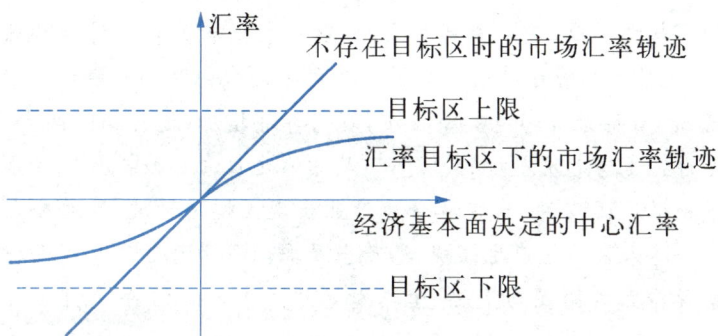

图 6-7　汇率目标的蜜月效应示意图

可以看出,汇率目标区是对汇率制度可信性与灵活性的一种折中,这导致它的汇率波动也具有双重特征。显然,这种双重特征对达成开放经济内外均衡的同时实现有利也有弊。怎样运用目标区制度因而也成为当代国际金融理论和政策研讨的一个热门话题。

4. 货币局制

货币局制(Currency Board)是指在法律中明确规定本国货币与某一外国可兑换货币保持固定的兑换率,并且对本国货币的发行做特殊限制以保证履行这一法定的汇率制度。货币局制通常要求货币发行必须以一定(通常是百分之百)的该外国货币作为准备金,并且要求在货币流通中始终满足这一准备金要求。这一制度中的货币当局被称为货币局,而不是中央银行。货币局制度是固定汇率制度的一个特例,或者说,是一种极端的固定汇率制度。本国的货币不但在汇率上和外币挂钩,而且货币发行量的多少也不再听任货币当局的主观愿望或经济运行的实际状况,而是取决于可用作准备的外币数量的多少。

在货币局制度下,货币当局失去了货币发行的主动权,但可以有效地约束政府的支出,减少通货膨胀。在货币局的建立过程中,各国常常会根据具体情况对之进行一定修改,我国的香港实行的联系汇率制度就是一种货币局制度。

香港的联系汇率制

一、联系汇率的背景

香港自 1935 年放弃银本位制以来,先后实行过英镑汇兑本位制和纸币管理本位制。与之相应,在汇率制度方面,也分别采取过与英镑挂钩的固定汇率制、与美元挂钩的管理浮动汇率制和港元完全自由浮动的浮动汇率制。从1978年开始,香港经济环境不断恶化,贸易赤字增加,通货膨胀高企,加之实际以港元存款支持港元发行的、保障不足的港元自由发钞制度①,为港元信用危机埋下祸根。1982年,在香港房地产业出现大幅度滑坡、香港公众和外国投资者对香港未来前途产生怀疑、港英当局取消外币存款利息税而保留港元存款利息税等因素的促动下,终于爆发港元危机。1982年7月1日～1983年6月30日,港元兑美元的汇率由1美元兑换5.913港元跌至1美元兑换7.2港元,港元贬值18%。这一港元危机在1983年9月达到高峰,9月1日的港元汇率为1美元兑换7.580港元,至9月26日已急泻到1美元兑换9.600港元,引起居民的挤兑和抢购风潮。在此背景下,为挽救港元危机,恢复港元信用,港英当局决定改变浮动汇率制,转而实行联系汇率制。

二、联系汇率制的主要内容

1983年10月15日,港英当局在取消港元利息税的同时,对港元发行和汇率制度做出新的安排:要求发钞银行②在增发港元纸币时,必须按1美元兑换7.8港元的固定汇率水平向外汇基金缴纳等值美元,以换取港元的债务证明书,作为发钞的法定准备金;货币回笼时,外汇基金保证以1美元兑换7.8港元的固定汇价向发钞行赎回负债证明书;同时,发钞行以同样汇价向其他持牌银行提供港元现钞以及接受这些银行所交回的港元现钞。以上新安排宣告港元联系汇率制的诞生,它固定了港币与美元之间的汇率,并使港元的发行重新获得百分之百的外汇(美元)准备金支持,对稳定香港经济起到了积极的作用。

三、联系汇率制的运作机制

在联系汇率制下,香港存在着两个平行的外汇市场,即银行间按固定汇率兑换港元和美元的同业外汇市场,以及多种投资者参与的公开外汇市场,相应地,存在着官方固定汇率和市场汇率两种平行的汇率。而联系汇率制度的运作,正是利用银行在上述平行市场上的竞争和套利活动进行的。

---

① 从1978年起,发钞行可以通过记账方式向外汇基金贷款以获取债务证明书并发行港元,外汇基金再用对发钞行的债权在外汇市场购入外币作为发行纸币的准备金。这就意味着,作为港元最终兑换者的外汇基金,其用来为港元兑换做准备的资产,不但包括外币,还包括以港元计的对发钞行的债权(港元存款),从而,港元兑换的保障就不是百分之一百的了。

② 当时,发钞银行为汇丰银行和渣打银行,1993年1月起又增加了中国银行。

举例说,当市场汇率为 7.9 港元兑换 1 美元时,某个非发钞银行目前有 780 万元多余港元现钞,它就会在同业外汇市场上将现钞交还发钞银行,按照 7.8 港元兑换 1 美元的联系汇率换得 100 万美元,再将换到的美元在公开市场上抛出,得到 790 万港元,这样,非发钞银行就获得了 10 万港元的利润。同时,发钞银行也会将 780 万港元的债务证明交还外汇基金,以 7.8 港元兑换 1 美元的联系汇率换回美元,同样在公开市场上抛售获利。当所有的发钞银行和非发钞银行都如此行动时,则:① 银行在公开市场上抛售美元,导致公开市场上美元供应增加;② 发钞银行向外汇基金交还港元,港元基础货币收缩,公开市场上港元供应减少。从而,市场上港元和美元的供求关系发生变化,促使港元的市场汇率向 7.8 港元兑换 1 美元的联系汇率运动。当市场汇率低于联系汇率时,银行的套利活动将按相反方向进行,同样会使市场汇率向联系汇率趋近。政府通过对发钞银行的汇率控制,维持整个港元体系对美元的联系汇率;通过银行之间的套利活动,使市场汇率围绕联系汇率波动并向后者趋近。这一过程可以用图表示。

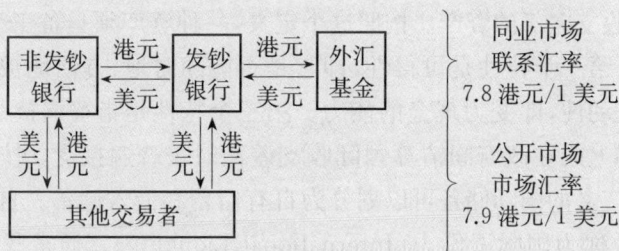

港元市场汇率的套利和自动调节

四、联系汇率制的利弊

联系汇率制的最大优点在于有利于香港金融的稳定,而市场汇率围绕联系汇率窄幅波动的运行也有助于香港国际金融中心、国际贸易中心和国际航运中心地位的巩固和加强,增强市场信心。但是,这一汇率制度也存在一些缺点。它使香港的货币供应量指标过分依赖和受制于美国,从而严重削弱了运用货币供应量杠杆调节本地区经济的能力。同时,联系汇率制也使通过汇率调节国际收支的功能无从发挥。此外,联系汇率还被认为促成了香港高通货膨胀与实际负利率并存的局面。因此,目前对于联系汇率制是留是弃是一个颇有争议且又十分敏感的问题。

第三节　外汇储备管理及其 适量性分析

从上面两节分析可以看到,外汇直接管制的松紧程度,以及汇率制度的灵活程度,都与一国外汇储备的多少有密切关系。如果一国货币当局的外汇储备十分富余,则其实施外汇管制的必要性就会降低,其稳定汇率的能力就会提高。事实上,除了外汇储备外,一国货币当局还有其他一些自有的或借入的资产可以用来支付国际收支差额。为了教学上的全面性,本节首先对此作一个全面的介绍,然后重点介绍外汇储备管理问题。

一、国际储备的定义和作用

国际储备(International Reserve),是指一国货币当局能随时用来干预外汇市场、支付国际收支差额的资产。按照这个定义,一种资产须具备三个特性,方能成为国际储备。第一个特性是可得性,即它是否能随时地、方便地被政府得到。第二个特性是流动性,即变为现金的能力。第三个特性是指普遍接受性,即它是否能在外汇市场上或在政府间清算国际收支差额时被普遍接受。按照国际储备的定义和特性,广义的国际储备可以划分为自有储备和借入储备。自有储备和借入储备之和又可称为国际清偿力(International Liquidity)。通常我们讲的国际储备,是指自有储备,其数量多少反映了一国在涉外货币金融领域中的地位。而自有储备和借入储备之和的国际清偿力,则反映了一国货币当局干预外汇市场的总体能力。虽然借入储备多半是短期的,但因为引起汇率波动的因素有许多是短期因素,因此,包含自有储备和借入储备的国际清偿力,常常被经济研究人员和外汇市场交易者视作一国货币金融当局维持其汇率水平能力的重要依据。

国际储备的作用,可以从两个层次来理解。第一个层次,是从世界的范围来考察国际储备的作用。随着世界经济和国际贸易的发展,国际储备也相应增加,它起着支持国际商品流动和世界经济发展的作用。第二个层次是具体到每一个国家来考察。各国持有国际储备的主要目的如下:

第一,清算国际收支差额,维持对外支付能力。当一国发生国际收支困难时,政府需采取措施予以纠正。如果国际收支困难是暂时性的,则可通过使用国际储备予以解决,而不必采取影响整个宏观经济的财政政策与货币政策来调节。如果国际收支困难是长期的、巨额的或根本性的,则国际储备可以起到一种缓冲作用,它使政府有时间渐进地推进其财政与货币调节政策,避免因猛烈的调节措施可能带来的社会震荡。

第二,干预外汇市场,调节本国货币的汇率。当本国货币汇率在外汇市场上发生变动或波动时,尤其是因非稳定性投机因素引起本国货币汇率波动时,政府可动用储备来缓和汇率的波动,甚或改变其变动的方向。通过出售储备、购入本币,可使本国货币汇率上升;反之,通过购入储备、抛出本币,可增加市场上本币的供应,从而使本国货币汇率下浮。由于各国货币金融当局持有的国际储备总是有限的,因而外汇市场干预只能对汇率产生短期的影响。但是,汇率的波动在很多情况下是由短期因素引起的,故外汇市场干预能对稳定汇率乃至稳定整个宏观金融和经济秩序,起到积极作用。

第三,信用保证。国际储备的信用保证作用,包含几层意思。第一是可以作为政府向外借款的保证;第二是可以用来支持对本国货币价值稳定性的信心。比较充足的国际储备有助于提高一国的债务信用和货币稳定性的信心。

二、国际储备的构成

1. 自有储备

自有储备就是通常所说的国际储备,这类储备的所有权归一国货币当局,因而是严格意义上的国际储备,它包括一国货币当局持有的黄金储备、外汇储备、在国际货币基金组织的储备头寸,以及在国际货币基金组织的特别提款权(Special Drawing Rights)余额。

(1) 黄金储备。自 1976 年起,根据国际货币基金组织的《牙买加协议》,黄金同国际货币制度和各国的货币脱钩,黄金不准成为货币制度的基础,也不准用于政府间的国际收支差额清算。但是,基金组织在统计和公布各成员国的国际储备时,依然把黄金储备列入其中,主要原因是:黄金长期以来一直被人们认为是一种最后的支付手段,它的贵金属特性使它易于被人们所接受,加之世界上存有发达的黄金市场,各国货币当局可以较方便地通过向市场出售黄金来获得所需的外汇,平衡国际收支的差额。

自黄金与国际货币体系脱钩以来,由于金价的波动,基金组织在公布各国货币当局的黄金储备时,采用了三种方法。一种是公布数量(以盎司为单位),一种是按每盎司 35 特别提款权公布黄金储备的金额,最后一种是按各种口径(比如年底的或年平均)的市场价格公布各国的黄金储备金额。既然黄金已经同货币制度脱钩,因此,按 35 特别提款权这一官价来计算各国的黄金储备已没有什么意义。只有黄金储备的数量和市场价格,才能对宏观经济分析和微观经济决策产生实际的影响。

(2) 外汇储备。外汇储备是指各国货币当局持有的外汇资产。在当今世界经济中,外汇储备构成国际储备的主体,这体现在两个方面:第一,外汇储备的使用频率最高;第二,外汇储备的数额最大。以 2015 年 12 月 30 日的数据为例,国际货币基金组织全体成员的外汇储备金额为 109 248.2 亿美元,是按市价计算的成员国黄金储备(11 157.7 亿美元)的 9.8 倍,是在基金组织储备头寸(879.9 亿美元)的 124.2 倍,是基金组织特别提款权累计分配额(2 829.7 亿美元)的 38.6 倍。

由于外汇储备是国际储备中的主体,因此,就全球而言,外汇储备供给状况直接影响世界贸易和国际经济往来能否顺利进行。供给太少,很多国家将被迫实行外汇管制或采取其他不利于国际经贸活动顺利开展的措施;反之,若供给太多,又会增加世界性通货膨胀的压力。因此,外汇储备的供应如何在总体上保持适量,是国际金融研究的一个重要课题。

在 20 世纪 70 年代以前,外汇储备的供应主要依赖于美元。美国通过其国际收支逆差,使大量美元流出美国,形成一种世界性货币,其中一部分被各国政府所拥有,成为各国的美元储备。自 70 年代初期起,由于美元币值的相对不稳定,由于其他一些国家如日本、德国在经济上的崛起以及在世界经贸领域中作用的扩大,储备货币的供应开始出现多样化。目前,虽然美元在世界外汇储备中所占的比重仍然最大,但与 70 年代初期比,其重要性已有所下降。我们将在第八章中,详细分析储备货币多样化的优劣。

表 6-3 基金组织成员国外汇储备的币种构成

货 币	2000 年	2005 年	2010 年	2015 年	2016 年
美 元	71.13%	66.52%	62.14%	64.33%	63.96%
英 镑	2.75%	3.75%	3.93%	3.90%	4.42%
日 元	6.06%	3.96%	3.66%	4.19%	4.21%
瑞士法郎	0.27%	0.15%	0.13%	0.29%	0.17%
欧 元	18.29%	23.89%	25.71%	20.56%	19.74%
人 民 币					1.07%
其 他	1.49%	1.74%	4.43%	6.72%	6.43%

资料来源:国际货币基金组织(IMF)COFER 数据库(Currency Composition of Official Foreign Exchange Reserves),2016 年 12 月。

（3）在基金组织的储备头寸。国际货币基金组织犹如一个股份制性质的互助会。当一个国家加入基金组织时，须按一定的份额向该组织缴纳一笔钱，作为入股基金，我们称之为份额。按该组织现在的规定，认缴份额的 25％须以可兑换货币缴纳，其余 75％用本国货币缴纳。当成员国发生国际收支困难时，有权以本国货币抵押的形式向该组织申请提用可兑换货币。提用的数额分五档，每档占其认缴份额的 25％，条件逐档严格。由于第一档提款额就等于该成员国认缴的可兑换货币额，因此，条件最宽松。在实践中，只要提出申请，便可提用这一档。我们称这一档提款权为储备部分提款权，其余四档为信用提款权。所谓储备头寸，是指一成员国在基金组织的储备部分提款权余额，再加上向基金组织提供的可兑换货币贷款余额①。

（4）特别提款权贷方余额。特别提款权（Special Drawing Right，SDR）既是国际货币基金组织创立的一种记账单位，又是相对于普通提款权之外又一种使用资金（可兑换货币）的权力。基金组织于 1969 年创设特别提款权，并于 1970 年按成员国认缴份额开始向参加特别提款权部的成员国分配特别提款权。到 2010 年底为止，基金组织共分配了约 2 040.7 亿特别提款权，按 2010 年底汇率计算，约合 3 143 亿美元。

① 特制提款权的运作。基金组织设有特别提款权部，参与的成员国均设有一特别提款权账户。当基金组织向成员国分配特别提款权时，将一成员国分到的数额记录在该国特别提款权账户的贷方。当该成员国发生国际收支困难而需动用特别提款权时，基金组织按有关章程通过协调指定一国（通常是国际收支处于顺差的国家）接受特别提款权。以 A、B 两国为例，设 A、B 两国分别分配到 10 亿特别提款权，当 A 国发生国际收支逆差而需动用 2 亿特别提款权、B 被指定接受特别提款权时，在 A 国的特别提款权账户借方记录 2 亿，在 B 国的账户贷方加上 2 亿，同时，B 国的中央银行将等值的可兑换货币转入 A 国的中央银行，A 国中央银行遂可用所得到的这笔可兑换货币来平衡国际收支差额。

A 国特别提款权账户

借方	贷方
2 亿	10 亿
余额	8 亿

B 国特别提款权账户

借方	贷方
	10 亿 2 亿
余额	12 亿

---

① 有关基金组织的介绍请参见本书第八章。

② 特别提款权的定价。在创始之初,特别提款权的定价方法为 1 特别提款权等于 1 美元,35 特别提款权等于 1 盎司黄金。1971 年美元危机发生后,美元对黄金贬值,特别提款权的定价未变,仍为 35 特别提款权等于 1 盎司黄金。1973 年美元危机后,美元与黄金脱钩,黄金与货币体系脱钩,基金组织在 1976 年的《牙买加协议》中规定黄金不再成为货币的定价基础。于是,特别提款权的定价方法也发生了改变,改为用一组货币的价值来确定特别提款权的价值,该组货币中各种货币在特别提款权价值构成中的比重由相应的权重来决定。自 1976 年以来,该货币组中的成员数量发生了多次变动,2010 年底确定的货币组成员为美元、欧元、英镑、日元这四种,每种货币在特别提款权价值构成中的权重分别为美元占 41.9%,欧元占 37.4%,英镑占 11.3%,日元占 9.4%,权重合计等于 1。基金组织根据各国货币在世界经贸活动中的相对重要性变动和在世界各国持有份额中的变动,每五年对权重做一次调整。假定以美元来衡量,新权重确定后,先根据权重生效日前一天的特别提款权价值计算出每个特别提款权价值中所包含的各种货币的数量,该数量确定后五年不变,再根据各种货币与美元的市场汇率计算出当日的特别提款权的美元价值。以美元衡量的特别提款权价值计算公式如下:

第一步,1 单位特别提款权所含的各该种货币数量:

$$\frac{USD}{SDR} \times 该种货币的权重 \times \frac{该种货币}{美元} = 该种货币的数量$$

其中,$\frac{USD}{SDR}$ 是计算日前一天的单位特别提款权的美元值;$\frac{该种货币}{美元}$ 是计算日前一天该种货币对美元的汇率并经过该种货币与美元前三个月的平均汇率调整。当各种货币数量确定后,便可根据计算日前一天或当天的市场汇率计算当天特别提款权的美元值,公式如下:

$$该种货币的数量 \times 该种货币的美元值 = X_1$$

四种货币就会得到 X_1、X_2、X_3 和 X_4 这四个值,将之相加,即 $X_1 + X_2 + X_3 + X_4$,就得到计算当日以美元衡量的特别提款权价值。通过相同的方法或套算,便可得到以各种货币衡量的特别提款权价值。

值得一提的是,由于人民币在世界经贸活动中的作用日益扩大,基金组织决定从 2016 年 10 月 1 日起将人民币纳入特别提款权的价值计算之中。人民币纳入特别提款权价值计算之后,特别提款权的计值货币由原来的四种变为五种,权重也相应有所调整。调整前后的权重对比如下:

表 6-4　特别提款权价值计算权重

	美　元	欧　元	英　镑	日　元	人民币	合　计
调整前	41.90%	37.40%	11.30%	9.40%	0	100%
调整后	41.73%	30.93%	8.09%	8.33%	10.92%	100%

从特别提款权价值的上述计算方法中可知,它的价值相对来讲是比较稳定的。因为任何一种货币汇率的波动,经过权数(小于 1)化后传导给特别提款权的影响大大缩小了。此外,这五种货币是当前世界上的主要货币,一种货币汇率的下浮,必有其他一种(或几种)货币汇率上浮,不同货币汇率的不同方向运动,可以彼此抵消对特别提款权的影响,从而使特别提款权的价值相对稳定。因此,价值稳定是特别提款权的一大特征。

③ 特别提款权的利率和用途。由于特别提款权的价值是用五种主要货币汇率加权平均后求得的,因此,与之对应,特别提款权资产的利率也是用这五种货币的市场利率经加权平均后求得的。目前,除基金组织中加入特别提款权部的成员可以持有并使用特别提款权外,还有基金组织本身、国际清算银行等官方机构也可使用特别提款权。总之,能持有特别提款权的机构必须是政府或政府间的机构,特别提款权的使用仅限于政府之间。这是特别提款权的第二特征。

在基金组织范围内,特别提款权有以下用途:

a. 以划账的形式获取其他可兑换货币(见前述)。

b. 清偿与基金组织之间的债务。

c. 缴纳份额。

d. 向基金捐款或贷款。

e. 作为本国货币汇率的基础。

f. 成员国之间的互惠信贷协议。

g. 基金组织的记账单位。

h. 充当储备资产。

根据以上分析可知,一国国际储备中的特别提款权部分,是指该国在基金组织特别提款权账户上的贷方余额。同时,通过分析我们还知道,特别提款权是一种依靠国际纪律而创造出来的储备资产。它是一种纯粹的账面资产,它的发行没有任何物质基础。它的分配是无偿的,它具有价值尺度、支付手段、贮藏手段的职能,但没有流通手段的职能,不能被私人用来直接媒介国际商品的流通,因此,它还不是一种完全的世界货币。这是特别提款权的又一个特征。

2. 借入储备

随着各国经济相互依存性的提高和金融往来的日益密切,国际货币基金组织现在已把具有国际储备资产三大特性的借入储备统计在国际清偿力范围之内。借入储备资产主要包括:

(1) 国际货币基金组织的备用信贷。所谓备用信贷,是一成员国在国际收支发生困难或预计要发生困难时,同基金组织签订的一种备用借款协议。这种协议通常包括可借用款项的额度、使用期限、利率、分阶段使用的规定、币种等等。协议一经签订后,成员国在需要时便可按协议规定的方法提用,无须再办理新的手续。对于未使用部分的款项,只需缴纳约 1% 的管理费。备用信贷协议中规定的借款额度,有时并不被完全使用。有的成员国在与基金组织签订了备用信贷协议后,甚至根本不去使用它。凡按规定可随时使用但未使用的部分,计入借入储备。备用信贷协议的签订,对外汇市场上的交易者和投机者具有一种心理上的作用。它一方面表明政府干预外汇市场的能力得到了扩大;另一方面又表明了政府干预外汇市场的决心。因此,协议签订的本身,有时就能起到调节国际收支的作用。

(2) 针对国际收支的政府间互惠信贷和支付协议。互惠信贷和支付协议是指两个国家签订的使用对方贷款和使用对方货币的协议。在这种协议下,当其中一国发生国际收支困难时,便可按协议规定的条件(通常包括最高限额和最长使用期限)使用对方的贷款和货币,然后在规定的期限内偿还。这种协议同国际货币基金组织的备用信贷协议一样,从中获得的储备资产是借入的,可以随时使用的。但两者的区别是:互惠信贷和支付协议不是多边的,而是双边的,它只能用来解决协议国之间的收支差额,而不能用作清算同第三国的收支差额。

最后,我们归纳如下:

第一,国际储备有广义和狭义之分。广义的国际储备既包括一国货币当局自有的国际储备,又包括一国货币当局已借入但还未使用的储备。广义的国际储备又称国际清偿力,而通常所说的国际储备是指狭义的或自有的国际储备。有些学术研究把本国商业银行富有流动性的短期外汇资产也计入国际清偿力的范畴,其理由是:一国货币当局很容易通过各种强制或诱导性措施获得这些外汇资产。按照这个口径,国际清偿力的统计口径就有了进一步的扩大(见图 6-8)。

国际清偿力的构成要素	自有储备	1. 黄金储备 2. 外汇储备 3. 在基金组织的储备头寸 4. 在基金组织的特别提款权余额	国际储备
	借入储备	1. 备用信贷 2. 互惠信贷 3. 支付协议 4. 其他类似的安排	
	诱导储备（借入储备的广义范畴）	1. 本国商业银行富有流动性的外汇资产	

图 6-8　国际清偿力图解

第二,所有储备资产均必须具有可得性或使用方便性、流动性,以及普遍接受性。除黄金和特别提款权外,它们通常以可兑换货币来表示。但是,并不是所有可兑换货币表示的资产都可以成为国际储备。只有当该种可兑换货币价值相对稳定、在国际经贸领域中被广泛使用等条件成立时,它才能成为储备货币,由它所标示的外汇资产才能成为国际储备。

第三,国际储备中的主体是外汇储备,而外汇储备中的主体是美元储备。外汇储备不仅数额巨大,而且使用频繁,因此,国际储备管理问题主要表现为外汇储备的管理。

三、外汇储备的数量管理和币种构成管理

外汇储备管理的主要内容包括两个:第一是外汇储备的数量管理,第二是外汇储备的币种构成管理。储备数量并不是越多越好,因为持有储备是有成本的。因此,储备数量管理的任务就是要研究并确定一国应保持多少储备才算合理。由

于能充当外汇储备资产标价的可兑换货币有多个,每种货币价值的稳定性和所标价资产的收益率不尽相同,因此就产生了外汇储备币种构成管理的必要性。币种构成管理的任务就是要研究并确定外汇储备在不同币种之间的分布比例以达到外汇储备保值增值的目标。

1. 外汇储备的数量管理

美国耶鲁大学教授罗伯特·特里芬(Robert Triffin)在 1960 年出版的《黄金和美元危机》(Gold and Dollar Crisis)一书中,总结了第一次世界大战和第二次世界大战之间以及第二次世界大战后初期(1950～1957 年)世界上 50 多个国家的储备状况,并结合对外汇管制情况的考察,得出结论:一国国际储备的合理数量,约为该国年进口总额的 20%～50%。实施外汇管制的国家,因政府能较有效地控制进口,故储备可少一点,但底线在 20%;不实施外汇管制的国家,储备应多一点,但一般不超过50%。对大多数国家来讲,保持储备占年进口总额的 30%～40%是比较合理的。特里芬的这项研究,开创了系统研究国际储备的先例。自此以后,国际储备需求的研究得到了很大的发展①。综合起来,在决定一国的最佳储备量时,需考虑下列因素:

(1) 进口规模。储备是一个存量,进口是一个流量。为克服这一差别,一般采用年进口额这一指标,以它为分母,以储备为分子,采用比例法来推算一国的最佳储备量。比例法虽然比较简单,但正是由于其简单、易操作,至今仍然是国际储备需求研究中最常用方法之一。但是,一般认为的 20%～50%这一比例范围,由于国际金融市场的高度发展而使其适用性明显下降。

(2) 进出口贸易(或国际收支)差额的波动幅度。采用比例法,应结合考察本指标。因为比例法中的进口,仅仅表示资金的一种单向流动(即支出),而进出口或国际收支差额,则反映了资金的双向运动及对储备的实际需求。但对一个国家来说,每年的差额是不一样的,有时大,有时小;有时顺差,有时逆差;即有一个波动的幅度问题。幅度越大,对储备的需求就越大;反之,波动幅度越小,对储备的需求就越少。一般可用经济统计或数理统计的方法来求得或预测一段时期中的平均波动幅度,以此作为确定储备需求的参考。

(3) 汇率制度。储备需求同汇率制度有密切的关系。如前所述,国际储备的一大作用就是干预汇率。如果一国采取的是固定汇率制,并且政府不愿意经常性地改变汇率水平,那么,相应地讲,它就需要持有较多的储备,以应付国际收支可能产生的突发性巨额逆差或外汇市场上突然的大规模投机。反之,一个实行浮动

---

① 参阅姜波克"西方国际储备需求理论和方法评介",载《金融研究》1984 年第 1 期,第 49～53 页。

汇率制的国家,其储备的保有量就可相对较低。

与这个概念有关的是外汇管制情况。实行严厉外汇管制的国家,储备保有量可相对较低;反之,则较多。

(4)国际收支自动调节机制和调节政策的效率。一国发生国际收支逆差时,该国的自动调节机制和政府调节政策的效率,也影响储备需求。比如,"国际收支"这一章讲的物价—现金流动机制,是一种自动调节机制,我们极端地假定它的效率为零,则国际收支的全部逆差将不得不依靠国际储备(或政府的政策)来调节。在这种情况下,储备需求自然就高。调节政策一般包括财政政策、货币政策、汇率政策和管制政策。这些政策调节国际收支差额的效率越高,储备需求就越小;反之,这些政策的效率越低,储备需求就越高。

(5)持有储备的机会成本。一国政府的储备,往往以存款的形式存放在外国银行。将获取的储备存放在国外,会导致一定的成本。举例来说,若动用储备进口物资所带来的国民经济增长和投资收益率,高于国外存款的利息收益率,其差额就构成持有储备的机会成本。再如,持有储备而导致国内货币供应量增加,物价上升,也构成持有储备的一种成本。因此,持有储备的相对(机会)成本越高,则储备的保有量就应越低。

(6)金融市场的发育程度。发达的金融市场能提供较多的诱导性储备,并且,对利率、汇率等调节政策反应比较灵敏,因此,金融市场越发达,政府保有的国际储备便可相应越少。反之,金融市场越落后,国际收支调节对政府自有储备的依赖就越大。

(7)国际货币合作状况。如果一国政府同外国货币当局和国际货币金融机构有良好的合作关系,签订有较多的互惠信贷和备用信贷协议,或当国际收支发生逆差时,其他国家货币当局能协同干预外汇市场,则该国政府对自有储备的需求就少。反之,该国政府对自有储备的需求就越大。

上述我们列举了影响一国最佳储备量的种种因素。这些因素有政治的、社会的,也有经济的。这些因素交织作用,使最佳储备的确定复杂化。20世纪形成的比较传统和有影响力的观点认为:最佳储备量是指这样一种储备量,这种储备量能满足应付正常的国际收支差额波动和汇率波动,再加上一个最低储备量。比如,一国的年进口额为1 000亿美元,考虑国际货币合作、金融市场等因素后确定的最低储备为年进口额的20%,过去5年平均的国际收支差额波动为X亿,则该国的储备宜保持在200+X亿左右。长期的实践证明,这个观点并不一定适合每个国家的每个发展阶段。

内部均衡与外汇储备的最优数量

在国际储备的适量性研究中,人们忽视了内部均衡和经济增长对国际储备数量的要求。我们知道,国际储备的增减变动来自国际收支差额的变动。国际收支顺差使储备增加,国际收支逆差使储备减少,而国际收支差额变动的幅度和持续的时间又与国内均衡与经济增长的状况有关。在内部均衡及经济增长与外部平衡发生冲突的时候,如果一国认为内部均衡和经济增长更重要,国际收支差额(不平衡)就会发生,从而国际储备也会发生变动。因此,最优储备的数量还取决于内部均衡和外部平衡的相对关系,以及在内部均衡和经济增长优先的情况下外部失衡的可持续性。在经济能增长和外部失衡可持续的情况下,储备增加或减少的累计幅度就可以扩大;反之,则只能减少。把内部均衡经济增长和外部失衡的可持续性引入到国际储备的适量性分析之中,是本教材结合中国国情而开展的一项重要探索。在本节稍后我们将进一步讨论这个问题。

2. 外汇储备的币种构成管理

外汇储备币种管理的必要性和重要性,是由国际货币制度的演变所引起的。1970 年代初期以前,世界外汇储备基本上都是美元储备,各国货币同美元保持固定的比价,储备资产币种管理的任务也就未成为国际金融管理的一个组成部分。当时的储备资产品种管理,主要在于处理美元储备与黄金储备的关系上。

自 1970 年代初期,国际货币制度发生了重大变化。这种变化主要表现在:(1)单一的固定汇率制度转变为多种的管理浮动汇率制度。储备货币的汇率波动频繁,各国金融当局被迫注意货币汇率的变动,采取相应的措施,以避免本国储备资产的损失。(2)储备货币从单一的美元转变为美元、马克、日元、英镑、法郎等多种储备货币同时并存的局面。不同储备货币汇率的走势与波动不一样外,其利率水平也高低不等,时常变化。(3)不同的储备货币除汇率不一致、利率不一致外,还有通货膨胀率的不一致。汇率的下浮、利率的下降或通货膨胀率的上升,会损耗一种储备资产的价值。在这方面的疏忽就会导致损失。币种管理的任务就是要在研究不同国家汇率、利率、通货膨胀率的基础上,恰当调度和搭配储备资产的币种构成,以减少损失,增加收益。(4)随着国际货币制度发生重大变化,国际金融市场也获得长足的发展。各种新的金融工具和投资工具层出不穷,银行国际经营的风险也随国际债务问题和信用膨胀而增加,这也部分地加强了储备资产币种管理的必要性和重要性。

币种管理应遵循的主要原则是:

(1) 币值的稳定性。以什么货币来保有外汇储备,首先要考虑币值的稳定性或称保值性。在这里,主要要考虑不同储备货币之间的汇率以及相对通货膨胀率。一种储备货币汇率的下浮(或预期下浮),必然有另外一种(或几种)储备货币汇率上浮。其次,不同储备货币的通货膨胀率也是不一样的。管理的任务就是要根据汇率和通货膨胀率的实际走势和预期走势,经常地转换货币,搭配币种,以达到收益最大或损失最小。

以下是作者以亲身经历编写的一则实际案例,从中可见币种管理的重要性。

自 1992 年开春以后,在外汇市场上英镑和里拉一直对美元上浮。到 1992 年 9 月 9 日,英镑与美元的比价已高达 1 英镑兑 1.972 5 美元,里拉与美元的比价也从 3 月份的 ＄1/L 1 300 上升到 9 月份的 ＄1/L 1 060。外汇市场中各种流言纷起,纷纷预测英镑和里拉即将对马克和法郎贬值,因为英镑和里拉是欧洲货币体系的两个成员,它们同欧共体其他成员国货币保持固定的比价。英镑和里拉只有首先对马克、法郎等其他欧共体国家货币贬值,才能对美元下浮。否则,它们对美元的比价将因欧洲货币体系的固定汇率制度而被马克、法郎共同拉高。在当时,欧洲各国,尤其是西欧各国,正在紧张地进行或准备有关《马市条约》(Maastricht Treaty)的全民宣传、全民公决、全民辩论。《马市条约》的实质就是要在西欧建立一个政治经济货币同盟。在这种背景下,欧洲货币体系的稳定对《马市条约》在各国议会的成功通过具有重要作用。英国和意大利政府的负责人在 9 月 9 日和 9 月 10 日多次发表讲话,表明了两国政府保卫本国货币平价的决心。这时,有甲、乙两个储备货币持有者。甲持有 2 200 亿里拉,乙持有 6 000 亿里拉。乙认为,在法国、丹麦等国举行全民公决《马市条约》之际,欧共体不会轻易破坏欧洲货币体系的稳定,它们必将联合起来干预当时外汇市场上对英镑和里拉的投机,英国政府和意大利政府也宣布了自己的决心,因而,英镑和里拉还会继续与马克和法郎一起对美元上浮,故没有必要改变币种,将里拉换成马克或美元。甲的观点与乙相反。甲认为,欧共体国家货币对美元上浮,同德国的高利率政策有关,德国不会轻易牺牲本国利益去谋求欧洲货币体系的稳定。更重要的是,英、意两国政府宣布要保卫本国货币的平价,预示着英镑和里拉的贬值已迫在眉睫。于是,甲在 9 月 11 日将其所有里拉资产按 ＄1/L 1 100 换成美元,并借入 2 200 亿里拉一并换成美元。两天后,9 月 13 日星期日,经过一夜的电话紧急磋商,英国和意大利政府终于被迫突然宣布英镑和里拉退出欧洲货币体系,任其浮动,外汇市场一片混乱,人们拼命抛售英镑和里拉,两周后,它们对美元的汇率分别跌到＄1.5/£1 和＄1/L 1 400 左右。这就是欧洲货币体系史上著名的 9 月危机,又称"黑色的 9 月"。两周后,甲将两周前换得的 4 亿美元按＄1/L 1 400 又换回成里拉,得 5 600 亿里拉,归还所借的 2 200 亿里拉,余 3 400 亿里拉,净赚 1 200 亿里拉。而乙则损失惨重,约达 1.2 亿美元。

(2) 盈利性。不同储备货币资产的收益率高低不同,它们的名义利率减去通货膨胀率再减去汇率的变化,即为实际收益率。币种管理的任务不仅仅是要研究过去,更重要的是要预测将来,观测利率、通货膨胀率、汇率的变化趋势,以决定自己的币种选择。另外,同一币种的不同投资方式,也会导致不同的收益率。有的投资工具,看上去收益率较高,但风险较大;有的看上去收益较低,但风险较小。盈利性要求适当地搭配币种和投资方式,以求得较高的收益率或较低的风险。

(3) 国际经贸往来的方便性。方便性管理是指在储备货币币种的搭配上,要考虑对外经贸和债务往来的地区结构和经常使用清算货币的币种。如果一国在对外经贸往来中大量使用美元作为支付手段和清算手段,则该国需经常性地保持适当数量的美元储备。如果该国在其对外交往中大量使用日元,则它必须经常性地保持一定数量的日元储备。在当今世界上,由于外汇市场的发达和货币兑换的方便性大大提高,方便性在决定币种选择中的重要性已大为降低。但在实际生活中,一国对外贸易的地区结构、债务结构及其所使用的支付和清算手段,依然是币种搭配和币种选择中要考虑的一个因素。

(4) 安全性。国际储备特别是其中的外汇储备的安全性管理,是指防止储备资产价值发生突发性大幅度下降,甚至被冻结、没收的风险。外国政治的动乱、经济持续恶化引发的固定汇率制崩溃、战争等因素,都会造成外国货币币值突发性大幅度下降;而本国对外关系的恶化也可能会导致本国国际储备资产被对方冻结甚至没收。安全性管理就是要通过有远见的预判,来减少和避免上述风险造成的损失。

四、外汇储备数量管理的进一步分析

上面关于外汇储备数量管理的介绍,是一种传统的分析,即它主要是基于一国外部平衡的要求而言的。在经济日益全球化的今天,特别是对中国这样一个有 13 亿人口的国家来说,这种传统的分析是不够的。国际金融学的研究对象是内部均衡条件下的外部平衡,因此,外汇储备适量性的分析必须考虑国情和经济全球化条件下内部均衡的要求,这是本教材的重要特点之一,这就需要把国际储备适量性的分析向前推进一步。在这里,我们通过举例来加以说明。

设A国有100个劳动人口,生产和消费的产品以大米来表示,每人每年能生产大米100斤和消费大米70斤,每斤大米的本国价格为1元,为了获得货币,生产者生产出大米后先卖给政府,当需要时再逐步从政府处买回以供自己消费。从总供给和总需求相平衡的角度讲,该国每年需生产7 000斤大米,这个数字正好等于100个人全年的消费量。然而,生产7 000斤大米只需70个劳动人口就够了,另外30个人便无事可干,成了失业者。当大米生产者将7 000斤大米卖给政府时,政府购入大米,发出货币7 000元,通过收入调节,将7 000元中的4 900元支付给大米生产者(70人),将其余2 100元转移支付给未生产大米的人(30人)。这样,大米生产者(就业者)和非生产者(失业者)每人获得70元,每人正好可以购买70斤大米。从实物角度讲,大米的总供给和总需求正好相等;从货币角度讲,货币的总供给和货币的总需求也正好相等。

然而,在上面的过程中,出现了两个问题。第一个问题是,大米生产者付出了劳动,却和非生产者获得同样数量的大米。生产者的抗争会使生产者最终多得一点大米(每人超过70斤),从而非生产者少得一点大米(每人不到70斤)。这样,非生产者就会经常处于饥饿状态,成为贫困人口。第二个问题是,大米的总产量受本国大米需求量的制约,维持在每年7 000斤的水平。为了使人人都能吃饱饭,也为了使经济(大米产量)能增长,该国100个劳动者就需要全部就业,都来生产大米,于是,大米产量从7 000斤增加到了10 000斤。当生产者把这10 000斤大米卖给政府时,政府对应地供出货币10 000元,本国居民用其中的7 000元购回大米供自己消费,将剩余的3 000元储存起来。这3 000元储存意味着政府的仓库中还剩下3 000斤大米无人可买。政府的大米储存量不能无限增加,幸好,国际贸易为大米的销售开辟了一条新的渠道,于是,该国生产者将10 000斤大米中的7 000斤卖给政府得7 000元,将3 000斤出口换得3 000元外国货币(假定1斤大米等于1元外币),然后将这3 000元外国货币按1∶1的比例向政府兑换成本国货币3 000元。于是,政府的货币供给总量仍为10 000元,生产者的储蓄也仍为3 000元[①],但是,政府仓库中的大米存量3 000斤没有了,对应的,政府手中多了3 000元外国货

---

①　当3 000元从储存状态中跑出来而走向流通领域时,大米就会涨价。因为此时,流通中的货币达到10 000元,而留在本国的大米只有7 000斤,这可以解释在这种模式下通货膨胀压力长期存在的原因。

币,外汇储备产生了。到了第二年,假定该国劳动人口增长了10%,达到110人,其余条件不变,那么,经济运行的结果就是政府的外汇储备又增加了3 300元,外汇储备总量达到6 300元。

上述例子告诉我们,当单位劳动力的产出大于其对产品的需求时,劳动人口源源不断进入生产过程会使一国本国的总供给大于总需求。为了满足不断增长的就业需要和总供给与总需求的平衡,就需要引入国际市场的需求,从而导致外汇储备的产生和增加。外汇储备起了充分就业条件下总供给与总需求之间的一个平衡作用①。由此我们可以得到一个一般性的结论:在开放条件下,如果其他条件不变,总供给大于国内的总需求时,为了维持内部均衡,外汇储备会增加;反之,总供给小于国内的总需求时,外汇储备会减少。这样,我们就把外汇储备适应性的分析从外部平衡为主的角度移向了同时关注内部均衡的角度,从头寸周转为主的角度移向了同时关注经济增长的角度。将两者结合起来可以看到,本书得到一个重要的结论:最优储备数量是由可持续条件下经济增长的需要和维持国际收支平衡的需要共同决定的。

第四节　外汇市场干预及其效率分析

当政府设定了一个固定的汇率水平后,如果市场汇率将突破或偏离这个水平时,政府就会通过向市场卖出或买入外汇的办法来使汇率重新回到目标的水平或区间内,这种行为被称作外汇市场干预。当市场汇率波动太大,或为了其他目的而需要汇率政策予以协调时,政府也会对外汇市场进行干预。外汇市场干预的手段主要是指动用政府手中的外汇储备,通过在市场上买入或卖出来影响外汇的供求,从而影响外汇的价格(即汇率)。

一、外汇市场干预的类型

根据不同的角度,政府对外汇市场的干预分为以下几类:

---

① 当单位劳动力的产出小于其对产品的需求时,外汇储备也起到一个平衡作用,只不过方向相反,有兴趣的读者可以自行推导。

1. 按干预的手段分,可分为直接干预与间接干预两种类型

直接干预是指政府自己直接入市买卖外汇,改变原有的外汇供求关系从而引起汇率变化的干预。间接干预是指政府不直接进入外汇市场而进行的干预。其做法有两种:第一,通过改变利率等国内金融变量的方法,使不同货币资产的收益率发生变化,从而达到改变外汇市场供求关系乃至汇率水平的目的;第二,通过公开宣告的方法影响外汇市场参与者的预期,进而影响汇率。也就是说,政府可以通过新闻媒介表达对汇率走势的看法,或发表有利于中央银行政策意图的经济指标,这些做法都可以达到影响市场参与者心理预期的目的。在以下的分析中,我们研究的对象都是直接干预。

2. 按是否引起货币供应量的变化分,可分为冲销式干预(Sterilized Intervention)与非冲销式干预(Unsterilized Intervention)两种类型

冲销式干预是指政府在外汇市场上进行交易的同时,通过其他货币政策工具(主要是在国债市场上的公开市场业务)来抵消前者对货币供应量的影响,从而使货币供应量维持不变的外汇市场干预行为。为抵消外汇市场交易对货币供应量的影响而采用的政策措施被称为冲销措施。非冲销式干预则是指不存在相应冲销措施的外汇市场干预,这种干预会引起一国货币供应量的变动。这种分类方式是政府对外汇市场进行干预的最重要的分类,它们各自的效力是外汇市场干预讨论中最受关注的问题。

3. 按干预策略分,可分为三种类型

一是熨平每日波动型(Smoothing Out Daily Fluctuation)干预,它是指政府在汇率日常变动时在高价位卖出、低价位买进,以使汇率变动的波幅缩小的干预形式。二是砥柱中流型或逆向型(Leaning Against the Wind)干预,它是指政府在面临突发因素造成的汇率单方向大幅度波动时,采取反向交易的形式以维护外汇市场稳定的干预形式。三是非官方钉住型(Unofficial Pegging)干预,它是指政府单方向非公开地确定所要实现的汇率水平及变动范围,在市场汇率变动与之不符时就入市干预的干预形式。政府在外汇市场干预中常常交替使用以上三种干预策略。

4. 按参与的国家分,可分为单边干预与联合干预两种类型

单边干预是指一国对本国货币与某外国货币之间的汇率变动,在没有相关的其他国家的配合下独自进行的干预。联合干预则是指两国乃至多国联合协调行动对汇率进行的干预。单边干预主要出现在小国对其货币与其货币所挂靠的大国货币之间的汇率进行调节的过程中,或出现在国际收支逆差国为维护本国货币稳定而进行的汇率调整过程中。缺乏国际协调时各国对外汇市场的干预也多采取单边干预的形式。由于外汇市场上投机性资金的实力非常强大,同时国际间政策协调已大大加强,因此各主要大国对外汇市场进行的比较有影响的干预常常采取联合干预的形式。

二、外汇市场干预的工具和手段

1. 外汇储备

外汇储备是中央银行持有的能随时用来干预外汇市场的外汇资产,它是国际储备的重要组成部分。外汇储备是中央银行对外汇市场进行干预的最直接工具。当市场汇率波动超过中央银行所期望的区间(以本币贬值为例)时,中央银行就会在外汇市场上卖出外汇储备以增加外汇供给,买入本币以增加本币需求,以此来阻止本币贬值;反之亦然。

使用外汇储备干预外汇市场存在几个问题:

首先,一国的外汇储备是有限的,通过在外汇市场上卖出外汇、买入本币来维持本币汇率,在长期内具有不可持续性。如果本币的贬值是由于基本面的因素(譬如一国信贷持续扩张,而人们意愿持有的货币余额却没有增加)引起的,则人们会不断地在外汇市场上抛出本币、购入外币,中央银行动用外汇储备对汇率进行干预只会导致外汇储备不断减少,最终储备耗尽,汇率无法维持并引发货币危机。

其次,在中央银行的资产负债表上,外汇储备属于资产,本国货币属于负债,因此,当外汇储备变动的同时,本国货币供应也会对等变动。使用外汇储备来干预外汇市场,会使货币供应被动地受制于维护固定汇率的需要,丧失了货币政策的独立性。在内外均衡调节过程中,中央银行通过外汇储备对外汇市场的干预,可能会促进均衡实现,也可能会妨碍均衡实现。譬如,当一国经济过热、通货膨胀且国际收支逆差时,为了减轻通货膨胀,中央银行会收缩货币供给,但为了消除国际收支逆差带来的本币贬值压力,中央银行又要抛出外汇储备,买入本币,在这里维持汇率水平和紧缩货币的努力是一致的。另一种情况,当国内经济萧条、通货紧缩且国际收支逆差时,中央银行希望通过增加货币供给来促进经济增长,但为了维持汇率水平,中央银行又不得不在外汇市场上买入本币,从而将增加的货币供给又重新回笼,货币政策失效。

2. 货币市场工具

鉴于单独使用外汇储备干预外汇市场存在的问题,中央银行一般在干预外汇市场的同时会进行国内货币市场的反向操作,以冲销国内货币供应量的改变。中央银行在货币市场上进行操作的工具主要有两种:国债和央行票据。

国债是财政部发行的债券,被中央银行买入后成为中央银行的资产。以中央银行购入 10 亿元的外汇,卖出等值的 10 亿元本国货币为例,从中央银行的角度,这一活动可以简单记作:

借:外汇　　　　　　　　　　　10 亿元

　贷:货币发行　　　　　　　　　　10 亿元

为了冲销增加的货币,中央银行可以在国内债券市场上卖出持有的国债,重新回笼货币。这一举动简单记作:

借:货币发行　　　　　　　　　10 亿元

　贷:政府债权　　　　　　　　　　10 亿元

观察上述两笔分录,可以发现,央行购入外汇后,采用国债进行冲销式干预,最后的结果是央行的资产和负债总量都没有增加,但是央行的资产结构发生了变化,外汇储备代替了国债,同时,货币供应量也没有增加。

使用国债对外汇市场的干预进行冲销,需要有一个较为发达的国债市场,还需要中央银行持有较多数额的国债。如果国债发行数额相对于货币流通规模较低、中央银行持有的国债数量较少,运用国债来进行冲销干预就会存在一定局限。

中央银行在货币市场冲销的另一种工具是央行票据,即中央银行向商业银行发行的短期债务凭证。从本质上说,央行票据是中央银行自己创造的短期负债,其目的不在于筹集资金,而在于减少商业银行的可贷资金,控制信贷扩张。因此,央行票据通常向银行定向发行。通过央行票据回笼货币的活动可以记作:

借:货币发行　　　　　　　　　10 亿元

　贷:票据发行　　　　　　　　　　10 亿元

与运用国债干预市场不同的是,央行购入外汇后采用央行票据进行冲销式干预,最后的结果是央行的资产(外汇储备)和负债(央行票据)同时增加。由于央行票据是有息的,所以大量使用央行票据对外汇干预进行冲销,会增加中央银行的财务成本,并且,票据的利息最终也会带来货币供应量的增加。

3. 利率

中央银行通过买卖外汇来干预汇率是直接的干预方法,而通过利率变动来影响汇率则是间接的干预方法。在国际资本流动过程中,利率杠杆发挥着重要的调节作用,尤其对短期资本而言更是如此。在固定汇率制下,当汇率波动超过一国政府所期望的水平时,政府可以通过调节利率来影响资本流动的成本,从而减少短期资本流动带来的汇率变动压力。以投机者对本币造成贬值压力为例:投机者自己没有足够的资金,为了尽可能扩大投机的赚钱效果,他们在本国货币市场上以一定利率水平借入本币,在外汇市场上抛售本币、买入外币,以造成本币贬值。当本币贬值后,再将原先兑换来的外币重新兑换成本币,并在本国货币市场上归还短期债务和利息。如果中央银行大幅度提高短期利率,从而使短期债务的利率高于本币的预期贬值率,则投机者将无利可图,放弃投机,本币也就避免了贬值。

使用利率工具干预外汇市场的缺点在于:利率不但是货币市场的价格,也是资本市场的价格,如果维持高利率的时间较长,就会降低一国的投资水平,影响实体经济的发展。为此,运用利率变动来干预外汇市场,主要用的应该是短期利率。在应对投机冲击时,短期利率可以大幅度地高于长期利率。

三、外汇市场干预的效力分析

政府在外汇市场上的干预是通过两个途径发挥效力的。一是通过外汇市场上及相关的交易来改变各种资产的数量及结构,从而对汇率产生影响,这可称之为资产调整效应。二是通过干预行为本身向市场上发出信号,表明政府的态度及可能将采取的措施,以影响市场参与者的心理预期,从而达到实现汇率相应调整的目的,这可称之为信号效应。本节主要讨论外汇市场干预的资产调整效应。

如前所述,外汇市场干预的两种基本方式是冲销性与非冲销性干预。前者不会引起货币供应量的变化,但是会带来资产内部组成比例的变动,后者则会引起货币供应量的变化。因此,对各种资产之间相互替代性的不同假定,会导致干预效应的不同结论。在以下的分析中,我们分别借用货币模型与资产组合模型对这两种干预的效力进行研究。

1. 运用货币模型进行的分析

与蒙代尔—弗莱明模型不同,货币模型做出了物价能够弹性变动的假设。根据货币模型的基本方程,决定汇率的主要因素是两国的货币供求之比,即

$$e=(m_d^S - m_f^S) - \alpha(y_d - y_f) + \beta(i_d - i_f) \tag{6-4}$$

首先分析非冲销式干预的效应。假定外汇市场上本币贬值超过了一定幅度，政府进行非冲销式干预。这一干预是通过在外汇市场上出售外币实现的，它造成了本国货币供应量 m_d^s 的下降。在其他条件不变时，m_d^s 的降低会带来本国价格水平的立刻下降及本币的升值（e 值下降）；反之则反是。显然，依据弹性价格货币模型，非冲销性干预是有效的。

如果中央银行采用的是冲销式干预，则中央银行除在外汇市场出售外币外，还同时在本国债券市场上购买相等数量的本币债券，以维持原有货币供应量的稳定，导致上式中的货币供应 m_d^s 不变，从而汇率（e）不变，冲销式干预无效。

货币模型得出上述结论的根本原因在于：货币模型假定本币资产与外币资产可完全替代，它们被视为一个统一的市场，在货币供应总量不变的情况下，这一市场内部各资产比例的变化不能对汇率发挥影响①。

2. 运用资产组合模型进行的分析

在资产组合模型下，本币资产与外币资产之间不可完全替代，汇率是在相互联系的三个不同资产市场（即货币市场、本币债券市场、外币资产市场）上共同决定的。因此，其分析方式和结论都与货币模型有所不同。

为了便于回忆，我们将图 3-7 移到本节成为图 6-9，在图 6-9 中，MM 曲线代表货币市场的平衡；BB 曲线代表本国债券市场的平衡；FF 曲线代表外币资产市场的平衡。这三条曲线交点之处所对应的汇率就是均衡汇率。根据第三章所做过的分析，货币供给的增加会使 MM 曲线左移，本国债券供给的增加会使 BB 曲线右移，外币资产供给的增加会使 FF 曲线左移。

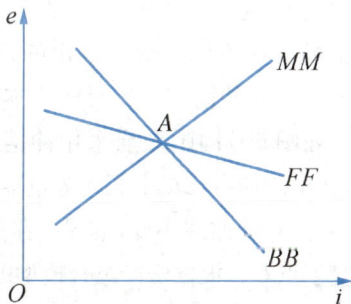

图 6-9　资产组合模型下的
　　　　汇率决定

为阻止本币的贬值，政府在外汇市场上出售外币资产，买入本国货币，这将带来外币资产供给的增加。在图 6-10 和图 6-11 中表现为 FF 曲线左移至 FF'。政府是否对外汇干预造成的货币供应量减少进行冲销，会对干预带来不同的效果，从而决定了不同的均衡汇率和利率。

---

① 由此可以想到，基于 IS-LM 模型的蒙代尔—弗莱明模型，同样将货币供给总量作为一个变量，不区分货币供给的结构，因此也得到冲销式干预无效的结论。请读者自行思考。

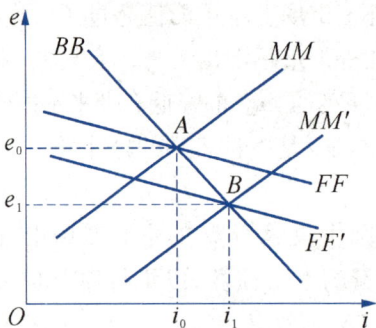

图 6-10　非冲销式干预对
汇率的影响

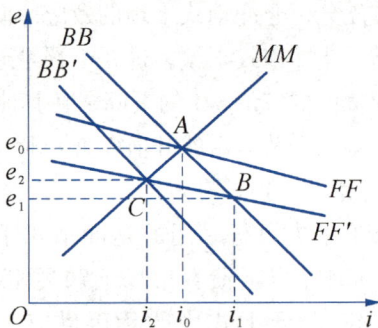

图 6-11　冲销式干预对
汇率的影响

　　在图 6-10 中,政府采用非冲销式干预。政府在外汇市场上的干预造成本国货币供应量减少,MM 曲线右移到 MM',而本国债券供给不发生变动,BB 曲线不变。MM' 曲线与 FF' 曲线交于点 B,根据资产组合模型的条件,本国货币市场和外币资产市场处于平衡时,本国债券市场必然也处于平衡之中,即点 B 一定位于 BB 曲线上,点 B 是新的均衡位置。点 B 相对于点 A 而言,它所对应的汇率从 e_0 移动到 e_1,它所对应的利率从 i_0 上升到 i_1,这表明非冲销式干预通过增加外币债券市场的供给而实现了本币的升值,同时紧缩了本国货币供应,带来了本币利率的上升。非冲销式干预对防止本币贬值是有效的,但要以紧缩本国经济为代价。

　　在图 6-11 中,政府采用冲销式干预,表明政府在外汇市场卖出外币资产的同时,在本国债券市场上买入等量本国债券,卖出等量本国货币,这使得本国货币供应量不变,MM 曲线不变,本国债券供给降低,BB 曲线左移到 BB',BB' 曲线与 FF' 曲线交于点 C。根据资产组合模型的条件,本国债券市场和外币资产市场处于平衡时,本国货币市场必然也处于平衡之中,即点 C 一定位于 MM 曲线上,点 C 是新的均衡位置。点 C 相对于点 A 而言,它所对应的汇率从 e_0 移动到 e_2,本币汇率上升;它所对应的利率从 i_0 移动到 i_2,本国利率下降。这说明冲销式干预也能够实现本币升值。但对比图 6-10 可以看到,与非冲销式干预的效应相比,冲销式干预对汇率的影响较小。

　　我们可以将上述分析结果总结成表 6-5。

表 6-5　政府对外汇市场干预的效力

	货　币　模　型	资产组合模型
非冲销式干预	有　效	有　效
冲销式干预	无　效	有一定效果

可以看出,对冲销式干预的效力,货币模型与资产组合模型有着不同的结论。在对外汇市场干预问题的研究中,争论得最为激烈的部分也是冲销式干预是否有效的问题。因为,如果有明确结论确认政府冲销式干预是有效的,则政府在不对基本经济政策进行调整的情况下,仅通过改变中央银行资产内部构成就可以达到调控汇率的目标,也就是说在不影响内部均衡的同时追求外部平衡。

现在,我们可以得到这样的总结:无论是用货币模型分析还是用资产组合模型分析,非冲销干预对汇率的调控是有效的,但它会引起本国货币供应量的变动,从而在追求外部平衡时会影响到国内经济的运行;冲销式干预对汇率的调控可能无效也可能有一定效果,但它在总量上不会影响国内经济的运行。从这里我们再一次看到:用一种政策工具是很难同时达到内外均衡这两个政策目标的。

第五节　外汇管理中会出现的若干问题

在政府通过制度手段与政策手段对外汇进行管理的过程中,随着调控水平、经济发展阶段和外部条件的不同,可能会出现一些影响经济稳定的问题。本节选择几类常见问题进行介绍。

一、外汇管理下的资本外逃问题

所谓资本外逃(Capital Flight),是指由于恐惧、怀疑或为规避某种风险和管制所引起的资本向其他国家的异常流动。资本外逃不同于资本流出,它是一种出于安全或其他类似目的而发生的、非正常的资本流动。对资本外逃的概念存在着不同的理解,有的分析者(例如世界银行)将发展中国家流向发达国家的所有资本都视为资本外逃,这就扩大了其内涵。

由于资本外逃行为的隐蔽性以及各国国际收支统计的不完善性,它常常不能完全反映在资本输出账户中。确定资本外逃的数量是很困难的,一般的估算方法有两种:第一种是直接法,即用国际收支中的错误与遗漏账户余额加上私人非银行部门短期资金流动来估算。这种方法简单而直接,但存在一些问题,例如错误与遗漏账户余额并不仅仅包括那些隐蔽的未记录的资本流动,同时也包括一些真实的统计误差;另外,长期资本流动也存在资本外逃问题。第二种是间接法,即从作为资金来源的外债增长(ΔD)与外国直接投资净流入(ΔFDI)之和减去作为资金运用的经常账户赤字(ΔCAD)与储备资产增长(ΔR)之和的余额,用公式可表示为

$$资本外逃 = (\Delta D + \Delta FDI) - (\Delta CAD + \Delta R) \qquad (6-5)$$

资本外逃是资本所有者对其资产组合进行配置时发生的,因此境内外资产的收益与风险的差异是形成资本外逃的主要原因。从收益因素来看,本国资产收益率较低可能是由以下几个原因造成的:本币汇率高估(因为潜在的本币贬值会带来损失)、本国执行的金融抑制政策带来的低利率、本国较高的通货膨胀带来的实际利率的下降等等。从风险因素上看,则包括本国政局不稳、新的管制政策的出台或政策多变、法制不健全可能会导致的资产损失等。另外,如果资产是由非法收入形成的,则显然将之转移到国外更安全。

资本外逃可以通过种种合法与非法途径进行。大规模的资本外逃常常发生在资本与金融账户自由兑换之后,因为此时资本外逃可以较容易地通过合法途径进行。在资本与金融账户的兑换管制下,一般是通过种种躲避管制的非法途径实现的,一种较常见的方式是在国际贸易中内外串通伪造价格,采取高报进口(Over-invoicing)和低报出口(Under-invoicing)的办法,即以高于实际成交价的价格申请进口用汇,以低于实际成交价的价格进行出口结汇,这样就把差价部分转移出去了。另一种常见的方法就是虚假投资,即内外串通,以虚假项目为由申请投资用汇,然后将其转移到境外。第三种常见方法是通过地下钱庄将资金转移到境外。

资本外逃对一国经济的发展是极为不利的。从短期看,大规模的资本外逃会带来经济的混乱与动荡。从长期看,资本外逃降低了本国可利用的资本数量、减少了政府从国内资产中可获取的税收收入,增加了本国的外债负担,从而会引起一系列严重的经济后果。因此,一国政府必须创造一个持久稳定发展的宏观环境,并在此实现之前采用较严格的资本与金融账户管制,才能减少、预防资本外逃行为。

二、外汇管理的可信度问题[①]

可信度问题就是政府在政策执行过程中政府自身的信誉以及对灵活性和稳

---

① 这一小节内容建议结合本章第二节的汇率目标区制度和第七章第四节的第二代货币危机理论一起阅读。

定性进行权衡的问题。在外汇管理中,可信度问题主要体现在对固定汇率制度(或汇率区间)的维护和对外汇市场的干预活动中。进一步地说,外汇市场干预的常见目的是维护特定的汇率水平,因此在这里用政府对固定汇率制度的维护作为例子,来讨论外汇管理的可信度问题。

当外汇市场上出现大量、单一方向的外汇交易,交易者认为本币汇率有改变的可能时,政府通过公开声明、告诫等方式表示维护固定汇率制度和汇率水平的决心,这可以视为政府向市场发出的信号,其含义表示如果汇率继续波动,政府就会对外汇市场进行干预或者采取其他管制措施。

政府承诺的信号效应一般在市场预期混乱、投机因素猖獗时特别有效果。当市场对未来汇率变动的看法非常不一致时,政府的承诺会提供一个有可能被普遍接受的依据,引导市场参与者的预期,遏制投机活动的发展,从而在不花费实际成本的情况下,化解汇率的过度波动。

然而,政府通过向公众传递信号的方式来维护固定汇率制度,需要满足一些条件:

第一,政府传递的信号必须明确表达出未来干预的目的是为了维持汇率;否则,市场参与者将无法判断这一信号是为了向市场传递汇率方面的信息,还是出于其他方面的需要。

第二,所预示的未来政策必须能够引起汇率向正确方向做相应变动。以货币模型为例,政府的货币供给对汇率变动有着最直接的影响,如果干预信号预示的不是货币供给的未来调整,或者它预示的货币供给调整方向错误,则无法使汇率按其意愿调整。

第三,政府必须建立起言行一致的声誉,从而使政府发出的信号具有可信度。如果政府在以前的行动中,曾经未按其承诺的那样维护汇率,则市场在受欺骗之后,就会不再相信政府今后的所作所为。这样,政府在干预中所传递的信号均被视为不可信,也就无法改变交易者的心理预期。

第四,也是最重要的一点,政府做出的承诺不能与经济运行的基本面状况有严重矛盾。譬如,当政府承诺采用外汇储备干预市场时,应当有充足的外汇储备;或者当政府承诺紧缩银根时,不应有巨额的、需要通过中央银行融资的财政赤字,等等。否则,即使政府做出有关承诺,市场参与者也会基于理性的预期而怀疑政府的承诺,从而使政府徒然损失了可信度。换言之,当经济的基本面没有发生变动或者变动较小时,政府应当追求政策和经济环境的稳定性,通过公开承诺,并以经济干预作为后盾来化解波动,使经济重新回到稳定的水平上;当经济基本面的变动导致政府原有的目标不能维持时,政府应当根据实际情况灵活地改变目标,并设法降低目标变动带来的负面影响,而不是僵化地坚持不能实现的目标。这也是所有外汇管理中政府应当坚持的原则。

三、外汇管理中的货币替代问题

货币替代(Currency Substitution)是指外币在货币的各个职能上全面或部分地替代本国货币发挥作用的一种现象。简单地说,货币替代可以定义为本国居民对外币的过度需求。货币替代分为两种:一种是本国居民和外国居民同时持有本币和外币;另一种则是本国居民单方面地持有并使用外币。前者可以称为对称性的货币替代,这种货币替代一般发生于发达国家之间;后者可以视为不对称性的货币替代,经常讨论的发生于发展中国家的货币替代就属于这后一种。

货币替代的原因有很多种。首先,当一国的通货膨胀水平较高或各种因素引起了币值高度不稳定时,居民便会对本国货币的未来购买力失去信心,从而不再以本币作为储藏手段。然后,如果一国政府不能有效地控制交易中使用的币种,那么,商品的出售者就会要求用其他可靠货币进行交易,拒绝接受本币,从而本币失去了流通手段的职能。当本币不再是有效的流通手段时,人们也就会自然放弃以本币作为记账单位和支付手段,进而本币的职能被全面替代。在本币失去货币的各项职能的同时,由于有些货币是全世界都认可的(比如美元长期以来就比较成功地保持了购买力),它们就会超越国家界限进入其他国家的储藏领域、支付领域甚至流通领域,典型的例子之一便是拉美国家的美元化。值得注意的是,与劣币驱逐良币的格雷辛法则不同,货币替代描述的是一种良币驱逐劣币的现象。

就货币替代的估计而言,由于很难获得外币在一国经济中流通的确切数据,所以货币替代的深度和广度是难以量化的。我们只能通过一些粗略的估计数字来认识货币替代。由于缺少数据,人们普遍用外币存款占金融资产的份额来表示货币替代的程度。在众多经济分析中,常常用 F/M(外币存款/本国货币比例)表示货币替代。其中,M 是本国公众持有现金(C)、活期存款(D)、储蓄存款(S)和定期存款(T)之和,F 则表示本国金融体系中的外币存款。同时也存在其他一些比率来表示货币替代,比如 $F/(M+F)$、M/F、F/D。在这些估计中并没有考虑外国居民对本币的需求,所以这些比率常常用来估计不对称性货币替代。同时,它忽略了国内流通领域中的外币,以及本国居民在国外的存款。

货币替代最重要的经济后果是导致国内金融秩序的不稳定,削弱政府运用货币政策的能力。在货币替代存在的情况下,外币的流入与流出扰乱了国内货币的供需机制,使得利率的决定更为复杂,同时还削弱了中央银行对信贷和货币流通总量的控制能力,使得中央银行在货币政策的设计和操作时出现许多困难。此外,本国居民大量使用外币,会使政府的铸币税和通货膨胀税收入下降。

需要指出的是,货币替代的上述负面影响,只有在货币自由兑换的情况下才会大规模发生。因此,在货币自由兑换后,一国政府必须采取有效措施以避免货币替代。提高本国货币币值的稳定性、实际收益率和信心是解决货币替代问题的最根本方法。这就要求政府有效地控制通货膨胀及其他宏观不稳定状况。这些条件尚未达到时,对货币兑换进行限制是有必要的。

本章分析了外汇管理中各种制度和政策调节手段的利弊。在下面两章的学习中,我们将把视角扩展到全球范围,讨论金融全球化对内外均衡的冲击、国际背景下内外均衡的调节及其国际协调。

本章内容提要

1. 对外汇交易的管制包括对货币兑换的管制、对外汇资金收入与运用的管制和对汇率的管制(如实行复汇率)。直接管制政策对经济的影响至今存在争议,一般认为逐步取消各种直接管制是发展的方向。

2. 汇率制度是一国货币当局对本国汇率水平的确定、汇率变动方式等问题所作的一系列安排或规定。最基本的两种汇率制度是固定汇率制与浮动汇率制,此外还有爬行钉住、管理浮动、汇率目标区、货币局等其他类型的汇率制度。这些汇率制度各有优劣,应该根据本国经济结构、特定的政策目标、地区性经济合作情况和国际经济条件的制约等因素选择汇率制度。

3. 蒙代尔—弗莱明模型分析了资本完全流动情况下,货币政策和财政政策在不同汇率制度下的有效性。其基本结论是:固定汇率制度下,货币政策无效,财政政策有效;浮动汇率制度下,货币政策有效,财政政策无效。由此可以得到的一个重要启示:在开放经济条件下,固定汇率制度、资本自由流动和货币政策的独立性不可能同时实现,即所谓"开放经济的三元悖论"。

4. 国际储备有广义和狭义之分。广义的国际储备又可称为国际清偿力,狭义的国际储备就是通常人们所说的国际储备,它是指一国货币当局自有的储备,包括一国货币当局持有的黄金储备、外汇储备、在国际货币基金组织的储备头寸,以及在国际货币基金组织的特别提款权余额。其中,外汇储备是国际储备中最主要的部分。国际储备管理的任务主要是指外汇储备的数量管理和币种构成管理。传统的外汇储备数量管理主要从外部平衡的角度来分析最优储备数量的确定,而进一步的分析表明,外汇储备数量还充当着一国总供给与总需求之间的调节作用。因此,从更全面的角度看,最优外汇储备数量的确定是由可持续条件下的经济增长和国际收支平衡共同决定的。

5. 浮动汇率制下政府对外汇市场进行干预是为了防止汇率在短期内过分波动、避免汇率在中长期内失调、进行政策搭配以及满足其他需要。最主要的干预类型有冲销式干预与非冲销式干预。干预是通过资产调整效应与信号效应发挥影响的。虽然货币分析法与资产组合分析法对干预效力的分析存在差异,但它们都认为非冲销式干预是有效的。

6. 外汇管理过程中可能出现的问题有资本外逃问题、管理可信度问题和货币替代问题。提高宏观经济环境的稳定性和政府的可信度是解决这些问题的关键,否则,较为严格的直接管制可能是必要的。

本章重要概念

第八条款国 复汇率 影子汇率 外汇留成制 固定汇率制 浮动汇率制 棘轮效应 爬行钉住 管理浮动 汇率目标区 货币局制 三元悖论 国际清偿力 国际储备 储备头寸 特别提款权 备用信贷 冲销式干预 非冲销式干预 信号效应 资本外逃 货币替代

本章思考题

1. 试结合我国情况,分析外汇兑换管制政策和复汇率政策的利弊。
2. 试比较固定汇率制与浮动汇率制的优劣。
3. 各种不同的汇率制度是如何处理内外均衡目标的实现问题的?
4. 请从正反两个方面思考开放经济三元悖论的含义。你认为"三元"悖论这个提法准确吗?为什么?
5. 全面了解特别提款权,请结合课堂内和课堂外学到的知识,理解特别提款权未来可能还会有些什么作用。
6. 利用货币模型与资产组合模型分析不同外汇市场干预方式的效力,它们的结论相同吗?存在区别的原因是什么?

7. 深刻理解在货币市场和外汇市场高度一体化的情况下,利率对汇率的调节作用和机理。

本章讨论题

1. 我国目前实际采用的是何种汇率制度? 它对中国经济发展有何积极和消极影响?

2. 中国目前的汇率制度和资本流动状况接近于蒙代尔—弗莱明模型中的哪一类情况? 在此情况下,蒙代尔—弗莱明模型的政策含义是否适用? 为什么?

3. 你认为当前中国的最优外汇储备数量应如何确定?

4. 什么是港币联系汇率制? 你对港币现行的估值水平和未来的发展方向有什么评价?

5. 如何理解和评估货币当局政策的可信性问题以及它的重要性?

第七章

金融全球化对内外均衡的冲击

随着国际经济一体化、通讯技术的发展,资金在国际间的流动规模逐渐超过了国际贸易额,形成了庞大的国际金融市场。国际金融市场超越了地理空间的限制,位于不同国家的资金供需双方能够在此市场上便捷地进行交易,增强了交易的深度和广度,使世界经济得到了前所未有的发展。但与此同时,快速、大额的资金流动也通过资本和金融账户直接或间接地对各国的国际收支和国民经济造成巨大的影响,并引发了跨国界的货币金融危机。

第一节 国际金融市场的构成和特点

国际金融市场,是指资金在国际间流动或金融产品在国际间买卖和交易的场所。自 20 世纪 70 年代起,国际金融市场的资金流动与实际生产和交换的直接联系日益减弱,具有更为明显的货币金融性质,从而表现出自身独立的运动规律,对开放经济的运行和内外均衡的维系产生了重要的影响。

国际金融市场主要包括国际货币市场、国际资本市场、欧洲货币市场、外汇市场等几个重要的子市场,下面对其进行简要的介绍。此外,随着中国在世界经济中的作用日益扩大,国际金融市场上使用和流动的人民币规模正逐步扩大,形成了境外人民币市场,对此,本章也单独对其进行一个简要的介绍。

一、国际货币市场

国际货币市场(International Money Market)主要指期限在一年内的银行短期信

贷、短期证券及票据贴现市场,其中介机构包括商业银行、票据承兑行、贴现行、证券交易商和证券经纪人。由于各国的传统和习惯不同,货币市场的主要业务和中介机构的地位也不同。在美国,短期货币市场以银行短期信贷和短期债券为主,商业银行占有重要地位,而在伦敦,短期货币市场以贴现业务为主,贴现行占有重要地位。

1. 国际货币市场的构成

（1）短期信贷市场。主要是指银行间的市场。该市场提供 1 年或 1 年以内的短期贷款,目的在于解决临时性的资金需要和头寸调剂。贷款的期限最短为 1 天,最长为 1 年,也提供 3 天、1 周、1 月、3 月、半年等期限的资金;利率通常以伦敦银行同业拆放利率（London Inter-Bank Offered Rate;LIBOR）为基准;交易通常以批发形式进行,少则几十万美元,多则几百万、几千万美元;交易简便,不需担保和抵押,完全凭信誉进行。

LIBOR 简介

伦敦银行同业拆放利率（London InterBank Offered Rate；LIBOR）是伦敦的顶级国际银行间相互借款的利率。英国银行家协会（British Bankers' Association）每日会从它认定的顶级国际银行间收集报价,计算和发布 LIBOR,它反映的是银行从市场上筹集资金进行转贷的融资成本。由于欧洲货币市场在国际金融市场中的核心位置,LIBOR 已经被用作国际金融市场中大多数浮动利率贷款的基础利率,并被企业用于筹资成本的核算。浮动贷款协议中所规定的利率大多是在同期 LIBOR 利率基础上加上一定百分点得到的。

世界其他金融中心也会公布类似的基准利率,如纽约同业拆放利率（NIBOR）、新加坡同业拆放利率（SIBOR）、香港同业拆放利率（HIBOR）等等。2007 年 1 月 1 日,位于上海的全国银行间同业拆借中心开始计算和发布"上海银行间同业拆借利率"（Shanghai Interbank Offered Rate；SHIBOR）,作为中国本土市场短期基准利率体系的标准。经过 10 年的发展,上海银行间同业拆借利率已经具备了较大的影响。

（2）短期证券市场。这是国际间进行短期证券交易的场所,期限不超过 1 年。交易对象有短期国库券（Treasury Bills）、可转让的银行定期存单（Negotiable Certificate of Deposit；CDS）、银行承兑汇票（Bank Acceptance Bills）和商业承兑汇票(Commercial Acceptance Bills)。

（3）贴现市场。所谓贴现,是指将未到期的信用票据按贴现率扣除从贴现日到到期日的利息后向贴现行(Discount Houses)换取现金的一种方式。贴现市场就是对未到期的票据按贴现方式进行融资的场所。贴现的票据主要有国库券、银行债券、公司债券、银行承兑票据和商业承兑票据,贴现率一般高于银行利率。

2. 国际货币市场的作用

国际货币市场是国际短期金融资产进行交换的场所。在这个市场上,资金暂时盈余的单位可以与资金暂时赤字的单位相互满足需求：一方面,该市场为短期资金的需求单位提供了从隔夜到一年的各种短期资金；另一方面,一些希望利用暂时闲置的资金获取收益的资金持有人获得了投资的渠道。由于该市场跨越国界,所以可在世界范围内进行短期资金的配置,增强了货币资金的效率。但是,由于该市场上的资金数额巨大且流动性强,因而易对国际秩序造成猛烈的冲击,引发货币、金融危机并对一国经济的外部平衡造成影响。

二、国际资本市场

国际资本市场(International Capital Market)是指 1 年以上的中长期融资市场,参与者有银行、公司、证券商及政府机构。资本市场的主要业务有两大类：银行贷款和证券交易,抵押贷款和租赁贷款及其他具有长期融资功能的业务也可以归入此市场中。需要指出的是,国际货币市场和国际资本市场是根据交易的金融产品期限所做的分类,它们和下面将要介绍的欧洲货币市场、外汇市场,以及黄金市场、金融衍生品市场等在业务内容上是互有覆盖的。

1. 国际资本市场的构成

（1）信贷市场。信贷市场是政府机构(包括国际经济组织)和跨国银行向客户提供中长期资金融通的市场。

政府贷款的基本特征是期限长、利率低,并附带一定的条件。政府贷款的期限最长可达 30 年,利息最低可到零,附加条件一般为限制贷款的使用范围,例如规定贷款只能用于购买授贷国的商品,或规定受贷国必须在经济政策或外交政策方面做出某些承诺和调整。因此,政府贷款属于一种约束性贷款。

银行贷款一般是一种无约束的贷款,贷款利率视市场行情和借款人的信誉而定。对于数额比较巨大的贷款,银行一般采用银团贷款(或称辛迪加贷款,Syndicated Loans)的方式以分散风险。所谓银团贷款,是指几家甚至十几家银行共同向某一客户提供贷款,由一家银行做牵头行,若干家银行做管理行,其余银行做参与行。牵头行通常也是管理行,收取牵头费和管理费,并与其他管理行一起承担贷款的管理工作。

表 7-1　已签约的国际银团贷款数据　　　　　　　　单位:十亿美元

	2006 年	2007 年	2008 年	2009 年	2010 年	2011 年	2012 年	2013 年
已签约的国际银团信贷	2 064.0	2 770.0	1 471.0	1 022.6	1 723.7	2 492.2	1 840.5	885.8
其中:工业国家借款	1 723.5	2 256.8	1 100.3	793.0	1 398.8	2 081.8	1 525.4	683.1

注:2013 年数据更新至 2013 年 6 月,即为半年度数据。
资料来源:国际清算银行数据库,转引自 WIND 数据库。

表 7-2　国际债务证券发行余额和净额　　　　　　单位:十亿美元

	2011 年	2012 年	2013 年	2014 年	2015 年	2016 年
国际债务证券发行余额	20 973.4	21 897.5	22 712.5	21 791.1	21 081.3	21 285.0
国际债务证券发行净额	116.8	924.1	815.0	−921.4	−709.8	203.7

资料来源:国际清算银行数据库。

　　(2)证券市场。证券市场主要由债券业务构成。债券发行人可以是政府机构、国际组织,也可以是企业、公司或银行。大多数债券的发行都由银行或证券商作为中介,承销债券的发行。除了债券业务外,从 20 世纪 90 年代起,以股权为对象的国际融资业务也比较活跃。例如,中国就有多家企业在美国上市从而获得融资。以股权为抵押或直接出让股权而获得国际资金融通的业务,均可划入国际资本市场的范畴。

表 7-3　主要新兴市场国家对外融资:股票发行情况

单位:亿美元

	2000 年	2002 年	2004 年	2006 年	2008 年	2010 年	2012 年	2013 年
中　国	75.5	24.8	144.1	419.9	119.7	750.6	310.2	365.0
印　度	17.9	2.6	39.4	77.7	60.1	262.0	114.8	86.3
巴　西	31.0	11.5	16.5	87.1	104.4	943.6	86.5	144.6
俄罗斯	4.8	13.0	24.8	176.0	28.5	80.1	94.0	99.6

资料来源:2000～2006 年数据来自国际货币基金组织《全球金融稳定报告》2007 年,2008 年数据来自国际货币基金组织《全球金融稳定报告》2012 年,2010～2013 年数据来自国际货币基金组织《全球金融稳定报告》2014 年。

2. 国际资本市场的作用

国际资本市场是国际间进行长期融资的场所。本国企业可以在国际资本市场上以长期贷款、发行债券或出让股权的形式获得长期经营所需的资金。由于长期资本主要是生产领域所需要的资金，在世界范围内，长期资本通过国际资本市场得到了配置，流向了生产效率较高的国家和经济实体，因此国际资本市场有利于全球产出水平的提高。

三、欧洲货币市场

1. 欧洲货币市场的发展和内涵

欧洲货币市场（Eurocurrency Market）的前身是产生于 20 世纪 50 年代的欧洲美元市场。当时苏联和东欧国家担心它们在美国的美元资金被冻结而将资金转存到英国的银行，英国政府为获得资金、恢复英镑的地位和支持国内经济的发展，就准许伦敦的各大商业银行接受境外美元存款和办理美元借贷业务，于是，欧洲美元市场便出现了。1958 年以后美国的国际收支赤字为欧洲美元市场提供了大量的资金，美国的资本流出管制迫使美国境外居民在欧洲美元市场进行借贷业务。20 世纪 70 年代后，世界石油两次大幅度提价，石油输出国获得了大量的出口盈余，这些盈余因以美元表示而被称为石油美元。石油输出国把大量石油美元投入到欧洲美元市场，非产油的发展中国家则向欧洲美元市场借债以弥补石油贸易的赤字，于是欧洲美元市场的资金供需不断增加。与同期的美国和欧洲金融市场相比，由于欧洲美元市场交易的是非本国货币，不会对本国金融体系的稳定造成影响，所以市场所在国对欧洲美元市场的监管较松，没有准备金率的要求和利率限制，这就促进了欧洲美元市场的发展。

从 20 世纪 60 年代末开始，随着美元危机的频频爆发，在欧洲美元市场上交易的货币不再局限于美元，而是逐步向德国马克、瑞士法郎等多币种扩大。同时，这一市场的地理位置也扩大了，亚洲的新加坡、香港等地纷纷出现了美元、马克等货币的借贷业务。这样，原有的"欧洲美元市场"便演变为"欧洲货币市场"。在这里，"欧洲"不再是一个表示地理位置的概念，而是意味着"境外"。所谓"欧洲货币"，就是指在货币发行国境外流通的货币，如欧洲美元、欧洲马克就是指境外美元、境外马克等等。所谓欧洲货币市场，就是境外货币的交易市场，它既包括 1 年期以内的货币市场，也包含 1 年期以上的资本市场。

　　进入 20 世纪 80 年代,欧洲货币市场的"境外"意义又发生了变化。1981 年,美国联邦储备银行批准在纽约设立国际银行业务设施(International Banking Facility;IBF),接受外国客户的美元或其他外币的存款,对外国人提供信贷,并可以免除准备金的规定及利率的限制。显然,IBF 具有可以经营非居民业务和货币不受发行国法令管制等特征,它属于美国境内的欧洲货币市场。1986 年建立的日本离岸金融市场(Japanese Offshore Market)经营的是日元,它属于日本境内的欧洲货币市场。但对于能经营本国货币的欧洲货币市场而言,其经营的本币仍然要求来源于非居民。

　　当代欧洲货币市场的交易包括两种形式：第一种是交易双方有一方为居民而另一方为非居民,这种交易称作在岸(Onshore)交易;第二种是交易双方都是非居民,这种交易称作离岸(Offshore)交易。离岸交易又包含两种形式：第一种是交易的实际发生地与交易的记录地相一致;第二种是交易的实际发生地与交易的记录地不一致。后一种交易是指交易实际发生在一地但却记录在另一地。例如,一笔发生在伦敦的欧洲货币交易,记录在某太平洋或加勒比海的岛国上的一家公司账上。

2. 欧洲货币市场的分类

　　欧洲货币市场按其在岸业务与离岸业务的关系可分为三种。第一种是一体型,即本国居民参加交易的在岸业务与非居民间进行的离岸交易之间没有严格的分离,境内资金与境外资金可以随时互相转换,伦敦和香港即属此类型,在这种金融市场上,在岸和离岸金融业务的界限已逐步模糊。第二种是分离型,即在岸业务与离岸业务分别申请注册、分别接受监管,分离型的市场有助于隔绝国际金融市场的资金流动对本国货币存量和宏观经济的影响,美国纽约离岸金融市场上设立的国际银行业务设施、日本离岸金融市场上设立的海外特别账户,以及新加坡离岸金融市场上设立的亚洲货币账户,均属于此类。第三种是走账型,即没有或几乎没有实际的离岸业务交易,只是为其他金融市场资金交易提供记账和走账,目的是为了避税或逃避某些管制。太平洋、加勒比海等地的某些小国或托管地就是这种走账型的离岸金融中心。

3. 欧洲货币市场的业务

　　欧洲货币市场上的交易品种主要有同业拆放、欧洲银行贷款与欧洲债券。欧洲银行贷款既有固定利率贷款,也有浮动利率贷款,短、中、长期都有,其组织形式主要是银团贷款。欧洲债券是指一国政府或企业在另一的债券市场上,以境外货币为面值所发行的债券。例如,英国机构在美国债券市场上发行以日元为面值的债券就是欧洲债券①。由于发行欧洲债券是以境外货币为面值进行的,因此受发行地金融当局的管制较少。

4. 欧洲货币市场的特点

欧洲货币市场是完全国际化的市场,是国际金融市场的主体。由于它经营的是境外货币,因此具有许多独特的经营特点。

第一,市场范围广阔,不受地理限制,是由现代通讯网络联系而成的全球性市场,但也存在着一些地理中心。这些地理中心一般由传统的金融中心城市发展而来,例如伦敦、纽约、东京等,它们所在的国家经济发达,有充足的资金来源,历史上一直是资金的主要交易场所。这些金融中心具有稳定的经济、政治环境,有良好的通讯和金融基础设施,有熟练的金融业经营人才,有官方给予的自由经营条件和优惠措施。

第二,交易规模巨大,交易品种、币种繁多,金融创新极其活跃。绝大多数欧洲货币市场上的单笔交易金额都超过100万美元,几亿美元的交易也很普遍。欧洲货币市场上交易的币种除美元、日元、欧元等币种外,还包括瑞士法郎、英镑、加拿大元等币种,以发展中国家货币为交易币种的也时有所见,甚至还出现了以特别提款权为标价币种的交易,这些交易使欧洲货币市场与外汇市场的联系非常紧密。

第三,独特的利率结构。欧洲货币市场利率体系的基础是LIBOR,后者同各国利率有一定的联系,但同时还受到欧洲货币市场上供求关系的影响。西方学者认为:"把存款人和借款人都吸引到欧洲美元市场上来的关键因素,过去是,现在仍然是欧洲美元市场上存款利率与贷款利率之间的利差比美国市场上的小。"②这一利差比较可用图7-1来表示。③

造成欧洲货币市场利率优势的原因是多方面的。首先,在国内金融市场上,商业银行受到存款准备金率以及利率上限等管制,增加了营运成本,而在欧洲货币市场上则无此约束,银行可以自主地提供更具竞争力的利率和创新产品。其

---

① 欧洲债券与外国债券存在差异。外国债券是指一国政府、企业、银行或其他金融机构以及国际组织在另一国的债券市场上以该国货币为面值所发行的债券。这种债券的发行人属于一个国家,而债券面值货币和债券发行地点则同属于另一个国家。一国的机构在外国债券市场上发行外国债券必须经发行地的金融当局批准,受其影响,并遵守该国的法律和规章制度。举个例子来说,英国机构在美国债券市场上发行的以美元为面值的债券,就称为外国债券,其发行过程必须受到美国法律的约束。

② [美] Emmanuel N. Roussakis主编,马之骕等译:《国际银行学》,上海远东出版社1992年版。

③ 需要指出的是,欧洲货币市场上存贷利差较小的现象在历史上曾经对欧洲货币市场的发展起了重要的推动作用。现在,随着资本流动限制的放开和各国金融市场与国际金融市场联系的日益密切,欧洲货币市场和各国金融市场上存贷利差之间的差距已日益缩小,有时甚至出现反过来的情况。

利率

美国实际贷款利率 →

→ 欧洲美元市场实际贷款利率

→ 欧洲美元市场实际存款利率

美国实际存款利率 →

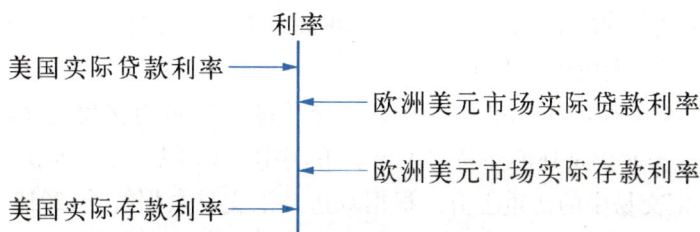

图7-1　欧洲美元市场利差示意图

次,欧洲货币市场在很大程度上是一个银行同业批发市场,单笔交易数额很大,平均的手续费及其他各项服务性费用成本因而较低。再次,欧洲货币市场上的贷款客户通常都是大公司或政府机构,信誉很高,贷款的风险相对较低。最后,欧洲货币市场上的竞争格外激烈,降低了交易成本。例如,在伦敦设立分支机构的外国银行在1967年有114家,而到了1990年,这一数字上升到了451家。如此众多的机构要在同一地点从事国际金融业务,势必造成竞争的加剧,从而带来费用的下降。

第四,由于一般从事的是非居民的境外货币借贷,欧洲货币市场所受的管制较少,这既有利于欧洲货币市场的创新和发展,也加剧了它自身的潜在市场风险和对国内经济的稳定与均衡所具有的潜在威胁。

四、国际外汇市场

外汇市场是从事外汇买卖的场所,它的参与者由买卖货币的所有机构和个人组成,主要包括中央银行、商业银行、外汇经纪人、经营外汇的公司等。

外汇市场交易包括即期交易、远期交易、期货交易、期权交易。到2007年4月,全球外汇市场的日均成交量达到3.2万亿美元。美元是世界上最主要的交易货币,除此之外还有欧元、日元和英镑。根据双边外汇交易统计,2007年4月时,美元交易在全部成交量中的比重达到86.3%,其次是欧元(37.0%)、日元(16.5%)和英镑(15.0%)。

到2010年4月,全球外汇市场的日均交易量约为4.0万亿美元,较2007年增长逾20%。美元仍是外汇交易的主导货币,土耳其、中国、韩国等新兴市场经济体货币在外汇交易中的比重上升。根据双边统计,2010年4月时,美元的份额降至84.9%,欧元、日元的市场份额有所上升,英镑的份额则有所下降。新兴市场经济体货币在外汇市场交易中的比重上升,如人民币元、俄罗斯卢布、印度卢比、巴西雷亚尔和土耳其里拉等货币的市场份额都有所上升。具体而言,美元交易在全部

成交量中的比重占到 84.9%,其次是欧元(39.1%)、日元(19.0%)和英镑
(12.9%)。另外,人民币元占 0.9%。

　　到 2016 年 4 月,全球外汇市场的日均交易量为 5.06 万亿美元,较 2010 年增
幅约为 27%,美元仍是外汇交易的主导货币,中国、土耳其、韩国等新兴市场经济
体货币在外汇交易中的比重上升。根据双边外汇交易数据统计,2016 年 4 月时,
美元交易占全部成交量的比重达到 87.58%,其次是欧元(31.39%)、日元
(21.62%)和英镑(12.8%),人民币交易量比重由 2010 年的 0.9%上升至 2016 年
的 3.99%。①

　　伦敦是世界外汇交易的最大中心,占世界外汇交易总额的 1/3 左右。纽约、
苏黎世、法兰克福、东京、香港、新加坡等是世界重要的外汇市场所在地。随着电
子通讯技术的发展,外汇买卖越来越多地通过网络、传真和电话来进行,交易主要
发生在银行之间,因此,外汇市场实际上主要是银行之间的货币买卖市场。外汇
交易的绝大多数是投机活动,利用异地异时微小的汇率差异进行盈利性交易。通
过电子手段,全世界各大时区的外汇市场已紧紧地联系在一起,24 小时不间断地
运作。

　　外汇市场的交易制度分为两种:做市商(Market Maker)制度和竞价制度。
在做市商制度下,投资者向做市商提出交易要求的数量和方向,做市商收集了买
卖双方的数量信息后报出价格,并有义务在其所报价位上用自有资金或证券与投
资者进行交易(即有义务维护市场的流动性),做市商同时充当了买者和卖者的角
色,通过买卖价差赚取利润。在竞价制度下,买卖双方各自报出意愿交易的价格、
方向和数量,双方或者直接进行交易,或者由各自的经纪商把交易指令呈交到交
易市场,根据已有的指令情况进行撮合从而达成交易,根据交易的连续性,竞价制
度又可分为集合竞价机制和连续竞价机制。

　　除了国际货币市场、国际资本市场、欧洲货币市场以及外汇市场外,另有两个
重要的市场值得一提。一个是国际黄金市场,另一个是国际衍生品金融市场。虽
然黄金已不再是世界货币,但仍然充当世界储备的作用,金价也依然是世界经济
的晴雨表。而国际衍生品市场在近 20 年中获得了长足发展,由于衍生品的交易
杠杆制度,衍生品市场上的资金流量、尤其是投机性资金流量所形成的冲击特别

---

　　① 有关外汇交易量的数据根据中国人民银行有关年份的国际金融市场报告和国际清算银行网站数
据整理而得。其中,外汇交易比重是双边统计,所有货币交易比重之和为 200%,因此会出现几种主要货币
比重之和超过 100%的现象。

巨大,从而构成了世界投机冲击的重要力量。

五、境外人民币市场

随着中国经济的发展,人民币在国际交往中的地位和作用不断提高,越来越多的人民币被留存在中国的关境之外,成为外国政府的外汇储备或企业和个人的交易、支付及财富管理手段。人民币在中国关境之外使用最初始于中国的边境贸易以及中国的港澳地区,属于民间的行为,但现在已经获得了官方的正式认可,并且官方自己也参与到人民币的交易之中。截止到 2016 年底,境外人民币的总规模已远远超过 1 万亿元,由此产生了一定规模的境外人民币市场。境外人民币市场主要位于香港,其次,新加坡、台北、伦敦等地,也都有人民币交易。在境外人民币交易中,一种重要的形式是离岸交易,主体位于香港。但香港的离岸人民币业务并非严格意义上的离岸。据香港金融管理局数据,2017 年 2 月底香港的离岸人民币存款总额为 5 114 亿元,日交易量为 2 451 亿元。境外人民币规模和交易额的日益庞大,除了有利于人民币的国际化之外,还带来了以下影响。

首先,通过各种渠道,境外人民币以或大或小的规模频繁流出流入中国关境,对中国境内市场造成一定的影响。

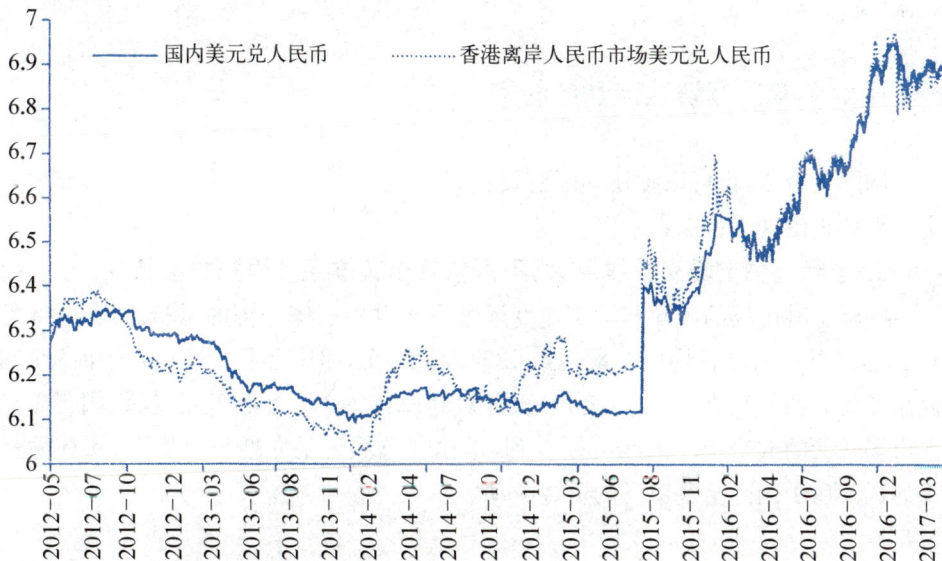

图 7-2　香港离岸市场人民币汇率与中国关境内市场人民币汇率走势对比
数据来源：WIND。

其次,香港、新加坡等市场上的人民币汇率常常与中国关境之内的外汇市场人民币汇率发生背离(见图7-2)。如果说中国关境之内的人民币汇率主要由与实际生产、贸易和投资有关的供求关系决定,那么,相比之下,中国关境之外市场上的人民币汇率,受预期的影响更大。中国关境之内的人民币与美元之间的交易更多地是与实际生产和贸易有关,而关境外的人民币与美元之间的交易与实际生产的联系则更少。管制少、游资多、预期的作用大,使境外人民币市场上容易出现做空人民币的现象,也使关境外和关境内的人民币汇率走势会出现背离。走势的背离一定会或多或少地向境内传导,由此使境内人民币汇率的管理变得更加复杂。

第二节　国际资金流动的原因和影响

国际间的资金流动分为两种:一种是和实际生产、贸易有密切关系的资金流动,可以称作国际资本流动(International Capital Flows);另一种是和实际生产、贸易无直接关系、主要以获取资产差价和金融收益为目的而在国际间进行的纯"金融"性质的流动,可以称作国际资金流(International Financial Flows),也可以称作国际游资,这已日益成为国际金融学研究的重点。本节讨论的就是国际资金流[1]。

一、国际金融市场资金流动的特点

国际资金流,也可以称作国际游资。20 世纪 80 年代以来,国际金融市场的资金流动体现出如下特点:

1. 国际金融市场交易量巨大,不再依赖于实体经济而独立增长

国际金融市场的规模和增长速度远远高于世界实体经济的增长。到 2016 年 4 月,全球外汇市场日均成交量达到 5.06 万亿美元,相比之下,2016 年全年的全球商品贸易总额才只有 16 万亿美元,服务贸易总额为 4.7 万亿美元,仅仅相当于外汇市场几天的成交量。由此可以看到,不论在总额还是在增长速度上,实体贸易都远远落后于国际金融市场的资金流动。

---

[1] 某些国际金融学的教科书对这两种资金流动并没有做区分,但由于这两类资金的流动规律存在差异,为了让读者更好地理解,本书在这里做了区分。

2. 国际金融市场很大程度上呈现批发市场的特征,机构投资者是国际资金流动的主要载体

在许多工业化国家,居民家庭储蓄行为的多元化和金融业的开放使机构投资者掌握的金融资产急剧上升,在 20 世纪 90 年代后半期的强劲增长和 21 世纪初最早几年的停滞之后,经合组织成员国机构投资者管理的资产总额在 2002～2007 年期间几乎翻了一番,达到了 63 万亿美元。在 2008 年金融危机期间,它们下降到 52.5 万亿美元,但 2009 年底又反弹到 60.3 万亿美元(对应的银行总资产是 72 万亿美元)。在 1995～2007 年期间,机构投资者管理的资产总额占成员国 GDP 的比重上升了约 75%,达到略强于 180%。2008 年底它们回落到占 GDP 的 143%,至 2009 年底,又回升到 180%左右①。根据国际货币基金组织的报告,2012 年,美国等 16 个发达国家机构投资者和共同基金管理的资产已达到 76 万亿美元,占这16 国的 GDP 的 180%。②

3. 衍生品交易比重不断上升,交易虚拟化程度提高

从国际资金流动的传统方式与衍生工具的交易比较看,衍生工具交易产生的国际资金流动数量已经居于绝对优势地位,而且衍生交易的增长非常迅速。截至2011 年 6 月末,全球场外(OTC)衍生品市场名义余额为 707.57 万亿美元,比 2000年 6 月末(94.04 万亿美元)增长 652.4%,而 2010 年末全球债券、股票和银行资产的总市值为 212 万亿美元,仅为衍生品市场余额的 30%③。

国际资金流动的效果是如何"放大"的

在国际金融市场上,自发的、偶然的资金流动在适当的条件下会演变成大规模的、群体性的资金流动,资金流动因而能对全球经济发挥远远超过其实力的影响。国际资金流动效果"放大"的原因主要包括以下几点:

首先,国际金融市场上的衍生品交易采用保证金制度,其本身就具有放大资金控制力的杠杆效应。在衍生品交易中,较小数量的国际资金就可以控制名义数额非常大的衍生工具合约,从而对衍生品市场上的价格发挥很大的

① 国际货币基金组织的《世界经济展望》2011 年 9 月,第 57 页。
② 国际货币基金组织《全球金融稳定报告》2014 年 4 月,第 79 页。
③ 国际清算银行的《2011 年上半年 OTC 衍生品市场报告》。

影响,并通过衍生工具市场与其他金融市场之间的密切关系来影响一国和全球经济。

其次,国际上流动的各种资金间存在着密切的联系,使资金可以在短期内迅速扩充实力。例如,主要活动于各国证券市场上的投资基金一般与银行保持着比较紧密的联系,它既可以在相当短的时间内进入一国的同业拆借市场拆入资金,也可以与某些银行达成协议,在较长的时间内获得信贷支持,这些都扩张了原有资金在国际间流动时的冲击力。

再次,国际资金流动中存在着"羊群效应"。在短期国际资金的流动中,心理预期因素非常重要。某些有影响力的国际资金(例如大的对冲基金)的突然行动,可能会带来其他市场参与者的纷纷仿效,从而对经济构成很大冲击。在实际生活中,有些机构投资者就利用国际资金流动的这一特点,故意将某一信息广为宣传,有意识地诱发市场恐慌情绪与从众心理,来实现其原有数量的资金无法达到的效果。

二、国际资金流动的原因

20 世纪 80 年代以来,国际资金流动的规模和速度都有大幅度提高,除了世界对外贸易和投资活动快速增长这一原因外,其他主要原因有:

1. 国际金融市场资金供给的充足

在国际金融市场上流动的资金主要来源是国际范围内与实际生产相脱离的巨额金融资产的积累。这些资金来源于各国,特别是主要的可兑换货币发行国的长期通货膨胀、产油国大幅度提高油价而形成的巨额石油美元,以及世界货币发行国,特别是美国通过巨额的国际收支逆差而流到国际上的大量美元资金。金融市场及金融中介机构的发展又派生了不少金融资产,使越来越多的社会资产与实际生产相脱离而成为国际游资。

通过信用创造,国际资金流动还具有自发增加的倾向。例如,欧洲货币市场在某种程度上具有与国内金融市场相似的存款创造过程:即一笔存款进入欧洲货币市场后,如果这笔款项的存贷都在欧洲货币市场上进行,那么这一笔存款可以派生出一系列存款。在分析国内金融市场上的存款创造过程中,我们常用下式表示存款派生乘数

$$m = \frac{1}{1-(1-r)(1-c)} \tag{7-1}$$

式中,m 表示货币乘数;r 表示法定准备金率;c 表示现金漏损比率。欧洲货币市场不存在法定准备金限制,从理论上说,如果不存在现金漏损,这一市场上的存款创造将是无限的。但另一方面,欧洲货币市场的漏损比率 c 相当高,表现为资金流入国内金融市场或其他国际金融市场。理论界对乘数大小一直争议很大,一般认为这一乘数可能在 2.5~5.5。

2. 金融市场一体化促进了资金在全球的配置和套利

随着通信技术的发展,全球金融市场一体化的程度不断提高,资金拥有者可以用较低的成本将资金配置在全球各个金融市场,以实现合意的风险—收益组合。金融资产在全球各个市场、各类产品间配置的过程,就是国际资金流动的过程,投资的分散化和配置调整的频繁化都促进了国际资金的流动①。

另一方面,全球金融市场间联系的加强使得市场参与者能够迅速注意到各个金融市场间金融产品的差价(主要包括利率和汇率的差异),并在很短的时间内调动大量资金进行套利活动,这种活动在消除金融市场差价的同时,也形成了巨大的资金流量。

3. 资金为规避管制或避险而发生流动

20 世纪 80 年代以来,一些新兴国家的经济增长较快,但是金融市场管制较多,产权保护也不健全,这些国家的居民在财产达到相当规模后,往往希望将资金转移到国外以规避管制或避免非经济风险。这种资金的转移往往通过非正式渠道多方辗转,形成很大的国际资金流量。

4. 金融创新的促进

20 世纪七八十年代以来,世界各国都出现了金融创新的浪潮。引起金融创新的一般原因包括规避风险、技术进步、政府管制的逆效应和较高的通货膨胀率等等。国际金融创新刺激了国际间的资本流动,尤其是加强了与实物生产和投资相脱离的金融性资本的流动性。首先,国际金融创新为资本规避在国际间流动时所遇到的风险提供了有效帮助,相当部分的汇率风险可以通过外汇远期、期货、期权

---

① 因为风险与收益的情况不同,在不同的金融市场上形成的不同资产之间一般是不可完全替代的。现代投资学的基本观点是:应当将资产的组成分散化,即持有多种形态的、具有不同风险与收益率的资产组合。这一观点能够解释国际资金流动的双向性,即既存在着从收益率较低的市场流向收益率较高的市场,也存在着与此方向相反的流动。

等工具来规避,利率风险可以通过远期利率协议、利率期货、利率上下限等工具来规避,信用风险可以通过股权—债权互换等方法减轻。其次,国际金融创新提高了资本流动的效率,新的国际金融工具的出现,新的融资方式的采用,都使资本在国际间流动的成本大为降低。再次,国际金融创新和衍生工具的出现为投机者提供了新的舞台。在衍生品市场上,价格的变动更为剧烈,交易的杠杆比率(Leverage Ratio)很高,投机者可以用比较少的保证金来控制大量的合约,这使得它可能的盈亏幅度大大高于一般交易。而且,大多数衍生交易属于表外业务,这使得投资者获得了不影响资本比例的新的盈利途径。在当今的国际金融市场,相当一部分资金就是为了谋取投机利润而在市场上流动的,国际金融创新对这种类型资金流动的刺激特别显著。

5. 国际资金流动管制的放松

二战后相当长的一段时期内,各国对国际资金流动进行了严厉的管制。20世纪70年代以来,各国兴起了放松外汇管制、资本管制乃至金融管制的浪潮,对本国的银行信贷市场与证券市场逐步放开,允许外国金融机构进入本国金融市场,允许非居民到国内金融市场筹资,放松对金融机构的控制。到1992年,绝大多数发达国家都放开了对国际资金流动的管制。同时,新兴市场的资本管制放松也非常显著。

三、国际资金流动的正面影响

国际资金流动具有以下的正面作用:

1. 促进了全球范围内资本的优化配置

就资本收益而言,在国际货币和资本市场上发行的金融证券一方面为公众的储蓄提供了一个获利能力较强的渠道;另一方面又为需要融资的部门提供了资金的来源,使资本通过金融市场流向需要的地方,提高了资本的边际产出,进而能够促进商品和服务的增长,提高人们的生活水平。

就交易风险而言,在本国金融市场功能单一、发展不完善的情况下,微观经济主体需要自行承担经济变量(如汇率、利率)在未来变动的风险。如果经济主体能够进入发达的国际金融市场,就可以利用衍生金融产品等工具来消除或减少交易的风险。因此,国际金融市场的发展能够从收益和风险两方面对国际间的资金进行优化配置。

2. 促进了财富效应的传导

国际资金在各国金融市场之间的流动会使单个国家证券市场的财富效应得

到扩散,所以重要的金融市场所在国的经济增长常常会推动整个世界经济的繁荣。例如,1998 年以来美国道·琼斯指数在网络经济的推动下一再冲高,日益膨胀的资金不仅充实了美国国民的钱囊,也在向其他的国际金融市场寻求投资热点,同时,还为 1997 年金融危机后身心疲惫的亚洲经济带来了一抹亮色。

3. 增强了资金的流动性

以往,由于各国市场结构和政策规定的不同,资金变现的难易程度也不同。当两国的投资收益率存在差异时,投资者如果要持有外国资产以牟利,则可能要承受难以变现的风险。国际资金流动规模的扩大、产品的丰富和参与者的增加,提高了国际金融市场的深度和广度,金融产品的持有者能够以较快的速度和较低的成本将资产变现,获得了流动性的提高,反过来又促进了国际资金流动规模的扩大。

4. 推动了国际金融市场的一体化

国际资金流动飞速增长最直接的有利影响还体现在它推动了国际金融市场的一体化。目前,伦敦、纽约、法兰克福、香港、东京等地的市场已完全实时地连在了一起,从而为资金的配置提供了更为方便和广阔的空间。

四、国际资金流动对内外均衡的冲击

国际资金流动在促进全球金融一体化和提高全球福利水平的同时,也对各国内外均衡的维持造成了一定影响。

1. 国际资金流动加大了各国维持外部平衡的难度

国际金融市场的一体化使资金在各国之间的转移异常迅速、便捷,频繁和大规模的资金进出会使一国的国际收支主要受资本流动的影响,进而需要在维持实体经济稳定和国际收支稳定之间做出权衡。在浮动汇率制度下,巨额资金流动引起的外汇市场供求变化会加大汇率的波动;在固定汇率制下,国际资金流动会对一国的外汇储备造成冲击,某些以投机为目的的短期资金流动在极端条件下会引发货币危机。

2. 国际资金流动加大了微观经济主体经营的困难

在国际资金充分流动的情况下,外汇市场的大幅度波动会增加企业从事进出口贸易的不确定性,各国间汇率和利率的联动关系会使得一国微观主体的投融资决策受到其他国家经济政策变动的影响而不易把握。企业或者使用金融衍生工具等手段,以增加一定成本的方式降低风险,或者把希望寄托在对未来正确的预测上,预先采取措施来消化可能的风险,这两种方式都增加了微观主体经营的困难。

3. 国际金融市场的衍生工具放大了交易风险

金融衍生工具既是风险管理的手段,其本身又是最具风险的交易。衍生品市场是国际短期投机资金最活跃的地方。衍生品市场的保证金制度使得衍生品交易具有很高的杠杆性,随着合同标的价格的变动,合约价值的变动可能几十倍于所缴保证金,可能的盈利和亏损程度都很大,这是其他任何市场交易所不具有的特性。而且,大量金融衍生工具的交易属于表外业务,它们不受银行资本比例要求的约束,对衍生品交易的监管存在客观困难。衍生工具的价格波动具有短期性、虚拟性和高度可逆性,它的剧烈波动会反过来影响标的产品的价格,从而将波动扩大到了其他金融产品市场,对全球金融体系的稳定带来了威胁。

4. 国际资金的流动会影响内部均衡的实现

国际资金流动对内部均衡的影响,从短期来看,主要表现在政府为了干预外汇市场而不得不放弃货币政策的独立性①。如果短期资本的流量从长期看能够保持一个适量的动态平衡,即一段时间内的资本流入等于资本流出,则对货币政策的影响不会很大,但如果出于对一国经济发展前景或者货币升值或贬值的预期,短期资本的净流量一直保持相同的方向且数量巨大,则会对国内货币供给和利率造成较大影响,进而影响实体经济和内部均衡。

从长期看,国际资金流动如果引发货币危机或者其他金融领域的波动,就会对实体经济产生深远的影响,企业的投资能力、融资能力,家庭的消费能力都会受到打击。拉美债务危机和亚洲金融危机的发生国,都在危机后的几年内经历了增长速度放慢、产出下降、需求紧缩等困难。

5. 国际资金流动会将一国的经济波动传导到其他国家

在国际间利率波动趋同、资本市场存在联动的情况下,由政策冲击或投机冲击造成的一国金融市场波动会通过利率效应等途径传递到另一国。这种传递可以是同向的,也可以是反向的。譬如,当两个国家货币保持相对稳定汇率时,一国政策引起的利率变动就会引起另一国相同方向的利率变动;又譬如,一国紧缩货

---

① 这包括两种情况:一种是政府需要维持固定汇率制度而不得不采取非冲销式手段对外汇市场进行干预;一种是政府即使采用了浮动汇率制度,也要避免外汇市场的大幅度波动,从而仍然会将货币政策尤其是利率手段用于维持汇率稳定。

币引起的资本市场萧条,会促使资金离开该国转向其他国家,带来其他国家资本市场的繁荣,等等。此外,投机者还可以通过衍生品的杠杆交易扩大支配力,在取得阶段性成果后在国际金融市场上获得进一步的融资支持,并引发其他投机者的共同参与,最终将一国的波动扩散到多个其他国家,引起大规模的货币与金融危机。1997 年的亚洲金融危机就是一个典型案例。

综上所述,在国际资金流动频繁的情况下,内部均衡和外部平衡的维持越发困难。如果我们把第六章所描述的三元悖论中独立的货币政策改为内部均衡,把汇率的稳定改为外部平衡,则可以得到一个扩展的"三元悖论"(如图 7-3 所示)。这个新的三元结构告诉我们:国际资金流动一旦不稳定,将使一国内外均衡的同时达成变得更加困难。下面我们将以两节的篇幅从远到近介绍国际资金流动对内外均衡的几次重大冲击。

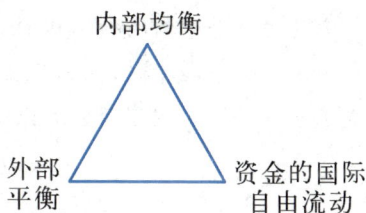

内部均衡

外部平衡　　　　　资金的国际
　　　　　　　　　自由流动

图 7-3　三元悖论的拓展

托宾税(Tobin Tax)

为了减少资金跨境流动带来的冲击,经济学家们提出对跨境流动的资金进行征税或在货币兑换环节收取外汇交易手续费,这两种做法的功效基本相同。较早提出这方面想法的是托宾,其想法被称为托宾税。托宾税是美国经济学家詹姆斯·托宾于 1972 年提出的,是指对跨境流动的短期资金课征税收,征税可以减少资金的过度流动,等于是向飞速流动的资金轮子中掺了些沙子,可以缓解短期资金跨境流动的频率和规模。托宾税的主要目的有:

1. 使政府更为灵活自主地执行货币(利率)政策。
2. 稳定汇率,稳定金融市场,抑制过度投机。
3. 引导跨境流动的资金流向长期(实体)经济。
4. 增加政府的税收。

但是,也有人认为:第一,托宾税有违市场原则,是政府干预市场的一种手段,使用行政手段来干预资源配置,会削弱市场效率;第二,资金跨境流动必然会涉及货币兑换,通过对跨境流动的资金征税,会形成事实上的复汇率;第三,可能导致税收权力的滥用。此外,在技术上,究竟在资金流入时征收还是流出时征收还是双向征收,是可以由一个国家单独征收还是双边甚至全球统一征收？如果一个国家单独征收，全使该国在全球资源配置中处于不利地位；如果双边或多边统一征收，则难以达成全球共识。

也许，个别国家在个别特殊时期临时性地征收托宾税，能在一定程度上减轻短期资金流动的冲击，但这可能会招来市场的恐慌和流出对象国的非议。

值得一提的是，当前环境下，托宾税的理念有了进一步的发展，其实施手段也有了新的翻版。鉴于国际游资对汇率和宏观经济的影响越来越大，而游资又多半是基于预期而提前流动的，因此，在远期外汇市场上对外汇买方或卖方的保证金比例（分别）进行调节，这种调节，虽然没有涉及到征税因而避免了很多麻烦和非议，但客观上却能改变外汇买入方或卖出方的成本，因而成了一种很好的调节资金流出流入以及远期汇率的手段。

第三节　金融全球化对内外均衡的冲击：债务危机和银行危机

20世纪七八十年代起，国际金融自由化的步伐加快，资本的流动和金融全球化冲击着各国的内外均衡。比较典型的案例是20世纪80年代的拉美债务危机、20世纪70年代起产生的一系列银行危机、以及20世纪90年代的货币危机和进入21世纪后的次贷危机。下面两节将对这几类危机分别做一些介绍。

一、债务危机

20世纪80年代初期，爆发了一场世界性的债务危机。所谓债务危机，是指一系列非产油发展中国家无力偿还到期的外债（通常是欠国际银行业的债务），由此不仅导致发展中国家的债信严重下降，而且也使国际银行业陷入了资金危机，严重影响了国际金融业乃至整个国际货币体系的稳定。

（1）债务危机的原因。造成债务危机的原因是多种多样的。第一，旧殖民统治使发展中国家经济结构落后，在此情况下，发展中国家试图通过外债来弥补国内储蓄的不足和资金短缺以发展经济，但却因国内经济结构落后和基础设施不足而不能得到相应的产出。第二，国际市场上的比价体系长期被发达国家所左右。发展中国家因结构落后而以出口农产品、原材料、初级产品为主，这些产品在国际市场上的价格十分低廉,使发展中国家在国际交换中处于不利地位,影响了它们的出口收入。第三,发展中国家因教育水平低下,专业人才不足,加之政局动荡,在国内宏观经济管理和外债管理上常有不当,由此导致外债的使用效益不尽理想。第四,除了这三条根本原因外,石油输出国组织在1973～1974年和1979～1981年两次将石油价格大幅度提高,导致非产油发展中国家出现巨额的国际收支逆差,是债务危机的直接导火线(见表7-4)。石油价格从1973年10月的每桶3.01美元,增至1974年1月的每桶11.65美元,提高了约3倍。然后,从1979年1月份的每桶14.327美元提高到1981年10月的每桶34美元。从1973年10月～1981年10月的8年,油价上涨了约11倍,致使石油输出国组织出现巨额的国际收支盈余(见表7-4)。这些盈余被存放在国际金融市场,形成所谓的"石油美元"(因为石油一般是以美元标价和交易的)。至2008年6月每桶达140美元左右。

(2)国际银行业在债务危机形成过程中的作用。除了上述四条原因外,国际银行业对发展中国家贷款的盲目性和商业标准,也助长了债务危机的爆发。第一次石油提价后,大量石油美元流入国际金融市场,国际金融市场资金充裕,各跨国银行纷纷为各自手中的资金寻找出路,于是,非产油发展中国家便成了贷款对象。20世纪70年代银行国际贷款的最大特点是对主权国家贷款。由于往往有政府担保,于是,大量贷款进入非产油发展中国家,形成这些国家对外国私人(银行)的负债(外债)。从表7-5中可见,1973～1984年,非产油发展中国家的外债增加了约5倍,其中,对外国官方的债务增长了约4倍,而对外国私人的债务增长了约6倍。据世界银行资料,1973～1982年,私人银行的贷款平均每年按19.4%的速度增长,而官方贷款的年均增长率只有14.5%。

表7-4　出口石油和非产油发展中国家的
贸易收支(1973～1982年)

单位:亿美元

	出口石油的发展中国家	非产油发展中国家		出口石油的发展中国家	非产油发展中国家
1973	+67.0	−113.0	1978	+449.9	−311.1
1974	+683.0	−371.0	1979	+1 150.0	−426.1
1975	+544.5	−375.0	1980	+1 712.5	609.5
1976	+657.4	−237.4	1981	+1 227.1	−701.7
1977	+608.9	−215.2	1982	+615.5	−405.5

注:1973年和1974年系指经常账户收支。
资料来源:《国际金融统计年鉴》,1992年,第127页。

表 7-5　国际货币基金组织非产油发展中
国家的外债及偿债能力

单位：亿美元

项 目 ＼ 年 份	1973	1974	1975	1976	1977	1978	1979	1980	1981	1982	1983	1984
外债总额	1 300	1 610	1 910	2 280	2 910	3 430	4 060	4 900	5 780	6 550	6 942	7 310
长期外债	1 120	1 380	1 640	1 950	2 380	2 830	3 400	3 960	4 640	4 230	5 800	6 720
欠官方	510	600	700	820	1 000	1 190	1 360	1 580	1 770	1 980	2 210	2 410
欠私人银行	610	780	950	1 150	1 380	1 640	2 040	2 390	2 870	3 250	3 590	3 850
偿债率(%)	16	14	16	15	16	19	20	18	22	25	22	22

注1：偿债率指年还本付息总额与年商品和劳务出口收入之比。这个比例越高，表明偿债能力越低。

注2：外债总额减长期外债等于短期外债。

资料来源：国际货币基金组织的《不定期文集》(Occasional Papers)第40期，转引自陈彪如的《国际金融概论》，华东师范大学出版社1988年版，第387页。

　　国际银行业贷款的盲目性不仅表现在数量多，而且还表现在地区分布过于集中和贷款归还期分布不当。巴西、委内瑞拉、墨西哥等国家接受银行贷款的速度远远高于表 7-5 所列出的平均速度。并且，由于期限安排不当，许多贷款的还款期过分集中在相同的时期，由此导致许多国家无法在短期内同时归还几笔借款。

　　衡量一国的外债承受能力和外债偿付能力，可以用一套债务衡量指标进行。① 负债率，即外债余额与国内生产总值的比率，通常应低于 10%。② 债务出口比率，即外债余额与当年商品与劳务出口收入的比率，通常应低于 100%～150%。③ 还本付息与总产值比率，即每年还本付息总额与国内生产总值之比，一般不应超过 5%。④ 外债清偿率（又称偿债率），即每年还本付息总额与年商品和劳务出口收入之比，一般不应超过 20%。

　　以上四个指标中，第一个指标和第二个指标表示一国的外债承受能力，第三个指标和第四个指标表示一国的外债偿还能力。其中，外债清偿率被认为是衡量一国债信和偿付能力的最直接、最重要的指标。这个比率以 20% 为警戒线，超过 20%，该国的债信和偿还能力就将受到严重怀疑。然而，在 20 世纪 70 年代，国际银行业为牟取利润，常常以政府担保取代客观分析，不顾某些非产油发展中国家的债信下降，持续地向这些国家提供贷款并附以苛刻的商业条件。据美国摩根信托保证公司资料，到 1983 年，除非产油发展中国家的外债清偿率普遍突破警戒线外（见表 7-5），某些国家的外债清偿率突破了 100%。其中，巴西为 117%、墨西哥为126%、阿根廷为153%、委内瑞拉为101%、波兰为94%、扎伊尔为83%、秘鲁为79%。

除贷款数量过多、地区过分集中、还款期过于集中外,国际银行业在提供商业贷款时还运用了一些新的金融工具和技巧。突出的表现有两点:第一,浮动利率贷款所占的比重从20世纪70年代初的10%上升到1980年的40%,发展中国家的借款成本由此而相对上升;第二,为减少风险,短期贷款的增长快于长期贷款的增长,使债务国不得不借新债还旧债,造成债务使用的短期行为。

(3)国际银行业在缓解债务危机中的作用。虽然国际银行业本身对债务危机的爆发负有责任,但由于债务危机也涉及银行本身的信誉和稳定,因此,危机爆发后,国际银行业会同国际金融机构和有关国家政府,积极地设法缓和债务危机,以维持国际金融业的稳定。国际银行业在缓和债务危机过程中采取的措施主要有:

① 增加对重债国的贷款,并把这种贷款同国际货币基金组织的条件、原则(Conditionality)结合起来,使贷款同受贷国的国际收支调节政策和经济稳定政策结合起来①。

② 债务再安排,即对已到期债务重新安排偿还期和宽限期。债务再安排不仅仅是贷款银行与受贷国之间双边的事,而是多边谈判。例如,1981年和1983年,参加债务再安排多边谈判的债务国分别达13个和25个,重新安排的银行债务总额分别达45亿美元和521亿美元。

③ 利用新的金融工具来缓和债务危机,包括债务回购(Debt Buyback)、债务转换(Debt Swap),以及债务交换(Debt Exchange)。债务回购是指允许一些债务国按一定折扣以现金购回其债务,债务回购常常同债务再安排结合在一起进行。债务转换是指将债务转换成债券或股权加以出售。债务交换是指两种或多种不同债务工具的交换。例如,1987年底,在美国政府和摩根银行的安排下,墨西哥政府以20亿美元的现金向美国财政部购买了100亿美元、利息为零、期限20年的国库券,并将其存入纽约联邦储备银行,作为墨西哥发行100亿美元新债券的担保,同时,债权银行再按50%的折扣,将墨西哥原有的200亿美元旧债务转换成新债务,这样,墨西哥仅以20亿美元现金就换回了200亿美元的债务。

20世纪80年代的国际债务危机已经过去了约30年。30年来,国际金融市场和国际资金流动有了更充分的发展,但这次债务危机仍然给各国以重要的启示:一方面,各国应当注意国内经济政策,提高内部均衡和外部平衡的稳定性;另一方

---

① 关于国际货币基金组织的贷款条件与原则,请参见第八章。

面,国际资金逐利性的流动会削弱各国国际收支的约束,带来收支缺口的扩大并最终导致国际收支不能维持,各国应更加注意保持国际收支纪律。

二、银行危机

1. 银行国际化和银行危机

20世纪60年代起,西方国家的银行国际化有了迅速发展,银行的经营范围和方式发生了巨大变化。许多国家的银行越出国界,在国外设立了分支机构或附属机构。为逃避各国金融当局的监督和管制,许多境外市场应运而生,各跨国银行对外国货币的依赖日益严重,银行的国际竞争日益激烈。所有上述情况,再加上1973年布雷顿森林体系固定汇率制度的瓦解[①],使得银行国际经营的风险大大增加。

1973年和1974年,国际银行业出现了一系列银行破产事件:继1973年美国圣地亚哥国民银行破产后,跻身于美国最大20家银行之列的富兰克林银行和联邦德国赫斯塔特银行于1974年又相继破产。此外,瑞士的联合银行、联邦德国的西德意志土地银行、英国的劳埃德银行,分别发生1亿美元左右的亏损[②]。这一系列事件酿成了二次大战后西方的第一次重大银行危机。这次危机的显著特点就在于它的国际性,因为这些银行的破产或损失均同其国际交易有关。

进入20世纪90年代后,全球出现了金融一体化和金融创新的浪潮,这一方面使银行新的融资工具、融资方式和融资手段在数量和种类上层出不穷,呈现多样化的特点;另一方面,又使银行的各种风险愈来愈大。仅在1995年一年内,就发生英国巴林银行破产和日本大和银行重大损失两起严重事件。

巴林银行(Barings Bank)创建于1793年,截至1993年底,巴林银行的全部资产总额为59亿英镑,其核心资本在全球1 000家大银行中排名第489位。然而,巴林银行新加坡期货交易部兼清算部经理为了弥补其工作中出现的损失,违规建立账户,用巴林银行自有资金买入日经指数期货并卖空日本债券,在日本遭受神户地震、日经指数大跌的情况下,损失达到8.6亿英镑,而此时巴林银行全部资本金只有4.7亿英镑,最终巴林银行破产。

大和银行(Daiwa Bank)创建于1918年,到1995年,拥有资金量24.3万亿日

---

① 关于布雷顿森林体系的内容,请见本书第八章。
② [英]《经济学家》杂志,1974年9月7日。

元,位居日本商业银行的第 13 位。1995 年 9 月 26 日,大和银行宣布,由于驻纽约分行雇员从 1984 年开始在账外买卖美国债券,使该行蒙受了 1 100 亿日元(约合 11 亿美元)的巨额损失。该雇员在从 1984 年开始的 11 年中,进行了 3 万多次账外交易,平均每天损失 40 万美元。为了隐瞒损失,他伪造了债券账目,1995 年 7 月,纽约分行债券账户显示的余额为 46 亿美元,但实际上只有 35 亿美元。直至 1995 年 7 月 13 日,该雇员主动写信给大和银行行长藤田彬,才使此事真相大白。

巴林银行和大和银行的事故,其根本原因在于银行的业务、机构国际化后内部控制制度的缺陷。巴林银行交易员应有的工作是代巴林银行的客户买卖衍生产品,并替巴林银行从事套利,基本上没有太大的风险。清算部门可以通过每日结算显示交易员的风险头寸情况,然而造成巴林银行破产的交易员却一人身兼交易与清算二职,使其行为缺少有效的监督。大和银行的情况也是类似的,银行雇员不但从事债券的买卖,同时兼任债券的管理,债券买卖的记录和银行债券余额的记录都在他一人手中,这就给他欺上瞒下、投机交易、伪造账目开了方便之门。

2. 银行危机的防范和银行业的国际监管

(1) 巴塞尔协议:银行业的国际合作监管。虽然巴林银行和大和银行事件的直接原因是其内部管理制度的漏洞,但这仍与银行的国际交易有关。银行的国际化交易加大了风险的可能性,两次银行危机给国际金融市场造成了巨大冲击,也给相关国家经济和金融稳定带来了严重的负面影响,由此引起了国际金融界的严重不安。1975 年 2 月,在国际清算银行的主持下成立了监督银行国际活动的协调机构——巴塞尔委员会。巴塞尔委员会的成员国包括美、英、法、日、比、卢、加拿大、原联邦德国、意大利、荷兰、瑞典及瑞士等国家。委员会由成员国金融当局的银行监督官组成,是一个常设组织,每年召开三次例会,讨论有关银行国际监督的事宜。

1975 年 9 月 25 日,巴塞尔委员会达成了第一个契约,即《对银行国外机构的监督原则》(*Principles for the Supervision of Bank's Foreign Establishments*)简称《巴塞尔协议》(*Basle Concordat*)。1983 年 5 月又作了修订,国际上最早所称的《巴塞尔协议》,主要就是指 1983 年的修订本。

《巴塞尔协议》确认,任何银行的国外机构都不能逃避监督,母国当局(Parent Authority)和东道国(Host Country)共同负有监督的责任。东道国有责任监督在其境内的外国银行,在双方监督当局之间互通情报,并代为检查对方的海外机构。它虽然对成员国没有强制的法律约束力,但委员会希望它能成为各国的监管目标和有效的行为准则。

1983 年修订的《巴塞尔协议》进一步明确了监督权力的分配：① 分行的清偿力监督由母国当局负责，子行的清偿力监督由母国和东道国共同分担，而合资银行的清偿力监督责任则分属于合资的国家；② 分行和子行的流动性监督是东道国管理局的权力，母国管理当局对整个银行集团的流动性负责；③ 东道国和母国监督机构共同分担外汇活动和头寸的监督，母国管理其全球外汇头寸，而东道国管理其境内的外汇交易和外汇敞口（Foreign Exchange Exposure，即没有轧平的外币资产和负债之间的差额）。对上述业务的监管包括审计、考核和对银行经营安全等级提供直接评估的其他程序。

（2）《巴塞尔报告》：资本充足率要求。《巴塞尔协议》只是提出抽象的监督管理原则和职责分配，而未对流动性、清偿能力、外汇活动与头寸等内容提出具体可行的监督管理标准，因此，不论在法律上或实践上，各国对国际银行业的管理都是自成体系，实际上无"充分监督"可言。鉴于此，巴塞尔委员会于 1988 年 7 月通过了《关于统一国际银行的资本计算和资本标准的报告》，简称《巴塞尔报告》（*Basle Report*）。《巴塞尔报告》制定了银行资本与风险资产比率（资本充足率）的计算方法和最低标准，是《巴塞尔协议》向具体化发展的一个重要文件。

在计算风险资产数额时，《巴塞尔报告》把资产负债的表内和表外项目与不同的风险等级挂钩。由于委员会的宗旨是要管制信用风险和信用风险的一个特殊变异——国家转移风险，因此在债权与风险权重的挂靠方面，处处体现不同的国家组别。《报告》把资本区分为两类：一类是核心资本（Core Capital），又称一级资本、第一档资本（Tier 1 Capital）；一类是附属资本（Supplementary Capital），又称二级资本、第二档资本（Tier 2 Capital）。两类资本之间存在着一定界限和限制。

巴塞尔委员会决定：资本对风险资产的目标标准比率为 8%（其中核心资本要占至少 4%），这是巴塞尔委员会成员国国际银行自 1992 年底起应当遵守的共同的最低标准。这一要求又被称为资本充足率要求。

（3）新巴塞尔协议：监管范围的扩大。《巴塞尔协议》的内涵是随着国际监督的客观要求而不断发展的。1995 年巴林银行和大和银行的事故使监管界认识到，银行业务流程、制度中存在的缺陷也是风险的来源。2004 年 6 月 26 日，十国集团的中央银行行长一致通过了《资本计量和资本标准的国际协议：修订框架》，即《巴塞尔新资本协议》的最终稿，并决定于 2006 年底在十国集团开始实施。新资本协议明确将市场风险和经营风险纳入风险资本的计算，推出了具有开创性的三大支柱：最低资本要求、监管部门的监督检查及市场约束，它对风险更为敏感，监管的范围也更加全面。更进一步，2007 年美国次贷危机发生后，巴塞尔委员会汲取了银行过度放贷所造成风险的教训[①]，对银行的资本充足率和其他一些重要的经营指标作了新的规定，于 2010 年出台了《巴塞尔协议Ⅲ》。《巴塞尔协议Ⅲ》除了维持原来的 8％总资本充足率的要求外，还规定核心资本充足率由 4％上升到6％。另外银行须从 2016 年 1 月 1 日到 2019 年 1 月 1 日分四次总共额外提取2.5％的防护缓冲资本，并在必要时建立一个 0～2.5％反周期缓冲资本，以应对过度放贷的风险。这样，银行的资本充足率要求实际上达到了 10.5％～13％。

我国虽然不是《巴塞尔协议》的签约国，但按照国际惯例经营银行业务。中国人民银行已于 1996 年 10 月被接纳为国际清算银行的正式成员。中国银行业监督管理委员会实际上已经参照历次巴塞尔协议的要求来指导监督我国商业银行的运行。

第四节　金融全球化对内外均衡的冲击：货币危机和次贷危机

一、货币危机

（一）货币危机概述

国际资金流动造成的货币危机（Currency Crisis）对各国内外均衡的冲击更为巨大。各国和国际经济组织都在积极研究对策，希望能够预防危机或减少危机的破坏，对这一问题的研究已成为近年来国际金融领域的重大课题。本节对此进行简单的介绍。

1. 货币危机的定义

货币危机在广义上是指一国货币的汇率变动在短期内超过一定幅度、在狭义上是指市场参与者通过外汇市场的操作导致该国固定汇率制度崩溃、从而引发外汇市场和金融市场持续动荡的事件[②]。货币危机的一个明显特征是本国货币的大幅度贬值。货币危机和金融危机既有区别也有联系。金融危机（Financial Crisis）不仅仅表现为汇率波动，还包括股票市场和银行体系等金融市场上的价格波动和

---

①　关于美国次贷危机的介绍，请见本章后一节。

②　20 世纪 60 年代和 70 年代导致布雷顿森林体系崩溃的一系列美元危机，本质上也是货币危机，即美元按照固定汇率与黄金保持可兑换性的危机。本书第八章介绍布雷顿森林体系时会对此做分析。

金融机构的经营困难与破产等。货币危机可以诱发金融危机,而由国内因素引起的一国金融危机也会导致货币危机的发生。

2. 货币危机的分类

按照货币在狭义上的定义,具体而言,货币危机可以按原因分为以下几种类型:

第一种是由政府扩张性政策导致经济基本面恶化,从而引发国际投机资金冲击所导致的货币危机。

第二种是在经济基本面比较健康时,主要由政治事件或心理预期作用而带来国际投机资金冲击所引起的货币危机。

第三种是因其他国家爆发的货币危机的传播而发生的货币危机,称作"蔓延型货币危机"(Contagious Currency Crisis)。

3. 货币危机(投机)的发生机制

假定有 A 和 B 两种货币,1 单位 A 货币=25 单位 B 货币。在分析之初,B 货币汇率高估,市场上有 B 货币贬值的强烈预期。投机发动者一般通过下面三种方法对 B 进行攻击:

方法一:投机者以 1 单位 A 货币等于 26 单位 B 货币的汇率或更高的汇率水平分阶段抛空远期 B(假定两周或一个月),由此引发其他市场参与者的纷纷仿效(即羊群效应),B 的汇率逐步下跌到 1 单位 A 货币=30 单位 B 货币。投机者到期先以 $A1/B30$ 的价格在现货市场上将 A 换成 B,同时再按 $A1/B26$ 的价格交割远期货币合约,买进 A,付出 B,每 1 单位 A 的交割获利 4 单位 B。

方法二:投机者从 B 货币的同业市场拆入 B,以 $A1/B26$ 或更高的价格分阶段买入 A,当 B 汇率逐步下跌到 $A1/B30$,投机者将 A 再换回 B,在同业市场上偿还债务。这样,每 1 单位 A 的交易净赚 4 单位 B(当然要扣去拆借 B 的利息支出)。因此,在这种方法中,B 国央行大幅度提高 B 货币的同业拆借利率将加大投机成本,使其盈利减少甚至可能亏本。

方法三:由于投机攻击一般会导致同业拆借利率上升,若央行通过提高利率增加投机者成本,在汇市保卫该国货币,将引起股市急剧下跌。这样,投机发动者在投机攻击前,先在股市或股指期货市场上抛空(或投机攻击后在股市、股指期货市场上买入),则即使汇率因央行干预不变,投机者仍可在股市或股指期货市场中盈利。

方法三的具体途径可以表示为:

(1) 股市上抛空→投机攻击→利率上升→股市下跌→股市购入。

（2）投机攻击→利率上升→股市下跌→股市购入→投机退却→利率下调→股价上升→股市抛售。

（3）期市上抛空股指期货合约→投机攻击→利率上升→股市下跌→股指期货合约下跌→平仓股指期货合约。

4. 货币危机的影响

货币危机无论对危机发生国还是对整个世界经济都会产生重大的影响，其危害体现在以下几个方面：

第一，货币危机发生过程中对经济活动的危害。例如，为了抵御货币危机引起的资金外流，政府会采取提高利率的措施，而且对外汇市场的管制可能会维持很长时间，由此造成经济紧缩，对外经济活动受到抑制；货币危机期间大量资金在国内外频繁流动，会给危机发生国的金融市场造成严重波动。此外，货币危机期间的不稳定和恐慌会对公众的正常生产经营活动带来很大干扰。

第二，货币危机发生后经济条件的变化。首先，货币危机容易诱发金融危机、经济危机乃至于政治危机、社会危机。其次，外国资金往往在货币危机发生后大举撤出该国，给该国的经济发展带来沉重打击。再次，货币危机带来的本币贬值将导致以本币衡量的对外债务大量增加。最后，货币危机发生后被迫采取浮动汇率制度，往往会因为政府无力对之进行有效管理而波动过大，给正常的生产、贸易带来不利影响。

第三，货币危机发生后政府被迫采取的补救性措施中，紧缩性财政政策与货币政策往往是最普遍的。但若货币危机并不是由扩张性的宏观政策导致时，这一措施很可能给社会带来巨大的灾难。另外，为获得外国的资金援助，一国政府往往会被迫实施援助所附加的种种条件，例如开放本国商品金融市场等，给本国的经济运行带来较大的风险。

当然，货币危机能够暴露一国经济隐藏着的诸多问题，同时，货币的大幅度贬值也可以纠正可能存在的货币高估现象，有利于改善国际收支。但是，这些有利因素是在非常痛苦的过程中发挥作用的。所以总的来看，货币危机的危害性远远大于积极性。

（二）货币危机的成因分析

从 20 世纪 70 年代开始，国际金融市场危机频现，引发了金融危机理论的大发展，其中货币危机理论的兴起尤为引人注目。20 世纪 70 年代末，货币危机理论开始形成比较独立和完整的体系。1997 年亚洲金融危机呈现出与以往货币危机不同的许多新特点，致使此后的研究越发丰富和多样化。本节仅对货币危机成因的各种解释做一个简单介绍,不涉及各类模型的具体内容,有兴趣进行深入研究的读者可以自行参阅这方面的专著和论文。

1. 宏观经济的基本面因素

基本面因素的恶化包括外部不平衡(经常项目赤字、本币实际升值)和内部不平衡(例如金融体系的不健康运行、巨额财政赤字、高企的通货膨胀以及相对较低的外汇储备等)。它可以用一个由多重宏观和金融指标组成的指标体系进行量化,并可根据指标体系的数值变化预警危机的爆发。

传统的危机预警指标一般包括以下几项:(1)经常项目赤字。经常项目赤字维持在 GDP 的 5% 或以上常被视为长期不可维持的一个标志,并且可以说是危机即将来临的预警信号。(2)债务指标:包括① 外债总额/GDP;② 短期债务/GDP;③(经常项目赤字-外国直接投资)/GDP,即(CA-FDI)/GDP;④ 短期债务/国际储备;⑤ 到期债务/国际储备;⑥ 到期债务/出口收入;⑦ 一国国际储备能够支付进口的月数等等。亚洲金融危机后,金融部门的问题也被列入基本面因素中。

基本面因素是导致危机、恶化危机的必要条件而非充分条件,它不一定能准确地预测出一国何时爆发金融危机,而且即使是在正常时期也不能保证基本面因素的完好。只能说当基本面恶化时,投机攻击或政治危机等因素容易成为货币危机的催化剂。

2. 国内信贷的持续扩张——第一代危机理论的解释

美国经济学家克鲁格曼(P. Krugman)于 1979 年归纳出了关于货币危机的第一个比较成熟的理论。该理论认为,在一国货币需求稳定的情况下,国内信贷扩张会带来外汇储备的流失和经济基本面的恶化,导致原有的固定汇率制在投机冲击下崩溃从而产生危机。

(1)国内信贷扩张和货币危机。根据货币学派的模型下,假定一国的货币需求非常稳定,货币供给由国内信贷及外汇储备两部分构成。在其他条件不变时,如果持续扩张国内信贷来融通财政赤字,就会带来货币供给的增长,货币供给超过了该国居民对货币的需求,该国居民就会向外国居民购买商品、劳务、金融资产,通过国际收支赤字来减少外汇储备,最终使货币供给重新回到与货币需求平衡的水平。根据货币分析法,有

$$M^s = D(t) + R(t) = M^d = M_0 \tag{7-2}$$

式中,货币需求 M^d 为常数,记作 M_0,国内信贷为 D,外汇储备为 R,t 为时

间。也就是说,在国内货币需求稳定的情况下,国内信贷(D)的扩张会带来外汇储备(R)的等量减少。这种关系如图7-4所示。

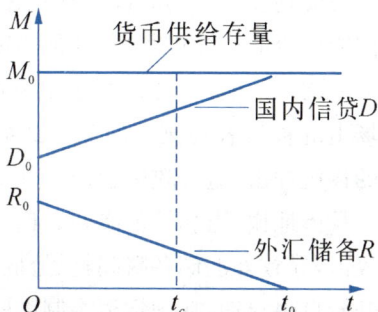

图7-4　国内信贷扩大引发的外汇储备消耗

由于外汇储备有限,国内信贷的持续扩张最终会使货币当局耗尽外汇储备。外汇储备是政府维持固定汇率的主要工具。如果一国对外汇储备水平设定最低限,则当外汇储备低于最低限时,政府将宣告放弃固定汇率。由汇率自由浮动确立的汇率水平会较原有的固定汇率水平有大幅度的贬值。在图7-4中,当时间到达t_0时,外汇储备耗尽,固定汇率制度必然会崩溃。

(2) 投机攻击和固定汇率制度的提前崩溃。如果市场上不存在投机者,那么,固定汇率制度的崩溃将仅仅是外汇储备随信贷扩张而逐渐消耗的结果。但是,如果投机者在外汇市场上卖出本币、买入外汇以对本国货币进行攻击,那么,政府就会使用外汇储备来维护固定汇率,这就会加快外汇储备的减少和固定汇率制的崩溃。

为了说明投机攻击的时间选择问题,这里引进一个新的概念——影子汇率(Shadow Floating Exchange Rate)。这里的影子汇率,与第六章中的影子汇率不同。这里的影子汇率,是指在没有政府干预下,汇率受经济基本面决定而自由浮动时确定的水平,实际上就是指没有政府干预时的市场汇率。在浮动汇率制度下,影子汇率水平与现实汇率水平一致。在固定汇率制度下,影子汇率由市场根据基本面预测得到,信贷扩张会使影子汇率水平不断上升(直接标价法下)。

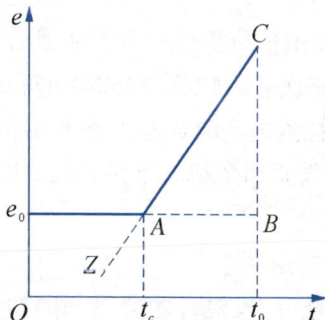

图7-5　投机者预期条件下的货币危机发生时间

图7-5可以用来描述投机者预期导致的固定汇率制的提前崩溃。图中,纵轴表示直接标价法的汇率,e_0表示固定汇率制下的汇率水平,直线ZAC表示影子汇率水平,随着时间t推移,本国信贷不断扩张,外汇储备不断消耗,影子汇率水平不断上升。如果市场上不存在投机者,那么,到t_0时刻,外汇储备耗尽(或者外汇储备低于政府所能接受的水平),政府将放弃固定汇率,允许汇率自由浮动,此时汇率水平将从B点跳跃到C点,即本币出现大幅度贬值。

考虑到投机者的心理预期因素,如果投机者能够根据基本面的真实情况(譬如国内信贷的持续扩张)预期到固定汇率制的崩溃,那么,投机者就会以目前的固定汇率购入外汇,以等待固定汇率制崩溃后本币贬值,从而出售外汇牟利。如果市场上的投机者在某一时刻一致抛售本币、抢购外汇,就形成了对该国固定汇率制的投机冲击,这一攻击会使得外汇储备瞬间耗尽,固定汇率制提前崩溃。

具体地说,当影子汇率在 t_c 时刻上升到与固定汇率 e_0 相等时,投机者就会发动攻击,导致外汇储备瞬间耗尽,固定汇率制提前崩溃(如图 7-5 所示)。之后汇率开始自由浮动,从固定汇率制度向浮动汇率制转变的过程中,汇率不出现跳跃,其走势如图 7-5 中折线 e_0AC 所示。从分析中可以看出,信贷扩张速度越低,t_c 就越向右,货币危机的发生也就越晚。

第一代货币危机理论具有如下特点:

第一,在货币危机的成因上,认为货币危机是政府宏观政策与固定汇率的维持这两个政策目标之间发生冲突而引起的(请回顾三元悖论理论)。这一分析将国际收支问题视为货币供求的自动调整过程,具有浓重的货币主义色彩。国内信贷扩张是储备流失的根本原因,因此,是政府扩张政策将经济推向了货币危机。

第二,在危机的发生机制上,强调投机攻击导致储备下降至最低限是货币危机爆发的一般过程。在这一过程中,中央银行基本上处于被动的地位,预期只是使货币危机发生的时间提前,外汇储备存量则是决定固定汇率放弃与否的中心变量。

第三,在政策含义上,最主要的结论是:紧缩性财政与货币政策是防止货币危机发生的关键。鉴于货币危机的根本原因在于经济基本面,投机性攻击只是外在条件,因此诸如从国外借款、限制资本流动等措施只能暂时性地稳定汇率,如果没有基本经济政策的调整,固定汇率制最终仍将崩溃。

在相当长的时期内,国际上发生的货币危机大多由信贷扩张引发。从战后来看,比较有影响的有 20 世纪 70 年代以来墨西哥的三次货币危机、1982 年的智利货币危机等。但是,进入 20 世纪 90 年代以来,投机性资金流动对宏观经济的冲击越来越大,往往在经济基本面还比较健康时,也会引发货币危机。于是,第二代货币危机理论应运而生。

3. 预期的自我实现——第二代货币危机理论的解释

第一代货币危机理论假定,只有在基本面出问题时,投机者才会对一国的货币发起攻击。第二代货币危机理论由奥伯斯特菲尔德(M. Obstfeld)等人推出,该理论提出了另一种思路。它认为,投机者之所以对货币发起攻击,并不是因为经济基础的恶化,而是因为贬值预期的自我实现[1]。

首先考虑投机者的行为。第二代货币危机理论认为,在国际短期资金流动独特的内在运动规律下,一国可能在没有实施扩张性政策、外汇储备充足的情况下,突然面临投机冲击,投机冲击的出现主要是由心理预期因素导致的。投机者对一国货币的冲击步骤往往是首先在该国国内货币市场上借入本币,再在外汇市场对本币进行抛售。如果这一攻击能取得成功,投机者会在本币贬值后再用外汇购回本币,归还本币借款。这样,投机者攻击的成本是本币市场上借入本币所支付的利息,预期收益则是持有外汇资产期间的利息收入以及本币贬值所带来的收入。只要预期投机攻击成功后该国货币贬值幅度超过上述两种利率之间的差幅,投机者就会进行投机攻击。

再考虑政府的行为。政府提高本币利率可以提高投机者进行投机攻击的成本。从理论上讲,政府总可以将利率提高到一定水平来维持固定汇率制度。问题在于,提高利率不是没有成本的。

政府提高利率以维持固定汇率的成本可能是:第一,如果政府债务存量很高,高利率会加大预算赤字;第二,高利率不利于金融稳定。高利率意味着经济紧缩,带来衰退与高失业率。尤其是现代经济中股票市场、房地产市场状况与利率存在着密切联系,如果因为利率过高而导致股市暴跌、房地产市场低迷,将使整个经济陷入萧条乃至于危机的境地。

政府维持固定汇率的收益一般包括:第一,消除汇率自由浮动给国际贸易与投资带来的不利影响,为一国经济创造一个较为稳定的外部环境;第二,发挥固定汇率的"名义锚"(Nominal Anchor)作用,遏制通货膨胀;第三,政府可以在对汇率的维持中获得政策一致性的名声,这在政府政策对象是具有理性预期的公众时是极为重要的,使政府以后的经济政策容易收到成效。

政府面临投机冲击时,是否提高利率以维持固定汇率实际上是对成本和收益的权衡,集中表现为维持经济的合理开放性与实现经济的稳定发展之间的矛盾。从某种意义上说,也就是外部平衡和内部均衡之间的矛盾,这可借用西方教科书的一个图(图7-6)来说明。

图7-6中纵轴表示维持固定汇率制的成本,横轴表示本国利率水平。CC曲线表示维持固定汇率制成本的变化,它随着利率的变动而变动。我们假定经济中

---

[1]　第二代模型中的预期实现方式有多种,如:"冲击—政策放松分析"(Obsfeld)、"逃出条款分析"(Obsfeld)、"恶性循环分析"(Bensaid,Jeanne)。本书中采用相对简单的"恶性循环分析"。

成本

CC

BB

O　　$\hat{i}$　　i_τ　　i^*

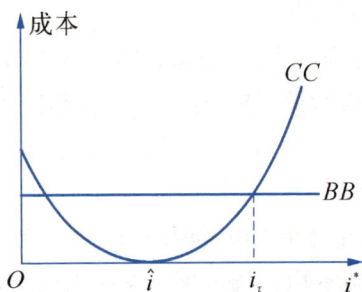

图 7-6　维持固定汇率制的
成本与收益

存在着最佳利率水平 $\hat{i}$，此时维持固定汇率制的成本最低。当利率水平在此基础上逐渐降低或逐渐提高时，这一成本都将不断增加，因此 CC 曲线表现为两端向上倾斜的 U 字形。BB 曲线表示维持固定汇率制的收益，根据上文的分析，它与利率水平无关，因此在图上是一条水平线。当利率水平为 i_τ 时，维持固定汇率制的成本与收益相等。从图上可以看出，当维持固定汇率制所需要的利率水平高于 i_τ 时，维持固定汇率制的成本高于收益，此时该国的固定汇率制将会被放弃，货币危机将爆发。

从以上分析可以看出，第二代模型中所描述的货币危机具有如下特征：

第一，货币危机发生的隐含条件是宏观经济中多重均衡（Multiple Equilibrium）的存在。经济中共存在两重均衡，分别对应着公众对固定汇率制能否维持的不同预期，每种预期都是自我实现的。其中，"好的均衡"（Good Equilibrium）是公众的贬值预期为零，从而使汇率保持稳定[①]；另外一种均衡则是贬值预期，当这种预期达到一定程度时，政府将不断提高利率以维持平价直至最终放弃，这种均衡的结果就是货币危机。由"好的均衡"向货币危机的跳跃常常由一些与经济基本面完全无关的事件——"黑子现象"（Sunspot Phenomenon）——所导致。这些所谓的黑子事件经常与国际短期资金流动之独特的运动规律密切相关，当它导致贬值预期心理时，就会引起投机并使这一预期得到实现。因此，这种货币危机又被称为"预期自我实现型货币危机"（Expectations Self-Fulfilling Currency Crisis）。

第二，政府为抵御投机冲击而持续提高利率直至最终放弃固定汇率制是货币危机发生的一般过程。预期因素决定了货币危机是否会发生、发生到什么程度，而利率水平则是决定固定汇率制度放弃与否的中心变量。具体而言，在公众预期货币将贬值时，货币危机的发生机制体现为一种恶性循环（Vicious Circle）：政府通过提高利率来维持平价→增加政府维持固定汇率制的成本→加强市场的贬值预期→促使利率进一步上升。可见，货币危机是否发生取决于政府与投机者之间

---

①　因为，当公众预期汇率制度不会崩溃时，就不会产生对外汇储备的挤兑，国内的信贷政策也不会发生转变。在这种情况下，固定汇率制度维持的概率为 100%。

的动态博弈。在信息不对称的条件下,市场对政府放弃平价的成本(假定为 f)只能推测出大致区间($[\underline{f},\overline{f}]$),在此区间内不断进行投机攻击。如果在政府捍卫平价期间有足以改变投机者预期的好消息来临,货币危机将被阻止;否则政府将被迫进行贬值。如果基本面因素(包括经济增长率、就业水平和通货膨胀率等)在这个过程中发生实质性的恶化,危机的爆发则不可避免。因此,虽然投机的发生可能与基本面因素无关,但是应对危机的过程往往会导致基本面发生变化。

第三,政府防范货币危机的主要措施之一是提高政策的可信性。可信度越高,货币危机发生的可能性也就越小。

第二代货币危机模型提出了"预期"的作用,极大地提高了金融危机理论的解释力[①]。但是,它没有解释攻击实际上是怎样开始的、预期由什么因素决定,也没有提出建设性的政策意见。奥伯斯特菲尔德等认为,由于预期是自我实现的,所以只要影响预期就能防止危机。但他们同时又说明,预期是由模型之外的因素决定的,因此如何影响预期就不属于模型应该讨论的问题。

4. 货币危机的扩散

货币危机扩散的机制可以分为这样三种:

第一种是因为他国汇率变动对本国宏观经济的影响。例如,一个主要商品竞争对手国的货币贬值会导致本国商品竞争力的下降,从而影响到本国国内的经济与就业。市场中如果存在这样的预期,投机者就会在宏观经济发生实际变动之前采取交易行动,从而对本国货币形成贬值压力。

第二种是因为投机者的投机活动取得巨额利润而产生的示范行动。投机者对一国发起攻击后取得的成功将促使更多的市场参与者纷纷仿效,共同投入到对另一国家或金融市场的投机活动之中。在以上两种模式中,汇率高估的货币往往首当其冲地成为被攻击的对象。

在金融市场一体化的今天,一国发生货币危机后,货币危机最容易传播到以下三类国家:第一类是货币危机发生国的重要贸易伙伴或竞争对手。当货币危机发生时,危机发生国或者对贸易伙伴国商品的进口下降,或者对竞争对手国商品的出口造成巨大压力,从而导致伙伴国和对手国的贸易收支发生变化,诱发投机攻击。第二类是与货币危机发生国存在较为相近的经济结构、发展模式,尤其是存在潜在经济问题(比如币值高估)的国家。投机资金会比较一致地对这些国家逐一攻击。第

---

① 例如,1992 年的英镑 9 月危机就是由于人们预期英国政府将把国内经济增长、就业稳定等目标置于汇率稳定之上而引起的。

三类是过分依赖国外资金流入的国家。影响比较大的货币危机发生后，国际金融市场上的投机资金一般都会调整或收缩其持有的外国资产（至少是存在较大风险的国家的资产）。许多国家将不可避免地发生相当部分资金流出的现象，如果这一流出对该国的国际收支有重大影响，则该国也有可能发生货币危机。

（三）货币危机的应对

自 20 世纪 90 年代起，世界上共爆发了三次严重的货币危机。1992 年爆发的欧洲 9 月危机使英国英镑和意大利里拉退出了欧洲货币联盟；1994 年爆发的墨西哥货币危机使拉丁美洲卷入了为期 1 年的经济和金融秩序混乱；1997 年爆发的亚洲货币危机则影响更大，泰国、韩国的货币均大幅贬值，其他多国货币均受到不同程度的冲击，对实体经济的冲击巨大，中国香港和中国大陆的经济也受到很大波及。根据各国应对危机的方法和上面的货币危机理论分析，防范和解决货币危机的方法大致可以归纳如下：

第一，在固定汇率制或稳定汇率政策的情况下，公共和私人部门的债务不能增长过快，货币扩张不能太迅速。

第二，当物价水平和债务水平持续上升、国际收支持续逆差、外汇储备持续下降的情况发生时，要及时加以控制，并及时检查有无调整汇率的必要。

第三，当货币投机已经发生或即将发生时，要果断限制资本流动，禁止投机者进入本国同业拆借市场，大幅提高短期利率，对金融衍生品及期货市场上的交易杠杆加以限制。同时，采取紧缩性的财政和货币政策也在所难免。

第四，为防止或减轻经济和社会动荡，在调整财政货币政策的同时，可进行适度的外部融资。

第五，事发前要加强金融监管，事发后要进行正确的宣传和指导，减少市场恐慌。

二、次贷危机

1. 次贷危机的定义和产生

次贷危机，又称次级住房按揭贷款危机，它是指 2007 年发生在美国然后又蔓延到全世界并引起全球金融动荡和经济滑坡的一场危机。次级住房按揭贷款，是指住房抵押贷款机构向还款能力较差的购房者提供的一种贷款。由于借款人还款能力较差（由于收入水平较低或购买了太多的房产），因此需要支付的利息率也较高，这就可以为贷款发放机构带来更多的利润。显然，这种贷款发放前提是经济看好、房价看涨、市场利率水平总体不高，从而贷款人万一收入不足时，可以用房产的增值部分来申请新的贷款以用于继续还款而又无需承担太高的利息成本。次级贷款机构为了扩大贷款规模，将提供的贷款打包（集合）成一笔笔长期抵押贷款债券在市场上发行以获取更多资金，再用于发放新的次级贷款，从而使次级贷款的规模最终远远超过其自身的自有资本，形成数倍甚至数十倍的放大（杠杆）效应。为了避免今后可能出现的风险，次级贷款机构为自己发行的抵押贷款债券做了一个担保，向担保提供商（保险公司或银行）支付一笔费用，由担保提供商承担债券偿还的违约风险。在房价看涨并且贷款又有房产作抵押的情况下，违约风险很小，担保提供商乐做此事。由于次级抵押贷款利率较高，次级抵押贷款债券利率也较高，经担保后其吸引力更是有了提高，于是购买者众多，次级贷款的发放规模和次级抵押贷款债券的发行规模得以被不断放大，担保提供商的担保笔数和担保费收入也不断增加。由于担保费采用按年支付办法，担保提供商为了实现利润，遂将担保提前折价出售。例如，一张保单的担保期为 10 年，每年担保费收入为 1 亿美元，10 年共计可得 10 亿美元的担保费收入。在违约没有发生的情况下，这 10 亿美元就是担保提供商的净收入。现在该担保提供商在第一年结束时就以 8 亿美元的价格提前出售给下一家担保提供商乙，乙以 8 亿美元的价格购入该担保，在没有违约的情况下，乙可得 9 亿保费收入。依次类推，这张保单在市场上被反复交易，甚至切割成更小的部分出售给众多的担保机构，参与交易的机构均发财，于是，担保单便在市场上扩散，部分担保单甚至流向了国外。

当经济形势发生逆转，房价不再上涨而利率上升时，借款人就会遇到还本付息的困难，违约就会发生。当违约人数达到一定规模后，担保提供商的理赔金额就会超过其所能承受的极限。此时，担保公司就会发生连锁破产（或产生严重亏损），所有提供次级贷款的机构就必须自己承担违约风险，这又会导致它们也发生亏损或倒闭。次级贷款机构的亏损和倒闭，又会进一步造成购买次级抵押贷款债券的投资人的损失，这其中也包括不少外国投资者。

2006 年，美国的房价在次级贷款的支撑下上升到难以为继的水平。那年，美国为了控制经济过热而上调利率，这成了压垮充满泡沫的美国房价的最后一根稻草。利率上升，房价下降，借款人的还贷成本上升却又难以通过抛盘或借入新的银行贷款来维持自己的信誉。随着房价的进一步下跌，银行发现即使把抵押物全部出售，有时甚至也不能偿还贷款的本息。在 2007 年，越来越多的银行陷入亏损或倒闭，次贷危机正式爆发。

从上面的介绍可以看到，美国次贷危机产生的原因可以归纳如下：

第一,银行的过度放贷。在 2000～2006 年,美国的房地产市场一片繁荣,房价节节攀升,形势一片大好,这造成了人们旺盛的贷款购房需求。银行面对这种旺盛的借款需求,不是采取谨慎态度,而是不顾自身资本金的约束,超额放贷,超额放贷又进一步推高房价,房价上升又进一步刺激了贷款需求,陷入了恶性循环。银行贷款规模放大的同时潜在风险也被放大了。

第二,金融监管的缺失。在银行超额放贷的过程中,金融创新的滥用和金融监管的缺失起到了推波助澜的作用。银行超额放贷没有受到应有的监管和约束,而贷款的债券化、债券担保、担保单可切割流通等等做法都属于金融创新。美国监管当局在自由主义思潮支配下过分相信市场的力量,对银行过度放贷和金融创新的滥用听之任之,使风险不断积累。

2. 次贷危机的影响

次贷危机首先对美国金融市场发生影响。2007 年次贷危机爆发后,不少发放住房抵押贷款的机构首先宣布破产。由于抵押贷款债券以及抵押贷款债券违约担保单在市面上的扩散,又引起了美国国内外许多银行和保险机构的亏损或破产,并造成股市动荡,股价下跌,这其中不乏许多知名的跨国大银行,如花旗银行、汇丰银行、巴黎银行、瑞士银行、野村证券、美林证券等。

次贷危机还对实体经济造成影响。金融机构的亏损和倒闭风潮导致了大量的失业、股价的下跌和房地产市场的低迷又使人们的财产缩水,这些都使社会总体消费水平下降。另一方面,银行业的亏损使银行产生严重的惜贷情绪,这又打击了实体经济的发展。

值得一提的是,次贷危机的传染,主要是通过抵押贷款债券的买卖和贷款违约担保单在国际间的买卖来实现的,这类买卖需要有一个较发达并且较开放的金融市场,由于只有发达国家较多地具备这方面的条件,因此,次贷危机的传染主要发生在发达国家之间。由于美国经济在世界经济中的特殊地位,美国需求下降也波及世界其他国家。在美国需求下降和世界其他国家金融机构本身也染上次贷危机的双重打击下,世界主要经济体的实体经济都受到程度不等的打击,经济纷纷滑坡,失业率纷纷上升,内部均衡遭到严重冲击。

3. 次贷危机的解决方法与后续影响

次贷危机发生后,由于金融机构发生了严重的亏损甚至倒闭,为了拯救整个金融体系,美国政府带头向金融机构注资,向发生还贷困难的抵押贷款借款人提供补贴,出台规模巨大的救市计划(第一期拯救计划于 2008 年获得国会通过,规模达 8 500 亿美元),同时,美国联邦储备银行不断下调利率,短期利率从危机爆发时的 6.25％(2007 年 8 月)快速下降到 2008 年 12 月的 0～0.25％。与此同时,美国政府还加强了金融监管,出台了一系列旨在加强金融监管的措施。归纳起来,美国和世界其他国家解决次贷危机的方法主要有两条:一是刺激消费,向市场注资和提供援助,这主要是通过财政支出的增加来实现的,而财政支出的增加无疑加大了政府偿债的压力。在经济持续低迷的情况下,促成了一系列国家偿债信誉的危机(包括冰岛、希腊、西班牙、意大利、美国等),助成了 2010 年和 2011 年欧元区部分国家政府的偿债危机和美国政府法定债务上限的屡次上调。另一方面,在美国,为了扩大政府援助能力和刺激消费,美国联邦储备银行又实行量化宽松的货币政策。所谓量化宽松,实质上就是美国联邦储备银行以印美钞的办法来购买美国财政部增发的国债和通过某些货币市场工具直接向市场注资,这无疑扩大了美元的供应。由于美元是世界最主要的储备货币,美国增发的美元在刺激消费政策的引导下又流向世界,引起世界主要大宗商品价格纷纷上涨,美元对实物商品贬值,从而,美国把次贷危机的负担部分地转移给了世界其他国家。

从次贷危机发生、发展和各国的拯救措施来看,我们可以得到以下几点经验教训:

第一,在金融市场高度开放、各国金融市场密切相连的情况下,发生在一国的内部危机可以通过资金国际流动(国际资金流)迅速传导到另一个国家,而金融创新可以放大传导效应。

第二,一国的内部均衡会受到外部因素的冲击,这种冲击,既可以通过国际收支(外部)不平衡产生冲击效应,也可以绕开国际收支而直接冲击内部均衡。

第三,美国凭借美元的独特地位,可以通过增发美元将自己的危机部分地转嫁给世界其他国家。

以上三点经验教训,对国际金融学未来的研究和国际货币金融领域未来的改革将产生重要影响。

在金融全球化的背景下,资金在全球范围内的流动给一国的内外均衡造成了很大压力,各国都认识到,需要依靠国际合作和协调来减少冲击,提高经济的稳定性。下一章我们将介绍国际间政策协调的相关问题。

本章内容提要

1. 国际金融市场是资金在国际间流动或金融产品在国际间进行买卖和交换的场所,包括国际货币市场、国际资本市场、外汇市场、黄金市场、衍生品市场以及欧洲货币市场等。

2. 欧洲货币市场是经营境外货币业务的市场,它的交易规模巨大,业务范围广阔,是国际金融市场的主体。按交易主体的不同,欧洲货币市场的业务可分为在岸交易和离岸交易。欧洲货币市场的基准利率是伦敦银行同业拆放利率(LIBOR)。

3. 国际间的资金流动分为两种:一种是和实际生产、贸易有密切关系的资金流动,称作国际资本流动(International Capital Flows);另一种是和实际生产、贸易、投资活动无密切关系,主要以获取资产差价和金融收益为目的而在国际间进行的、纯"金融"性质的流动,称作国际资金流(International Financial Flows)或国际游资。不同金融市场间收益率与风险的差异是影响国际资金流动的主要因素。

4. 20世纪80年代的国际债务危机,是指一系列非产油发展中国家无力偿还到期外债(通常是欠国际银行业的债务)的危机。债务危机在某种程度上是国家内部经济发展和对外收支平衡之间矛盾的体现。

5. 随着银行业国际化程度的提高,银行经营的国际风险也增加了。《巴塞尔协议》以资本充足率等要求对银行的经营进行跨国监管,以规避银行危机。

6. 货币危机在广义上是指一国货币的汇率变动在短期内超过一定幅度、在狭义上是指市场投机者与参与者通过外汇市场的投机导致该国固定汇率制度崩溃、进而引发外汇市场和金融市场持续动荡的事件。

7. 引发货币危机的原因主要有:宏观经济基本因素的不健全、政府的扩张性政策、心理预期作用引起的投机冲击、其他国家爆发的货币危机的传播。第一代货币危机理论主要强调政府信贷扩张引起的基本面恶化是货币危机的原因。第二代货币危机理论认为危机是由自我实现的货币贬值预期导致的。

8. 次贷危机是银行为追求更多利润,利用金融创新手段实行过度放贷而引起的。在金融全球一体化的背景下,发生在美国的次贷危机又传染到世界其他国家,从而引起美国和因金融市场比较发达而受传染的其他国家发生金融动荡和实体经济滑坡。化解次贷危机一方面依靠加强监管,另一方面依靠刺激消费和向市场注入资金及向亏损机构提供援助。后一做法,扩大了政府的财政负担,助成了一系列国家的政府债务偿还风险。同时,对于美国而言,采用宽松货币政策来刺激消费和扩大政府援助能力的做法使美元在全世界泛滥,世界大宗商品价格上涨,美元贬值,持有美元的国家其美元储备的购买力大幅缩水,从而被迫为美国的次贷危机埋单。

本章重要概念

国际金融市场　国际货币市场　国际资本市场　欧洲货币市场　伦敦银行同业拆放利率　离岸交易　在岸交易　境外人民币市场　欧洲债券　外国债券　国际资金流　托宾税　杠杆效应　羊群效应　债务危机　各种债务衡量指标　巴塞尔协议　资本充足率　货币危机　货币危机(投机)的发生机制　第一代货币危机模型　第二代货币危机模型　次贷危机

本章思考题

1. 什么是国际金融市场? 按照交易主体分类,它由哪些部分组成? 国际资金流动有哪些最新特点?

2. 请简述欧洲货币市场的发展历程、特点和形成这些特点的原因。

3. 请讨论合适的外债负担有哪些判断标准?

4. 请描述第一代货币危机理论的基本观点、结论和缺陷。

5. 请简述第二代货币危机理论的理论框架和政策建议,并将其与第一代货币危机理论进行比较。

6. 请综合分析,国际资金流动对一国国内经济均衡和外部平衡有哪些冲击渠道?

7. 次贷危机给我们带来了哪些教训?

本章讨论题

1. 请自行收集相关资料,并根据这些资料来讨论境内外市场人民币汇率形成机理的异同。

2. 请结合前几章的知识,讨论应如何限制和防范国际短期资金流动对我国的不利影响。

3. 请分析利率手段在应对货币危机中的作用,讨论其作用机制和效果。

4. 请结合你收集到的资料或观察到的实际情况来讨论托宾税的利弊、形式以及作用。

5. 讨论利率在货币危机和次贷危机中的作用。

第八章

金融全球化下的
国际协调与合作

在上一章中,我们着重分析了金融全球化下的国际资本流动,尤其是与生产和贸易相脱离的短期资金流动对全球金融市场稳定和各国内部均衡和外部平衡的冲击。在各国经济和金融的相互依存度日益提高的背景下,除了跨国资本(金)流动从外部对各国产生的冲击外,一国自身因各种原因而发生的经济波动也很容易通过各种渠道传导到另一国。因此,不仅对跨国界的资本(金)流动有必要进行国际协调和管理,而且对国与国之间的经济波动的传导也有必要进行国际协调。在本章,我们首先简单介绍一国经济波动在国际间传导的理论依据,然后介绍当前最重要的国际协调制度安排和组织,即国际货币体系和国际货币基金组织,并指出目前国际货币体系中存在的几类重要问题,最后对区域间的货币协调即货币区制度加以简介。

第一节　国际政策传导和
协调的理论分析

在本书第四章和第六章,我们以蒙代尔—弗莱明模型为工具,介绍了开放条件下如何通过适当的政策搭配来实现内外均衡,以及不同汇率制度下经济政策的不同效果。在这两章的讲述中,一国的经济政策和经济变量的改变,不会影响到外国的经济变量(如外国的利率水平、外国的产出水平等等),这实际上描述的是小型开放经济的情况。如果研究的对象是大国,那么,当它的政策和经济变量发生变动时,就会对外国的经济变量造成影响,这种影响还可能进一步回馈到其自身。常见的两国间传导途径可以简要列举如下:

　　A 国经济衰退→A 国自 B 国的进口下降→B 国出口下降→B 国经济增长下降

　　A 国提高利率→资金自 B 国流向 A 国→B 国国内资金数量下降→B 国国内利率上升

　　A 国物价上涨→A 国出口商品价格上升→B 国进口商品价格上升→B 国物价上涨

　　A 国货币贬值→A 国对 B 国出口增加,进口下降→B 国国际收支恶化→B 国货币贬值

　　在经济和金融全球化的背景下,两国之间像这样的相互影响是普遍存在的,这也为国际经济协调和合作的必要性提供了事实基础。在本节,我们将把第四章中以小型开放经济为分析对象的蒙代尔—弗莱明模型扩展到两国情况,并以资本完全流动为例,以此作为基本的分析框架来考察开放经济的相互依存性问题。

一、两国的蒙代尔—弗莱明模型

　　两国的蒙代尔—弗莱明模型是小型开放经济的蒙代尔—弗莱明模型的拓展,在此我们介绍它的简化形式。假定只存在着两个相同规模的国家,两国之间相互影响。这样,小型开放经济条件下,本国无法影响到世界利率及外国国民收入的假定都要取消,而蒙代尔—弗莱明模型的其他假定不变。当一国经济内部发生突然冲击时,根据两国的蒙代尔—弗莱明模型,冲击会通过三种传导机制向另一国传递。

　　第一,收入机制:边际进口倾向的存在,使得一国国民收入的变动引致该国进口(即另一国出口)发生变动,这通过乘数效应带来另一国国民收入的变动。显然,该国经济中边际进口倾向越高,另一国的出口乘数越大,传导的效果就越显著。由于绝大多数国家之间都存在着商品贸易联系,因此这一机制是非常重要的。

　　第二,利率机制:当一国利率发生变动时,会带来资金在国家间的流动,这便会带来相应变量(例如外汇储备或汇率)发生变动,从而对另一国经济产生影响。显然,国际间资金流动程度越高,传导的效果就越显著。在资金完全流动的情况下,国际资金流动最终会使得两国利率相同,进而对两国的国内均衡产生影响。

　　第三,相对价格机制。相对价格机制包含两个方面。其一是汇率不变但一国国内的价格水平发生变动,其二是本国名义汇率发生变动。由于实际汇率是由名

义汇率和价格水平共同决定的,因此,上述任何一种变动都会引起实际汇率的变动,带来两国商品国际竞争力的变化,从而对别国经济产生冲击。

因为这些机制的存在,与小型开放经济条件的模型相比,两国的蒙代尔—弗莱明模型中的 IS 曲线会受到外国产出Y^*的影响。在 i-Y 平面内,随着外国产出 Y^* 的增加,外国对本国产品的需求上升,本国需求增加,IS 曲线右移。

在只有两个国家,且国际资本完全流动的情况下,两国利率相等是国际收支平衡的充要条件,因此可以省略 BP 曲线,只要两国最终的利率一致,国际收支就能达到平衡。

两国经济的平衡状态如图 8-1 所示。外国的相应变量都用 * 号表示。两国初始的利率水平为 i_0,产出水平分别为 Y_0 和 Y_0^*。

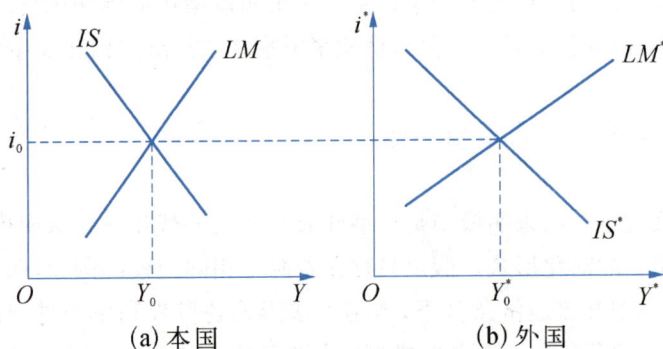

图 8-1　两国的蒙代尔—弗莱明模型

在以下的分析中,我们将指出一国经济调整如何通过上述机制对别国发生影响。为使分析尽可能地简单易懂,假定两国各自的物价水平不变,即相对价格机制只有在汇率变动时才会生效。另外,我们仅考虑本国变量对外国造成的溢出效应,而不考虑外国变量进行调整后又引起本国变量相应变动的反馈效应。

二、固定汇率制下经济政策的国际传导

在固定汇率制度下,双边汇率水平保持不变,因此,经济波动的传导只通过收入机制和利率机制进行。

1. 货币政策的国际传导

假定本国采取扩张性的货币政策,在不考虑各国相互影响时,这一政策会引起 LM_0 曲线右移至 LM_1,本国利率下降,产出增加,如图 8-2(a)所示。

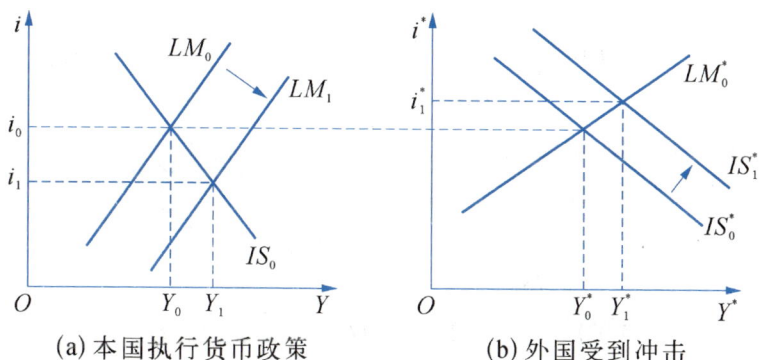

(a) 本国执行货币政策　　　　(b) 外国受到冲击

图 8-2　固定汇率制下,货币扩张的收入传导机制

说明:当国际收支平衡时,两国的利率 i_0 相同,为标注简明起见,只在图(a)中表示。下同。

我们逐次分析这一政策效应的国际传导。首先分析收入机制。本国产出的增加会引起本国进口的上升,也就是外国出口的上升,这使外国的 IS_0^* 曲线右移至 IS_1^*,外国产出上升,利率提高,这一效应如图8-2(b)所示。

其次分析利率机制。本国货币扩张使本国利率水平低于外国利率水平,大量资金从本国流向外国,在外汇市场上本币供给增加,外币需求增加。假定两国负有同等的维护固定汇率的义务,则两国政府会同时在外汇市场上进行干预,导致本国外汇储备降低、货币供给减少,LM_1 曲线左移,如图 8-3(a)所示;外国外汇储备增加,货币供给增加,LM_0^* 曲线右移,如图 8-3(b)所示。LM 曲线的移动带来本国利率上升,外国利率下降。另外,在本国 LM_1 曲线左移过程中,本国国民收入下降,这通过边际进口倾向带来外国出口降低,IS_1^* 曲线左移。显然,当上述变动的共同效果使本国利率水平与外国利率水平相等时,两国经济重新处于平衡状态。此时,世界货币存量高于期初水平,两国利率水平相等时确定的世界利率水平 i_2 低于货币扩张前的利率水平 i_0,两国产出水平都高于货币扩张前的产出水平,如图8-3所示。

我们对以上的分析作一个小结。当考虑各国经济的相互影响时,固定汇率制下货币政策扩张的效应如下:

第一,它造成本国产出的上升。在小型开放经济的情况下,货币扩张在资金完全流动时是无效的。而在两国模型中,货币扩张之所以能发挥作用,是因为它可以通过影响国内利率最终对世界利率产生影响,但与小型开放经济模型相比,其扩张效果略低。

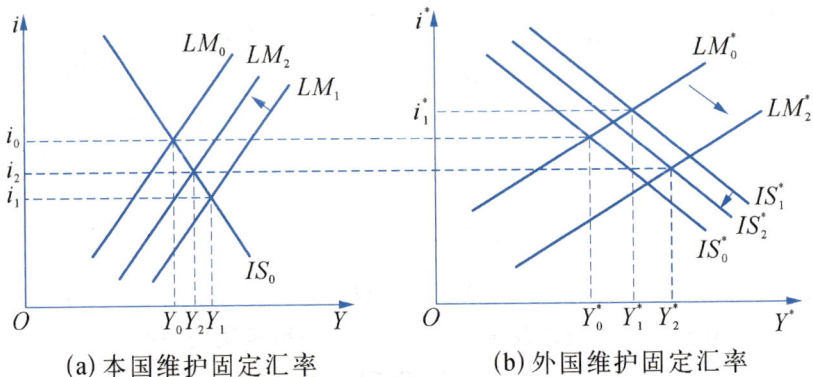

(a) 本国维护固定汇率　　　　　(b) 外国维护固定汇率

图 8-3　固定汇率制下,货币扩张的收入、利率传导机制

第二,它造成外国产出的上升,即国内货币政策对外国经济有正的溢出效应。这一溢出效应通过收入机制与利率机制发挥作用,即本国收入增加通过本国进口的上升造成外国国民收入增加;本国利率降低通过资金流动使外国货币供给增加,利率下降,这也造成外国国民收入的增加。

2. 财政政策的国际传导

我们假定本国采取扩张性的财政政策,这一政策会引起 IS 曲线右移,本国利率上升,产出增加,如图 8-4(a)所示。

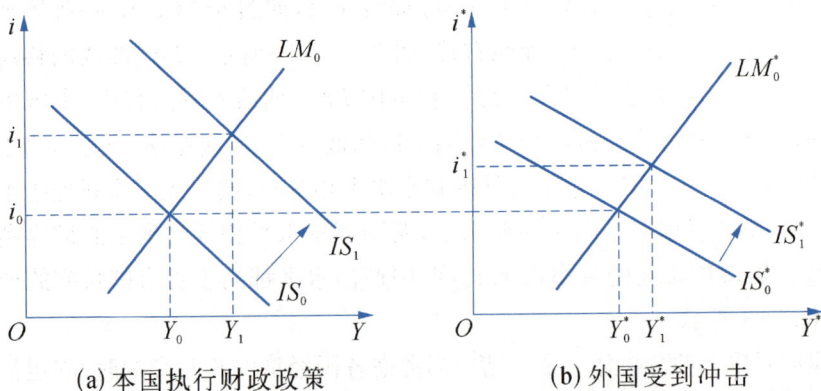

(a) 本国执行财政政策　　　　　(b) 外国受到冲击

图 8-4　固定汇率制下,财政扩张的收入传导机制

我们同样首先分析收入机制引起的财政政策效应的国际传导。本国产出增加同样通过边际进口倾向带来本国进口的增加,从而使外国国民收入增加。一般来说,通过收入机制的传递所带来的外国国民收入的增加幅度低于本国因财政扩

张造成的收入增加幅度①,这在图上体现为 IS_0^* 曲线较小幅度的右移,外国的国民收入与利率也都提高,如图 8-4(b)所示。

其次分析利率机制。此时本国与外国的利率水平都提高了,而本国利率水平提高得更多。这样,资金从外国流入本国,本国的货币供给扩张,LM_0 曲线右移,本国国民收入增加,本国利率下降;外国的货币供给收缩,LM_0^* 曲线左移,外国国民收入下降,外国利率水平上升。同时,本国 LM 曲线右移带来的本国国民收入增加又通过收入机制带来外国国民收入的一定增加,IS_1^* 曲线略有右移,这在造成外国利率水平进一步上升的同时,也抵消 LM_0^* 曲线左移导致的外国国民收入的下降。以上的调整过程将会持续到两国利率水平相等时为止。此时,世界货币存量不变,两国利率水平相等时确定的世界利率高于财政扩张前的利率水平,两国产出水平都高于财政扩张前的产出水平,如图 8-5 所示。

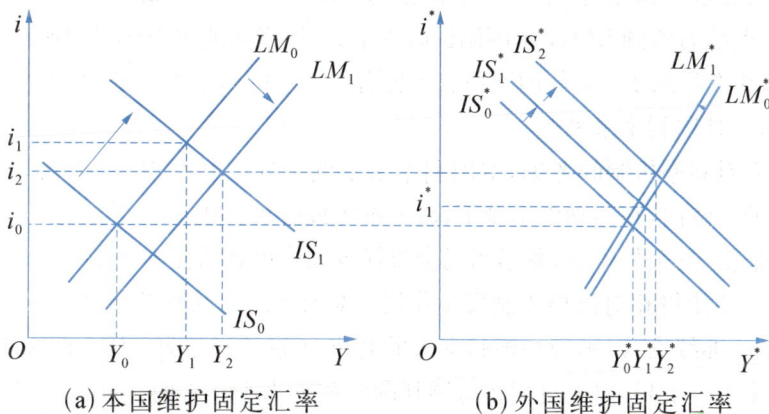

(a) 本国维护固定汇率　　　(b) 外国维护固定汇率

图 8-5　固定汇率制下,财政扩张的收入、利率传导机制

我们对以上的分析作一个小结。当考虑各国经济的相互影响时,固定汇率制下财政扩张的效应如下:

第一,它造成本国产出的上升。与小型开放经济相比,在两国模型中,财政扩张效果略低,因为它会通过对国内利率的影响导致世界利率水平的上升,对投资产生了一定的挤出。但与小型开放经济模型相比,扩张效果仍有增加。

第二,它造成外国产出的上升,即国内财政扩张政策对外国经济有正的溢出

---

① 外国国民收入的增加来自本国国民收入引起的本国进口增加,但因为本国边际进口倾向的存在,使得进口增加小于本国国民收入增加。

效应。这一溢出效应也是通过收入机制与利率机制发挥作用的,即本国国民收入增加通过本国进口的上升造成外国国民收入增加,而本国更高的利率水平通过资金流动使外国货币供给减少,利率上升,这又抵消了一部分收入的增加。可见,财政政策的溢出效应低于同等情况下货币政策的溢出效应。

三、浮动汇率制下经济政策的国际传导

与固定汇率制下的情况不同,浮动汇率制下,国际收支不平衡不会引起货币供给的调整,而是造成名义汇率的调整。因此,经济波动的传导就通过收入机制、利率机制和相对价格机制这三条途径同时进行。

1. 货币政策的国际传导

在仅考虑收入机制时,本国货币扩张的效应与固定汇率制下相同,即它造成本国 LM_0 曲线右移到 LM_1,本国国民收入上升,后者又通过边际进口倾向使外国的 IS_0^* 曲线右移到 IS_1^*,外国国民收入也有一定程度的增加。此时,本国利率水平下降,低于外国利率水平。

再加入对利率机制的考虑,本国利率水平低于外国利率水平,资金就会从本国流向国外。然而,在浮动汇率制下,由于本国没有维护汇率水平的义务,所以当本国利率偏低、资金外流时,货币当局会听任本国货币贬值而不改变货币供给。

汇率变动使得相对价格机制发生作用:本国产品的国际竞争力上升,本国出口上升,IS_0 曲线右移,本国均衡利率水平上升;外国进口上升,IS_1^* 曲线左移,外国均衡利率水平下降,以上过程将持续到两国利率水平相等时为止。当经济重新处于平衡状态时,世界货币存量增加,本国国民收入较期初增加,而外国国民收入较期初下降,世界利率水平低于原有水平,如图 8-6 所示。

我们对以上的分析作一个小结。当考虑各国经济的相互影响时,浮动汇率制下货币扩张的效应如下:

第一,它造成本国产出的上升。与小型开放经济相比,在两国模型中,货币扩张效果略低,这是因为本国货币扩张带来了世界利率水平的下降,从而降低了本国货币需要贬值的幅度。但相对于小型开放经济模型而言,其扩张效果仍有增加。

第二,它造成外国产出的下降,即国内货币政策对外国经济有负的溢出效应。这一负的溢出效应的原因在于:本国收入增加虽然能够通过收入机制带来外国国民收入的增加,但本国较低的利率通过利率机制使本国货币贬值、外国货币升值,这又通过相对价格机制使外国经常账户恶化,从而带来外国国民收入更大程度的

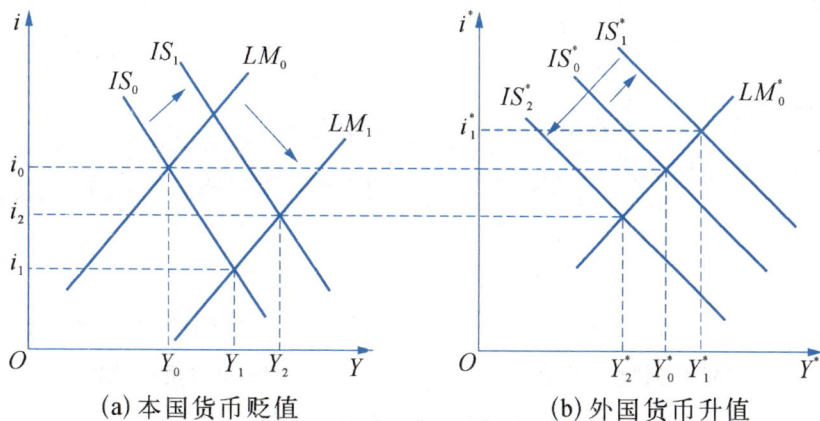

(a) 本国货币贬值　　　　　　　(b) 外国货币升值

**图 8-6　浮动汇率制下,货币扩张的收入、
利率和相对价格传导机制**

下降。因此,此时的本国货币扩张是一种典型的"以邻为壑"(Beggar-the-neighbor)政策,本国产出扩张的一部分是以外国产出的相应下降实现的。

2. 财政政策的国际传导

在仅考虑收入机制时,本国财政扩张的效应与固定汇率制下相同,即它造成本国 IS_0 曲线右移到 IS_1,本国国民收入上升,后者又通过边际进口倾向使外国的 IS_0^* 曲线右移到 IS_1^*,外国国民收入也有一定程度的增加。此时,本国与外国利率水平都提高了,但本国利率水平提高得更多。

再加入对利率机制的考虑,本国利率水平高于外国,资金就会大量流入本国,在浮动汇率制下,本国货币升值,外国货币贬值。

汇率变动使得相对价格机制发生作用:本国出口产品竞争力减弱,本国出口下降,IS_1 曲线左移,本国均衡利率下降;外国进口下降,IS_1^* 曲线右移,外国均衡利率上升。以上过程将持续到两国利率水平相等时为止,此时的世界利率水平高于期初水平,本国与外国国民收入均较期初增加,如图 8-7 所示。

我们对以上的分析作一个小结。当考虑各国经济的相互影响时,浮动汇率制下财政扩张的效应如下:

第一,它造成本国产出的上升。在小型开放经济的情况下,财政扩张在资金完全流动时是无效的,而在两国模型中,财政扩张之所以能发挥作用,是因为它可以通过相对价格机制带来外国利率水平的上升,从而减少本币的升值幅度,使得财政政策的扩张效应不会完全被本币升值所抵消。

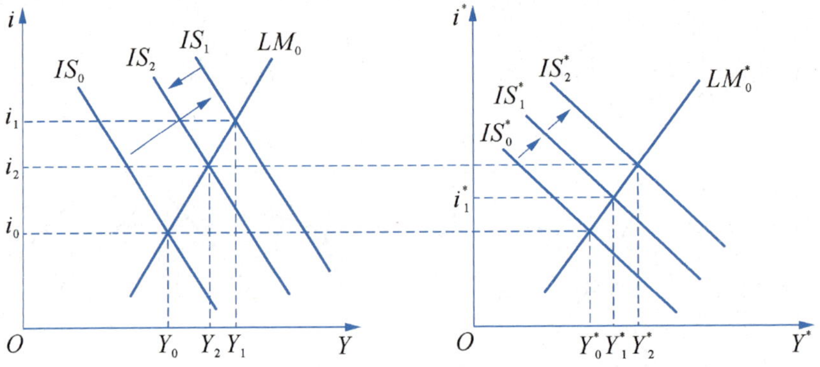

(a) 本国货币升值　　　　(b) 外国货币贬值

图 8-7　浮动汇率下，财政扩张的收入、利率和相对价格传导机制

第二，它造成外国产出的上升，即本国财政扩张政策对外国经济有正的溢出效应。这一溢出效应也是通过本国收入机制、利率机制和相对价格机制发挥作用的，即本国国民收入增加，通过本国进口的上升造成外国国民收入增加，而本国更高的利率水平通过本币升值使外国出口增加，进一步提高了外国的国民收入。可见，在浮动汇率制度下，财政政策的溢出效应与货币政策的溢出效应正好相反。

我们可以将在两国开放条件下一国采取扩张性的货币、财政政策的效果归纳在表 8-1 中，并与小型开放经济条件下的情况做比较。

表 8-1　资本完全流动条件下，本国采取扩张性政策的效果比较

汇率制度	政　策	小型开放经济	两国模型下的本国	两国模型下的外国
固　定	货　币	无　效	效果较低	扩　张
	财　政	效果很强	效果较强	扩　张
浮　动	货　币	效果很强	效果较强	紧　缩
	财　政	无　效	效果较低	扩　张

四、国际政策传导和国际协调的必要性

两国的蒙代尔—弗莱明模型表明：各国国内的经济波动能够通过收入机制、

利率机制、相对价格机制等途径在国际间传导,各国经济存在相互依存性,各国的宏观经济政策不仅会对本国发生影响,还会对其他国家产生溢出效应①。

开放条件下各国经济波动相互影响的存在,使一国实施宏观经济政策时要受到外国的影响和制约,一国不可能完全不考虑各国经济之间的相互依存性来实现本国经济的内外均衡。一国在实施经济政策的时候,一方面要考虑对外国经济的影响、反馈和外国可能做出的政策回应;另一方面,在执行政策时,预先进行双边、多边的协调对于减少政策效果的不确定性、降低政策成本、加强政策效果都具有重要意义。下面我们介绍国际货币协调的制度安排和需要协调的几种主要关系。

第二节 国际货币协调的 制度安排

一、国际货币体系

1. 国际货币体系的含义和作用

所谓国际货币体系,是指国际货币制度、相应的国际间货币金融机构以及由习惯和历史沿革形成的约定俗成的国际货币秩序的总和,它既包括有法律约束力的关于货币国际关系的规章和制度,也包括具有传统约束力的各国已经在实践中共同遵守的某些规则和做法,还包括在国际货币关系中起协调、监督作用的国际金融机构——国际货币基金组织和其他一些全球或地区性的多边官方金融机构。

历史上,有过各种不同类型的国际货币体系。确定一种货币体系的类型主要依据三条标准:第一条,货币体系的基础即本位币是什么;第二条,作为国际流通、支付和交换媒介的主要货币及来源是什么;第三条,作为主要流通、支付和交换媒介的货币与本位币的关系是什么,包括双方之间的比价如何确定、价格是否在法律上固定,以及相互之间在多大程度上可自由兑换。

---

① 上文分析的溢出效应是在高度简化的前提下得出的。例如,我们没有涉及开放经济之间的反馈效应。并且,资金流动性的大小、汇率预期的变动、价格调整速度的差异,乃至于各国经济存在的不同的结构特征都使得原有的溢出效应发生变化。开放经济之间的相互依存性是非常复杂的,需要根据具体情况进行分析。

具体来讲,国际货币体系有三大作用:

第一,确定国际清算和支付手段的来源、形式和数量,为世界经济的发展提供必要的充分的国际货币,并规定国际货币与各国货币的相互关系。

第二,确定国际收支的调节机制,以确保世界经济的稳定和各国经济的平衡发展。调节机制涉及三个方面的内容:一是汇率机制,二是对逆差国的资金融通机制;三是对国际货币(储备货币)发行国的国际收支纪律约束机制。

第三,确立有关国际货币金融事务的协商机制或建立有关的协调和监督机构。

2. 早期的国际货币体系——国际金本位制

历史上第一个国际货币体系是国际金本位制。国际金本位制是在德国、美国、英国、拉丁货币联盟(含法国、比利时、意大利、瑞士)、荷兰及若干北欧国家在国内实行金本位的基础上于 19 世纪 80 年代形成的。

国际金本位的特点是:(1)黄金是国际货币体系的基础;(2)黄金可以自由输出和输入;(3)一国的金铸币同另一国的金铸币或代表金币流通的其他金属(比如银)铸币或银行券可以自由兑换;(4)在金币流通的国家内,金币还可以自由铸造。

在国际金本位制下,金币的自由输入、输出保证了各国货币之间的比价相对稳定,金币的自由兑换保证了黄金与其他代表黄金流通的铸币、银行券之间的比价相对稳定,金币的自由铸造或熔化具有调节市场上货币流通量的作用,进而保证了各国物价水平的相对稳定。因此,国际金本位制是一种比较稳定的货币制度。在当时的条件下,它对汇率的稳定、国际贸易和资本流动的发展,以及各国经济的发展起到了积极的作用。

但是国际金本位制也有缺点。从根本上讲,它过于"刚性",表现在:(1)国际间的清算和支付完全依赖于黄金的输入、输出;(2)货币数量的增长主要依赖黄金产量的增长,而黄金产量跟不上世界经济的增长,使金本位制的物质基础不断削弱。在第一次世界大战爆发前,各国为筹集战争资源增加了银行券的发行,战争爆发时,各国便中止了银行券与黄金的兑换,禁止黄金的出口,国际金本位遂宣告瓦解。

3. 布雷顿森林体系的内容和意义

第二次世界大战以后,世界建立了一个以美元为中心的国际货币体系,即布雷顿森林体系。该体系因 1944 年 7 月在美国新罕布什尔州的布雷顿森林城(Bretton Woods)召开的联合与联盟国家国际货币金融会议签署相关协议而得名。

根据《布雷顿森林协定》的规定,布雷顿森林体系下的国际货币制度是以黄金—美元为基础的,实行黄金—美元本位制。在这个制度下,规定美元按 35 美元等于1盎司黄金与黄金保持固定比价,各国政府可随时用美元向美国政府按这一比价兑换黄金。各国货币则与美元保持可调整的固定比价,称为可调整的钉住汇率(Adjustable Peg)。各国货币对美元的波动幅度为上下各1％,各国当局有义务在外汇市场上进行干预以保持汇率的稳定。只有当一国发生"根本性国际收支不平衡"时,才允许升值或贬值。平价的变动要得到基金的同意。但在实践中,只有当平价变动大于10％时,才需基金的批准。由于各国货币均与美元保持可调整的固定比价,因此各国货币相互之间实际上也保持着可调整的固定比价,从而使整个货币体系成为一个固定汇率的货币体系。布雷顿森林体系的上述内容又被称为"双挂钩",即美元与黄金挂钩,各国货币与美元挂钩,以图8-8表示。

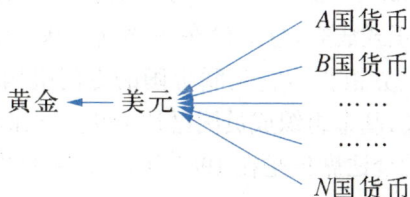

图 8-8　布雷顿森林体系下的"双挂钩"

在这个货币制度下,储备货币和国际清偿力主要来源于美元,美元成了一种关键货币,它既是美国本国的货币,又是世界各国的货币,即国际货币。这就是布雷顿森林体系的根本特点。因此,布雷顿森林体系下的国际货币制度实质上是以黄金—美元为基础的国际金汇兑本位制。

布雷顿森林体系的建立是符合当时世界经济形势的。第二次世界大战结束后,各国急需建立和恢复一个多边支付体系和多边贸易体系,以促进贸易的发展和各国经济的恢复与发展。在当时,只有美元才有能力在全球范围向这样一个多边体系提供所需要的多边支付手段和清算手段。美元等同黄金,作为黄金的补充源源不断地流向世界,一定程度上弥补了当时普遍存在的清偿能力和支付手段的不足,因而有利于推进外汇管制的放松和贸易的自由化,并对国际资本流动和国际金融一体化起到了积极的推动作用。但同时,布雷顿森林体系的根本思路在于以黄金作为全球货币的基础,它导致了布雷顿森林体系最终的崩溃,这一内容将在本章第三节介绍。

4. 牙买加体系的形成和特点

布雷顿森林体系崩溃后,国际货币基金组织成立了"国际货币基金组织理事会关于国际货币制度的临时委员会",于1976年1月在牙买加首都金斯顿达成了一个协议,称为"牙买加协议",在此基础上,基金组织着手进行第二次国际货币基金协议的修正活动,并于 1976 年 4 月经理事会表决通过,从 1978 年 4 月 1 日生效。从此,国际货币体系进入了一个新阶段——牙买加体系。牙买加体系的最主要特点是:黄金非货币化、储备货币多样化、汇率制度多样化。

二、国际货币基金组织

在 1944 年 7 月的布雷顿森林会议上,与会各国签订了成立国际货币基金的协议,货币基金的主要设计者是英国经济学家凯恩斯(J. M. Keynes)和美国财政部副部长怀特(H. D. White)。1946 年 5 月,国际货币基金组织(International Monetary Fund;IMF)正式成立,总部设在华盛顿。基金组织是世界两大政府间金融机构之一(另一为世界银行),它是联合国的专门机构之一,但在经营上具有独立性。截至 2016 年底,基金组织成员国已达 189 个国家和地区。中国是基金组织的创始国之一,我国的合法席位是在 1980 年 4 月 18 日恢复的。

国际货币基金组织和世界银行——联系和区别

建立国际货币基金组织和世界银行(全称为国际复兴开发银行,International Bank for Reconstruction and Development;IBRD)的构想是在 1944 年 7 月的布雷顿森林会议上同时被提出的。当人们讲到布雷顿森林体系崩溃时,实际上仅仅是指以黄金——美元为基础的金汇兑本位制(即双挂钩制度)的崩溃,而作为布雷顿森林体系重要组成部分的 IMF 和世界银行却依然存在。由于适应形势变化而及时对自身进行改革,IMF 和世界银行至今仍发挥着重要的影响,并成为当代国际货币金融领域中最为重要的两个国际机构。

IMF 与世界银行在职能上有明显的分工和区别。IMF 的工作主要是解决成员国的国际收支问题,包括国际收支(特别是经常账户下的收支)行为准则的制定、监督及为国际收支不平衡提供融资。而世界银行的主要任务是为发展中国家提供援助。在贷款问题上,IMF 提供的贷款期限较短,往往同时要求受贷国进行国际收支调节,而世界银行提供的贷款期限较长,往往针对特定部门、特定项目提供,并要求受贷国采取相应措施以确保贷款资金的使用效率。

这两个机构虽然有明确的分工,但彼此的磋商和协调十分密切,并且每年要举行两次联合会议。根据惯例,基金组织的总裁来自欧洲,而世界银行的主席则来自美国。

1. 国际货币基金组织的职能

国际货币基金组织在国际金融领域中的职能主要表现在三个方面:

第一,确立成员国在汇率政策、与经常项目有关的支付以及货币兑换方面需要遵守的行为准则,并实施监督。汇率监督是基金组织的一项重要职能,其目的在于保证有秩序的汇兑安排和汇率体系的稳定,消除不利于国际贸易发展的外汇管制,避免成员国操纵汇率或采取歧视性的汇率政策以谋取不公平的竞争利益。IMF 反对成员国利用宏观经济政策、补贴或任何其他手段来操纵汇率;原则上反对成员国采取复汇率(包括双重汇率)或任何其他形式的差别汇率政策①。

第二,向国际收支发生困难的成员国提供必要的临时性资金融通,以使它们遵守上述行为准则,避免采取不利于其他国家经济发展的经济政策。

第三,为成员国提供进行国际货币合作与协商的场所。

国际货币基金组织对成员国政策双边监督的新决定

2007 年 6 月 15 日,国际货币基金组织执行董事会通过了新的《对成员国政策双边监督的决定》(简称《2007 年双边监督决定》),废止了原有的《1977年汇率政策监督决定》。

和以往的汇率政策监督相比,新《决定》最突出的特点是引入了外部稳定的概念作为双边监督的原则(外部稳定包括国际收支的经常账户和资本账户,其中涉及汇率失调和汇率监督问题)。具体而言,新《决定》建议,成员国避免采取导致外部不稳定的汇率政策,无论这些政策的目的如何。这一建议扩大了汇率监督的范围,只要成员国的汇率政策呈现出外部不稳定的结果,

---

① 但在两种情况下可以有所例外:一是在加入 IMF 时已采用并正在采用复汇率制的国家,可以有一个过渡期,在过渡期内,IMF 将与该成员国密切磋商以便使其尽快恢复单一汇率制;二是在特殊情况下,事先获得 IMF 的同意,也可采用复汇率作为一种过渡办法。

那么,无论这些政策是不是对汇率的操纵,无论这些政策是否以谋求不公平的竞争利益为目的,也无论政策是带来国际收支顺差还是收支逆差,成员国都应尽量避免。从某种意义上来说,这给以中国为代表的、拥有大量国际收支顺差的发展中国家的汇率政策的制定和汇率水平的选择增加了困难。

2. 国际货币基金组织的构成

国际货币基金组织的最高决策机构是理事会(Board of Governors),每年秋季举行定期会议,决定 IMF 和国际货币体系的重大问题。日常行政工作由执行董事会(Executive Board)负责,执行董事会是一个常设机构,设主席 1 名,主席即为基金组织总裁。在执行董事会和理事会之间还有两个机构:一个是"国际货币基金组织理事会关于国际货币和金融的委员会"(International Monetary and Financial Committee of the Board of Governors,原名为"国际货币基金组织理事会关于货币制度的临时委员会",1999 年 9 月改为现名),简称"国际货币与金融委员会"(IMFC);另一个是"世界银行和国际货币基金组织理事会关于实际资源向发展中国家转移的联合部长级委员会"(Joint Ministerial Committee of the Boards of Governors of the Bank and Fund on the Transfer of Real Resources to Developing Countries),简称"发展委员会"(Development Committee)。这两个委员会都是部长级委员会,每年开会2~4 次,讨论国际货币体系和开发援助的重大问题。由于两个委员会的成员大都来自主要国家而且政治级别高,因此,其决议往往最后就是理事会的决议。

除理事会、董事会、国际货币与金融委员会和发展委员会外,基金组织内部还有两大利益集团——"十国集团"(代表发达国家利益)和"二十四国集团"(代表发展中国家利益),以及许多常设职能部门。

3. 国际货币基金组织的份额

国际货币基金组织的成员国在加入基金组织时,需要用25%的外汇和75%的本国货币向基金组织认缴基金份额(Quota),份额按成员国各自的国民收入水平、进出口规模和国际储备水平等因素确定,定期调整,一旦认缴后,就成为基金组织的财产。成员国认缴的份额构成基金组织的主要资金来源,被用于对成员国的资金融通。按照 IMF 的规定,成员国份额应每五年左右调整和扩大一次,但实际上,自 1998 年起,基金组织的份额就一直没有增加过。直到次贷危机的爆发,为了应对危机,调整和扩大基金组织份额的呼声才得到真正落实。2010 年 12 月,基金组织决定将份额从2 384亿增加约一倍。2016年4月底时,基金组织的份额实际数已上升到4 716亿特别提款权。这次份额调整和扩大的原则是:一是增幅的力度大;二是维持不发达国家的份额比重;三是提高新兴经济体的份额比重;四是发达国家的份额比重有所下降。其中,中国在基金组织的份额比重有了明显上升,到2016年4月,中国的份额从调整前的2.98%上升到6.47%,达304.83亿特别提款权。

对于一个成员国来讲,份额不仅决定了它加入基金组织时应认缴的款项数额,还决定了它在基金组织的投票权、借款权和特别提款权分配权。根据最新规定,每个基金组织成员国都有约750票基本投票权,此外每缴纳10万特别提款权份额增加一票投票权。2016年4月30日,美国拥有约16.7%的投票权,日本拥有6.21%的投票权,中国的投票权则为6.14%,在基金组织中名列第三。虽然中国的投票权在过去几年中得到了明显的提升,但与中国的经济规模相比,中国的投票权占比仍然过低。依据基金组织重大问题须经全体成员国总投票权的85%通过才能生效的条款,美国在基金组织内拥有绝对的否决权。成员国在基金组织的借款限额和特别提款权分配权是与其份额密切联系的,份额越高,可借用的款项和可分得的特别提款权数额就越多。

4. 国际货币基金组织的贷款和贷款条件

当成员国出现国际收支逆差且国际储备不足时,可以向基金组织申请贷款。基金组织的贷款又称提款,具体的方法是用本国货币向基金组织购买(Purchase)所需要的外币款项(或特别提款权)并向盈余国进行结算。当成员国出现收支盈余,有能力向基金组织还款时,再用外币款项赎回(Repurchase)本国货币。贷款分为普通贷款和特别贷款,普通贷款又分为储备部分贷款①和信用部分贷款。贷款的利率以特别提款权利率为基准,随贷款种类不同而浮动。

基金组织在向成员国提供贷款的同时附加了相应的贷款条件(Conditionality)。贷款数额越大,所附加的贷款条件就越严格。设置严格贷款条件的理由是:基金组织不是一个发展援助机构,基金的贷款必须与受贷国可维持的国际收支前景及还款能力相结合,从而保证贷款的使用不损害基金组织资金的流动性,并有助于调整受贷国的经济状况。但对于贷款条件的效果,经济学界,尤其是发达国家和发展中国家的学者长期以来一直有所争议。

发达国家与发展中国家对基金组织贷款条件的争论实际上是在经济政策内

① 成员国储备部分提款权余额加上向基金组织提供的可兑换货币贷款余额之和,构成该成员国在基金组织的储备头寸,它是该成员国国际储备的一个组成部分,详见本书第六章第三节。

部均衡目标和外部平衡目标相互关系方面的意见分歧。发达国家从自身利益出发,认为发展中国家出现国际收支失衡的主要原因是经济出现超额需求,因此必须通过贷款条件来确保受贷国家实施削减国内吸收的紧缩政策;发展中国家则认为,贷款条件实际上是要求逆差国进行单方面的调整,这将导致国际收支调节不对称性的进一步强化,而且,贷款条件要求的货币紧缩和需求调整同发展中国家的经济发展目标存在极大的冲突,实质是将解决国际收支失衡的外部问题置于经济发展的内部问题之上。

5. 国际货币基金组织的特别提款权

第二次美元危机爆发后,国际货币基金组织于 1969 年创设了一种账面资产,名为特别提款权(Special Drawing Rights,SDR)。基金组织的成员国可以自愿参加特别提款权的分配,成为特别提款账户参加国。在基金组织的范围内,成员国可用特别提款权来履行原先必须要用黄金才能履行的义务,又可以用特别提款权充当国际储备资产,还可以用特别提款权取代美元来清算国际收支差额。

由于分配到特别提款权就相当于不付出任何代价而获得国际购买力,于是各国就都希望获得较多的特别提款权。在历史上的前两次特别提款权分配(1970~1972 年,1979~1981 年)中,特别提款权的分配量与成员国在基金组织所摊付的资金份额成正比,这种分配方法在逻辑上符合贡献和收益成正比的原则,但实际上造成的结果,却是急需资金的发展中国家分得最少,而发达国家则获得更多的清偿力。曾有学者提出过"特别提款权分配与发展援助相联系"的分配方案,但最终未能被国际货币基金组织所采纳。

除此之外,2009 年之前,特别提款权分配中还存在几个问题。第一,自1979~1981 年的第二次分配后,特别提款权迟迟没有进行第三次分配,这导致特别提款权在全球国际储备中的比重大幅下降,其作用被严重削弱。第二,1981 年后新加入基金组织的成员很少或没有分配到特别提款权,这显然有失公平。第三,三十年来,各国经济增长的快慢差异使特别提款权的原有分配不再能反映当今的世界经济格局。次贷危机发生后,在应对危机、拯救世界经济呼声高涨的情况下,基金组织于 2009 年 8 月按普遍原则进行了第三次分配,共分配了约 1 612 亿;同时,在2009 年 9 月,按平衡原则又对成员进行了一次特别分配,共分配了约 215 亿。这样,加上早期的第一次分配(93 亿)和第二次分配(124 亿),基金组织共分配了2 040.7亿特别提款权。经过 2009 年的两次分配,特别提款权分配额不仅在数量上得到大幅度增长,分配结构也发生了一些变化。发达国家所分得的比重有所下降,发展中国家和新兴经济体所分得的比重有所上升。其中,美国的比重从

22.86%下降到 17.3%,中国的比重从 1.11%上升到 3.43%(见表8-2)。

表8-2 特别提款权的分配 单位:亿SDR

	前两次 分配额	占 比	2009 年的 两次分配额	占 比	总分配额	占 比
总额	214.33	100%	1 826.36	100.00%	2 040.70	100.00%
其中美国	48.99	22.86%	304.16	16.70%	353.15	17.31%
其中中国	2.37	1.11%	67.53	3.70%	69.90	3.43%

资料来源:国际货币基金组织公告,2009 年 8 月 13 日。

对国际货币基金组织(IMF)的简要评价

IMF 既类似于一个出钱入会、相互帮助的互助会,又是一个具有协调各国货币汇率政策和维护某种国际货币关系的监督者。在维护世界货币金融秩序和帮助国际收支发生困难的成员国渡过难关方面,IMF 发挥了重要的作用。随着时间的推移,IMF 自身也经历了多次调整,创设了 SDR,扩大了份额和融资能力,适度平衡了各国的份额和融资权,以至于它目前仍能在世界货币关系的协调中发挥作用。但在 IMF 的构成中,发达国家缴纳的份额和相应的权力仍然偏大,中国的份额和相应的权力按中国的实际地位和 IMF 的计算规则而言仍然偏低。它有所进步,但进步缓慢。尤其是,美国拥有对重大事务的一家否决权,使 IMF 在重大改革事务上不得不受美国的制约。

第三节 国际货币协调中的
主要问题

国际货币关系是在一定的国际货币体系下的多边经济关系。由于各国的经济发展水平、经济周期、经济政策都有差异,所以,国际货币关系很难在各个国家间都达到均衡。尽管有国际货币基金组织等机构的居中调节,但国际货币协调仍然困难重重。具体而言,国际货币协调中存在的问题主要包括:国际收支调节的不对称问题、以黄金为基础的单一储备货币体系的不稳定问题、储备货币发行国和非发行国的不对称问题、多元储备货币体系下汇率的不稳定问题、发展中国家和发达国家的汇率水平差距问题。

一、国际收支调节的不对称问题

在国际经济交流中,国际收支出现不平衡是经常性的现象,国际收支调节的主要手段是一国国内的政策调节、双边和多边的汇率调节以及国际融资调节。在理论上,国际收支既可以由顺差国来调节(通过货币升值和国内需求的扩张来增加进口,减少出口),又可以由逆差国来调节(通过货币贬值和国内需求的紧缩来增加出口,减少进口)。但在现实中,进行调节的国家往往会出现国内产出和就业下降等情况,这是每个国家都不希望发生的。在此情况下,顺差国会利用其在国际收支中的有利地位而尽可能地逃避调整,国际收支调节的责任大部分都由逆差国单方面承担。

国际收支调节的不对称不仅存在于顺差国和逆差国之间,而且存在于发达国家和发展中国家之间,从某种意义上说,后面这组不对称更具有主导性。一方面,很多发展中国家处于经济发展初期,需要从国外进口大量资本品用于生产能力建设,从而形成大量需要调节的逆差;另一方面,即使当发展中国家出现国际收支顺差,而发达国家出现国际收支逆差时,发展中国家由于在国际经济协调中缺少实力和发言权,仍然会被发达国家要求采用货币升值等措施来降低国际收支顺差。

因此,发展中国家认为,它们长期的国际收支逆差是过去受发达国家殖民统治的结果,而即使出现了国际收支顺差,也是为发达国家和全球市场提供廉价产品所带来的必然结果,因此他们反对单方面地承担调节负担,提出发达国家应加强政策纪律性、增加对发展中国家的援助、把特别提款权分配与发展援助相联系等要求,但这些要求和发达国家的利益有很大冲突,至今仍然未能实现。

二、储备货币发行国和非发行国的不对称问题

储备货币(Reserve Currency)是指各国中央银行持有的外汇储备的标价货币或载体货币,发行储备货币的国家被称作储备货币发行国。在贵金属本位制下,黄金是当然的储备货币,此外,英镑、美元以及法国法郎(在前法属殖民地范围内)都在一定程度上发挥着储备货币的作用。在布雷顿森林体系下,由于各国货币与美元挂钩,美元与黄金挂钩,美元就成为主要的储备货币。

1. 储备货币发行国的收益

通过发行储备货币为世界提供清偿力,储备货币发行国能够获得多种收益,主要包括用本国发行的储备货币为本国国际收支赤字融资,以及获得国际经济协调中的非对称性地位。

用储备货币为本国国际收支赤字融资的好处可以用下面这个例子来解释。假设美元是储备货币,还有两个非储备货币国 A 和 B,B 国对 A 国有 100 亿美元的贸易逆差,美国对 A 国也有 100 亿美元的贸易逆差。B 国解决贸易逆差的办法是:① 通过国际借贷融资;② 用本国外汇储备支付;③ 采取紧缩本国支出的政策;④ B 国货币相对于 A 国贬值。这四种方法最终都意味着实际资源从本国的输出或本国产出下降。而美国解决贸易逆差的方法,就是简单地向 A 国支付 100 亿美元,由于美元是美国的国内货币,在理论上发行美元是不需要成本的。虽然 A 国获得美元后可以用它来购买美国的商品,但对这 100 亿美元的购买力或可兑换性,美国并不需要做出保证。因此,用储备货币为本国国际收支赤字融资的成本较低,储备货币发行国也往往倾向于扩大国际收支赤字。

2. 储备货币发行国的代价

由于储备货币是国际清算和支付所使用的货币,因此储备货币的流通将超出本国范围,大量地出现在离岸金融市场上,这将造成本国货币数量调节的困难。具体而言,当储备货币国采取货币紧缩政策、减少货币供应时,国内的商业银行将很容易地从欧洲货币市场借入本币资金以满足客户的借款需求,从而使货币紧缩政策难以奏效;当储备货币国采取货币扩张政策时,本国利率下降,又会有一部分货币流向国外,从而削弱了扩张性货币政策的效果。

如果在货币体系中,储备货币能够按固定比例与黄金等贵金属兑换,那么,储备货币的外流将造成储备货币发行国黄金储备的减少,这也是储备货币发行的代价之一。

国际铸币税及其度量

铸币税(Seigniorage)一般是指货币发行者凭借其发行特权所获得的货币发行名义价值超过其发行和管理成本的部分。在信用货币制度下,货币发行的成本几乎为零,政府通过发行基础货币,等量地换取公众手中的实际资源,所以国内的铸币税可以定义为与基础货币创造相联系的、流入政府部门的实际资源。在国际上,储备货币国的货币能够被非储备货币国接受,所以储备货币国只要输出本国货币,扣除发行和管理成本后,就可以获得非储备货币国的实际资源。这时候,储备货币国就可以获得国际铸币税。

由于发行和管理成本难以计算,因此,美国学者金德尔伯格认为比较简单的方法是用长短期利率之差来计算国际铸币税。储备货币国通过发行货币而长期持有外国资源,这种行为属于长期融资,而外国以储备货币国存款或国债的形式持有储备货币,所以储备货币国只需对其支付相对短期的利息,国际铸币税就相当于流通在国外的储备货币数量乘以长短期利率之差。

如果进一步考虑储备货币本身价值的变动,则随着储备货币的贬值,持有储备货币的国家,其手中的储备货币所能代表的购买力就会不断下降,储备货币国所承担的输出实际产品以换回储备货币的义务也就下降了。因此得到

$$国际铸币税＝流通在国外的储备货币数量×（长短期利率之差$$
$$＋储备货币贬值率或通货膨胀率）$$

3. 储备货币发行国和非发行国政策协调的非对称性

因为储备货币能够被其他国家接受,代表着国际清偿力,所以非储备货币发行国对储备货币的需求较大;又因为国际间商品、劳务和资本市场的交易绝大多数都由储备货币标价,所以非储备货币发行国会倾向于与储备货币发行国保持相对稳定的汇率。在此情况下,储备货币发行国在执行货币政策上拥有非对称的优势。

假设美元为储备货币,A 国为非储备货币国。当 A 国货币扩张时,外汇市场上货币 A 供应增加,A 有贬值压力,如果要阻止货币贬值,A 国的货币当局只能采取提高利率、卖出外币等措施,从而抵消了货币的扩张,这就是开放经济下三元悖论描述的现象,A 国失去了货币政策的独立性。

对美国而言情况则有所不同。当美国给本国的贸易赤字融资而增加 100 亿美元货币供应时,这 100 亿美元被 A 国的出口商获得,并要在外汇市场上兑换为 A 国货币。由于外汇市场上美元供应增加,A 国货币有升值压力,如果要阻止货币升值,A 国货币当局就要被迫买入美元,卖出货币 A。在此过程中,美国通过执行扩张的货币政策,消费水平得到了提高,且由于汇率不变从而进口商品价格不变,美国也不会遭受通货膨胀[1];而 A 国被迫进行了货币扩张,如果 A 国产出不能

---

[1]　如果 A 国的出口产品以 A 国货币定价,则 A 国被输出通货膨胀后,美国进口价格也会上升,从而遭受通货膨胀。

同比上升,就会遭受通货膨胀。这就说明,储备货币国能够不受开放经济三元悖论的约束,在资本自由流动、汇率固定的情况下,仍然执行独立的货币政策,而将维持固定汇率的成本转移给了非储备国,并且输出了通货膨胀①。

三、以黄金为基础的单一储备货币体系的不稳定问题

储备货币是指一国的中央银行准备长期持有作为国际清偿力的货币,它发挥的是储藏手段和国际货币的作用,并在国际经济往来中为商品标价。在布雷顿森林体系中,美元是唯一的储备货币,并与黄金挂钩,因此布雷顿森林体系实质上就是以黄金为基础的单一储备货币体系。

1. 单一储备货币的双重职能

在布雷顿森林体系中,美元作为储备货币,它既是一国的货币,又是世界的货币。作为一国的货币,美元的发行必须受制于美国的货币政策和黄金储备;作为世界的货币,美元必须为世界提供清偿力,美元的供应要满足世界经济和国际贸易增长的需要。这两个目标之间本身就存在着冲突的可能。

2. "特里芬两难"

在布雷顿森林体系下,由于美元与黄金按固定比例自由兑换,而黄金的产量和美国黄金储备的增长又跟不上世界经济和国际贸易的发展,于是,美元便出现了一种进退两难的状况:一方面,为满足世界经济增长和国际贸易的发展,美元的供应必须不断增长;另一方面,美元供应的不断增长,使美元同黄金按固定比价的兑换性日益难以维持。美元的这种两难是美国耶鲁大学教授特里芬(R. Triffin)于 20 世纪 50 年代首先预见到的,故又被称为"特里芬两难"(Triffin Dilemma)。

3. 美元危机和布雷顿森林体系的崩溃

随着世界经济的发展,美国在西方世界中的经济地位逐渐下降,美国的国际收支状况从二战后初期的盈余转变成了赤字,黄金不断外流,世界各国持有的美元却不断增加,人们对美元按固定比价兑换成黄金的承诺开始怀疑。1960～1971

---

① 当美国货币扩张不是为了给贸易赤字融资,而是为了增加国内产出时,则本国的货币扩张和通货膨胀会通过"产出增加—进口增加—货币输出"的途径而部分输出到国外。此外,这里的分析仅仅考虑了国际贸易,但如果将国际资本流动考虑进去,结论仍然不会有变化,即:储备国的货币政策能够影响全球的利率水平和资本流动,非储备国的货币政策效果会被维持固定汇率的努力所抵消。

年爆发了三次美元危机,都是对美元—黄金之间保持固定比价的可兑换性产生怀疑的表现。在几次美元危机中,美元都发生了贬值,并逐步中止和黄金的兑换,最终在 1973 年 2 月,双挂钩制度的布雷顿森林体系也崩溃了。

表 8-3　伦敦黄金市场的金价变动(1965~1974 年)

单位: 每盎司黄金的美元价格(年底价)

1965	1966	1967	1968	1969	1970	1971	1972	1973	1974
35.12	35.19	35.20	41.90	35.20	37.37	43.63	64.90	112.25	186.50

资料来源:国际货币基金组织:《国际金融统计年鉴》,1992 年,第 712 页。

历次美元危机概述

第一次较大规模的美元危机是 1960 年爆发的。1960 年,美国对外短期债务(衡量美元外流的重要指标)首次超过了它的黄金储备额。人们纷纷抛售美元,抢购美国的黄金和其他经济处在上升阶段的国家的硬通货(如马克)。为了维持外汇市场的稳定和金价的稳定、保持美元的可兑换性和固定汇率制,美国分别与若干主要工业国家签订了"互惠信贷协议"(Swap Agreement),在基金组织的框架内建立了"借款总安排"(General Arrangement to Borrow)和"黄金总库"(Gold Pool)。这些拯救布雷顿森林体系的措施都是局部性的,而不是制度性的。它们的目标全都集中在一点上,即双挂钩引起的美元兑换问题。由于这些措施的局限性,布雷顿森林体系的内在缺陷不可能得到根本的纠正。

第二次较大规模的美元危机是 1968 年爆发的。因为越南战争的扩大,美国的财政与金融状况明显恶化,国内通货膨胀加剧,美元同黄金的固定比价又一次受到严重的怀疑。受 1967 年英镑危机的影响,外汇市场上的投机浪潮于 1968 年初转向美元,爆发了第二次较大规模的美元危机。1968 年 3 月,美国不得不实行"黄金双价制"(Two-tier Gold Price System),即在官方之间的黄金市场上,仍然实行 35 美元等于 1 盎司黄金的比价;而在私人黄金市场上,美国不再按 35 美元等于 1 盎司黄金这一价格供应黄金,金价听凭供求关系决定,这实际意味着黄金—美元为中心的布雷顿森林体系的局部崩溃。

第三次美元危机是 1971 年爆发的,此次危机比以往任何时候都猛烈。

面对猛烈的危机,尼克松政府不得不于 8 月 15 日宣布停止美元与黄金的兑换。到 1971 年 12 月,十国集团达成了一项妥协方案,由于该协议是在华盛顿特区的史密森氏研究所签订的,故又称为"史密森氏协议"(Smithsonian Agreement)。协议内容包括,美元对黄金贬值 7.89%;一些国家的货币对美元升值①;将汇率波动的允许幅度从原来的平价上下各 1% 扩大到各 2.25%。

"史密森氏协议"虽然勉强维持了布雷顿森林体系下的固定汇率,但美元同黄金的可兑换性就此中止了。从这个意义上讲,国际货币制度已经不再以黄金—美元为基础,布雷顿森林体系的核心部分已经瓦解。当 1973 年 2 月外汇市场上再度爆发美元危机时,这个协议便寿终正寝,布雷顿森林体系也宣告崩溃。从此,美元与黄金正式脱钩,美元汇率水平进入了由市场供求决定的浮动时代。

从上面的介绍可以看到,美元与黄金的关系问题实际上就是美元的汇率问题,由此再次证明,无论从一国角度还是从全球货币关系角度看,汇率问题都是国际金融的核心问题。

布雷顿森林体系的崩溃表明,以黄金为基础的单一储备货币体系是不稳定的:单一储备货币国需要在维持国内均衡和为世界提供流动性之间权衡,其选择的结果会带来世界经济的波动;以黄金这一单一商品作为全球货币体系的基础,虽然具有短期稳定的优点,但在黄金产量增长落后于经济发展的情况下,终究将因金价本身无法稳定而使货币体系走向混乱和崩溃。

美元问题的思考

美元作为主要的国际货币,为国际经贸往来提供了媒介,从而引发世界各国对它的广泛需求。在此过程中,美国一方面为世界经济的发展作出了贡献;另一方面又通过源源不断地输出美元来为本国的国际收支逆差和财政赤字提供融资。这样,一方面使美国的消费(包括生活消费和国防消费)日益寄生于美元的特殊地位上;另一方面,又使单位美元的实际购买力不断下降,以致世界各国政府持有的美元储备不断贬值。尽管美元币值不断下降,但美元

---

① 其中:日元升值 16.9%,前联邦德国马克升值 13.6%,瑞士法郎升值 13.9%,荷兰盾和比利时法郎各升值 11.6%,英镑和法国法郎各升值 8.6%,意大利里拉和瑞典克朗各升值 7.5%。

仍然能够不断输出,其原因可以总结为以下三条:

一、世界经济的发展需要国际货币的数量也相应增长。

二、美元仍然是最佳的国际货币,世界上尚没有任何一种其他货币能替代美元。具体来讲,美元有如下优点:第一,由于美国经济总量巨大,以及其在国际贸易、投资、全球金融资产交易中的巨大份额和历史沿革所形成的习惯,美元已经在全球各种交易中被普遍使用,使用美元具有广泛性和方便性。第二,美元资产可以具备高度的流动性,这在很大程度上得益于美国开放的国债市场。这个市场的存在,使外国政府和企业可以将手中的美元存放在这个市场,需要时能随时取来用之,不需要时可暂存这个市场以获取一定的收益。美国国债市场有四个特点:一是规模巨大;二是透明度高;三是十分开放;四是交易便利。这些特点使它成为一个绝佳的全球国际清偿力栖息和转换市场。

开放的美国国债市场不仅为各国的美元提供了购买力的栖息地,而且用美国政府的信誉为各国持有的美元提供了一定的价值担保。在布雷顿森林体系下,美元的价值担保是美国的黄金储备;1973年布雷顿森林体系崩溃后,这种担保便由美国政府的信誉所取代。从布雷顿森林体系崩溃前后美国国债持有者比重的演变趋势可以清晰地看到这一重大变化。只要美国政府和美国国会控制好美国联邦政府债务的增长速度,那么,流到世界各国的美元就能获得一定的价值担保,这显然有利于美元国际作用的继续发挥。

美国国债数额占 GDP 比重及外国投资者持有占比

	公众持有的美国联邦债务总额（单位：亿美元）	占 GDP 比重（%）	外国持有（单位：亿美元）	占 比（%）
1965	2 608	35.1	123	4.7
1970	2 832	26.3	140	5
1975	3 947	23.4	660	16.7
1980	7 119	24.9	1 217	17.1
2000	34 098	33.2	10 388	30.5
2010	90 189	60.3	43 242	47.9
2013	119 826	71.8	56 529	47.2
2015	131 167	72.7	61 031	46.5

资料来源:美国白宫网站(http://www.whitehouse.gov/omb)。https://obamawhitehouse.archives.gov/sites/default/files/omb/budget/fy2017/assets/ap_4_borrowing.pdf.

四、多元储备货币制度下的不稳定问题

布雷顿森林体系崩溃后,在牙买加体系下,不再有任何货币具有对应的含金量和可兑换的承诺,从而也就没有了公认的可以作为国际储备的货币。世界的储备货币在一定程度上实现了多元化,各国根据贸易、投资、国际支付等需要,决定其贸易结算的货币种类和外汇储备的构成。目前世界的储备货币呈现多元化,各国的外汇储备包括美元、欧元、日元、英镑等发达国家货币,但美元仍占主要份额(参见本书第六章的表6-3)。

在多元储备货币的情况下,各国的外汇储备仅仅是他国中央银行发行的债务,其价值(购买力)受到他国物价水平、汇率政策和货币政策的影响。由于储备货币发行国并没有对货币价值做出承诺,所以多元储备货币体系既是松散的,又不存在会崩溃的问题。但是,多元储备货币体系仍然存在种种缺陷,储备货币国之间、储备货币国和非储备货币国之间的协调仍然有较多困难。

首先,多种储备货币和浮动汇率制加大了非储备货币国的汇率风险。由于实行了浮动汇率制,主要的储备货币(不论是美元、欧元还是日元)之间的汇率经常波动,其幅度远远大于经济基本因素的波动,致使短期资金移动频繁,增加了各国储备资产管理的复杂性。对非储备货币国而言,如果其汇率和某种储备货币挂钩,则与其他储备货币之间的汇率就会随挂钩货币的变动而变动。譬如,本币钉住美元,则美元对欧元贬值时,本币对欧元也会贬值;或者,本币对美元升值,而美元对欧元有更大幅度的贬值,则本币仍然可能对欧元贬值。这些交叉变化大大增加了非储备货币国和世界其他国家进行经济交流的不确定性和汇率风险。

其次,多种储备货币并没有从本质上解决储备货币的两难。在多种储备货币体系下,储备货币仍然既是主权国家(或国家集团)的货币,又是被世界接受的货币。储备货币的发行国也仍然面临两难:维护世界金融秩序与维护国内经济平衡的冲突。由于储备货币不再要求和黄金兑换,储备货币发行国必然侧重于后者的实现,这将对别国乃至世界经济带来负面影响。

最后,现有的储备货币体系仍然是有利于发达国家的安排。由于成为储备货币需要较为严格的条件,所以具有储备货币国地位的都是发达国家(或货币区),只有它们能享受包括铸币税和非对称货币政策在内的发行国特权;而大多数的非储备货币发行国,尤其是其中的发展中国家,其对外经济交流的基本形式是输出较低级产品,用实际资源换取储备货币国低成本发行的货币。在发达国家的货币

纪律和财政纪律缺乏国际约束的情况下,这样的制度安排明显有利于发达国家而不利于发展中国家。

人民币境外流通和人民币国际化

近年来,中国经济实力迅速增长,对外经济交往也不断扩大,尤其是1997年以来,人民币汇率表现稳定、坚挺,使其在中国周边国家和地区被接受的程度不断提高,在某些国家和地区已经成了流通、结算的货币之一,在新加坡、中国香港和东京还出现了一定规模的人民币离岸远期市场。这样的现象在一定程度上说明了人民币正走向国际化。

通过人民币国际化,中国能够在国际金融体系中获得有利地位。首先,人民币国际化后,中国就有能力获得国际铸币税收入;其次,在国际经济交流中,中国企业能够用人民币结算对外贸易和投资,降低企业的汇率风险;最后,人民币国际化还有利于增强中国对世界经济的影响,在全球经济调节中获得优势地位。

但是,人民币国际化目前也面临不少困难。首先,中国的金融市场建设尚不完善,资本项目没有完全对外开放,缺少一个系统的有规模的为流出境外的人民币提供栖身之地的清偿力转换市场,更缺少一个为流出境外的人民币提供价值担保的可信而又稳定方法,这就导致人民币资产在收益、风险、流动性和价值担保上不具备足够的吸引力,外国投资者愿意持有的人民币数量较少;其次,在和世界主要国家进行的经济交往中,技术、政治、文化等因素决定了中国仍处于相对被动的地位,没有足够的能力全面推广人民币交易;最后,人民币国际化会对中国的金融稳定和宏观政策调控带来一定的冲击和代价。由此可见,人民币国际化虽然已经迈出了第一步,但仍有很长的路程要走。

五、发展中国家与发达国家的汇率水平差距问题

按照购买力平价理论,两国的汇率应当是两国物价水平的对比,但在国际金融市场上,汇率与购买力平价始终存在某种程度的偏离,这种偏离在发达国家和发展中国家货币的汇率中表现得尤其突出。巴拉萨(B. Balassa)和萨缪尔森

(P. Samuelson)分别从发展中国家角度和发达国家角度引入部门劳动生产率的差异来解释这一现象,这就是著名的巴拉萨—萨缪尔森效应,简称 B-S 效应。在此,我们以巴拉萨教授的观点为代表来简要介绍 B-S 效应①。

1. 汇率与购买力平价的偏离

假设一个高度简化的两国环境:发达国家称作 f 国,发展中国家称作 d 国,两国各自生产两类产品:可贸易品 T 和不可贸易品 N,可贸易品的典型是工业产品,不可贸易品的典型是服务业产品。产品的生产只使用一种生产要素即劳动,对两国而言,可贸易品占总产品的比例均为 $1-Q$,不可贸易品占总产品的比例均为 Q,上标表示不同产品部门,下标表示不同国家。

假定对于每个国家、每个产品部门,产品价格都由生产单位产品所支付的工资决定,有:

$$P = \frac{w}{a} \tag{8-1}$$

其中 w 为单位时间的工资,a 为单位时间生产的产品数量,即劳动生产率,f 国和 d 国相比,可贸易品部门劳动生产率 a^T 较高,不可贸易品部门的劳动生产率 a^N 没有差异②,即有:

$$a_f^T > a_d^T, \ a_f^N = a_d^N \tag{8-2}$$

可贸易品部门劳动生产率上升,劳动者的工资水平也上升。由于不同行业的劳动力可以在国内自由流动,因此一国范围内,可贸易品和不可贸易品部门虽然劳动生产率不同,但工资水平是一样的,即有:

$$w_f^T = w_f^N = w_f, \ w_d^T = w_d^N = w_d \tag{8-3}$$

由(8-1)式到(8-3)式可知,在 f 国和 d 国中,f 国不可贸易品的价格相对于可贸易品更昂贵:

$$\frac{P_f^N}{P_f^T} > \frac{P_d^N}{P_d^T} \tag{8-4}$$

---

① 请参见巴拉萨教授的原文:"The Purchasing Power Parity Doctrine: A Reappraisal",1964, *Journal of Political Economy*, No.72, pp.584-596.

② 对此的解释是:服务业产品的生产和消费往往是同步进行的,即在投入劳动的同时,购买者对产品进行消费。由于消费的时间不能缩短,所以生产的时间也不能缩短,进而,服务业每单位劳动时间投入所能产出的产品相对固定,即劳动生产率不变。

一国的整体价格水平是可贸易品和不可贸易品的加权平均:

$$P_d = P_d^T(1-Q) + P_d^N Q$$
$$P_f = P_f^T(1-Q) + P_f^N Q \tag{8-5}$$

两国贸易品在国际市场上交换,由于一价定律的存在,两国的市场汇率由贸易品的价格对比决定:

$$e_b = \frac{P_d^T}{P_f^T} \tag{8-6}$$

其中,e_b 是外币直接标价法下发展中国家货币的市场汇率,e 单位的发展中国家货币可以兑换 1 单位的发达国家货币,e_b 上升即发展中国家货币贬值。

而购买力平价则是整体价格水平的对比,可以表示为:

$$PPP = \frac{P_d}{P_f} = \frac{P_d^T(1-Q) + P_d^N Q}{P_f^T(1-Q) + P_f^N Q} = e \frac{(1-Q) + Q P_d^N/P_d^T}{(1-Q) + Q P_f^N/P_f^T} \tag{8-7}$$

将(8-4)式和(8-7)式进行比较可知,$e_b > PPP$,即发展中国家货币币值(市场汇率)相对于购买力平价而言被低估,相应地,发达国家货币币值(市场汇率)相对于购买力平价而言被高估,这就是 B-S 效应理论的核心含义。

从 B-S 效应的上述介绍可知,通过引入部门劳动生产率差异,B-S 效应回答了"为什么市场汇率 e_b 与购买力平价 PPP 之间会产生系统的差异,即为什么发展中国家货币的市场汇率 e_b 会相对于其购买力平价 PPP 而低估"这样一个问题。根据该理论,就全部商品价格的对比而言,e_b 是被低估的汇率;就全部贸易商品价格的对比而言,e_b 则是均衡的汇率。但是,在现实生活中,即便用 e_b 来衡量贸易商品的交换,人们往往仍然能够强烈地感受到发达国家许多贸易商品的价格经 e_b 折算成发展中国家的价格后依然过分昂贵,而发展中国家许多贸易商品的价格经 e_b 折算成发达国家的价格后依然过分便宜。换言之,e_b 不仅相对于全部商品价格的对比而言不是均衡汇率(被低估),而且相对于许多贸易商品价格的对比而言也不是均衡汇率(也被低估)。这样的感觉使我们怀疑能否直接用 B-S 效应来解释人民币汇率的当前水平及其今后的调整趋势,一个顺理成章的疑问就是:B-S 效应在理论上是否存在缺陷?

2. 发展中国家币值低估的进一步原因

B-S 效应在理论上确实存在缺陷,其最大不足是过于简单。大家知道,一个国家参与国际交换的所有商品可分为两大类:有形商品和无形商品。有形商品的典型代表是工业制成品和部分农产品,它们可以通过运输而运送到他国供他国居民消费。无形商品的典型代表是服务,它们中大多数要靠人的移动而不是商品本身的移动才能供他国居民消费。在有形商品和无形商品中,又分为两类:竞争性商品和非竞争性商品。竞争性商品是指双方都能生产但生产成本有所差异,即存在比较优势的商品;非竞争性商品是指一方能生产而另一方很难或不能生产,即不存在比较优势的商品。这样,一国参与国际交换的所有贸易商品便分为四类,下面分别讨论这些商品的属性及其对汇率决定的影响。

（1）有形竞争性商品。有形竞争性商品可以从一国运输到另一国,因此,在不考虑关税和流通费用的情况下,其在不同国家的成本差异引起商品从低成本国流向高成本国,这种套利活动使有形竞争性商品的国际交换中存在一价定律,即同质的有形竞争性商品在不同国家的价格最后趋于一致。在一个由发展中国家和发达国家构成的两国模型中,由于存在套利和一价定律,发展中国家货币的市场汇率将由两国有形竞争性商品的价格对比来决定。换言之,根据前文中关于价格、成本和劳动生产率关系的定义,汇率 e 由两国有形竞争性商品的劳动生产率对比决定。

（2）有形非竞争性商品。有形非竞争性商品是由于技术垄断、资源垄断及其他特权地位的影响而带来的[①]。由于垄断与特权的存在,有形非竞争性商品的交换不存在一价定律,垄断和特权产品在国际交换中凭借垄断和特权地位获得一个垄断和特权加价。

（3）服务商品。经过大量的观察人们发现:出租车制造业劳动生产率的增长要快于出租车服务业的劳动生产率增长,远洋巨轮制造业的劳动生产率增长要快于远洋运输服务业的劳动生产率增长,理发器制造业的劳动生产率增长要快于理发服务的劳动生产率增长,如此等等。这使人们得出一个普遍的结论,那就是制造业劳动生产率的增长要快于服务业劳动生产率的增长。制造业劳动生产率的增长将带来工资水平的增长,由于劳动力的自由流动,服务业的工资水平也上升,而服务业劳动生产率没有相应上升,从而导致服务业的价格水平上升。制造业的劳动生产率相对服务业劳动生产率越高,服务业的价格就相对越高。发达国家制造业劳动生产率与服务业劳动生产率的差距普遍大于发展中国家,因此,与有形竞争性商品相比,发达国家的服务业商品获得了一个额外的反向的劳动生产率加价。

---

① 还可以把受要素禀赋、长期累积所形成的品牌效应、政治与军事地位等因素影响的商品也归纳到这一类。

（4）服务商品中，发达国家除了获得反向的劳动生产率加价外，其非竞争性服务商品同样还能获得一个垄断和特权加价。

服务商品由于要依靠人的移动而不是商品本身的移动才能实现国际交换，因此，服务商品的交换中也不存在一价定律。

综上所述，我们将相关价格的符号归纳在表 8-4 中，来进一步分析各种加价对汇率定义的影响。

表 8-4　各类贸易商品的价格符号

商　品　类　型	发展中国家	发　达　国　家
有形竞争性商品	P_{d-a}	P_{f-a}
有形非竞争性商品	P_{d-b}	P_{f-b}
服务业竞争性商品	P_{d-c}	P_{f-c}
服务业非竞争性商品	P_{d-d}	P_{f-d}

根据市场汇率形成的原理（一价定律）及表 8-4 所示的符号，可以得到发展中国家的市场汇率 e_a 为：

$$e_a = \frac{P_{d-a}}{P_{f-a}} \tag{8-8}$$

发展中国家全部贸易商品的平均汇率 e_b 为：

$$e_b = \frac{P_{d-T}}{P_{f-T}} = \frac{\pi_{d-a}P_{d-a} + \pi_{d-b}P_{d-b} + \pi_{d-c}P_{d-c} + \pi_{d-d}P_{d-d}}{\pi_{f-a}P_{f-a} + \pi_{f-b}P_{f-b} + \pi_{f-c}P_{f-c} + \pi_{f-d}P_{f-d}} \tag{8-9}$$

式（8-9）中，P_{d-T} 和 P_{f-T} 分别为发展中国家（本国）和发达国家（外国）全部国际交换商品的加权平均价格，π_{d-i} 和 π_{f-i} 分别表示发展中国家和发达国家各类商品和服务在各自贸易总额中的比重，它们实际上也是产业结构指标。我们知道，除了少数石油输出国外，发达国家拥有的垄断和特权资源远大于发展中国家，这些资源除了技术外，还包括品牌资源、太空利用资源、大洋利用资源、政治军事特权等，因此，发达国家能获得垄断和特权加价的有形非竞争性商品比发展中国家多出很多，因而其平均价格水平更高，即 $P_{f-b} > P_{d-b}$。同样，发达国家制造业劳动生产率与服务业劳动生产率的差距远远大于发展中国家的这种差距，因此，其服务业获得的反向劳动生产率加价也必定大于发展中国家的这种加价，即 $P_{f-c} > P_{d-c}$。除此之外，发达国家非竞争性服务业商品不仅能获得反向的劳动生产率加价，还能获得垄断和特权加价，因此，当然还有 $P_{f-d} > P_{d-d}$。再从贸易（产业）结

构和权重看,在双边交往中,发达国家技术先进,垄断与特权资源大,服务业发达,因此有:

$$\frac{\pi_{f-b} + \pi_{f-c} + \pi_{f-d}}{\pi_{f-a}} > \frac{\pi_{d-b} + \pi_{d-c} + \pi_{d-d}}{\pi_{d-a}} \qquad (8\text{-}10)$$

将公式(8-8)、(8-9)以及(8-10)进行比较,可以得到:$e_a > e_b$,其中,e_b 相当于 B-S 效应理论中的市场汇率。

综合上面分析可知:根据巴拉萨教授的分析,由于部门劳动生产率的差异,发展中国家货币的市场汇率长期相对其购买力平价被低估。根据我们自己在上面的分析,发展中国家货币的市场汇率是 e_a 而不是 e_b,e_a 不仅长期相对其购买力平价被低估,而且长期相对其参加国际交换的全部贸易商品的平均价格被低估。用公式表示,如果将全部商品价格水平对比记为 e_P,即 $e_P = PPP$,那么,不仅有 $e_a > e_P$,而且还有 $e_a > e_b$。这一结论更具有实际意义,也是本教材对 B-S 效应的一个重要修正和拓展。首先,贸易品的概念更加完整。不仅包括竞争性商品和非竞争性商品,还把参与国际交换的服务业商品也视作可贸易品,它通过人的移动也能参与国际交换。其次,指出只有有形竞争性商品的交换才存在一价定律,有形非竞争性商品的交换不遵循一价定律,这不仅更好地解释了现实生活中市场汇率的形成原理,也能够更好地刻画当前国际经济交流中,发达国家在有形商品销售中依靠垄断、特权、品牌、知识产权等优势,进行不等价交换的现实。第三,B-S 效应中没有考虑如果"不可贸易品"参与贸易,会对经济交往中的利益格局产生怎样的影响。我们将参与国际交换的无形商品视作可贸易品的组成部分,能够刻画经济交往中越来越普遍的跨国服务(包括旅游)定价问题,揭示了发展中国家在无形商品贸易过程中,尤其是用有形商品交换无形商品过程中所处的不利地位。最后,B-S 效应所刻画的低估,是劳动生产率不同而造成的;而本书所刻画的低估,则既考虑了劳动生产率差异,又考虑了品牌、特权、垄断及各类商品的权重(产业结构差异)等因素对定价的影响,它更好地反映了当前国际经济关系中的现实情况,也为判断人民币汇率的当前水平及相关政策提供了一种新的思考方法。

因此,发展中国家的货币低估包含两个层次。第一个层次是贸易品一价定律成立时的汇率水平相对于购买力平价而言的低估,即巴拉萨—萨缪尔森效应所解释的低估。第二个层次是发展中国家因缺乏品牌、垄断、特权和产业结构落后而使其汇率相对于贸易品一价定律成立时的汇率水平的低估。这两层低估归根到底都是由于发展中国家劳动生产率水平长期落后造成的,可称作发展中国家的低估依赖。对像中国这样人口众多、技术装备水平相对落后、主要依靠价格优势参与国际竞争的国家而言,低估依赖将会长期存在。

3. 汇率水平差距的作用

为进一步说明汇率水平差距的作用,此处将均衡汇率的资源拓展模型略经变形后合并为一幅图,见图 8-9 所示。

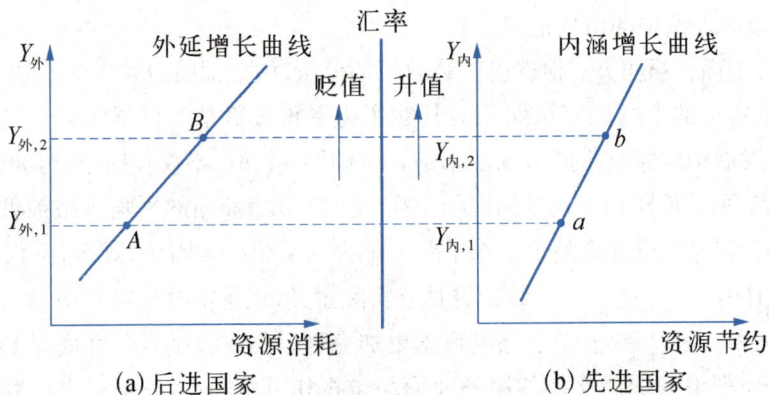

图 8-9　币值水平和增长方式的分布

在图 8-9 中,$Y_{外}$ 表示外延经济增长,$Y_{内}$ 表示内涵经济增长。图 8-9(a)表示发展中国家汇率水平与外延经济增长的关系,即随着外延经济的增长,发展中国家的资源消耗增加,并且,外延经济的增长是与发展中国家货币贬值相一致的;图 8-9(b)表示发达国家汇率水平与内涵经济增长的关系,即随着内涵经济的增长,发达国家的资源节约程度提高,并且,内涵经济的增长是与发达国家货币升值相一致的。因为发展中国家的货币贬值(低估)必然意味着发达国家的货币升值(高估),所以,发展中国家特定的资源消耗水平和外延经济增长水平就对应着发达国家特定的资源节约水平和内涵经济增长水平。当发展中国家的经济运行状态从点 A 移向点 B 时(外延经济增长,从 $Y_{外,1}$ 上升到 $Y_{外,2}$,资源消耗相对增加,发展中国家货币贬值),发达国家的汇率便从点 a 走向点 b(内涵经济增长,从 $Y_{内,1}$ 上升到 $Y_{内,2}$,资源节约相对增加,发达国家货币升值)。

图 8-9 表明,在币值低估的情况下,发展中国家的经济增长方式是外延经济增长,发达国家的经济增长方式是内涵经济增长。这样的增长方式分布,能够发挥发展中国家和发达国家的比较优势:由于发展中国家在资源数量特别是劳动数量上的优势,它适合发展外延经济;由于发达国家在劳动生产率、技术水平上的优势,它适合发展内涵经济。从某种程度上说,在这样的汇率安排下,发达国家和发

展中国家能够达到互补。

4. 发展中国家币值追赶的必要性

发展中国家的币值低估和发达国家的币值高估,既对双方经济的增长都有利,也需要双方付出一定的代价。对发展中国家而言,货币低估的实质是通过增加国内资源消耗来换取产出和市场。对于发达国家来讲,货币高估的实质是通过让出部分产品市场来节约国内资源。从而,两类国家各自的利益分配也就取决于两类国家各自对资源和市场的需要程度。

对于发展中国家来讲,如果它的自然资源相对紧缺而对外国市场需求相对较小,则其币值低估的成本较高、收益较低,在利益分配中处于不利地位,从而应采用稍高币值的汇率政策或随经济增长不断调高本币币值;相反,如果它的自然资源相对丰裕而对外国市场需求相对较大,则其币值低估的成本较低、收益较高,在利益分配中处于有利地位。发达国家也可以进行类似的分析。事实上,如果允许汇率自由浮动,那么币值低估的水平会自动使两国各自的成本和收益相等。

即使在币值低估中,发展中国家眼下的收益较大,但从长期看,发展中国家提升劳动生产率、进行经济追赶仍然是必要的。首先,提升劳动生产率是提高产出、实现经济增长的根本途径。其次,币值低估会造成发展中国家在国际交换中损失实际资源,即低估的币值使等量本国资源只能换回较少的外国资源,从长期来看,这不利于发展中国家福利水平的根本提高。第三,币值低估、外延增长主要依靠资源持续不断的投入,因而对大多数发展中国家来讲,具有不可持续性。

第四节　区域货币协调的理论和实践

国际间的货币协调不仅包括全局性的制度和组织安排,还包括一些经济发展程度类似、联系密切的国家之间所进行的区域货币合作。本节我们将对区域货币协调的理论和实践做一个介绍。

一、区域货币合作概述

随着世界经济尤其是区域经济一体化的发展,很多国家在经济发展水平和发展阶段上呈现出了相似性,并因此开始进行区域性的货币合作。1961 年中美洲一些国家成立了中美洲经济一体化银行;1962 年西非 6 国成立了西非货币联盟;1968 年和 1977 年拉美五国分别成立了安第斯开发公司和安第斯储备基金;1972 年 21 个阿拉伯国家建立了阿拉伯货币基金;1963 年苏联和东欧诸国建立了以转账卢布为中心的经互会货币区;1972 年西欧诸国实行了货币汇率联合浮动(蛇形浮动),并进而演变为较紧密的欧洲货币体系,再发展到更紧密的欧洲货币联盟和欧元区;如此等等,都是区域货币合作的具体表现①。

严格意义上讲,适当区分区域货币合作、区域货币同盟以及通货区是有益的。

区域合作是一个最广义的概念,覆盖了所有货币合作的形式和程度。它既可以是松散的,也可以是紧密的;既可以是暂时的,也可以是长久的;既可以局限在某个方面,也可以是全面的。因此,区域货币合作实际上是指有关国家在货币问题上实行的协商、协调乃至共同行动。

区域货币同盟是区域货币合作的一种表现形式。它是指通过法律文件(共同遵守的国际协议)就货币金融的某些重大问题进行的合作。

通货区是区域货币同盟的一种高级表现形式。它具有五个显著特征:(1) 成员国货币之间的名义汇率相互固定;(2) 具有一种占主导地位的货币作为各国货币汇率的共同基础;(3) 这种货币与成员国货币相互间可充分地自由兑换;(4) 有一个适当的协调和管理机构;(5) 成员国的货币政策主权受到削弱。通货区的最高表现形式是共同货币和共同中央银行。

区域货币合作的本质是以削弱成员国货币政策主权为代价来达到区域间经济协调和一体化的制度安排。由于涉及部分经济主权的让渡,因此,关于如何认定区域货币合作的范围,如何判断是否加入区域合作,经济学家进行了大量的研究和讨论,由此产生了最适度通货区理论(Optimal Currency Area Theory)。

二、最适度通货区理论简介

最适度通货区理论是关于通货区的认定、范围、成立的条件以及加入通货区的成本和收益等内容的一整套理论的统称。由于汇率、主导货币问题、货币兑换性问题都是国际货币体系中的重大课题,因此,最适度通货区理论实际上也是国际货币体系理论的一个组成部分。从实践的层面考察,该理论又是国际政策协调

---

① 近年来,东亚及东南亚国家和地区的一些经济学家们一直在讨论亚洲货币合作问题,提出了各种方案。有兴趣的读者可以参阅相关著作。到目前为止,亚洲货币合作尚无重大实质性进展。

理论中唯一得到正式实践的部分。作为最适度通货区理论的最佳例证,欧洲货币一体化在世界范围内产生了深远的影响,其实践过程既为该理论中有关政策协调如何影响内外均衡的内容提供了现实的说明,又为未来国际货币体系的改革提供了有益的借鉴。

在通货区内,各成员国货币间保持固定汇率,这就意味着各国放弃汇率变动这一调节国际收支失衡的手段,在此情况下,如何使收支重新得到平衡而不影响国内均衡就成为一个关键问题。最适度通货区理论的主要思路是:在实行固定汇率政策的通货区内,找出调节国际收支的途径和条件,并将调节条件转化为具体指标,根据各国是否符合这些指标而判断各国是否应该加入通货区。具体而言,最适度通货区的判断标准大致可以分为以下六种:

1. 要素流动性分析

蒙代尔(R. Mundell)在 1961 年提出,用生产要素的高度流动性作为确定最适度通货区的标准。

蒙代尔认为,需求转移是一国出现外部失衡的主要原因。假定 A 国生产甲产品,B 国生产乙产品,若对乙产品的需求现在转向甲产品,则 B 国的失业增加,A 国出现通货膨胀压力;如果两国之间的汇率是浮动的,则 B 国货币相对于 A 国货币的贬值将使乙产品相对于甲产品变得便宜,从而乙产品需求上升,甲产品需求下降,国际收支恢复了平衡。但在固定汇率之下,就必须另外有一个调节需求转移的机制,而这个机制只能是生产要素的高度流动:即在乙产品供大于求的情况下,B 国多余的生产要素向 A 国流动,从而乙产品产出下降,甲产品产出上升,两类产品的供给和需求重新均衡,要素也得到了充分利用。

但这样的机制存在两个问题:首先,生产要素的高度流动反而可能使货币同盟中的富国越富,穷国越穷(生产要素不断从穷国流出);其次,蒙代尔并没有对生产要素中的资本和劳动力进行区分,而劳动者的流动受到气候、生活习惯、文化和道德风俗诸方面差异的约束,成本较大,相比资本流动有较大困难。

2. 经济开放性分析

1963 年,麦金农(R. McKinnon)提出,应以经济的高度开放性作为确定最适度通货区的标准。

麦金农将社会总产品区分为可贸易商品和不可贸易商品,可贸易商品在社会总产品中的比重越高则经济越开放。他认为,一个经济高度开放的小国难以采用浮动汇率有两条理由:第一,由于经济高度开放,市场汇率稍有波动就会引起国内物价的剧烈波动;第二,对一个进口在消费中占有很大比重的高度开放小国而言,汇率波动对居民实际收入的影响非常大。为此,麦金农强调,一些贸易关系密切的开放国家应该组成一个相对封闭的共同货币区,并在区内实行固定汇率安排,而整个通货区则对与其贸易往来关系不大的地区实行浮动(或弹性)汇率安排。

麦金农理论的局限性表现在三个方面。首先,他是以世界各国物价普遍稳定为前提来考察汇率变动后果的,但这一假设是缺乏现实依据的。因为,即便在20世纪60年代中期以前世界物价水平相对稳定的情况下,发达国家也可以通过固定汇率向外传递通货膨胀和经济不稳定性。因此,如果将这个前提颠倒一下,经济高度开放的国家恰恰应以浮动汇率来隔绝外来的不稳定影响。其次,麦金农的分析以经济高度开放的小国为对象。如果一个小国的主要贸易伙伴是一个大国,且其汇率钉住后者的货币,或是几个小国因彼此之间密切的贸易关系而结成货币同盟,则经济开放性标准是有意义的;但若一个小国的贸易分散于几个大国,而这些国家的货币又彼此浮动,麦金农的指标就失去了意义。第三,麦金农的分析重点在贸易账户方面,忽略了资本移动对汇率安排和国内经济的影响。

3. 产品多样性程度分析

凯南(P. Kenen)于1969年提出,应以产品多样性程度作为形成一个最适度通货区的标准。

与蒙代尔一样,凯南也假设国际收支失衡的主要原因是宏观经济的需求波动。他认为,一个产品相当多样化的国家,出口也是多样化的。在固定汇率安排下,对一个产品多样化程度高的国家而言,由于单一产品的出口在整个出口中所占的比重不大,其需求的下降不会对国内就业产生太大影响;相反,对产品多样化程度低的国家来说,若外国对本国出口商品的需求下降,就必须对汇率作较大幅度的变动,才能维持原有的就业水平。可见,对产品多样性程度高的国家而言,外部动荡对经济的冲击力较小,可以承受固定汇率的后果;而产品多样性程度低的国家则不能。

产品多样性分析的基本出发点,在于按照抵御外界影响的能力来划分最适度通货区,从而忽略了主动影响外界能力在汇率安排选择中的作用。事实上,世界经济的复杂性要求各国必须综合权衡自己在国际货币领域中的综合地位和能力,才能最后确定汇率安排。例如,英国是一个产品多样性程度高的国家,但不拥有足够的主动影响外界的能力,因此它没有加入1972年的西欧联合浮动和目前的欧元体系。此外,凯南同麦金农一样,也忽视了资本移动的影响,没有考虑到国内经济可能比世界经济具有更大的不稳定性,因而在最适度通货区分析中犯了与麦金农类似的错误。

4. 国际金融一体化程度分析

针对以上实体经济的分析未能圆满解释最适度通货区标准的情况,伊格拉姆(J. Ingram)于 1969 年指出,在决定通货区的最优规模时,有必要考察一国的金融特征,并进而在 1973 年提出以国际金融高度一体化作为最适度通货区标准的理论。

伊格拉姆认为,一个区域内各国国际收支的不平衡同资金的移动状况有关,尤其同缺乏长期证券的自由交易有关。如果国际金融市场的一体化是不完全的,那么国外居民就会以短期外国证券为主要交易对象,因为买卖短期证券的外汇风险可以通过远期市场的套补来消除。但这样一来,各国长期利率的结构就会出现明显的差异,国际收支失衡无法由资本流动来调整。相反,如果国际金融市场实现了高度一体化(尤其是长期资本市场高度一体化),那只要国际收支失衡导致利率发生小幅变动,就会引起均衡性资本(非投机性资本)的大规模流动,从而弥补国际收支失衡。

伊格拉姆的金融高度一体化标准的缺陷在于:它只强调了资本要素的流动,但资本要素的流动不一定能成为国际收支的一种有效调节机制;同时,它还忽视了经常账户的作用。此外,同蒙代尔一样,伊格拉姆是从固定汇率的维护机制来分析最适度通货区标准的,但即使在同盟内部,顺差国也不愿意为逆差国无止境地融资。

5. 政策一体化程度分析

1970 年,托尔(E. Tower)和维莱特(T. Willett)提出应以政策一体化作为确定最适度通货区的标准。

他们认为,通货区能否成功,关键在于其成员国对于通货膨胀和失业增长的看法,以及对这两个指标之间替代能力的认识是否具有合理的一致性。换句话说,一个不能容忍失业的国家是难以同另一个不能容忍通货膨胀的国家在政策取向上保持一致的。因此他们建议,应当以政策合作作为国际收支的平衡机制,建立一个超国家的、统一的中央银行和统一的财政制度。

但是,由于各国政治主权的存在,建立一套统一的宏观经济管理机构是较为困难的,而且,即使建立了这样的机构,也难以保证各个成员国的国际收支平衡,这可以由部分发达国家一国范围内也长期存在不发达地区的事实得到证明。

6. 通货膨胀率相似性分析

1970 年和 1971 年,哈伯勒(G. Haberler)和弗莱明(J. M. Fleming)分别提出以通货膨胀率的相似性作为确定最适度通货区的标准。

他们认为,国际收支失衡是由各国的发展结构不同、工会力量不同所引起的通货膨胀差异造成的,这种分析角度与当时正在形成之中的国际收支货币分析法有关。根据货币分析法,国际收支失衡本质上是一种货币现象,在固定汇率安排下,如果国内的实际货币余额大于预期的货币余额(如货币当局创造了更多的新货币从而发生通货膨胀压力),超额货币必然形成额外支出,除了购买本国货币外,还会增购进口货物和外国证券,于是,货币的出口便大于货币的进口,进而引起商品进口大于商品出口(或证券进口大于证券出口),这意味着国际收支出现恶化。因此,如果区域内各国通货膨胀率一致,就可以在汇率固定的同时避免国际收支失衡。

不可否认,通货膨胀会使国际收支恶化;但是,把通货膨胀说成是国际收支失衡的最经常、最主要的原因也是不完全符合现实的。货币分析法中,关于货币需求函数是稳定的,以及市场具有完满的传递超额需求的机制等假定前提都是令人怀疑的。事实证明,通货膨胀不一定是国际收支失衡的主要原因,以它作为最适度通货区的唯一标准是缺乏依据的。例如,20 世纪 60 年代,美国、加拿大和西欧的通货膨胀率差异非常小,但加拿大几次对美元实行浮动,西欧却出现国际收支逆差。国际收支的不平衡实际上是由各国经济结构差异、国际交换关系不平等、劳动生产差异、利率差异和通货膨胀差异等诸多因素共同作用的结果,而且,前面几项因素有时甚至是更加重要的,因此不能用单一的通货膨胀率指标来证明通货区的合理性。

最适度通货区理论的新发展——综合分析法

前面的分析表明,以某一种指标作为最适度通货区的唯一标准存在片面性和局限性。所有这些指标,虽然都从一个角度或多或少地反映出国际经济形势的客观变化,但却无法对区域性货币合作做出完满的理论解释与说明。随着各国经济及一体化程度的加深,20 世纪 90 年代以来,最适度通货区理论向综合分析方向发展,即对加入通货区的收益和成本进行综合分析。

从收益角度看,通货区内实行固定汇率可以避免汇率波动对贸易和物价的不利影响,有助于商品的流通和物价的稳定,还能加强通货区内各国的国际收支纪律;通货区内实行以主导货币为中心的货币自由兑换,有利于多边贸易和多边支付制度的建立,从而有助于国际分工及投资机会和生产空间的扩大；通货区有一个协调与管理机构，有助于加强各成员国之间在货币问题上的合作，减少摩擦。一般而言，一国与通货区内其他国家的经济一体化程度越高，该国加入通货区所获得的收益就越大，而且这一收益与国际贸易和生产要素的流动成正相关关系。

从成本角度看，一国在加入通货区时，必须放弃其运作汇率工具和货币政策实现稳定国内产出和就业目标的一部分自主权，这种因固定汇率安排而产生的不稳定性被称作经济稳定性损失(Economic Stability Loss)。经济稳定性损失会随着通货区参加国与通货区内其他国家经济一体化程度的提高而降低。譬如，当一国国内出现需求下降和物价下降时，在固定汇率下，本国无法通过货币政策或汇率工具来扩大需求，这就造成了经济稳定性损失，但与此同时，物价的下降会提高本国商品的竞争力，增加出口，减少进口，从而使需求回升，需求回升的幅度与经济一体化程度成正比，也就是说，一体化程度越高，经济稳定性损失越小。因此，一国与通货区内其他国家的经济一体化程度越高，该国加入通货区所付出的成本就越小。

当一国面临是否加入通货区的决策时，它会根据它与通货区内其他国家的经济一体化程度来衡量加入通货区的收益和成本。当一体化程度高、收益大于成本时，就会选择加入通货区；否则，就会留在通货区之外。

需要指出的是，虽然成本—收益分析法是最适度通货区分析的有力工具，但这一方法并未包含所有影响最适度通货区的因素。比如，它忽略了经济结构的相似性和财政政策的一致性等，而这些因素也对最适度通货区的维持有着重要的作用①。

三、最适度通货区的政策实践——欧洲经济货币联盟

欧洲货币一体化的演进被公认为是自布雷顿森林体系崩溃以来国际货币安排方面最有意义的发展，也是迄今为止最适度通货区最为成功的实践结果。在欧

---

① 收益—成本分析法的另一个进展也是围绕内外均衡目标的相互关系展开的。根据菲利普斯曲线得出的关于通货膨胀与失业率之间的关系是相互替代的观点，被20世纪70年代末～80年代初发达国家出现的滞涨现象所逐渐否定。对于最适度通货区理论而言，如果通货膨胀与失业之间不存在长期的替换关系，那么浮动汇率制和独立货币政策能选择不同的通货膨胀率的意义就被削弱了，从而降低了加入货币联盟付出的代价。

洲货币一体化的发展过程中,成员国间建立起一个"货币稳定区域",区域内的固定汇率安排方便了成员国间的经济交往和合作。这一实践为未来的国际货币制度改革和内外均衡矛盾的解决提供了一个有益的借鉴。

1. 欧洲货币一体化的沿革

根据欧洲货币一体化由低层次向高层次演进的过程,可将其分为四个发展阶段:

第一个阶段为 1960～1971 年。在这段时期内,欧洲各国组成了英镑区、黄金集团、法郎区三个跛行货币区,这被视作欧洲货币一体化进程的开端。

第二个阶段为 1972～1978 年。1971 年美元危机后,各国对美元汇率的波动允许幅度从平价上下各 1% 扩大到了各 2.25%。在欧洲经济一体化进程的推动下,西欧六国(法国,德国,意大利,比利时,荷兰,卢森堡)货币开始联合浮动(又称可调整的中心汇率制)。对内,参与该机制的成员国货币相互之间保持可调整的钉住汇率,并规定汇率的波动幅度为上下各 1.125%,对外,则按基金组织的规定维持在美元平价的上下各 2.25%。这种汇率安排被形象地称为"蛇行于隧道"(Snake in the tunnel)(见图 8-10)。1973 年春布雷顿森林体系彻底崩溃后,基金组织规定的固定汇率及其上下 2.25% 的允许波幅不再存在,于是,隧道也不再存在,此时,西欧六国的汇率安排成了"走出隧道的蛇"而进行联合浮动。联合浮动机制下,过去对美元的中心汇率被实际上的对马克和以后的对欧洲货币单位的平价所取代。西欧各国继续维持联合浮动的意图在于抵制汇率波动的不利影响,促进区域内商品和资本的流动。

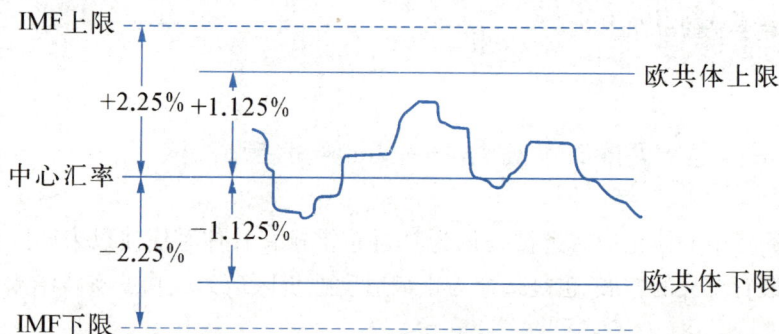

图 8-10　欧共体成员国货币的联合浮动

第三个阶段为 1979～1998 年。这段时期中,欧共体各国建立了欧洲货币体系(European Monetary System;EMS)。欧洲货币体系主要包括三方面的内容,即欧洲货币单位(European Currency Unit；ECU)、稳定汇率机制(Exchange Rate Mechanism；ERM)和欧洲货币合作基金(European Monetary Cooperation Fund；EMCF)，其中，以稳定汇率机制最为重要。欧洲货币体系持续了20年，为欧元的创立积累了重要的经验。

欧洲货币体系的"九月危机"

在欧洲货币体系下，稳定汇率机制通过各国货币当局在外汇市场上的强制性干预，使各国货币汇率的波动限制在允许的幅度以内。也就是说，如果两种货币的汇率达到允许波幅的上限或下限时，弱币国货币当局必须买入本币以阻止其进一步贬值，相应地，强币国货币当局必须卖出本币以阻止其继续升值。通过这种对称性的市场干预，欧共体得以实现汇率机制的稳定。

但是各国在经济发展方面的现实差异、在经济和货币政策协调方面的欠缺，以及是否愿意让渡货币主权方面的态度变化，都对欧洲货币体系及其汇率机制的运行形成冲击。1992年爆发的"九月危机"是欧洲货币体系成立以来最大的一次危机，造成这次危机的主要原因就是各国经济政策内外目标上的差异及其政策的不协调。

20世纪90年代初期，联邦德国政策为实现两德统一和复兴原民主德国地区经济，投入了巨额资金，财政赤字和货币发行明显增加，国内通货膨胀压力显著加强。尽管当时德国与西欧其他国家一样，也处在经济萧条之中，失业率高，经济增长率低，但由于历史上恶性通货膨胀的教训，德国政府历来把通货膨胀作为头号敌人。为了减轻通货膨胀的压力，德国政府不顾其他国家的强烈反对，于1991年起开始调高中央银行的贴现率。经几次调整，贴现率从1990年底的6%上调到1991年6月底的8.8%。

德国的高利率政策给其他西欧国家造成很大压力。当时西欧其他国家为摆脱萧条，刺激本国经济复苏，先后调低利率，但结果却使资金从这些国家流入利率相对较高的德国，形成马克坚挺的局面。这样，这些西欧国家便面临两难选择，即若要维持其货币与马克和欧洲货币单位的固定比价，进而维持欧洲货币体系的稳定汇率机制，它们就必须调高利率；若要通过降低利率来刺激本国经济复苏，它们又必须被迫使其货币对马克贬值。经过一段时期的挣扎、协商及协调干预,英国和意大利终于首先抵挡不住外汇市场的强大压力,不得不于 1992 年 9 月 13 日宣布英镑和里拉"暂时"退出欧洲货币体系的汇率机制,由此酿成欧洲货币体系史上著名的"九月危机"。这场危机因德国高利率的延续而一直持续到 1993 年夏天,西班牙货币比塞塔和法国法郎也先后遭到冲击,被迫"暂时"退出欧洲货币体系的汇率机制或对马克大幅度贬值,从而使欧洲货币体系的汇率机制遭受沉重打击。

第四阶段从 1999 年至今,欧洲经济货币联盟(Economic and Monetary Union;EMU)正式成立。1999 年 1 月 1 日,欧洲单一货币——欧元(Euro)——开始作为电子货币(支票、债券、信用卡、股票)形式在欧元区 11 国(德国、法国、比利时、西班牙、爱尔兰、意大利、卢森堡、荷兰、奥地利、葡萄牙和芬兰)流通;2002 年 1 月 1 日,欧元的纸币和硬币在欧元区开始流通,并于 2002 年 3 月 1 日彻底代替各国的货币①。

2. 欧洲经济货币联盟的协调和稳定机制

(1) 欧洲中央银行(European Central Bank;ECB)。由于德国中央银行在控制通货膨胀方面的良好声誉,也由于德国在欧盟中的经济领导地位,欧洲中央银行主要是以德国中央银行的运作模式为蓝本的。在制度架构上,主要分欧洲中央银行本身和由欧洲中央银行及所有参加欧元区成员国中央银行(National Central Banks;NCBs)组成的欧洲中央银行体系(European System of Central Banks;ESCB)两个层次,各国中央银行按照其人口和 GDP 的比例向欧洲中央银行认购股本。在 1999 年 1 月 1 日欧元启动后,欧洲中央银行便全面接管了整个欧元区的货币政策。欧洲中央银行的决策机构是理事会,它负责制定重大的货币政策,日常管理职能则由执行委员会行使。按照规定,欧洲中央银行不得为成员国政府的财政赤字提供资金融通,从而使其具备了独立地位。欧洲中央银行体系的主要目标是保持物价的稳定,在不与此目标相抵触的情况下,也可在促进就业和经济增长等方面对成员国提供支持。欧洲中央银行的货币政策中介目标将在货币供应量和物价指数之间选择。货币政策工具包括公开市场操作、存贷款便利和最低存款准备金要求。

---

① 2001 年 1 月 1 日,希腊也开始使用欧元。2007 年 1 月 1 日,新加入欧盟的斯洛文尼亚开始使用欧元。到 2016 年底,欧元区共有 19 个成员,分别是奥地利、比利时、塞浦路斯、爱沙尼亚、芬兰、法国、德国、希腊、爱尔兰、意大利、卢森堡、马耳他、荷兰、葡萄牙、斯洛文尼亚、斯洛伐克、西班牙、立陶宛和拉脱维亚。

（2）稳定与增长公约（Stability and Growth Pact；SGP）。在欧洲中央银行统一执行货币政策的同时，稳定与增长公约为欧元区的所有成员国制定了财政政策的基本纪律：成员国必须维持其公共预算收支平衡或有所盈余，成员国每年发生的财政赤字不得超过 GDP 的 3％，国债余额不得超过 GDP 的 60％，否则将被处以罚款①。

（3）欧元区的准入条件。欧盟成员都是欧洲经济货币联盟的成员，只要符合一定的经济标准就可以加入欧元区②。加入欧元区的标准包括：通货膨胀率必须不能超过三个通胀率最低的欧元区国家平均水平 1.5 个百分点、长期利率不能超过通货膨胀率最低的三个欧元区国家的平均利率 2 个百分点、每年的财政赤字不得超过 GDP 的 3％、国债余额不得超过 GDP 的 60％以及在加入前两年内对欧元汇率保持稳定。这组标准确保了所有欧元区组成国在加入欧元区时彼此经济情况大致相同，加入欧元区后遵守的稳定与增长公约则确保这些国家经济发展速度大致相同，并保证成员国不会采取以邻为壑的政策措施。

3. 欧元区的收益和成本

单一货币有利于提高各国经济的开放性，推进商品与生产要素在成员国间的流动，提高价格机制在货币区内配置资源的效率，并且能够消除欧元区成员国之间经济交流的汇率风险，减少在搜集价格、成本、货币政策等信息方面的资源消耗；独立的中央银行能够避免各国货币供应的政治化以及因国内选举而产生的所谓"政治商业周期"，并促进货币区内物价水平的稳定；欧元的出现对以美元为主的国际外汇储备格局形成了冲击，在国际贸易中，以欧元结算的比例逐步提高，欧元储备货币的性质有所加强。这些都是欧元区使用单一货币并统一政策的收益。

但是，欧洲中央银行对物价稳定的强调，以及稳定与增长公约对财政赤字的限制，都使得欧元区的宏观经济政策稳定性有余，灵活性不足。独立的财政政策与统一的货币政策之间的矛盾时常发生，有时甚至十分尖锐。这一点，在次贷危机后表现得尤为突出。欧盟加速东扩使得欧元区成员经济基本面的差距进一步扩大，统一步调的宏观经济政策执行难度和代价也有所提高。这些都是欧元区运行的成本。

归根结底，建立在多国合作和货币主权让渡基础上的单一货币机制的稳定运

---

① 按照欧盟成立的法律条约文件，非欧元区的成员国也应遵守 SGP，但因为这些国家的行动不会对欧元的稳定造成影响，所以事实上它们不受此公约约束。

② 欧盟东扩前的 15 个老成员国可以选择是否加入欧元区；欧盟东扩后新加入欧盟的国家，因为在入盟协议中承诺使用欧元，所以必须在满足加入欧元区标准后加入欧盟区。

行,依赖于各国的内外均衡矛盾在此体制下的解决状况。从目前来讲,这一矛盾主要表现在三个方面。一是各国因贯彻经济趋同指标而出现的高失业率状况。2000～2006 年,欧元区的平均失业率为 8.29%,而同期美国的平均失业率只有 5.1%。到 2015 年,欧元区的平均失业率进一步上升到超过 10%,有些国家甚至接近或超过 20%。二是货币联盟内部成员国经济发展的不平衡。三是统一的货币政策使解决经济增长和市场疲软的重任落到了财政身上,由此导致不少成员国财政赤字增加和公共债务过大。表 8-5 显示,欧元区主要国家政府债务在过去十多年里均出现不同程度的上升,除卢森堡和丹麦外,其余 8 国的政府债务均超过了欧元区的准入标准。其中,希腊一度达到了无力偿债的边缘,差点被迫退出欧元区,其他国家也出现了程度不同的退欧思潮。

表 8-5　欧洲十国政府债务占 GDP 比重(%)

	2005 年	2010 年	2015 年	欧元区准入标准
法　国	72.5	86.8	109.0	
德　国	70.0	84.5	77.9	
意大利	112.3	119.5	153.2	
西班牙	45.9	59.4	111.6	
希　腊	107.2	116.1	171.8	60%
葡萄牙	74.6	95.6	140.5	
荷　兰	52.9	63.1	73.2	
比利时	103.9	104.0	122.9	
卢森堡	7.5	20.2	23.9	
丹　麦	39.7	45.9	45.5	

资料来源：国际清算银行国际债务数据库。

由此可见,这三个问题能否得到有效缓解或解决,将直接影响各国公众对单一货币的态度,并进而影响各国政府约束其财政政策的意愿和欧元区的前途。

本章内容提要

1. 在开放经济的条件下,一国的经济政策会通过汇率、贸易等途径对他国造成影响,其机制包括收入机制、利率机制、相对价格机制,其影响有溢出效应和反馈效应等,并随着各国汇率制度的不同而不同。

2. 国际货币体系是指国际货币制度、相应的国际金融机构以及由习惯和历史沿革形成的国际货币秩序的总和。历史上曾经有过不同类型的国际货币体系。其中,国际金本位制以黄金为基础,较为稳定,但缺陷是世界经济增长受制于黄金产量的增长。第二次世界大战后建立的国际货币体系又称布雷顿森林体系,其基本内容可概括为以黄金为基础、以美元为中心的所谓"双挂钩"制度。目前的国际货币体系被称为牙买加体系,它的特点是黄金非货币化、汇率制度多样化及储备货币多样化。

3. 国际货币基金组织是国际货币体系中的重要协调组织,其职能主要包括汇率监督、资金融通和为成员国提供国际货币合作与协商的场所。国际货币基金组织为成员国提供的资金融通包括贷款和特别提款权,基金组织的贷款有较为严格的条件。

4. 国际货币协调中存在的主要问题包括顺差国和逆差国之间的调节不对称问题、储备货币发行国和非发行国之间的不对称问题、多元储备货币体系的不稳定问题,以及发达国家和发展中国家的汇率差距问题。

5. 一国货币成为世界货币,可以为该国带来铸币税收益,同时该国也要为此付出一定的代价。一国货币要成为世界货币,除了其货币所代表的价值要稳定、使用要方便外,还要有发达的金融市场以便为该货币及该货币表示的资产提供方便的流动性管理手段,同时,该货币所代表的价值要得到某种形式的保证。

6. 区域货币合作是货币国际协调的重要方式,是以削弱成员国货币政策主权为代价来达到区域内经济协调和一体化的制度安排。最适度通货区理论被用来衡量加入通货区的标准及对加入通货区的利弊分析。判断最适度通货区的指标主要包括要素流动性、经济开放性、产品多样化程度、国际金融一体化程度、政策一体化程度和通货膨胀的相似性。

7. 欧洲经济货币联盟是迄今为止最适度通货区理论最为重要的实践。其发展经历了跛行货币区、联合浮动、欧洲货币体系和欧洲经济货币联盟四个阶段。欧洲经济货币联盟内部协调机制包括欧洲中央银行、稳定与增长公约以及欧元区准入条件。

本章重要概念

两国的蒙代尔—弗莱明模型　国际货币体系　国际金本位制　布雷顿森林体系　双挂钩制度　特里芬两难　牙买加体系　国际货币基金组织　基金组织

的份额　基金组织的三大职能　铸币税　储备货币　巴拉萨—萨缪尔森效应
区域货币合作　最适度通货区的指标　欧洲经济货币联盟　欧元

本章思考题

1. 试利用两国的蒙代尔—弗莱明模型,比较不同汇率制度下财政、货币政策的传导效应,并且与小型开放经济(一国)条件下的蒙代尔—弗莱明模型作比较。

2. 国际货币基金组织的作用有哪些? 它是如何运作的? 它的份额有哪些作用? 你如何评价它的作用?

3. 作为储备货币发行国,其收益和成本各有哪些?

4. 什么是特里芬两难? 为什么说它是布雷顿森林体系的致命缺陷?

5. 简述发展中国家汇率低估对先进国家经济增长的好处,发展中国家在汇率低估过程中的收益和损失是什么?

6. 梳理最适度通货区理论各派的观点,并以此为基础来讨论不同情况下(可根据需要自己选择或假设)汇率制度的选择。

本章讨论题

1. 如何理解中国经济与世界经济的相互依存性? 在此基础上,讨论中国经济政策(以某种政策为例)可能会对世界各国产生的影响。

2. 当前以美元为中心的国际货币体系(包括国际货币基金)存在什么问题? 请谈谈你的看法。

3. 你对人民币国际化有什么看法?

4. 从巴拉萨—萨缪尔森效应及其拓展分析说说你对人民币汇率水平的看法。

5. 搜集有关资料,讨论一下欧元的前景。

参考书目和文献

1. 姜波克等:《人民币均衡汇率问题研究》,经济科学出版社 2011 年版。
2. 杨长江等:《国际金融学》(第四版),高等教育出版社 2014 年版。
3. 克鲁格曼等:《国际金融》第 10 版,丁凯、陈能军、陈桂军译,中国人民大学出版社 2016 年版。
4. M. Obstfeld,K. Rogoff,*Foundations of International Macroeconomics*,MIT Press,2009 年第 2 版。

图书在版编目(CIP)数据

国际金融新编/姜波克编著. —6 版. —上海：复旦大学出版社，2018.6(2024.11 重印)
(复旦博学·金融学系列)
ISBN 978-7-309-13378-3

Ⅰ.国…　Ⅱ.姜…　Ⅲ.国际金融-高等学校-教材　Ⅳ.F831

中国版本图书馆 CIP 数据核字(2017)第 277623 号

国际金融新编(第六版)
姜波克　编著
责任编辑/徐惠平

复旦大学出版社有限公司出版发行
上海市国权路 579 号　邮编：200433
网址：fupnet@ fudanpress.com　http://www.fudanpress.com
门市零售：86-21-65102580　团体订购：86-21-65104505
出版部电话：86-21-65642845
杭州长命印刷有限公司

开本 787 毫米×960 毫米　1/16　印张 20　字数 330 千字
2018 年 6 月第 6 版
2024 年 11 月第 6 版第 11 次印刷
印数 144 101—155 100

ISBN 978-7-309-13378-3/F · 2418
定价：45.00 元